总 主 编：苏文菁

副总主编：许　通　陈　幸　曹宛红　李道振　谢小燕

闽商发展史

·宁德卷

林校生　主编

厦门大学出版社 XIAMEN UNIVERSITY PRESS | 国家一级出版社 全国百佳图书出版单位

图书在版编目(CIP)数据

闽商发展史.宁德卷/林校生主编.—厦门:厦门大学出版社,2017.12

ISBN 978-7-5615-6802-6

Ⅰ.①闽… Ⅱ.①林… Ⅲ.①商业史-福建②商业史-宁德 Ⅳ.①F729

中国版本图书馆 CIP 数据核字(2017)第 318098 号

出 版 人 蒋东明
责任编辑 薛鹏志 章木良
封面设计 李夏凌 张雨秋
技术编辑 朱 楷

出版发行 厦门大学出版社
社 址 厦门市软件园二期望海路 39 号
邮政编码 361008
总 编 办 0592-2182177 0592-2181406(传真)
营销中心 0592-2184458 0592-2181365
网 址 http://www.xmupress.com
邮 箱 xmup@xmupress.com
印 刷 福州力人彩印有限公司

开本 889mm×1194mm 1/16
印张 17.75
插页 4
字数 400 千字
印数 1～1 800 册
版次 2017 年 12 月第 1 版
印次 2017 年 12 月第 1 次印刷
定价 70.00 元

本书如有印装质量问题请直接寄承印厂调换

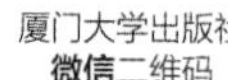

厦门大学出版社
微信二维码

厦门大学出版社
微博二维码

《闽商发展史》
编纂委员会成员名单

闽商发展史·宁德卷
编 委 会

主　　任　林　鸿　陈其春

副 主 任　吴会旺

委　　员　林校生　林开飞　陈华昌　李　萍　林晓东

闽商发展史·宁德卷
编 写 组

主　　编　林校生

撰　　稿　林校生　缪品枚　李健民　孙绍旭

总 序

闽商是孕育于八闽大地并对福建、中国乃至世界都具有巨大贡献和影响的商人群体，是活跃于国际商界的劲旅，是福建进步和发展的重要力量。千百年来，为了开拓新天地，闽商奔走四方，闯荡大江南北；漂洋过海，足迹遍及五大洲，是海上丝绸之路最重要的参与者与见证者。他们以其吃苦耐劳的秉性，超人的胆略，纵横打拼于商海，展示了“善观时变、顺势有为，敢冒风险、爱拼会赢，合群团结、豪爽义气，恋祖爱乡、回馈桑梓”的闽商精神，赢得了世人的尊敬。

盛世修史，以史为鉴，利在当下，功在千秋。为了不断丰富闽商文化内涵，更好地打造闽文化品牌形象，持续提升“世界闽商大会”品牌价值，凝聚人心、汇聚力量，推进福建科学发展、跨越发展，我们把《闽商发展史》研究编纂工作作为闽商文化研究的重大工程，并于2010年8月正式启动。《闽商发展史》全书十五卷，除“总论卷”之外，还包含福建省九个设区市，港、澳、台、海外以及国内异地商会分卷，时间上从福建目前可追溯的文明史开始。2013年6月，我们在第四届世界闽商大会召开前夕出版了《闽商发展史·总论卷》，并以此作为献给大会的贺仪。今天，呈现在各位读者面前、还带着淡淡的油墨芳香的是《闽商发展史》各分卷。《闽商发展史·总论卷》和《闽商发展史》各分卷都是《闽商发展史》的重要组成部分。《闽商发展史·总论卷》的总论注重闽商发展历史的普遍性和统一性；设区市卷和港、澳、台、海外、国内异地商会卷侧重展示闽商发展历史的特殊性和多样性，以丰富的史料与鲜活的案例，为福建的21世纪“海上丝绸之路”核心区文化建设增添了厚实的基础，为中国海洋文化、商业文化建设提供了本土的文化基因。

欣逢伟大的时代，是我们每个八闽儿女的幸运；实现伟大的梦想，是我们每个八闽儿女的责任。今后，我们仍将一如既往地深入开展闽商文化研究，以闽商文化研究的优秀成果激励广大闽商，引领弘扬闽商精神，让广大闽商更加积极主动地把爱国热情、创业激情和自身优势转化成实际行动，融入“再上新台阶、建设新福建”的伟大实践中，为全面建成小康社会、实现中华民族伟大复兴的中国梦做出更大贡献！

中共福建省委常委
省委统战部部长　**雷春美**

序

宁德俗称闽东北，位于福建省东北部，晋太康三年(282 年)设县，距今已超过 1700 年，是一座历史悠久的文化古城。这里山海兼备，物产丰饶，既是一个人文荟萃之地，又是一块投资兴业的热土。千百年来，作为闽商重要组成部分的宁德商人群体，凭借独特的地理人文优势，勇搏商海、百折不挠，推动着宁德经济社会发展，也铸就了宁德经略海洋的悠久历史和底蕴深厚的商业文化传统。

受山川海域的影响，宁德商人生计来源多种多样，商品交换渊源久远。早在六朝五代时期，闽东北商贸交易已经兴起，特别是唐末闽王王审之实行重商政策，开辟了甘棠港，长溪、霍童溪、古田溪流域等地经济规模有了较快发展，早期交易商品主要为盐、茶、鱼等。到了宋元时期，随着中国经济重心和北方大量移民持续南移，商贸活动更加活跃，集市的兴盛、工商业人口的增加和海外贸易的全面展开是这一时期的重要特征，宋代方志这样描述这一时期的商贸盛况："市廛阡陌之间，女作登于男，四民皆溢，虽乐岁无狠戾；能执技以上游四方者，亦各植其身。"明清两朝，厉行海禁，加之饱受倭寇与西方殖民者的长期侵扰和无情掠夺，闽东北沿海集市贸易、资本积累和商帮成长遭受了毁灭性打击，宁德商人生存极为困难，除小商贩外几无知名商贾。直到太平天国事变后，清廷解除福建海禁，为闽东北海上贸易带来了新机遇，宁德商人才迎来了发展新时期，商品交易门类多达 30 余种，特别是马尾港茶贸开放后，闽东北的茶叶成为大宗外贸商品，在闽东北近代经济社会发展史上写下了浓重的一笔。

纵观闽东北商贸发展历史，虽然生业多样，涉及领域众多，但我认为，作为新兴的滨海城市，海洋性始终是闽东北商贸最突出的特质。从海漂、海田到海商的衍化，见证了宁德商人海上贸易的历史进程。宁德港的开发利用就是另一个明证。宁德港早在唐朝以前就已开辟，历史上一直是福建最繁荣的港口之一，尤其是被誉为"世界不多、中国仅有"的三都澳港，水深湾阔，经济、军事战略地位显著，在明清时期，就已经商贾云集、樯帆如林，是继广州等五口通商口岸开放后的福建省最早对外开放的港口之一，有 13 个国家 21 家公司相继在这里设立洋行。著名学者郭沫若曾两度考察三都澳，赞美其"良港三都举世无，水深湾阔似天湖"，既高度概括了三都澳良港的特性，又预示着其广阔的发展前景。

往古者，所以知今也。这里是习近平总书记"魂牵梦绕"的地方，"开发三都澳"是习近平总书记在宁德工作期间提出的宏伟蓝图，也是闽东北人民梦寐以求的夙愿。2016 年，新一届市委、市政府站在新的起点上审时度势，提出了"开发三都澳、建设新宁德"的重大战略，这既是对习近平总书记在宁德工作期间宏伟蓝图的继承与发展，又点燃了闽东北发展海洋经济的"蓝色引擎"，宁德这艘蓝色巨轮正扬帆起航，乘风破浪，驶向光明灿烂的彼岸。

按照福建省委统战部编纂《闽商发展史》的要求，也为了更全面、系统地呈现和记录闽东北商贸发展历程，经中共宁德市委常委会研究，中共宁德市委统战部组织了《闽商发展史·宁德卷》编委会，具体工作由吴会旺同志负责，林校生同志为主编，经过三年努力，完成了书稿。全书按照时间顺序，详近略远，绪论以下分设六章，主要介绍了闽东北商贸的地理基础、各个时期主要经济活动、重要商事人物等，基本勾勒出了闽东北商贸发展的历史脉络。知往鉴今，以启未来。在本书即将付梓之际，邀我作序，谨就所知略述如上。虽然本书在史料收集、编辑整理等方面还存在一些疏漏和不足之处，但也开启了闽东北商贸研究的新开端。希望通过本书的编印，进一步传承和弘扬闽东北商贸优良传统，用“闽东北经验”说“闽东北道路”，用“闽东北精神”行“闽东北商事”，以此勉励宁德商人在建设新福建、新宁德中做出新的更大的贡献，抒写更加辉煌的锦绣篇章。

是为序。

林　鸿

2017年10月

目录
contents

第一章

绪　论

地理环境是人类历史活动赖以展开的舞台，且是特定地域历史活动的重要参与者。福建三面环山，一面临海，对外而言，是一个相对封闭的地理区。就其内部而言，受断裂带的影响，形成两列北北东—南南西走向的大山带，其西部是以武夷山脉为主体的闽西大山带，中部是以鹫峰山—戴云山—博平岭山脉为主体的闽中大山带，两个大山带之间为长条状的山间盆地和谷地；较大的平原则多分布在沿海地区，如漳州平原、福州平原、莆田平原和泉州平原。福建的经济、文化发展，尤其是它的早期发展，明显存在内陆和沿海两个经济—文化带的地域差异。林拓对汉代到明清福建两个文化带的发育和变异，吴修安对六朝到五代福建两类地域的经济发展差异，已经有比较专门的论述。[①] 本书集中探讨今日宁德设区市地域范围的商业、商人、商帮孕育环境和成长轨迹。从地理的角度观察，宁德市是福建九个设区市中唯一的三面环山、一面临海政区单元，生态环境和生计来源多样性强，明显存在内陆和沿海两个经济—文化带的差异和互补，仿佛是整体福建的一个缩影。这样的地理结构，必然会对该地域长时段的经贸活动及其活动主体产生深远的影响。

宁德位于福建省东北翼沿海，东临东海，与台湾隔海相望，西邻南平，南接省会福州市，北接浙江，今辖古田、霞浦、周宁、寿宁、屏南、柘荣 6 县，福安、福鼎 2 市和蕉城区。土地面积 1.34 万平方公里，直接相邻的海域面积 4.46 万平方公里，地形以丘陵山地为主，沿海为小平原，属中亚热带海洋性季风气候。这里山海兼备，冬少严寒，夏少酷暑；气候湿润，雨量充沛；各类资源都很丰富。

基于沿海、内陆山川气候和境内各处物产资源之不同，其港口道路、行政建置、族群生业等方面也自然显示出很不相同的风貌，构成具有传统历史特色的闽东北商贸的人文地理背景。

---

① 参见林拓：《文化的地理过程分析：福建文化的地域性考察》，上海：上海书店出版社，2004 年；吴修安：《福建早期发展之研究：沿海与内陆的地域差异》，台北：稻乡出版社，2009 年。

一、闽东北港口道路

一个地区的经济活动尤其是商贸活动的发展，很大程度上要受到交通状况的制约。远古时期，原住民对周边的山川地理和道路夷险有一定的认识，只是所涉空间范围较小，单凭口耳相传也严重影响经验的积累和传播。今天能够看到的这个方面的文字材料只有温州总管赵凤仪在《明新堂记》中的“闽头浙尾”四字评。语言简括，但意味深长，我们往往忽略它的重要性，下文谈到建置沿革和族群结构时会稍作解释。明代旧志说这里“东南襟带大海，西北控扼山川”；“赤岸东据，玉岩西峙，龙首拥于后，南峰拱于前，洪山环绕于西南，太姥掩映于东北”。① 但所列赤岸岩、龙首山、南峰、葛洪山、太姥山等都限于福宁“本州”，即今霞浦、福鼎、柘荣诸地。最早对闽东北经济交通形势有比较全面认识的或当推清雍正年间(1723—1735)，漳浦人蓝鼎元(1680—1733)所作《福建全省总图说》。

蓝鼎元是清代著名学者和地方官员，有“筹台宗匠”之誉，极关心闽台事务，他的《福建全省总图说》全文如下：

> 宇内东南诸省，皆滨海形势之雄，以闽为最，上撑江浙，下控百粤，西踞万山，东拊诸彝，固中原一大屏翰也。
>
> 自浙入闽，以仙霞为孔道，由浦城泛舟，下建宁，过延平，抵福州水口，皆崇山狭流，乱石布水面，急滩险绝，篙师失手，铁船亦碎。自浙东海岸温州入闽，由福宁州、宁德、罗源，连江至省城，皆羊肠鸟道，盘纡陡峻，日行高岭云雾中，登天入渊，上下循环，古称蜀道无以过也。自江西入闽，一由河口逾崇安，过武彝山下，泛建阳，会于建宁；一由五虎杉关逾光泽，下邵武，过顺昌，会于延平；一由瑞金逾汀州，泛清流，下九龙滩，如高屋建瓴，从山巅跌船下幽谷，奇险甲于天下。其欲避九龙滩，则走将乐，与建、邵二溪相类，皆会延平。由汀州陆路至漳州，必经上杭、永定，岭高径危，与福宁道上相仿佛，可由漳州、同安、泉州、兴化抵省城。自广东入闽，由分水关，过诏安、漳浦，从漳、泉、兴化一路，直达省城，虽不通河棹，又有坡岭弗利轮辕，然闽地坦夷，仅此途千里而已。其广东又有小路，由三河、大埔，逾石上，入上杭，水浅舟小，满载不过三四人，鞠躬桎足，行者苦之。然经连城，逾小淘，顺流下延平，径达省城，仕宦商旅多由焉。自海入闽，则上起烽火门，下讫南澳，中间闽安、海坛、金门、厦门、铜山，无处不可入也。
>
> 全闽九郡一州，以福州为省城，兴、泉、漳在其南，为下四府。福宁州在其东北，皆滨于海。汀州在其西，延、建、邵在其北，为上四府，皆处深山。台湾一府，又在大海千里中，全省东南之保障也。

---

① 引自明嘉靖十七年本《福宁州志》卷二《形胜》，全书16卷。按：嘉靖十七年(1538年)以前的福宁州旧志，有永乐十六年(1418年)本(卷数不详)、正统十年(1445年)5卷本、约成化十一年(1475年)5卷本、隆庆元年(1567年)12卷本，俱佚。

山则高峰万叠，俯泰岱若培塿；溪则自辟源泉，不肯受邻省涓滴，而汀州余流，尚以分润潮粤。是以其人亦刚方倔强，好大喜功，盖山川之气然耳。大海汪洋，万里无际，江浙、登莱、关东、天津，视若户庭；琉球、吕宋、苏禄、噶啰吧、暹罗、安南诸番，若儿孙环绕膝下，气象雄壮，非他省所可比伦。

山多田少，农圃不足于供，则造物难平之缺憾也。所赖舟航及远，逐末者众，迩日南洋禁开，海外诸岛，稍资内地，倘台湾岁岁丰足，则泉、漳民食亦可无虞。是台湾一郡不但为海邦之藩篱，且为边民之廒仓。经理奠安，使民番长有乐利，九州郡咸蒙其福矣。沿海要地，防维周密，提镇协营，重兵匝布，但人人皆实心为国，亦不必更为区划也。①

蓝文综述福建全省（当时包括台湾府）对外通道和内部交通，也涉及“下四府”“皆滨于海”“上四府”“皆处深山”的地理结构，整体感很强。蓝鼎元是清代前期最具海洋意识的官员之一。他有鉴于“山多田少，农圃不足于供”，批评清初海禁政策，主张发展海洋贸易，是切合福建包括闽东北之实情的。蓝鼎元实际上已经指出，历史时期闽东北的交通，是一个山道（陆路）、河道和海道三者互相联结的体系。

（一）陆 路

山中“羊肠鸟道，盘纡陡峻”，“登天入渊，上下循环”，所谓上下循环，大意说的是深谷上端鸡犬之声相闻，人员过访却要经历一番“入渊登天”之苦。称闽东北的道路比蜀道更难走，②主要就是指这里不仅山地的峰崖兀立，切割强烈，地表破碎，连“起伏舒缓”的低丘陵也显得比较破碎零乱，从而造成区内交通的阻滞。

传统的省际通道主要有三条：

（1）福温路：起自福州，经连江、罗源、宁德、霞浦（后改福安）、福鼎至温州，为古代闽浙交通要道。福温古道原由罗源护国入宁德二都朱溪，经飞鸾直接取水道抵霞浦盐田，又经倒流溪、蒋洋、白琳、点头、岩前、桐山、万古亭，越分水关入浙江省境。宋宝庆时（1225—1227）另辟白鹤岭路接罗源，经宁德县城、七都，过福安县境的大获、衡阳、下白石、湾坞、溪尾到盐田接原路。清末改邮路，由宁德八都经闽坑、福岭入福安县的甘棠、赛岐、同台、江家渡至韩阳，再从千诗亭入柘荣县境的黄柏、双城、乍洋、草鞋亭至福鼎县管阳、桐山接原路。福温路在闽东北境内长约490里，路宽4～6尺，路面皆用石铺砌，随地势展线，大部分地段盘旋于高山峻岭，行程艰难。福（州）分（水关）公路通车后，渐被取代。

（2）福延路：起自福州，经闽侯、闽清、古田到达延平（南平），长约400里。该路向北

---

① 蓝鼎元撰，蒋炳钊、王钿点校：《鹿洲全集·鹿洲初集》卷二，厦门：厦门大学出版社，1995年，第238～239页。

② 乾隆年间的福宁知府、四川犍为人李拔也有类似的说法，见《道里图记》，载乾隆本《福宁府志》卷三上《地理志·疆域》。

接续建瓯、建阳、崇安分水岭路以及邵武光泽的杉光路、浦城的仙霞岭路，可通江西的铅山、黎川与浙江的江山；向南经沙县、宁化、长汀等县可达广东省境，是福州联结闽北、闽西并通往江西、浙江、广东的要道。福延路原由水路到南平，唐元和二年(807 年)，观察使陆庶改辟陆路，由闽清县的安仁溪、牛头塘入闽东北，由水口经常漱、嵩溪、朱坑(朱兴)、秀岭、芋洋(莪洋)、竹园、黄田、云顶至南平山仓峡。此路在古田境内长 120 里。

(3)福瓯路：由闽清渡塘隘入闽东北境，经古田县的葛藤湾、常洋、隆德洋、大桥头、桃坪亭、沽洋至古田县城，再由古田县城出北门，经黄柏口、苏垱、凤埔、峦垄、西溪、旧镇、伍垱至筹岭隘至建瓯县界，是福州联结闽北的交通要道。福延路修通后，商旅逐渐冷落，但仍为军事要道。唐乾符五年(878 年)，传说黄巢的部队即经由此路抵达福州。宋崇宁二年(1103 年)设 6 驿 14 铺，但山高岭峻，商旅罕至，遂于崇宁五年(1106 年)告废。①

传统的县际通道主要有 21 条：蕉城(原宁德县，下同)—古田、屏南；蕉城—周宁；福鼎—霞浦；福鼎—浙江苍南；福鼎—浙江泰顺；霞浦—福安；霞浦—柘荣；福安—寿宁；福安—周宁；古田—屏南；古田—闽清；屏南—周宁；屏南—政和；屏南—建瓯；寿宁—周宁泗桥；寿宁—政和；寿宁—浙江景宁；寿宁—浙江庆元；寿宁—浙江泰顺；周宁—政和；柘荣—浙江泰顺，具体路线、里程不备列。

(二)河　道

闽东北山区溪流众多，河网密集，在水库、水电站不曾过度开发的岁月里(其实距今也不过几十年的时光)，蕉城霍童溪的船运可以从八都出海口一直通达今日洪口乡(莒溪)，屏南寿山乡的木材可以沿溪直接"放排"到蕉城霍童。福安、寿宁间的交溪船运可以从下白石出海口经赛岐镇换船直达斜滩镇山岭之间。适应山溪穿行需要的小艚，俗称"溪利"，载货 1 吨左右，船速快慢随水量丰枯和风向顺逆而变，上行往往需要纤夫牵引。清末民初，寿宁的斜滩槽常年维持在 100 只上下，运送各样商品，人货混载，构建了巨大的物流网络和快捷的信息通道。② 以闽东北的主要河流长溪为例，据福安白塔水文站记载，历年最大流量 11700 立方米/秒，最小流量 5.11 立方米/秒，年均径流量 41.98 亿立方米。1979 年航道普查时，流域通航河流总长 354.4 公里，通航里程 134.3 公里；主流全长 157.9 公里，通航里程 93.5 公里。1990 年，湖塘坂以下河宽 26～200 米，水深一般 3 米左右，其中，湖塘坂至化蛟 18 公里，可通 2 吨小木船；化蛟至黄兰 4 公里感潮区，可通 4 吨小船；黄兰至三江口 15 公里，系泥沙河床，乘潮可通 20 吨船舶；赛岐至国泽村 8.3 公里，俗称赛江，低潮水深 2 米，锚地水深 4 米，1500 吨轮船可乘潮进出；国泽至白马门 27 公里，俗称白马河，水深 6.4 米，锚地水深 8 米，5000 吨轮船可乘潮抵下白石。又如霍童溪，通航河流长 107.5 公里。据蕉城洋中坂水文站记载，历年最大流量 3550 立方米/秒，

---

① 关于省际通道的叙述，采自新编《宁德地区志》卷一〇《交通》第一章"陆路"，北京：方志出版社，1998 年，第 503 页。

② 参见林校生：《闽东区域文化资源特性论析》，《毂外撰文》，福州：福建人民出版社，2013 年，第 256 页。

最小流量 6.31 立方米/秒，年均径流量 25.55 亿立方米。航道通航里程 53.3 公里。其中，莒洲至八都，通航里程 49.3 公里，枯水期水深 0.3 米，宽度 2～10 米，洪口以上通航 2 吨以下小船，洪口以下通航 4 吨以下小船；八都至金垂村，通航里程 4 公里，枯水期水深 1.5 米，宽度 22 米，趁潮通航 50 吨轮船。① [2000 年后建设洪口水电站，水库正常蓄水位 165 米(黄海高程)，水面面积 8.92 平方公里，坝址以上主河道长 86.3 公里，控制流域面积 1701 平方公里，约占霍童溪流域面积的 75.8%，霍童溪水路发生了历史性的变化，现已无通海航道功能。]

境内溪河众多，桥梁、渡口也多。北宋明道年间(1032—1033)已出现木拱桥，石拱桥技术则于南宋以后传入闽东北。民国时期，随着公路的兴建，出现钢筋混凝土混合结构的公路桥梁。改革开放以来，一大批造型新颖、结构合理、荷载力大的新型桥梁逐步取代原有的旧式桥梁。清代及其以前，境内共有各类人行桥 248 座。受技术、材料、财力的限制而无法建桥的河面，则选择水流平缓处设置渡口，以人力筏、船渡客运货，连接交通。1992 年年底，全区除蹬步外共有各种人行桥 1650 座，其中木梁桥 140 座、木拱桥 108 座、石梁桥 312 座、石拱桥 368 座、钢筋混凝土梁桥 409 座、钢筋混凝土拱桥 310 座、钢索吊桥 3 座。一大批现代技术含量很高的公路桥、铁路桥也陆续建成。其时全区仍有乡村渡口 163 个，其中宁德 20 个，福鼎 34 个，霞浦 17 个，福安 66 个，古田 8 个，屏南 4 个，寿宁 6 个，柘荣 8 个。较有名的有蕉城的三都渡口、金钟渡口，福鼎的石龟渡口、沙埕渡口、八尺门渡口、南溪水库渡口，霞浦的盐田渡口，福安的下白石渡口、江家渡口等。纵横交错的桥梁和渡口连接了陆路和水路，使得遭受山岭河流切割、被“划成许多格子状的小单位”的闽东北在相互阻隔的同时，也具有一定的联通性能。这里的河流虽然流程不太长，流域面积也不大，但河网密布，直接与沿海港埠相连接，具有较高的水运价值。

(三)港　口

“福宁州在其东北”而“滨于海”；“自海入闽，则上起烽火门”，海岸绵延“无处不可入”。宁德设区市海岸线占福建省海岸线总长的 28.35%；海域面积占福建省海洋渔场总面积的 35.63%。海域面积中，0～10 米等深线的浅海区占 2.1%，10～40 米等深线的沿岸海区占 11.03%，40～100 米等深线海区占 27.18%，100～200 米(大陆架)等深线外海区占 59.69%；区域内有岛、礁、沙②、滩、岬角、水道、河口 1215 个。境内有福宁湾、三沙湾、东吾洋、覆鼎洋、官井洋、三都澳等海湾、港湾 178 个，主要港口有沙埕港、三沙港、八尺门内港、姚家屿港、小白鹭港、茶塘港、西台澳古镇港、盐田港、温麻港、赛岐港、黄崎

① 据陈忠麒执笔《福建航道志》第一章“内河航道”第五节“其他河流”，北京：人民交通出版社，1997 年，第 97、100 页。按：此处二溪流量、径流量数据与《宁德地区志》卷二《自然环境》第五章第二节中的“全区主要河流流量、径流量情况表”有差异，请参见《宁德地区志》，北京：方志出版社，1998 年，第 190 页。

② 沙，辞书谓“沙滩和小岛。亦泛指小沙岛”，如南朝齐张融《海赋》：“沙屿相接，洲岛相连。”宁德方音仍保留以“沙”指代小沙屿的用法。

港(下白石港)、铜镜港(八都港)、漳湾港、三都澳港、东冲口港等。唐代乃至唐代以前,闽东北福鼎一带诸多港口就成为闽浙门户之一,南北海船常云集于此;并开始形成三江口(今福安赛岐)、盐田(今属霞浦县)、甘棠(今福安下白石)等商港,海上交通比较发达,可以远抵新罗、占城、三佛齐(今印尼)和天竺。

宁德设区市水域著名的天然深水港有沙埕湾和三都澳两处。

(1)沙埕港:位于福鼎沙埕镇,地处闽浙两省沿海交界处。陆路距县城45公里,水路北距温州港81公里,南距福州港125海里,与台湾基隆相距142海里,临近公海。港区水域范围,自福建头与虎头鼻两点连线以内至金屿,面积为23.45平方公里;陆域范围,自水文站至鹭鸶礁,面积1.24万平方米。港内两岸高山夹峙,港面广阔,风平浪静,水深在20米以上,最深处超过50米,可同时停泊万吨级轮船10艘,中小型船舶70余艘,是福鼎主要的海上物资集散地。

沙埕港通海航道起自沙埕镇虎头鼻与南镇村福建头连线以内,至桐山镇肖家坝石板桥,长20海里,航道出口处敞向东方,口宽0.8海里,港道弯曲狭长,以复式"S"形呈带状从东南向西北方向深入腹地。

福建头至金屿航道段长6海里,航道中的莲花屿为航道分水砥柱。莲花屿以西为深水主航道,水深大部分在15米以上,局部水深达50米;水深在10米以上的主航道宽度为800～1000米,水深在12米以上的主航道宽度为600米,可通航2.5万吨级远洋轮船。莲花屿以东的航道水深5米,可乘潮行驶3000吨级以下的轮船。

金屿经花眉崖至长屿航道段,长5.4海里,航道在金屿处的弯曲半径约800米,航道最窄处宽450米。由金屿至花眉岩航道较直,长2000米,宽800米,水深20米。由花眉岩至长屿航道较弯曲,可通航万吨级船舶。

长屿以内航道呈扇形扩展,自长屿至八尺门为主干航道,可通航5000吨级以下船舶。自长屿经青屿至腰屿,在腰屿处主干航道有北汉水道,姚家屿码头即位于北汉水道深槽末端附近。北汉水道口在腰屿西北方有牛绳沙浅滩,3000吨级船舶可乘潮进出浅滩段。由长屿至八尺门的陆岸之间,航道长1482米,宽463～926米,水深2.7～14.6米,石底。航道口落潮时有急湍和涡流,200吨以下船只可乘潮直达八尺门内港的后岐、点头码头。自长屿至城关桐山镇肖家坝石板桥,航程10海里,水域浅滩面积大,400吨级以下船舶可沿浅滩沟槽乘潮通航至桐山港码头。

主要锚地有:莲花屿东锚地水深3～9米,泥底,可避7～8级东北风。莲花屿西锚地水深15～25米,泥底,可供大型船舶避风。莲花屿至八尺门锚地水深均在5～20米,泥沙、贝壳底,可避12级以上台风。

航道中主要碍航礁石有:港口外北关岛西南有一水深2米的水鼓礁,西侧有马祖印礁,北方有观音礁和竹排礁,东西侧有脚盆礁,东端有石坡延伸。南关岛南端的青屿与东鼻头之间为险恶礁区。

(2)三都澳:亦称三沙湾,航道位于霞浦、罗源、宁德、福安四县濒海海岸之间。东北由东冲半岛与鉴江半岛环抱而成,是个口小腹大的深水海湾。海域东西长45公里,南北宽25公里,面积6000平方公里,海岸线长而弯曲,沿岸多是海拔300～800米的花岗岩组成的低丘、岬角、湾澳,是闽东沿海主要的港湾,闻名海内外。

三沙湾航道水深 3～5.3 米,最深处 110 米,大部分是基岩海岸。海水呈蓝绿色,能见度 0.5～1 米。湾内潮流畅通,潮型为半日往复流,流向与航道方向一致,流速 1.3～7 节,平均潮差 6 米,最大潮差 8 米多,潮汐各有差异。每年 3～6 月有雾,年雾日约 12 天。

三沙湾港汊分支,主要有东冲水道、宁德水道、白马门水道、赤尤门水道、大门(七星)水道、关门江水道等。这些水道均能通航 300～500 吨级船只,其中东冲水道是三沙湾唯一的进出门户。东冲水道位于东冲半岛与罗源鉴江半岛之间,东西宽 1.6 公里,南北长 2.5 公里,面积 4.2 平方公里,略呈长方形。湾内岛礁很多,在牛鼻峰、金屿、牛脚趾、荷叶礁、白岛屿等岛屿建有 24 个导航灯塔,1 个雷达就答器,8 个灯浮。湾内荷叶礁扼着中流砥柱,水深 4～100 米,可通万吨巨轮。

三都澳位于三沙湾内,是福建省能进 5 万～10 万吨级船舶的天然深水港湾之一。澳内水域宽阔,潮流属半日潮性质,呈往复流形式,涨潮流速 1.3 节,落潮流速 2.5 节,最高潮位 10.53 米,最低潮位 1.16 米,平均高潮位 8.36 米,平均低潮位 3.01 米,平均潮差 5.53 米,大部分水深在 10 米以上,最深达 40 米。进港航道水深均在 20 米以上,一般在 30～50 米,鸡公山西侧深达 110 米,澳内岛屿较多,四周高山环抱,有多处避风条件好的锚地。1980 年,修建浆砌条石重力式客货码头 1 座,长 20 米,可靠泊 100 吨级船舶 1 艘,同时在对岸礁西头村也修建石砌斜坡客运码头 1 座,长 70 米,可停靠 20 吨小船 2 艘。多年来常有数千吨级中型货轮进港锚泊,在锚地进行水上过驳作业,将所进口的货物驳运至赛岐、洋尾等港转入内地。①

而宁德设区市水域开发最早的港道,则当推黄崎港(今下白石港,历史上又称甘棠港)。② 黄崎港地当三都澳内长溪出海口,正好处在福州洋和温州洋居中位置,避风条件好,对内又连接长溪干流大小码头数十处,福州北上的船只可以先到此停泊,购置货物并补充淡水、柴、米等必需品后再继续北航。原来即是前述长溪通海航道的一段,王审知据闽时疏浚。淳熙《三山志・海道》载:

> (十一潮)过甘棠港:旧有巨石屹立波间,舟多覆溺。唐天祐元年(904 年),琅琊王审知具太牢祷于神,将刊之。是夕,雷雨暴作,石皆碎解。迟明,安流如砥。昭宗诏奖之,赐号"甘棠",神曰"显灵侯"。三年赐《德政碑》。③

---

① 关于沙埕港和三都澳,参见新编《福建省志・交通志》第二篇"水路"第一章"航道"第二节"通海航道",北京:方志出版社,1998 年,第 136、137～138 页;陈忠麒执笔《福建航道志》第二章"沿海港湾航道"第五节"沙埕港"、第六节"三沙湾",北京:人民交通出版社,1997 年,第 127～130 页。

② 关于黄崎镇的位置,北宋王存《元丰九域志》卷九"福建路・长溪县"条有载;黄崎港的位置及其疏浚,南宋《三山志》卷六"地理类・海道"目"过甘棠港"下有载。近年个别学者提出异议,廖大珂《福建海外交通史》做了有力的辨析和回应,见该书第一章第三节(福州:福建人民出版社,2002 年,第 5～7 页)。缪品枚《(闽东)茶史概说》提供了一些新的材料和意见,收入李步泉主编:《闽东茶叶历史文化》,福州:海峡书局,2015 年,第 20～22 页。

③ 梁克家著,福建省地方志编纂委员会整理:《三山志》,北京:方志出版社,2004 年,第 48 页。

详情本书第二章还会谈到。北宋后期泉州港兴起，福州港风光不再，甘棠港随之渐渐衰落，但至明、清两代犹不失为重要津渡和税卡。明代这里设白石巡检司，王应山《闽都记》卷三三《郡东北福宁胜迹》称“多人烟，有城堡，监司行部驻节于此”。“晚清（道光时）白石海口设有海关，商船载货出入，按章征税，尽收尽解，均归将军管理。同治四年白石又设厘金局，商船载货出入，委员按章抽厘，收解郡据，转解闽省税厘总局。”[①]经历千百年沧桑变幻，1949 年 10 月后，原黄崎乡经历了下白石区、公社、镇的建制变化；还一度建立海军兵工厂，20 世纪 80 年代以后民营船舶拆造业等逐渐兴起。今日的黄崎渡旧址，位于福安下白石镇白马河上。河宽约 800 米，潮水落差 7.02 米，浪涌流急，直到 20 世纪末仍是福温大道上的重要渡口，现在镇区建有 5000 吨级杂货码头。

大体言之，同整个中国东南滨海地区相仿，闽东北沿海多有河流可供上下通航，内接深远的经济腹地，外连广阔的滩涂岛海，又有便捷的泊船港湾，而且河流数量更多，河口分布更密，船运发展比较充分，收税成本相对较低。这样的交通地理环境，孕育了岸、海之间最早的物品交换，对周近地区经济文化生活的早期海洋性特征的形成，对历代经济发展和商贸繁荣，都起了长远的促进作用。

二、闽东北建置沿革

理论上，有了地盘、物产、人口和交通，就有了行政建置的基本条件。不过，闽东北地处边陲，长期是非汉族群生活的地方，很晚才被纳入正式的行政管辖。秦代一度设立闽中郡，[②]汉代并入会稽郡。会稽郡的重心在北不在南，整个东南滨海丘陵地带，直到东汉后期，仍只在椒江口、瓯江口和闽江口设了三个县，即章安（今台州）、永宁（今温州）和东侯官（今福州）。孙吴时期，随着军事活动和经济开发的推进，情况才逐渐发生变化，孙策、孙权新置建安（今建瓯）、南平（今邵武）、汉兴（今浦城）、建平（今建阳）四县；加上侯官县，它们都分布在闽江流域，而且绝大部分在闽江上游，孙吴统设为会稽南部都尉。而闽江以外的长溪、岱溪、霍童溪流域（分别是福建第五、六、七大河）所在，今日称闽东北或闽东北，当时则属会稽东部都尉。

当时的制度，一般的郡设一名都尉（原称郡尉）佐助太守，掌管一郡武事，有的大郡、边郡，往往在偏远多事之地设立诸部都尉，下辖若干县，以加强统治，逐渐成为一个准郡级的政区单位，但行政隶属上仍是原来郡区的一个部分。东汉末以来，以武职都尉管辖地方政事渐渐常任化，“汉末及三国，多以诸部都尉为郡”。[③] 孙吴在江左建立政权，每以武力征服先行，“诸部都尉为郡”，实际上就是通过“军管区”的形式过渡到正式设郡。扬州地区会稽郡到了孙吴后期，陆续在原来的都尉管区正式设郡：会稽王孙亮太平二年

① 见清光绪本《福安县志》卷六《田赋》。

② 关于闽中郡的性质问题，可参见《福建省志·地理志·附录》“建置沿革及考证”，北京：方志出版社，2001 年，第 429～430 页。

③ 《宋书》卷四〇《百官志下》。

(257 年),以会稽郡东部为临海郡;景帝永安三年(260 年),以会稽郡南部为建安郡;末帝孙皓宝鼎元年(266 年),以会稽郡西部为东阳郡。① 孙吴会稽南部都尉和建安郡的治所都在建安县。设郡的同时,又增设了将乐县、新的南平县和东安县(今南安)。这样,建安郡辖有八县,其中六县在闽江上游,一县在闽江口,一县在晋江口;闽东北的罗江县则尚在临海郡治下,福建首度设郡时期的政区情况大抵如此。闽东北与浙东南,地境相接,地形相似,当年划分郡县,自然颇多粘连。

(一)东吴南朝间罗江县和温麻县的置废

罗江县设立的时间,史无明载,吴增仅《三国郡县表附考证补正》疑与临海郡同立,大抵可从。关于罗江县的地望,学界审慎的意见,多说"罗江县无考"。这实际说的是治所无考,辖境的大体范围则不难推断,谭其骧主编的《中国历史地图集》第三册三国吴、西晋的扬州图幅"无考县名"都列有罗江,但早在 20 世纪 40 年代他就说过罗江县在今"福州东北"。② 虽然临海郡的主要地盘在浙东南,即明代的台州、温州、处州三府,但罗江县在闽东北,初设时大致相当于后来的福宁府全部和福州府的一部分。

表 1-1　太康元年至四年(280—283)涉闽三郡属县变动表

	太康元年(280 年)	太康三年(282 年)	太康四年(283 年)
临海	临海　始丰　松阳　安固　罗江　宁海　章安　永宁	划出罗江,统县七	以横屿船屯增置始阳县,旋改名横阳,统县八
建安	建安　将乐　昭武　建阳　吴兴　延平　东安　侯官　东平	划出东安、侯官,改昭武为邵武,统县七	建安　将乐　邵武　建阳　吴兴　延平　东平
晋安		原丰　新罗　宛平　同安　侯官　罗江　晋安	以温麻船屯增置温麻县,统县八
出处	孔祥军:《三国政区地理研究》附《晋太康元年的行政区划》	参据《晋书·地理志下》《宋书·州郡志二》	《宋书·州郡志二》

公元 280 年,即吴天纪四年、西晋太康元年,西晋平吴,晋武帝乘势调整全国政区,主题是归并吴蛮图籍,整合全境,成为"尽有殷周之土"的"冠带之国"。晋安郡的设立即是其中的一个政区变动。《宋书·州郡志二》载,晋安郡,太康三年(282 年)分建安郡立;罗江县,吴属临海郡,晋武帝立晋安郡,度属;温麻县,太康四年(283 年)立。《晋书·地理

---

① 参见《三国志》卷四八《吴书·三嗣主传》(孙亮、孙休、孙皓)。

② 谭其骧:《浙江省历代行政区域》注一,原载杭州《东南日报》副刊,1947 年 10 月 4 日;收入《长水集》上册,北京:人民出版社,1987 年,第 398 页。另,稍早劳榦《汉晋闽中建置考》(《"中央研究院"历史语言研究所集刊》第 5 本第 1 分,1935 年 10 月)也说罗江在福建北部沿海。

志下》载，晋安郡太康三年(282年)置，统县八：原丰、新罗、宛平、同安、侯官、罗江、晋安、温麻。此间变化，列成如表1-1。

晋安郡所统八县的区位：原丰，太康三年(282年)由典船校尉立，治所在今福州靠近晋安区琴亭一侧(东侧)。侯官，治所在今福州靠近闽侯上街一侧(西侧)，也在闽江近海处。① 晋安，即孙吴的东安县，晋武帝改名，治所为今泉州南安丰州镇，地当晋江出海口。同安，今属厦门，离九龙江出海口不远。新罗，治所当在今龙岩市新罗区(一说在今长汀县)。② 龙岩(原县)今为闽西首府，但它在九龙江流域而不在汀江流域，从当时交通条件看，它与闽南的联结远比它与后来被划为汀州府的闽西的联结紧密得多。宛平由于存在时间不长，后来又不见复置，具体区位难详，但大抵总在原丰至新罗滨海地带的沿江之处。③

罗江、温麻的区位关系比较复杂。传统舆地之学主要是沿革地理之学，尤重郡县建置时间和治所的记述和考求，而于政区界址较少留意；罗江县的治所长期无考，它的界址问题也就逐渐淡出人们的视野。全国性的地理总志、唐代人写的《元和郡县志》，反映唐代政区情况的新旧《唐书·地理志》，已经没有罗江县名。宋代人写的福州地方志，《三山志》卷一叙州之沿革，有罗江之名，无罗江之址；卷二、卷三叙县之沿革，已经完全不涉及罗江县。于是在明清方志叙事中，晋温麻县境就变得超常之大。乾隆本《福宁府志》卷二《地理志·沿革》说："晋太康三年析侯官置温麻县"，"今府治及连江一带皆是"，包括了从连江县到福鼎县(今改市)整个闽东北之地。这便没有罗江县存在的位置了。福建方志不载罗江，浙江方志却略存痕迹。弘治本《温州府志》卷一《建置沿革》载：

> (东汉)顺帝永和三年(138年)分章安之东瓯乡为永宁县，末年置东、南二部都尉，东部临海，南部建安。吴孙权分永宁置罗阳县。孙亮太平二年(257年)，以东部都尉为临海郡，以永宁属之；改罗阳为安阳县。晋武帝太康元年(280年)平吴，改安阳为安固县，分安固南横屿船屯置始阳县。《晋志》临海郡领县八：章安、临海、始丰、永宁、宁海、松阳、安固、横阳。明帝太宁元年(323年)，分临海之峤南永宁、安固、横阳、松阳及晋安之罗江，凡五县，立永嘉郡，属扬州，治永宁，峤南即温州。孝武宁康二年(374年)，分永宁置乐成，以罗江还晋安。

弘治志虽属后出，但温州方志历代传修有绪，自南朝《永嘉记》(永嘉太守谢灵运)、《永嘉郡记》(员外郎郑缉之)开山，此后迭有隋《永嘉图经》(陆羽《茶经》引)，北宋《祥符温州图经》(李宗谔)，南宋淳熙《永嘉志》(周澄、徐嘉言)、绍熙《永嘉谱》(知温州孙懋修、曹

---

① 参见卢美松主编：《福建历史地图集·自然图组》，福州：福建省地图出版社，2004年，第202～203页。

② 参见胡菊兴：《新罗县与长汀县》，《历史地理研究》第1辑，上海：复旦大学出版社，1986年；张东民：《谈古论今话新罗》，《龙岩师专学报》2004年第2期。

③ 黄启权《福州建置沿革》认为宛平县在今"福州、南平交界处"，见《岊溪集》，北京：中国社会出版社，2003年，第236页。

叔远纂,凡二十四卷,分年谱、地谱、人谱、名谱四目,年谱即述建置沿革)、嘉定《永宁编》(知温州留元刚修、陈谦纂,十五卷),元至大《温州路志》(章哲、夏开先,二十卷)、延祐《东瓯志》(章哲改编,十册),等等。① 那么,弘治本《温州府志》的说法当渊源有自,可以采信,其说既与《宋书·州郡志》《晋书·地理志》不相抵触,又补充交代东晋前期罗江县属郡的一次小反复,更加丰富了我们对吴、晋时期闽东北与浙西南关系十分紧密的认识。

综合考虑西晋太康三年(282 年)晋安郡建置态势,罗江县从浙东南临海郡来属,其西半边自然包括今日的福鼎、霞浦;境内有霍山,即今宁德霍童山,②其东半边至少包括旧宁德县的一部分,县治当在今福安、霞浦一带的某个河口、海边附近。③ 温麻,晋代县治则应在今连江县,境内有福建第六大河岱江(鳌江)。那么,晋安郡八县除新罗在九龙江上游以外,都设治在福建几条主要河流的出海口附近(由于海岸线的历史变迁,同安旧治已不在今天的海边)。④

罗江、温麻二县并存的格局,或当一直延续到南朝齐末,《南齐书·州郡志上·江州》载,"晋安郡:侯官、罗江、原丰、晋安、温麻",可以为证。梁陈两代的情况,史籍没有直接记载,只能从《梁书·王僧孺传》《陈书·始兴王伯茂传》中查得侯官、原丰、温麻三县之名(晋安移属新设的梁安郡,亦即南安郡),罗江县当已撤销。⑤ 以情势揆之,大抵被并入温麻县,温麻县的治所有无迁移,则难究其详(从唐初复置温麻县的相关故实看,罗江县废,南朝后期的温麻县徙治今霞浦县有一定的可能性)。公元 589 年隋朝平陈,大幅度并县,闽地只留建安一郡辖闽、建安、南安和龙溪四县(另有邵武县属临川郡),温麻县并入原丰县(三年后改名闽县),从今日连江到福鼎的广阔地域不设一县,仿如孙吴未立罗江县之时。

(二)唐代以来闽东北县级政区的逐渐增加

到了唐武德六年(623 年),复置温麻县,治所当在今霞浦县南古县村,同年迁连江,改名连江县;长安二年(702 年),割时连江县北部(即"晋温麻旧县北四乡"),复置温麻

---

① 详见胡珠生:《弘治温州府志》校注本"前言",上海:上海社会科学院出版社,2006 年。

② 见《山海经》卷五《中山经》晋郭璞注和唐道世《法苑珠林》卷七一《祈雨篇》引南朝齐王琰:《冥祥记》,参朱维幹:《福建史稿》上册,福州:福建教育出版社,1985 年,第 55～56 页。

③ 关于罗江县治,旧有罗源县、瑞安县、宁德县三说,见朱维幹:《福建史稿》第二编第四章"闽中郡县的建置",福州:福建教育出版社,1985 年;周振鹤、游汝杰则以为在福鼎县,见《方言与中国文化》第一章第三节"移民与方言渊源和方言地理格局",上海:上海人民出版社,1986 年;林汀水又提出在福安县,见《福建政区沿革治所考》,《历史地理》第 24 辑,上海:上海人民出版社,2010 年,但都没有确凿依据。五说都不涉霞浦,当是俱以其为西晋温麻县治之所在了。

④ 东吴、西晋时期闽地的行政建置,参见林校生:《闽东早期政区建置的总体态势》,《闽东文化流变论劄》,福州:福建人民出版社,2016 年,第 39～48 页。

⑤ 最新出版的《中国行政区划通史·三国两晋南朝卷》(胡阿祥、孔祥军、徐成著)第八编第一章"南朝梁实州郡县沿革"第一节"江表诸州"附"江表诸实县存考"考得 156 县,不列罗江县,上海:复旦大学出版社,2014 年,第 1170～1186 页。

县,治所仍在霞浦;天宝元年(742年)改名长溪县,连江县如故。[①](1998年版《宁德地区志》称"武德六年析闽县原温麻县地设立长溪县和连江县",1999年版《霞浦县志》略同,皆受明清省、州、府志晚出材料牵挽致误,而与《唐会要》及唐、宋地理总志所载不合,也不为现代史地学界所认可。)[②]另外,开元二十九年(741年)又在侯官县西部开山洞置古田县。开成中(约838年,开成凡五年,取其中值)划古田、长溪二县部分地设立感德场,五代后唐长兴四年即闽国龙启元年(933年),升置宁德县。今宁德设区市地域至此设有两个县,均隶属福州彰武节度使。

南宋宝庆元年(1225年),长溪县令范夔以县西北乡去治辽远,难以制驭,议析为县,择韩阳坂为县治,不果;淳祐四年(1244年),邑人重申前议,得准,次年从长溪析置福安,属福州。今宁德设区市地域至此设有三县。

五代闽国在宁德县立关隶镇,北宋咸平三年(1000年)析宁德县关隶镇为县(初名关隶县,1115年改名政和县),割属建州。明景泰六年(1455年),析政和、福安二县地置寿宁县,属建宁府。清雍正十二年(1734年),割古田县北境双溪地置屏南县,属福州府;同年,升福宁直隶州为福宁府,增置霞浦为倚郭县;乾隆四年(1739年),析霞浦置福鼎县,属福宁府。今宁德设区市地域至此设有七县。

明嘉靖三十五年(1556年),曾以宁德县青田乡东洋里为行县,由宁德县主簿驻征赋税;清雍正十三年(1735年),复以东洋里十五至十八都为分县,由宁德县丞驻治(光绪三十三年即1907年改由县佐驻治);民国肇基,变通旧制,元年(1912年),分县改由宁德县派分驻员治理,三年复设县佐,二十二年改设宁德县第五区,二十四年、二十六年两次改设周墩特种区,初设直属福建省第一行政督察区(公署驻长乐);三十四年独立设县,是为周宁县。又,民国二十四年(1935年),以霞浦县部分地(原灵霍乡柘洋里)设立柘洋特种区,初设直属福建省第一行政督察区,三十四年撤销柘洋特种区建制,设置柘荣县。今宁德设区市地域至此设有九县。(1956年8月12日撤销柘荣县,原县境并入福安县辖,至1961年10月15日恢复县建制,仍属福安专区;1970年7月1日,被再次裁撤,原县内的城关、东源、宅中、黄柏、富溪、楮坪、英山7个人民公社划归福安县辖,乍洋人民公社划归福鼎县辖,1975年3月15日再次恢复县建至今。)

兹将以上所述列为表1-2:

---

① 详见高学钦:《唐温麻县的治所和长溪县的置县时间》,《宁德师专学报(哲学社会科学版)》2009年第4期。参见林汀水:《闽东、闽北若干政区、地名沿革考辨》,《厦门大学学报(哲社版)》1998年第1期。

② 参见《霞浦县志》书末《附录·唐温麻县建置考略》,北京:方志出版社,1999年,第1155~1156页。

表 1-2 今宁德设区市境域历代县数县名简表

公元纪年	年号纪年	县数	县 名
约 257—283	吴太平二年至西晋太康四年	1	罗江
283—约 501	西晋太康四年至南齐中兴元年	2	罗江 温麻
约 501—589	南齐中兴元年至隋开皇九年	1	温麻
589—623	隋开皇九年至唐武德六年	0	(并入闽县)
623	唐武德六年	1	温麻
623—702	唐武德六年至长安二年	1	连江
702—741	唐长安二年至开元二十九年	1	温麻
742—933	唐天宝元年至闽国龙启元年	2	长溪 古田
933—1244	闽国龙启元年至南宋淳祐五年	3	长溪 古田 宁德
1244—1286	南宋淳祐五年至元至元二十三年	4	长溪 古田 宁德 福安
1286—1455	元至元二十三年至明景泰六年	4	古田 宁德 福安 福宁本州
1455—1734	明景泰六年至清雍正十二年	5	古田 宁德 福安 福宁 寿宁
1734—1739	清雍正十二年至乾隆四年	6	霞浦 福安 宁德 寿宁 古田 屏南
1739—1945	清乾隆四年至民国三十四年	7	增置福鼎
1945 年至今		9	增置柘荣(中经两次撤县)、周宁

(三)闽东北统县政区的变动

以上是以今日宁德设区市境域为单位,对其历史上县级政区建置情况的回溯。

从统县政区的层面来看,闽东北地区单独设立统县政区的历史很迟,时有中断,且在20世纪70年代以前所辖县并不与现辖县重合。

元至元二十三年(1286年),设福宁州(散州,与县并列,唯知州从五品),辖本州(原长溪县)和福安、宁德二县。

明洪武二年(1369年),福宁州降为福宁县。成化九年(1473年),复设福宁州(直隶州,与府并列),仍辖本州和福安、宁德二县。

清雍正十二年(1734年),福宁州升为福宁府,辖宁德、福安、寿宁、霞浦四县(乾隆四年即1739年起增辖福鼎县,福鼎从霞浦县析置;古田、屏南则属福州府)。

中华民国建立后,废府、州、厅制,实行省、道、县三级制。民国元年(1912年)全省划分为东路、南路、西路、北路四道,民国三年(1914年)改称闽海(闽东北)、厦门(闽南)、漳汀(闽西)、建安(闽北)四道,闽东北不单设一道。民国十四年(1925年)废除道制,实行省、县二级制,闽东北各县自然也直属于省府。也就是说,继福宁州府连续存在4个多世纪后,民国前期的22.5年闽东北一度中断统县政区之设。

表 1-3　民国时期闽东北统县政区设置情况表

时　　间	区别	驻　地	辖　县	辖特区	备　注
1912—1934					1924 年以前设有闽海道(东路),辖 15 县,相当于清代福州府加福宁府
1934—1936	第二区	福安	福安　宁德　霞浦 福鼎　寿宁　屏南		古田县属第三区(南平)
1936—1943	第一区	长乐—闽侯—福安	长乐　闽侯　连江 罗源　福清　平潭 霞浦　宁德　福安 福鼎	南日岛 周墩 柘洋 三都	古田、屏南属第二区(南平),1940 年划归第三区(浦城);寿宁属第三区(浦城),1939 年划归第一区
1943—1945	第八区	福安	福安　宁德　霞浦 福鼎　寿宁　屏南	周墩 柘洋	古田县属第一区(闽侯)
1945—1947	第八区	福安	福安　宁德　霞浦 福鼎　寿宁　屏南 周宁　柘荣		古田县属第一区(闽侯)
1947—1949	第一区	福安	福安　霞浦　福鼎 宁德　周宁　柘荣 寿宁		古田、屏南二县属第二区(南平)

民国二十三年(1934 年)7 月实行行政督察专员公署制度,将全省划为 10 个行政督察区署,辖 64 个县。第二行政督察区专员公署驻福安县,辖福安、宁德、霞浦、福鼎、寿宁、屏南六县。民国二十五年(1936 年),全省改划为 7 个行政督察区,第一行政督察区(区署驻长乐,民国二十七年 3 月改驻闽侯,民国三十一年改驻福安)辖长乐、闽侯、连江、罗源、福清、平潭、福安、宁德、霞浦、福鼎十县和南日岛(莆田,紧邻福清野马屿)、周墩、柘洋、三都 4 个特种区。

民国三十二年(1943 年)9 月,全省重新划分为 8 个行政督察区,闽东北的福安、霞浦、宁德、寿宁、福鼎、屏南六县,周墩、柘洋 2 个特种区并属第八行政督察区,专员公署驻福安县。古田县隶属第一行政督察区。

民国三十六年(1947 年)4 月,全省划为 7 个行政督察区,第一行政督察区(专员公署驻福安)辖福安、霞浦、福鼎、宁德、周宁、柘荣、寿宁七县。古田、屏南二县则隶属第二行政督察区(专员公署驻南平)。这一行政区划延续至1949年8月福建省人民政府成立为止。① 中华人民共和国成立后,福建省第三行政督察区(专员公署驻福安)辖宁德、霞浦、福鼎、福安、寿宁、周宁、柘荣七县,面积9086平方公里。1956年,长乐、连江、罗源三县划归福安专区,辖境面积12002平方公里。1959年7月,松溪、政和二县划归福安专区;8月,长乐、连江二县划归闽侯专区。1961年7月,罗源县划归福州市,福安专区辖境面积11881平方公里。1970年2月,连江、罗源、古田、屏南四县划归福安专区,松溪、政和二县划归南平专区,福安专区辖境面积为15144平方公里。1971年6月"行署"迁驻宁德。1983年4月,连江、罗源县划归福州市管辖。1992年,全区土地总面积13379平方公里。

大体言之,西晋太康时在福建分设晋安郡、建安郡,后世所谓"上四府"(内地)、"下四府"(沿海)的政区分布大格局已经初见端倪。清雍乾时在闽东北升置福宁府,在沿海四县之外又划入寿宁山区县,从此闽东北渐渐一分为二,至20世纪80年代,终于形成山区五县和沿海四县各具自然禀赋优势和人文传统特色的经济地理结构。

三、闽东北历史上的族群聚落

闽东北的族群聚落,与闽东北浙南海岸地带乃至整个中国东南沿海地区,具有很大的相似性,时代愈早,这种相似性愈大。

(一)新石器时代晚期遗址与百越—南岛先民

闽东北各县都有古文化遗址发现,沿海地区分布相对更多、更密一些。主要有福鼎店下乡的马栏山遗址,蕉城霍童镇的瓦窑岗遗址、狮子岩遗址和漳湾镇的红头岗遗址,古田吉巷乡的浮垱山遗址,福安湾坞乡的大头岗遗址和赛岐镇的金龙岗遗址,霞浦沙江镇的黄瓜山遗址和州洋乡的老蛇山遗址。此外,在柘荣县的前山村、周宁县的咸村也发现石镞、石锛和彩陶。这些遗址和文物表明,商周时期闽东北一带的人口已有一定的数量,分布范围也更加扩大。

其中马栏山石器制作场遗址比较引人瞩目。该遗址位于福鼎市店下镇巽城村洋中自然村的下底湾西山坡。其范围南北长约500米,东西宽250米,面积约12.5万平方米,包括加工区、生活区、埋葬区;在东坡的山坳处断面还有0.7~1.2米厚文化层。文化层含有段石锛、石镞、石斧等和灰色硬陶、夹砂黑陶、黄色软质陶陶片,初步判断为新石器时代晚期至商周时代的石器制作场。1987年4月,全省文物普查时发现,地表散布大量石器半成品和石片废料,仅有个别双肩石器有使用痕迹。石器绝大部分为玄武岩,部分为细砂岩,个别为花岗岩。所见石器绝大部分属简单打制,双肩石器系为方便人手把握而设计,整体做工较精,柄部修理较精细,片疤细小。双肩石器至今6000—4000年,主要

① 闽东北统县政区设废和变动,据《福建省志·民政志》第一章第二节改写,北京:方志出版社,1997年。

分布在华南地区，在台湾、东南亚和南太平洋岛屿也有发现。

黄瓜山遗址则是闽东北最重要的史前文化遗存，位于霞浦县沙江镇小马村的一座依山、傍水、面海的四五十米高的小山丘，面积1万多平方米，暴露贝壳层厚约1.2米。1989—1990年，省考古队经过正式发掘，开探方38个，揭露面积966平方米，发现大量的贝壳类堆积层和两组长方形的“干栏式”建筑基础，一组(F_2)出土柱洞17个，分布在10～15度的斜坡地段，柱洞直径0.3～0.4米，深0.35～0.5米，底部有较平整的垫石，洞旁或填石块，柱洞纵向间距1.5～2米，横向间距2～3米，略呈长方形(约9米×7米)基址斜面。另一组(F_1)残存柱洞11个，形式与F_2类同，基址还有两个利用原有地面凿成的圆形灶坑，上口直径0.3～0.35米，下底直径0.35～0.4米，深0.3～0.4米，坑壁因长期使用而形成较厚的红烧土圈，坑内积有红烧土块和碳粒。出土石器516件，骨器44件，陶器376件。2002年5—6月，中美联合考古队又在原发掘区东部边沿进行第二次较小面积的发掘。经两次发掘，出土了比较丰富的考古资料。遗址石器以梯形弓背小石锛(有段石锛)最具特色。陶器器形丰富，有甗、釜、罐、尊、盘、壶、盆、豆、钵、瓮、簋、碗、杯等；纹饰较繁杂，往往拍印斜线条纹、篮纹、栅篱纹、方格纹、蕉叶纹，之上再施赭色或深赭色陶衣；还有一定数量的彩陶，其突出特点是泥质橙黄陶大量出现。根据遗址出土海贝、木炭标本采样碳十四年代测定，黄瓜山文化基本年代为距今4300—3500年，一般认为是闽东北浙南地区最晚的新石器文化。

2012年在距离黄瓜山遗址不远的地方，又发现屏风山贝丘遗址，屏风山位于霞浦县沙江镇南屏村。这是一处新石器前期的贝丘遗址，距今5000—4000年，最近开始试挖掘，已发现大量青铜时期的人类生活用器、建筑材料和当时的生产工具。

黄瓜山文化时期，渔猎与农耕并重。据2002年黄瓜山遗址发掘统计，黄瓜山居民至少采集15种海贝，其中以泥蚶和牡蛎为主，其他经鉴定的还有马蹄螺、蝶螺、蜒螺、玉螺、骨螺等。黄瓜山遗址早晚地层中都发现有炭化的水稻谷粒，根据对出土样本进行植硅石研究，发现其形态与现代籼稻相似；还发现炭化的大麦和小麦种子的遗存，属目前东南沿海地区发现最早，对于研究大、小麦传入内地的路线是个重要的提示。饮食器皿中出现了一种叫作甗的新器形，上部为甑下部为釜，中间有箅层相隔，自是用于炊蒸，可见食品加工方法已经有所进步。

黄瓜山遗址有些文化因素继承了闽侯县发现的昙石山文化的某些特征，但现在的专家已不再把它笼统归并在昙石山文化中，而主张另外命名为“黄瓜山类型”。这种文化类型，分布比较广泛，远在台湾的凤鼻头遗存等多处遗址，也有类似的文化表现。2002年5月，中美联合考古队进行第二次正式发掘，发现了3个相当于西周到春秋时期的墓葬，以及一些骨质饰片、燧石等。后来的文物普查还在沙江、柏洋、崇儒、牙城、水门、州洋等7个乡镇陆续发现了31处类似的贝丘遗址，占地面积约84600平方米，均属新石器晚期至青铜器时代(公元前3500—前3000年)的古遗址。[①]

大体言之,闽浙滨海地区史前文化的突出特征,是有段石锛和几何印纹陶。但不独闽浙,在更大地域范围,它是中国东南(包括台湾)考古文化区别于华北的重要表现。[②]

新石器时代广布中国东南地区的众多人群,现在学界通常称之为"南岛语族"或"百越先民"。其学术内涵,或可采用如下简要诠释:

> 史前、上古东南"百越"先民的海洋扩张及其形成东南亚、太平洋"南岛语族"海洋文化的历史是比较明确的,具有充分的考古学、民族学材料依据。"百越"与"南岛"实际上是研究、探索同一个土著海洋族群文化体系过程中,中、西学术间的角度与话语的差别。"百越"是华夏、汉人看东南的话语,中国民族学者基于古代华南大陆"百越民族史"的立场,单一地构建百越民族向东南亚扩散、传播的海洋活动史;"南岛"是16世纪以来西方人类学家遭遇南太平洋群岛土著族群文化时给予的"族称",国际民族、考古学界则基于这些南岛语族的民族语言学立场,思考、论证原南岛语族起源于东南亚或华南的问题。因此,"百越史"从陆地看海洋,"南岛史"从海洋追寻陆地,存在学术视觉差距,但谈的都是一个问题。考古学、民族学、体质人类学与民族语言学的多重证据表明,"百越—南岛"属于同一跨界文化共同体,共同创造了亚太海洋地带最古老的土著海洋文化层。[③]

从福建新石器时代的文化格局看,沿海地区和内陆地区差别明显较大,在文化的谱系上是两个完全不同的文化区;内陆地区和沿海地区各自的南北之间似乎也存在区域差别。[④] 沿海新石器文化,早期以平潭县平原镇壳丘头遗址为代表,中期以闽江口的昙石山遗址和闽南东山县陈城镇的大帽山遗址为代表;晚期,闽江口以北地区以黄瓜山遗址为代表,以南地区目前还缺乏相关考古材料。黄瓜山类型的文化遗存广泛分布于闽东北、浙南沿海地区。台湾与黄瓜山文化年代相当的文化,有西海岸的圆山文化、芝山岩文化、牛骂头文化、凤鼻头文化和东海岸的"细绳纹红陶文化"等。这些文化中的彩陶与黄瓜山文化的彩陶有很强的相似性,表明海峡两岸在距今4300—3500年间仍保持着比较

---

① 关于黄瓜山遗址在闽东北经济、文化开发历史上的重要意义,参见林校生:《闽东历史的发端》,《闽东文化流变论剳》,福州:福建人民出版社,2015年,第3~5页。参见福建省博物院:《福建霞浦黄瓜山遗址发掘报告》,《福建文博》1994年第1期;《福建霞浦黄瓜山遗址第二次发掘》,《福建文博》2004年第3期。

② 林惠祥:《中国东南地区新石器文化特征之一:有段石锛》,《考古学报》1958年第3期;吕荣芳:《中国东南区新石器文化特征之一:印纹陶》,《厦门大学学报(哲学社会科学版)》1959年第2期。

③ 详见吴春明、佟珊:《环中国海海洋族群的历史发展》,《云南师范大学学报(哲学社会科学版)》2011年第3期。

④ 详见林公务:《福建沿海新石器时代文化综述》,《福建文博》2005年第4期。

密切的联系。[1] 新石器时代的闽东北人应当划归南岛语族或百越先民的系统。

(二)非汉族群的历史变迁

商周春秋时期,闽东北没有直接文字记载留存,其居民族群只能从中原王朝对南方地区的整体印象中窥得少许信息。例如,比较集中的一节信息来自《史记》卷一一四《东越列传》:

> 闽越王无诸及越东海王摇者,其先皆越王句践之后也,姓驺(陈直以为"驺"当作"骆")氏。秦已并天下,皆废为君长,以其地为闽中郡。及诸侯畔(通"叛")秦,无诸、摇率越归鄱阳令吴芮,所谓鄱君者也,从诸侯灭秦。当是之时,项籍主命,弗王,以故不附楚。汉击项籍,无诸、摇率越人佐汉。汉五年(前 202 年),复立无诸为闽越王,王闽中故地,都东冶。孝惠三年(前 192 年),举高帝时越功,曰闽君摇功多,其民便附,乃立摇为东海王,都东瓯,世号为东瓯王。

学界或有福建土著原为闽族、越族还是由二者融合而成的闽越族的争议,但这对于处在"闽头浙尾"的闽东北来说,似乎不太成问题。战国以来闽越和瓯越是百越中距离最近、关系最密的两个支系,西汉时闽越王国的核心地区在闽江流域,东瓯王国的核心地区在瓯江流域,闽东北正是二者的接合部。这个地方秦为闽中,初设县(罗江县)在孙吴、东晋时期则曾先后属于临海郡和从临海郡分出的永嘉郡。

另外,关于瓯越之得名,有学者引王应麟注《王会解》曰"沤深即瓯也,沤亦瓯也";郭璞注《海内南经》曰"今临海永宁县,即东瓯,在岐海中,音呕";罗泌《路史 · 国名纪》"越沤"条曰"或云瓯人,沤、欧、瓯、区,通";孙诒让《温州建置沿革表引》曰"夏为欧、殷为沤、周为欧,实一字也",指出解开此谜的关键在语音而不在字形。起源于东南沿海的民族大多以鸟为图腾,濒临东海的瓯人即以最常见的鸟类鸥鸟为图腾。此鸟名鸥也是以其鸣叫得名。《山海经》中提到许多鸟名,"其鸣自叫""其鸣自号""其鸣自呼"等不乏其例。鸥鸟的叫声"au",如温州方言读"瓯"。这种说法很有几分道理。[2] 闽东北多数县方音,也读"瓯""呕"为"ao(au)"。这可能是瓯越文化影响闽东北而留下的痕迹。

一些学者根据《史记 · 东越传》的记载,即西汉元封元年(前 110 年)平定闽越国东越王余善之乱,"于是天子曰:东越狭多阻,闽越悍,数反覆。诏军吏皆将其民徙处江淮间。东越地遂虚"。(《汉书 · 闽粤传》),相信汉武帝已将当地百姓全部迁至江淮之间,使那里成为一片"无人区"。其实,结合当时国家动员能力和福建地理条件两方面来考虑,这是根本做不到的。例如,东汉末,中原士族许靖避乱会稽,自称"世路戎夷,祸乱遂合,驽怯偷生,自窜蛮貊,成阔十年,吉凶礼废";孙策渡江,他从会稽逃难,也说自己是"浮涉沧海,

---

① 详见焦天龙、范雪春:《福建与南岛语族》第四章"福建史前海洋文明的发端 · 福建新石器时代的文化格局",北京:中华书局,2010 年,第 29～78 页。

② 详见蔡克骄:《瓯越文化探源》,《温州师范学院学报(哲学社会科学版)》1997 年第 2 期;收入作者《瓯越文化史》上篇第一章第一节"释瓯、瓯越",北京:作家出版社,2002 年,第 2～6 页。

南至交州。经历东瓯、闽、越之国，行经万里，不见汉地”。[①] 所以，孙吴确立对闽中的统治，“福建的民族结构已以汉族为主了”一类说法是不能成立的。据《魏书》卷九六《僭晋司马睿传》，当时的南方其实是一片广大的蛮夷之地。

仿照周一良、吕春盛的划分办法，[②]六朝时期福建包括闽东北的居民也可以分成三大类别。第一类是西晋永嘉之乱以后迁来的侨人，但没有什么士族大姓。第二类是吴人，他们有的是从周边浙、赣等地迁入的，有的是已经相当汉化的土著。这两类，人数都不多，影响也小。第三类为非汉族土著，是闽中的基本居民，依时间推移，其族群特色又有一些不同的表现。孙吴时期，这里山越广布，此不赘言。晋宋之交，卢循所部基本上都属东南沿海的少数族群，史家记录了其中两支族群的信息。其一，《资治通鉴》卷一一五晋义熙六年(410年)载何无忌参军殷阐语，提到卢循所将之众皆三吴旧贼、始兴溪子。溪子是对溪族的鄙称，溪作为族称也写作“谿”“傒”“奚”。陈寅恪认为实际上就是《后汉书·南蛮传》中的盘瓠种蛮。现在学界多将盘瓠蛮指为畲族先民的一支。其二是蛮蜑。蜑，也写作疍、蛋，最早应来自南岛—百越族群，六朝前后或陆续有山越、卢循余部加入，民间种种传说不一。《三山志》卷六载，福鼎桐山、沙埕港有白水江，并引《太平寰宇记》卷一〇二记载，“白水郎，夷户也，亦曰游艇子，或曰卢循余种”。他们“举家聚止于一舟，寒暑食饮疾病婚娶未始去”。今天福鼎沙埕港、霞浦三沙湾和蕉城三都澳一带的群众中，还流传着“白水郎”的故事。

梁陈之交，江左社会激烈动荡，大量原来不得居于社会上层更无缘与闻国家大政的岩穴村屯之豪乘势竞起。据查考，他们大抵都是非汉族土著。[③] 一度雄霸晋、建二郡的陈宝应也不例外。《陈书》本传称：“陈宝应，晋安侯官人也。世为闽中四姓。”又引朝廷讨伐的“尚书符”说：“案闽寇陈宝应父子，卉服支孽，本迷爱敬。梁季丧乱，闽隅阻绝，父既豪侠，扇动蛮陬，椎髻箕坐，自为渠帅，无闻训义。”这里的“卉服”，是用絺葛做的衣服，《尚书·禹贡》《汉书·地理志上》都有“岛夷卉服”的记载，所以一般用以借指边远地区的或岛居的少数族群。再叠用“蛮陬”“椎髻箕坐”“渠帅”，乃至“无闻训义”，也都是强调其作为少数族群在地理区位、生活习俗、首领称谓和文化教育等方面的特征。虽然陈霸先曾经一度接纳陈宝应为宗室成员，但这是一种政治行为，在姓氏源流上则做不得真。

福建唐代的实际族群状况，川本芳昭较早便在《论汉唐时期以中国为中心的“交流与变迁”》[④]文中引用《元和郡县志》卷二九“江南道福建观察使·福州尤溪县、古田县、永泰

---

① 见《三国志》卷三八《蜀书·许靖传》，点校本，北京：中华书局，2011年，第964页。

② 周一良《南朝境内的各种人及政府对待之政策》最早提出南朝境内侨人、吴人、南方土著三分法，但对三种人的界定尚不尽妥帖，吕春盛对此略有补正，见《陈朝的政治结构与族群问题》第一章“导论”，台北：稻乡出版社，2001年，第7～10页。

③ 见陈寅恪《〈魏书·司马睿传〉江东民族条释证及推论》，《金明馆丛稿初编》，北京：三联书店，2001年，第113～119页；吕春盛《陈朝的政治结构与族群问题》第四章第一节，第121～130页。

④ 文载复旦史学集刊第一辑《古代中国：传统与变革》，上海：复旦大学出版社，2005年，第39～40页。

县”条记载，认为这些县皆“开山洞置”；引用《舆地纪胜》卷一三一“福建路漳州·官吏·陈元光”条和《元和郡县图志》卷二九“江南道福建观察使·汀州”等材料，认为漳汀一带直至唐代仍保留浓重的蛮地特色。[①] 与川本同时或稍后，谢重光、佐竹靖彦等人有更具体的讨论，不具述。

直到宋元时期，这里的蛮、畲、瑶、疍等少数族群，还有不小的声势。闽东北畲民、疍民自明清以迄于今一直维持一定的人口规模。

（三）中原移民与南方汉族

闽东北当然也有外来移民。任何地域的人口和文化都不可能是孤立的、完全封闭的，入迁闽地的移民，以近捷言，以重要性言，主要是周近的吴人、浙人和赣人。所谓中原人口南迁入闽，一则初时只是零星偶发，具有一定数量的人口迁移时代较晚；二则罕有直接入迁，通常是已在苏浙赣定居若干代，再辗转至闽，其驱动力，或由于人口分蘖，或由于逃灾避难，或由于北方规模移民的骨牌效应；[②]三则当土著人口尚占大多数之时，入迁汉人在土著包围下的“在地化”过程中，“化人”的同时也在“被化”，所以《魏书·僭晋司马睿传》载“中原冠带呼江东之人皆为貉子”。[③]

闽东北的汉族人口，到东吴后期设立临海郡罗江县的时候，滨海地方已开始有一定数量，居民主体还是少数族群。唐代中期“开”非汉族群聚居的“山洞”而置古田县，山区汉族人口也有了一定数量，而一般北人犹以闽中为荒远蛮夷之地。[④] 五代中期宁德和紧邻罗源同年分别以场、镇升为县，滨海汉族人口比例当大有提高（原罗江、温麻旧地已有长溪、宁德、罗源、连江四县），偌大山区仅古田置县，汉族人口数仍远不及非汉族群。这里应当说明，唐末五代王审知建政总体上对福建影响很大，但于闽东北影响有限，本地族谱好称“自光州固始随王审知入闽”，多有不实。陈支平指出北方汉民迁此定居开发“比福州平原和闽南沿海迟缓许多”，并分析其主要原因，一是“交通不便”，二是“山高林密成

---

① 关于六朝隋唐福建族群结构，详见林校生：《六朝时期东南地区族群关系综说》，《福州大学学报（哲学社会科学版）》2013 年第 6 期。

② 闽东北较具规模的北方直接迁入人口，最确凿的佳例是 1948 年秋中共中央华北局从太行、太岳两个区委抽调干部组建长江支队（全称中国人民解放军长江支队）入闽开展工作，全省总数约 4000 人，1949 年 10 月福建又派专人接来其家属（含女干部）500 多人。这些人大部分留在福建成家立业，但学界少有从移民角度切入进行研究。至于 1958—1961 年从山东移民开发林业，则集中在南平、三明，与宁德设区市无涉（时属福安专区的松政县后分成松溪、政和二县，今俱属南平设区市）。参见林国平、邱季端主编：《福建移民史》第七章第二节“省际移民”，北京：方志出版社，2005 年，第 273～279 页。

③ 关于北方人口迁闽的讨论，参见葛剑雄：《福建早期移民史实辨正》，《复旦学报（社会科学版）》1995 年第 3 期；林汀水：《福建人口迁徙论考》，《中国社会经济史研究》2003 年第 2 期；林校生：《东吴西晋时期福建的人口规模》，《福州大学学报（哲学社会科学版）》2013 年第 6 期。

④ 例如，刘禹锡《唐故福建等州都团练观察处置使福州刺史兼御史中丞赠左散骑常侍薛公神道碑》云：“闽有负海之饶，其民悍而俗鬼，居洞寨、家浮筏者，与华言不通。”

为闽越土著残余的最主要聚居地”。[①] 这种情势到两宋尤其到南宋才显著改观。一方面是靖康之乱后中国北方人口的第三次大南迁；另一方面是唐宋以来儒家宗族文化逐渐下延，民间追认中原门第，以前代名人贤者为祖的风气也逐渐发展，这样，汉族人口中既有北来的移民，也有汉化的土著。学界相关研究已经揭明，南方各地族谱中关于其祖先来自中原的传说或记载，绝大部分是一种“文化建构”，这种“历史记忆”乃是将自己转化为帝国秩序中具有“合法”身份成员的一种手段。[②] 传统多以为客家人来自并保存了纯正的中原血统，而近一二十年来学界也提出新的更合理的看法：

> 客家是汉族在南方的一个民系……约略从唐代中叶安史之乱始，以江淮汉人为主体的北方汉人源源南迁，在华南诸省平原和沿海地区都被开发殆尽的情况下，大批南迁的汉人涌入闽粤赣交界区域的山区和丘陵地带，与闽粤赣交界区域的百越种族及盘瓠蛮等业已生活在这一区域的南方民族，经过长期的互动和融合，至南宋时彼此在文化上互相涵化，形成了一种新的文化——迥异于当地原住居民的旧文化，也不完全雷同于外来汉民原有文化的新型文化，这种新型文化就是客家文化，其载体就是客家民系。……参与融合的南迁汉人、百越种族和盘瓠蛮等南方民族都是客家先民，他们原有的文化都是铸造客家新文化的重要构件。……约略至明末清初，其分布格局才基本稳定下来，其独特方言、独特风俗、独特社会心理及族群性格才充分发展成熟。[③]

遗传学界也有相似的研究成果。中国科学院遗传研究所杜若甫、肖春杰和斯坦福大学遗传学系 L. L. Cavalli-Sforza（卡瓦利-斯福扎）用 38 个基因座的基因频率计算了中国不同省、自治区、直辖市汉族及少数民族相互间的遗传距离，并进行了聚类分析，指出“中国汉族与少数民族都分为南方蒙古人种与北方蒙古人种两大类型，以长江为界”；“目前中国人的南、北两大群，实质上是新石器时代时就已存在的南、北两大类型的延续”；“关于中国汉族与少数民族间的融合，已有许多历史学的论述，本文确凿地从遗传学的角度证明各地汉族与当地少数民族血缘相近，而南、北汉族间血缘却更远。各地汉族中融入了大量当地少数民族血缘，同时，汉族也有一部分血缘融入了当地的少数民族”。[④] 也是

---

① 参看陈支平《福建六大民系》第二章“福建汉人的民系分布”，福州：福建人民出版社，2000 年，第 77～80 页。

② 参见刘志伟：《族谱与文化认同——广东族谱中的口述传统》，载王鹤鸣主编《中华谱牒研究：迈入新世纪中国族谱国际学术研讨会论文集》，上海：上海科技文献出版社，2001 年，第 1～6 页；陈支平：《中国南方民族史研究的逆向思考》，《厦门大学学报（哲学社会科学版）》2012 年第 4 期。

③ 谢重光：《客家文化数论・导论》，北京：中国社会科学出版社，2008 年，第 23～24 页。谢氏这方面著述颇丰，较早的系统论述，可参见《客家源流新探》，福州：福建教育出版社，1995 年；最新的专著有《客家、福佬源流与族群关系研究》，北京：人民出版社，2013 年。

④ 详见杜若甫等：《用 38 个基因座的基因频率计算中国人群间遗传距离》，《中国科学（C 辑）》1998 年第 1 期。

根据群体遗传学家卡瓦利-斯福扎“姓氏基因”理论，中国科学院遗传研究所袁义达自20世纪80年代中期以来长时间从事中国姓氏群体研究，他与研究团队成员张诚等也认为“南北两地汉族血缘差异颇大，甚至比南北两地汉族与当地少数民族的差异还要大”。①

语言学界也有相关的学术进展。以前往往片面强调闽方言是中原古音的活化石，但实际上南方汉语的形成是一个多元建构过程。邓晓华追溯南方语言的建构变迁，指出：

> 南方汉语的形成既非完全是“土生土长”，也绝非完全是“北方迁入”。这是一个多元结构体，它的最底层系以古百越语言为基础的南方“区域共同传统”，其中又可划分为若干个文化区系，如福建的闽越，广东的南越，江西的干越，江、浙的吴越等；这是现代南方汉语方言分区的基础。但先汉以前（即秦汉以前），南方与北方，南方各区系之间的语言文化交融已很频繁，例如闽越、吴越与楚关系密切，反映“你中有我，我中有你”的文化特点。秦汉时期，随着汉人中央政权的确立，南北关系实质上表现为一种“中心—边缘”“华夏—蛮夷”“中央—边陲”的关系。此时的南方土著更多的是在文化和政权上认同北方，随着六朝、唐宋时期大量的北方移民迁移南方，南方民族成分结构发生根本性的变化，大量南方土著变成南方汉人；但这并非意味北方汉语消灭或同化了南方土著语言，而是南北族群经过长期的语言文化的互动过程，从而形成独具特色的古南方汉语，它的来源是多样、多层次的，包括：(1)古百越语（如古南岛语、南亚语）；(2)百越民族后裔——壮侗、苗瑶语（例如由壮侗、苗瑶语混合而成的畲语）；(3)自汉、六朝、唐宋各个时期由于科举等“文教传习”作用而南播的北方汉语文读系统，这也包括北人南迁传播的北方汉语。②

大体言之，历史学、人类学、语言学及遗传学的相关研究，可以给我们提示一个新的学术理解：历代源自中原地区的移民，使南方增加了许多新的人口成分，但南方土著人口自身也在不断增长，两者互相融合则有之，但若因此以为现今南方地区大部分人口都来自中原或北方的移民及其后裔，则是完全错误的。考查闽东北人口来源和族群性质，应当把它放置在一个广阔的科学视野之中，而不能仅就一部部晚修族谱方志的说法做简单的叠加和统计。如前文所述，宁德设区市或者说闽东北，地偏路险开发迟，土著族群的历史延续性强，那么，这块热土和这里的汉族，应当比一般的“南方”更久地保留了“蛮地”特色和更多一些地融合了少数族群成分，具体细节容有可商，但切勿将宁德设区市乃至整个福建省都证成固始县的分县。（其实，固始县今属河南省东南隅，古为淮夷之区、唐属淮南道，五代时先后属吴和吴越，北宋属淮南西路，南宋犹在版图，算不得正规的中州。）

（四）集村少而散村广布的聚落形态

乡村聚落形态是指乡村聚落的平面展布方式，即组成乡村聚落的民宅、仓库、圈棚、

---

① 袁义达、张诚：《中国姓氏：群体遗传和人口分布》，上海：华东师范大学出版社，2002年，第3页。

② 《日本国立民族学博物馆调查报告》20号，2001年。参见邓晓华、王士元：《中国的语言及方言的分类》，北京：中华书局，2009年，第140～141页。

晒场、道路、水渠、宅旁绿地以及商业服务、文教等公用设施的布局，一般可分集聚型和散漫型两种。集聚型村落又称集村，多数住宅集聚在一起，以道路交叉点、溪流或庙宇、祠堂等做标志，形成聚落中心；而规模相差很大，从数千人的大村到仅几十人的小村不等。根据聚落延展形式的不同，可分团状（或块状）村、带状（或列状）村和环状村三种。散漫型村落也称散村，住宅零星分布，其间距因地而异，尽可能靠近生计所赖的田地、山林或河湖，聚落无明显的中心。① 乡村聚落类型与周围自然环境关系十分密切。

这里山丘多而陡，河流小而密，谷地狭窄而连续性差，洪灾频发，林木深邃，道路崎岖，大型村落展布受限，散村形态可能更加适合这里的自然条件。这方面的文献、实物资料都极罕见，但依然可以从一些间接材料中略窥其蛛丝马迹。

其一，就域情地名而言，闽东北山水的特定结合形态，发育出许多串珠状的小谷地（溪谷、山谷、盆谷），一谷一村甚至数村，地名喜欢冠上某“洋”（字也作“垟”，常讹写为“阳”）、某“坑”、某“坪”。例如，蕉城区洋中镇北洋建置村所辖自然村中，就有 7 个村名与洋、坑、坪有关：上北洋、下北洋、洋头丘、曹洋坪、雷光坑、坑墘、狮公坪。“洋”“坑”“坪”都是山区丘陵间的局部平地。但它们的实际面积很小，以此命名，表现了先民踏勘峻岭急流，艰难寻获栖身地的珍视之情。

其二，就汉族移民而言，他们初到之时往往挑选有水有地的僻静之处开荒安家，成为单姓小村。福安康厝乡竹澳村（原名墺里村）藏清同治四年（1865 年）修《凤源罗氏族谱》（作者余纶光，福安县举人）卷二《建基类》“始入闽”条载，罗氏开基祖罗邵进兄弟三人“唐末因黄巢之乱避地入闽，居福州永贞县之罗平源（今罗源）”。“迁凤源”条载：“凤源离穆洋不数里，四山环抱，中辟奥区，天然胜境，俗呼为墺里。邵进既迁罗源，续迁此地，旧谱所云长溪永乐乡钦德里奏儒峰下是也。聚族而居，无他姓杂扰。”

如果这种小村落所在的地方比较局促，人口稍有繁衍，便要分徙他处。仍以福安为例，后唐长兴四年（933 年），施氏迁居长汀村（今属坂中乡）。族谱收录南宋淳熙十二年（1185 年）施梦枢重修族谱自序，述及太平兴国二年（977 年）施姓发三房，长房迁平溪棠濑（今潭头镇棠溪村），次房迁察阳施家巷（福安南郊阳头村），三房仍留原居。所迁皆不远，且有一房留居，自是出于人口拥挤。其实才经 44 年，充其量也不过增加几十成百人而已，可见当时村域资源承载力十分有限。（这与村域范围、生产力水平关系很大，目前长汀村辖 2 个自然村，330 多户，1500 多人，其中施姓人口 1100 多人。）

再如，据福安坂中乡和庵清光绪十六年（1890 年）重修《钟氏宗谱》，明景泰年间（1450—1456），钟氏十四世祖钟法广入迁福安五都眠山岗居住，至十七世钟熙，生 5 子；明正德七年（1512 年），三子迁白石漈；九年，五子迁侯官汤岭；十年，四子迁大留；十一年，长子随父迁大林，次子迁山头庄。也是才经三四代、约六十年后就开始分徙（以上未标出外县名者，皆为福安村名），可见明代福安西门外的眠山岗也是一个人口容量很有限

① 据左大康主编：《现代地理学辞典》“乡村聚落形态”条释文，北京：商务印书馆，1990 年，第 699 页。

的小地方。

其三,就非汉族群的聚落形态而言,自先秦以来,闽东北长期是"百越—南岛"族群、族裔栖息之地,虽然两宋时期"汉化"速度加快,迟至明清之交犹有畲民借助特定历史机缘成规模入迁,①零零落落在山高林密的偏僻冈垅乃至滨海荒地搭寮而居,逐渐形成一个个小自然村。按照这两种联结方式成长起来的村落,不仅可以是"集村",而且可以是"散村",后者是明清畲人很常见的居住形态,所谓"在丛菁邃谷,或三四里或七八里始见一舍",②便是其写照。大量疍民以船为家,一条一条小船终年漂泊在河海风波之中,小船实际上就是这些"水上居民"劳作于斯、歌哭于斯、生老病死于斯的散村。总的说来,少数族群的聚落形态散村的比例比汉族更高,长期处于边缘状态的疍家甚至直到 21 世纪才完成"连家船上岸"改造工程。

其四,就现代的村落、居民点分布情况而言,1987 年宁德地区的乡镇、村落数量情况可列成如下简表:

表 1-4　1987 年宁德地区乡镇、村落数量分布表

县　别	镇　数	乡　数		居民委员会数	村民委员会数	自然村数
		合　计	其中畲族乡			
宁德县	5	10	1	10	281	1916
福鼎县	6	8		9	210	3792
霞浦县	6	8	3	14	294	2233
福安县	6	13	3	21	447	2108
古田县	5	10		6	263	1372
屏南县	2	9		4	151	670
寿宁县	2	12		2	183	1017
周宁县	1	8		2	140	647
柘荣县	1	8		3	114	608
合　计	34	86	7	71	2083	14363

说明:本表引自《宁德地区志》卷一《政区》第二章"行政区划",北京:方志出版社,1998 年,第 125~126 页。

据表 1-4,截至 1987 年,全区共有 2083 个村民委员会,14363 个自然村。严格说来,

① 详见林校生:《"滨海畲族":中国东南族群结构的一大变动》,《福州大学学报(哲学社会科学版)》2010 年第 5 期;林校生:《闽东北畲"倭"关系初识》,《福州大学学报(哲学社会科学版)》2012 年第 6 期。

② 见清道光本《建阳县志》卷二《舆地志·附畲民风俗》。

此二者并不能等同于集村与散村。村委会所在地一般都有集村的规模和中心点，而自然村中也有户数较多，并建了祠堂等公共建筑的。这里姑且把自然村数扣去村委会数，计算集村、散村比为2083∶12280≈1∶5.9，仅此而言，实际比率可能会稍大一些。但有不少自然村是由若干零散居民点编组来的，且最典型的散村是"单座厝"(单座楼)，却未能进入表1-4统计范畴。我们再看一组数据：

表1-5 1982年各县地名普查表

单位：条

项目		宁德	福鼎	霞浦	福安	古田	屏南	寿宁	周宁	柘荣	合计
普查地名总数		2944	4540	3741	4038	2493	1766	2260	1673	831	24286
其中	行政区划和居民点名	2351	3688	2669	2681	1997	899	1261	884	607	17037

注：本表据《宁德地区志》卷二三《民政》第五章"社会行政管理"第四节"地名管理"中的各县地名普查分类表改制，北京：方志出版社，1998年，第1152页。

表1-5"行政区划和居民点名"中乡镇以上行政区划名不及200个，表1-4中"村民委员会"基本都以所辖某个自然村为名，那么，两者相减之差17037－14363＝2674，当有2000多个真正的散村没在表1-4的"自然村数"中体现出来。实际上，与北方常见的大村庄不同，东南丘陵地带的村委会所在地大抵和自然村一样都很"靠近生计所赖的田地、山林"，仍具有一定程度的散村底色。

闽东北的山区、水系、洪患、族群生态的"南方特性"十分鲜明，它的乡村聚落形态与整个南中国的基本特征是一致的。地理环境和聚落形态在一定程度上决定了居民生产、生活方式，对其生业取向影响巨大。

四、闽东北居民生业取向(农、副、渔、矿、商)

和整个东南地区一样，闽东北受山川气候、族群聚落诸特点的影响，居民生业形态多样性显著，滨海地带生计模式多样性则表现出更强化的海洋性。这个问题以下各章有具体叙述，这里简要说明四点。

(一)生计来源多种多样

最早对东南地区居民生计特点做出初步概括的是西汉的司马迁。《史记·货殖列传》载："楚越之地，地广人希，饭稻羹鱼，或火耕而水耨，果隋蠃蛤，不待贾而足。地埶饶食，无饥馑之患，以故呰窳偷生，无积聚而多贫。是故江、淮以南，无冻饿之人，亦无千金之家。"试就原文和几条旧注稍作说明。

(1)唐代张守节《史记正义》：

隋，今为"䅺"，音同，上古少字也。蠃，力和反。果䅺，犹䅺叠包裹也，今楚、越之俗尚有“裹稙”之语。楚、越水乡，足螺鱼鳖，民多采捕积聚，稙叠包裹，煮而食之。

除了粮食有稻、麦之别，还吃腥臊的各种水产品，北方人对东南族群饮食来源多样性印象最为强烈，所以到西晋时，张华犹说：“东南之人食水产，西北之人食陆畜。食水产者，龟蛤螺蚌以为珍味，不觉其腥臊也；食陆畜者，狸兔鼠雀以为珍味，不觉其膻也。”①

(2)南朝刘宋裴骃《史记集解》：

> 徐广曰：“音紫。呰窳，苟且堕嬾之谓也。”骃案：应劭曰“呰，弱也”；晋灼曰“窳，病也”。

唐代司马贞《史记索隐》：

> 上音紫，下音庾。苟且懒惰之谓。应劭云“呰，弱也”。晋灼曰“窳，病也”。

张守节《史记正义》：

> 案：食螺蛤等物，故多羸弱而足病也。《淮南子》云“古者民食蠃蛖之肉，多疹毒之患”也。

这几条注文也表现出中原人对“东南之人”的观感，以为他们病弱而懒惰，而这种族群形象与其饮食结构密切相关。此中包含偏见，未必属实。换一个角度看，“呰窳偷生”，即或病或弱或惰也可“无饥馑之患”，正说明当地食物资源丰富，温饱易得而不求集聚，是一个相对比较分散、自足的社会。

(3)张守节《史记正义》：

> 贾，音古。言楚、越地势饶食，不用他贾而自足，无饥馑之患。
>
> 言江、淮以南有水族，民多食物，朝夕取给以偷生而已。不为积聚，乃多贫也。

网络版《史记》原文、引文，多将“埶”混淆为“執”而错误地简化为“执”，“地执饶食”不通，《史记正义》强调“楚、越地势饶食”，“江、淮以南民多食物”，意思与上引三注有所不同，比较切合东南地区的实情。也可见，到了唐代，中原人士对东南滨海地区的了解仍不清晰，道听途说，不容易察觉自己的矛盾之处。

总的说来，东南滨海丘陵之民，在稻作农耕以外，其采集经济，除了植物的根、茎、叶、实和种种菌类，还有水中的螺、蛤、蚌、蚬和种种藻类；其捕猎经济，除了飞鸟、走兽和爬行动物，还有众多鱼类、头足类和虾蟹类；其养殖经济，除了家禽家畜，还有池塘、河湖、滩涂、海上的水产养殖。福建号称“八山一水一分田”，闽东北的田、山比例更低，在长期田地不足的背景下，逐渐孕育发展出不单纯依赖农耕的生计模式，多种经营一直相对比较凸显。

(二)商品交换渊源久远

旧时常说中国历史上是自给自足的自然经济，但与中世纪西欧不同，中国传统农业

① 张华撰，范宁校证：《博物志校证》卷一“五方人民”条，北京：中华书局，1980年，第12页。

社会生产的基本模式是小农经济，一家一户为生产单位，虽曰男耕女织，自给程度远低于领主的庄园(它除了农田，还有公用牧场、草地、森林以至渔场，劳动者可以分工从事布、家具、蜂蜜、酒、禽蛋、蔬果，以至农具、工具、建筑材料等的生产)。

实际上近乎是半自然经济，允许而且需要有一定程度的商品交换。

中国是一个大国，它人口众多、面积广大；族群繁富，关系复杂；地貌多样性、气候多样性都很突出，内部的区域差异非常大。鲁西奇认为，中国历史上存在着中原道路、南方道路、草原道路、高原道路与沙漠—绿洲道路五种区域性历史发展道路。单就生业、聚落形态而言，在华北旱地农业经济区，灌溉水利和精细农业的发展为人口的密集分布提供了条件，广袤的华北平原和黄土高原上便利的交通条件，使乡村人口的聚居成为可能，规模不等的集居村落一直是中原地区占主导地位的乡村聚落形式；而在相当长的时期里，南方稻作农业主要依靠雨水、河流或泉水进行自然灌溉，一些引水灌溉工程规模亦较小，无须开展大范围的劳动协作；山林采集与渔猎经济成为稻作农业的辅助生计，散居成为南方地区主导性的居住形态。① 闽东北滨海丘陵地带，食品资源比中原地区丰富，生计方式比中原地区多元，聚落分布比中原地区零散，对产品交换的需求也会比中原地区更高一些。或者可以说，这里的简单商品交换产生得比较早，商品经济的延续性也比较好。所以唐代独孤及把资货行商说成是闽越“无诸、余善之遗俗”，②正是与闽地的自然环境、物产资源和聚落格局密切相关。

(三)两大地貌分区的不同生业结构

如前所述，闽东北滨海一侧与内陆一侧地理面貌颇多不同。受各自资源禀赋的制约和牵引，其生业结构也呈现不同的特征。

1. 中山、山间盆谷区

鹫峰山脉西坡陡峻，以直线形坡为主，坡度多在35°以上，有些山坡超过60°，成为悬崖峭壁。东坡较缓，一般为25°～35°，呈阶梯状下降，山顶起伏不大，切割微弱，有的谷地较开阔，除已农垦的耕地外，可开辟为草场，发展畜牧业。低山多分布于中山外缘和河谷两侧，东部低山面积大于西部；在太姥山，中、低山地貌各占一半。丘陵仅分布于交溪、穆阳溪和贵溪河谷的两侧，面积不大，海拔均在400米以下，相对高度多为150～300米，切割较破碎，属鹫峰山脉和太姥山的延伸部分。

本区虽以山地为主，但多有山间盆谷，这些盆谷的形态各异，大小不等，分布高程不一，盆谷内冈丘起伏，底部平坦，河道蜿蜒其中，常发育有1～2级阶地，沉积物堆积较厚，土壤肥沃，水利条件好，是本区主要农业生产基地。

本区地势高亢，降水丰沛，年降水量达1700～2000毫米，是全省四大雨区之一。水系发育，溪流密布，源短流急，一些河流的峡谷地段，河曲深切，河床纵剖面作阶梯状，比

① 参见鲁西奇：《中国历史发展的五条区域性道路》，《学术月刊》2011年第2期。

② 独孤及：《福州都督府新学碑铭》，《毗陵集》卷九，四库全书本。今有刘鹏、李桃校注：《毗陵集校注》，沈阳：辽海出版社，2007年。

降大，水流湍急，裂点处常形成瀑布和跌水，蕴藏着丰富的水力资源。修建梯级水电站，成绩蔚然，近年则有过度开发之虞。

本区地势高峻，农业气候垂直分布差异比较大，气候凉而潮湿，年平均气温在15℃左右，日均温≥10℃，积温4400℃～5700℃，热量资源是全省较低的地区，农作物生长期较短，单季稻种植面积比较大。土壤、植被类型也较复杂。应充分发挥山地大和温和湿润的气候等特点，大力发展林、茶、粮生产，逐步做到以林为主，林、粮并举，多种经营，积极发展茶、果生产，恢复和发展山区特产，充分利用山塘、水库和稻田水面，发展淡水养殖。

2. 滨海高丘、岛屿区

本区高丘分布面积较大，多呈垅岗状，丘体切割强烈，坡度大，植被覆盖良好，但森林砍伐严重，应封山育林，恢复生态，保持水土。区内低丘分布面积不大，断续分布于高丘前缘、滨海岛屿和山间盆谷的周围；多呈馒头状，顶部浑圆。分布于内陆的低丘，风化层稍厚，多被开垦利用。

本区平原面积较小，分布不连续，根据成因不同，可分为海积平原、海积—冲积平原和盆谷平原等。海积平原是近代的海成平原，主要分布于沙埕湾、牙城湾、福宁湾、三沙湾、罗源湾和定海湾（连江县）等周围以及滨海沿岸地带，地势低平，微向海倾斜。平原沉积厚度较大，如霞浦后港农场，厚达75米尚未见底；在宁德、连江一带，一般为30～40米。地下水位高，含盐度大。土壤在滨海一带为盐土，向内一侧转变为脱盐土。平原均被开发利用，是本区水稻种植区。海积—冲积平原主要分布于赤溪、罗汉溪、赛江、霍童溪、起步溪和鳌江（连江县）的下游，地面平坦，海拔5米左右，坡度小于3°，这类平原原系河口湾地区，由于河流泥沙不断加积，促使河口向海推移，原河口湾逐渐发育成海积—冲积平原。这类平原土层厚，肥沃，水利条件好，是本区粮食作物高产稳产区。盆谷平原多分布于山丘之间河流的中上游地区，形状有椭圆形、长条形等，大小不一，底部土层较厚，土壤肥沃，是山区主要产粮区。

本区背山面海，太姥山、鹫峰山脉的支脉直逼海岸，断崖峭壁颇为常见，在北东—北北东和北西—北北西两组断裂控制下，海岸地形破碎，岸线十分曲折，曲折率达6.2∶1，多港湾、半岛和岛屿，并呈定向排列，沿岸河口段发育有许多伸入内陆呈溺谷状的深水港湾，航道深入内陆的里程较长，主要有沙埕港、三都湾和罗源湾等。这些港湾口小腹大，湾口潮流急，湾内水深浪静，是良好的港口和渔场。这里海洋性气候明显，水热条件居全省中上等，以丘陵地貌为主。海域辽阔，滩涂发育，平原狭小，适于发展渔业、水产养殖业、制茶业和粮食生产。农作物一般年可两至三熟，霍童溪以南地区年可三熟；渔业产量高，是本省渔业生产基地；也是全省主要茶叶产区。①

当然，闽东北滨海一侧与内陆一侧生业结构呈现不同的特征，正是两者之间物产“互

① 本目内容，根据《福建省志·地理志》第一章第三节缩写，北京：方志出版社，2001年，第41～42、47～49页。

补”“交流”的客观基础，咸货、鲜货流往山区，山货、粮食流往沿海，是闽东北很早就产生而且持续久远的一项重要的经济现象。

(四)闽东北居民的海洋利用：从海漂、海田到海商

闽东北居民生业多样化特征突出，农、副、渔、矿、商都有比较出色的表现。应当着重指出，海洋性是闽东北土著居民生业形态乃至整体文化的最突出特质，这里的海洋利用形式以海漂、海田和海商为大端，在一定程度上也可以说是一个历史衍化的过程。

1. 海漂

百越及其先民文化的最基本标志是舟楫。袁康《越绝书》卷八《越绝外传·记地传》载勾践语：“夫越性脆而愚，水行而山处，以船为车，以楫为马，往若飘风，去则难从。”[①]中国著名人类学家凌纯声也将他们的文化特征概括为“珠贝、舟楫、文身”，推为早期海洋族群的代表，而与华夏农耕文明(以“金玉、车马、衣冠”为标志)相对举。[②] 最新研究指出，在我国东南浙、闽、粤、桂沿海的史前和早期历史时期的独木舟遗存中，确实存在许多与太平洋岛民经常使用的边架艇及风帆有关的结构痕迹。浙江萧山跨湖桥发现的距今8000—7000年独木舟遗存，从船体到边架艇的连接，到帆席的悬挂支架，几乎是一艘完整的边架艇独木帆舟的整体遗存。早期历史时期的独木沉舟遗存更是屡见不鲜，与闽东北关系非常密切的即有福建连江县鳌江的西汉独木舟、浙江温州的晋代独木舟等。[③] 凭借一叶扁舟，东南沿海陆、岛间的航渡至少有7000年的历史；而且，百越先民的航海活动并不限于近海的陆岛间，跨越上百甚至数百公里的远海、远洋航行也有数千年的历史。

水稻从中国大陆传到日本，就是一个有趣的例子。日本学者关于稻作东传的路线主要有三种假说：华北说，即由陆路(河北、辽宁)或海路(山东)经朝鲜半岛传入日本；华中说，即由长江口太湖流域渡海到九州(或先到南部朝鲜再到九州)；华南说，即由福建、台湾经琉球群岛到九州。著名农业考古专家陈文华(霞浦三沙人)认为，这三条路线都是中国通向日本的“稻米之路”，特别讨论了遭受较多学者否定的第三条传播路径，强调在这条航道上，琉球群岛的大小岛屿一列摆开，成了台湾和日本九州岛之间的天然跳板；福建、台湾的渔民可凭借夏季的西南风和南来的暖流从台湾海峡沿着琉球群岛北上到达日本九州岛。同样，日本的渔民也可沿着这条路线南下和台湾福建渔民接触。特别是在航海技术不发达、航海条件很差的远古时代，这是一条最方便的路线，它的现实可能性大大超过华北和华中那两条路线。[④]

---

① 见李步嘉：《越绝书校释》，武汉：武汉大学出版社，1992年，第196页。

② 见凌纯声：《中国古代海洋文化与亚洲地中海》，原载《海外杂志》1954年第3期，收入《中国边疆民族与环太平洋文化》，台北：联经图书公司，1979年。

③ 详见吴春明：《中国东南与太平洋的史前交通工具》，《南方文物》2008年第2期。

④ 详见陈文华：《中国稻作的起源和东传日本的路线》，《文物》1989年第10期；又见陈文华：《中国稻作起源的几个问题》，《农业考古》1989年第2期，后者同时作为《中国稻作的起源》的序言，该书由陈文华和渡部武主编，东京：六兴出版社，1989年。

“百越—南岛”族群的海漂生活延续了十分漫长的历史时期，直到20世纪20—30年代西方人类学家的民族志调查中依然能够记录到和整理了太平洋土著（特别是印尼群岛）大量的帆筏、独木舟、多板扩展式独木舟、边架艇独木舟、双体独木舟等航海舟船的形态、结构、航海技术等资料。①

2. 以海为田

虽然“南岛语族”、“百越先民”及其族裔，自来以海洋资源为重要资生之具，以海洋利用为主要生计之途，但他们原本并没有“以海为田”之类的概念和说法。“以海为田”是北方汉族移民渐多之后对东南地区土著经济形态的外在观感和对自身适应活动的理解。两宋时期，北方移民大规模南渡和南方土著大规模认同汉文化，今天所见较早使用“以海为田”文字，也正出现在此历史时期。例如，北宋庆历年间（1041—1048）长乐县令董渊《灵峰寺》诗云：“胜景无今古，居人有先后。不知游者教，谁见海为田。”（民国《长乐县志》卷二〇《艺文》）南宋梅州知事蒲寿《欸乃词·赠渔父刘四》云：“白头翁，白头翁，江海为田鱼作粮。相逢只可唤刘四，不受人呼刘四郎。”（唐圭璋编《全宋词》卷九）其都拿“以海为田”形容渔业生产。至清代，以海为田的记载愈加多见。《连江县志》载：连江“以海为田园，渔为衣食，地势使然，约分农桑之半”（嘉庆本《连江县志》卷一五《俗尚》）。

以海为田的具体作业，最常见的是海洋捕捞，包括近海捕捞和远洋捕捞，捕捞的对象，是滩涂、海面的鱼、虾、蟹等等，岭南沿海还有深水下的采集珍珠之业。其次是近海养殖，主要是蚝、蛏等贝类，据梅尧臣《食蚝诗》，北宋东南沿海“细民”就使用“插竹”之法养蚝。明代泥蚶、缢蛏的养殖，在屠本畯《闽中海错疏》、李时珍《本草纲目》和何乔远《闽书》中都有提及。

明末泉州府《丁保告岸兜五姓劫荡审语》称：

> 审得海滨之民，皆以海为田，如潮至而采捕鱼鲑，则有鱼课；如土现而种植蛏苗，则有荡米，其界限原自截然也。如丁保之产荡原为世业，专以蛏为利；而林翰修、张肇绅等，则以网为业，专捕鱼采鲑为生活者也。②

这大致可以视为福建沿海居民主要是疍民渔业生涯的一个概括性描述，这种生业形态一直延续、影响至今日。

3. 海商

闽东北滨海地区早期的海洋商业主要包括造船、制盐、航运和贸易，且与海贼、海盗活动相混杂。这一带的造船业在东汉末和孙吴时期就很出名，长期处于领先地位。其次是晒煮海盐，晚唐已经设立感德盐场（在今宁德市蕉城区），制盐规模不小，今霞浦县地名有盐田、盐塘等，也与盐事密切相关。再次，当地土著“习于水斗，便于用舟”（《汉书·严助传》），具有很高的驾船技术和丰富的航运经验。他们的贸易活动，相当长时间停留在

---

① 详见吴春明：《中国东南与太平洋的史前交通工具》，《南方文物》2008年第2期。

② 见庄景辉编校：《陈埭丁氏回族宗谱》卷八《讼稿、批语》，香港：绿叶教育出版社，1996年，第305页。

以物易物的简单商品交换水平。六朝以来在农业、手工业初步发展的基础上商贸业也有所进步。到了明代中晚期,情况显著改观,“以海为田”也被用以兼指航海贸易。嘉靖四十一年(1562年)刊郑若曾辑《筹海图编》卷四《福建事宜》:

福建边海贫民,倚海为生,捕鱼贩盐,乃其业也,然其利甚微,愚弱之人方恃乎此。其间智巧强梁,自上番舶以取外国之利,利重十倍。

《明神宗实录》卷二六二万历二十一年(1593年)七月己亥载巡按福建陈子贞题:

闽省土窄人稠,五谷稀少,故边海之民皆以船为家,以海为田,以贩番为命。向年未通番而地方多事,迩来既通番而内外乂安。

《明熹宗实录》卷五三天启五年(1625年)四月戊寅载福建巡抚南居益题:

海上之民以海为田,大者为商贾贩于东西洋,官为给引,军国且半资之,法所不禁。……其次则捕鱼,舴艋不可以数计。①

当然,这些材料主要反映闽江口以南沿海地区海上贸易之盛。但在明中后期起民间海洋经济快速成长的大背景下,闽东北的海洋贸易也有长足的进步。如果在一定的意义上可以说,受制于也受惠于福建地理、族群环境,闽商经行悠久的历史而逐渐化育成为“一个最具商业意识的商帮;一个最早闯入国际大经济运作的商帮;一个最能代表中国海洋文明的商帮”,②那么,闽东北的自然、人文发展的长程趋势也是与此相一致的。

---

① 参见于运全:《“以海为田”内涵考论》,《中国社会经济史研究》2004年第1期。

② 张燮飞:《闽商文化的特征与现实意义》,《福州大学学报(哲学社会科学版)》2008年第4期。

第二章

从六朝到五代:早期闽东北社会的商贸传统

闽东北在宋代之前尤其是唐末五代之前几近无史,或者说其史受到多重遮蔽。就全国范围而言,诚如台湾学者严耕望所言:“前世之史家之侧重政治史者,惟于中央为然;至于地方,则殊忽略,史志所记有关地方制度之资料,以视中央,十不当一,其明证也。”①剑桥中国秦汉史也说:“像所有正史那样,它们(引者按:指《史记》《汉书》《后汉书》)对京师政治事务的报道占绝对大的比重,而对于地方性事件的叙述则比较少。”②这是就一般意义上指出中国传统史料结构的一个突出特点:详于政治而略于经济、社会;详于中央(京师)而略于地方。

就地方的历史而言,距离传统帝国政治中心较远的南方地区与北方中原地区又不可同日而语。以往南方的经济发展轨迹,主要立基于出自华夏士人之手的历史文献,于是建立起了“六朝时期北方人口大规模向南方迁移从而带来南方地区第一次开发高潮”的阐释体系。③ 南方真实的历史图像,大量湮没在岁月的烟尘之中。

东南滨海地区又多一重遮蔽或遗落。这里不仅在地理空间上远离中原政治中心,而且在经济、文化取向上更每每与其相隔甚远乃至格格不入,这里的历史资料和历史真相埋藏更深,流失更厉害。近年来在深化传统中国社会经济区域研究方面取得的重要进展之一,便是被称为“华南学派”的众多学者运用历史人类学方法研究东南沿海区域地方社会的一系列成果,我们探索远离州、省级地方政治中心的闽东北区域社会经济的历史变迁,资料和观念上的限制尤多,更应当注意吸纳这方面的丰富资讯。

---

① 严耕望:《中国地方行政制度史》甲部《序》,台北:“中央研究院”历史语言研究所,1974年,第1页。

② 崔瑞德、鲁惟一编:《剑桥中国秦汉史》导言,北京:中国社会科学出版社,1992年,第17页。按:该书英文版出版于1986年。

③ 关于对中国南方族群历史的传统阐释的质疑,参见鲁西奇:《释“蛮”》,《文史》2008年第3期。

第一节　两汉东南滨海地区的若干“史影”

如绪论所述，生活在闽东北的远古居民是“南岛语族”或“百越先民”，战国以前或称闽族；秦汉之交，称闽越族。大致在战国时期，福建的闽越族先民开始从部落社会向阶级分化过渡，公元前334年，楚国灭越，越国一些贵族遗胄退到浙南和福建，各称王称君于一方。秦统一，曾下令废除这些所谓越王勾践后裔的王号，将他们名义上纳入郡县体制，但并没有实施有效的行政管理。公元前202年，汉朝廷封闽越族首领无诸为王，不久又陆续将王国一分为三：浙南为东瓯，福建为闽越，闽西粤东一带为南海。闽东北则处在闽越国与东瓯国之间。

闽东北在闽越国时期的社会情况，历史上没有留下具体记载，目前也还没发现相关的遗址和文物。但据专家研究，西汉时期，闽越国文化已高度一致，例如，闽南出土的陶器、瓦类建材和墓底铺设，便与闽北同类器物完全一样。闽越国文化最突出的一个特点，是形成风格一致、自成系统的日用陶器，代表性器形有“鼓形”的罐、三短足盘、盘口夹砂小盆、釜、瓿等，而极少有中原地区常见的鼎、甑。专家认为日用陶器是闽越国物质文化中最基本和最特色的文化因子，也是辨别遗址是否属于闽越国时代的最主要的文化参照。我们可以从这些大批量生产、广泛流行省内其他地区的陶器皿中依稀想见闽东北先民的部分生活场景，详情则已无从了解。

还值得注意的是，当时有关的几次大规模移民。秦始皇虽设闽中郡，“秦兵未占闽中地，这是有史为证的”。[①] 到了西汉，据《史记》卷一一四《东越列传》、卷二二《汉兴以来将相名臣年表》记载，武帝建元三年(前138年)，闽越进攻东瓯，为汉军所阻，西汉朝廷将东瓯官民四万人安置在长江、淮河之间(庐江郡)。闽越势力便向瓯越故地扩张，逐渐与会稽郡相接。元封元年至二年间(前110—前109年)，攻灭闽越国，“于是天子曰：东越狭多阻，闽越悍，数反覆。诏军吏皆将其民徙处江淮间。东越地遂虚。”这次强制性政治移民言过其实，它并不能改变闽越故地的族群结构，但毕竟人口锐减，经济、社会发展元气大伤。汉武帝将其官员、军队和部分平地民户强行迁往江淮，闽越国旧地并入会稽郡后，原来生活在岭谷中的闽越人下山耕作，与会稽汉、越族人的相互渗透逐渐频繁。[②]

闽东北两汉时期的社会历史虽然湮没不彰，但其族群文化的海洋性却依然留下一些间接的或者说整体性的遗痕残迹。

例如，整个东南地区新石器—青铜时代的聚落形态，表现出明显的海洋特性文化内涵，包括干栏式建筑、渔猎经济和农业并重、舟楫交通、海上贸易等，一直延续到两汉。

① 详见林汀水：《闽中郡考》，文载《福建省志·地理志》附录《建置沿革及考证》，北京：方志出版社，2001年，第429～430页。

② 以上所述见林校生：《漫说闽东历史的发端》，《闽东文化流变论劄》，福州：福建人民出版社，2016年，第3～9页。

再如，史前东南各区域原始人文聚落中心多在江河入海处，东周秦汉百越各族都城的地理位置，与此具有一定的历史继承关系，它们均位于大江大河的入海口附近。句吴的都城是位于长江口、太湖边的苏州，于越的都城是位于钱塘江口的山阴，东瓯都城处于瓯江入海口的温州永嘉，闽越都城东冶位于闽江入海口处，南越都城番禺位于珠江入海口处，瓯骆国都螺城则处于中南半岛红河的入海口处。长江、钱塘江是江浙地区最大的两条河流，瓯江、闽江分别是浙南、闽北地区最大的河流，而珠江、红河则是岭南地区和中南半岛的最大河流。百越都城均位于各自民族区域的大江大河入海口处，成为百越都城宏观聚落形态的共同特点。百越都城的这一地理位置特征明显不同于周汉时中原内陆农耕民族都城的地望特点。[①] 百越都城这种地理位置和文化内涵上的海洋性特点，对后世东南区域江河海口地带经济、政治、文化的发展产生了持续而深远的影响。

又如，《后汉书》卷三三《郑弘传》载："建初八年(83 年)，代郑众为大司农。旧交阯七郡贡献转运，皆从东冶泛海而至，风波艰阻，沉溺相系。弘奏开零陵、桂阳峤道，于是夷通，至今遂为常路。"就是说，大致在东汉章帝建初八年(83 年)以前，东冶(福州)与交阯郡(今越南北部红河流域一带，属中南半岛)已有固定的航线。该书卷八五《东夷传》载："会稽海外有东鳀人，分为二十余国。又有夷洲及澶洲。传言秦始皇遣方士徐福将童男女数千人入海，求蓬莱神仙不得，徐福畏诛不敢还，遂止此洲，世世相承，有数万家。人民时至会稽市。会稽东治县人有入海行遭风，流移至澶洲者。所在绝远，不可往来。"这里，"东鳀"在何处，还可进一步研究；[②]"夷洲"学界已考证即今台湾；[③]"澶洲"，廖大珂考证即今菲律宾。[④] 汉代会稽郡滨海港口不仅有通往中南半岛的南海航线，而且有通往台湾、菲律宾群岛等地的东海航线，地当闽头浙尾的闽东北居民亦当从中受惠。1965 年，在福安城阳的官村(官庄)出土了 50 多千克西汉和王莽时期的钱币，其中有大量汉半两和五铢钱(这些古钱出土后被解往福建省博物院收藏，福安市博物馆留藏部分汉半两、五铢钱和汉剪轮五铢样品)。[⑤] 虽然古钱币的来历、性质尚不清楚，仍可以说它是闽东北土著与中原之经济往来和文化联系的非常重要的实物证据。

又如，汉代海贼问题也值得留意。"海贼"的称谓，最早见于东汉时期的文献记录，但海上武装集团在西汉时期已经形成历史影响。《史记》卷一〇六《吴王濞列传》载，发起吴楚七国之乱的骨干分子称："击之不胜，乃逃入海，未晚也。"卷一一四《东越列传》载，闽粤王弟余善与宗族商议说："今杀王以谢天子。天子听，罢兵，固一国完；不听，乃力战；不胜，即亡入海。"他们都有形势危险则逃亡海上的打算。东汉时期出现"会稽海贼"和"会

---

① 详见曹峻：《百越都城海洋性初探》第二章"从宏观聚落形态看百越都城的海洋性坐落"，厦门大学考古学及博物馆学硕士学位论文，2002 年。

② 参见陈家麟：《"岛夷""雕题""东鳀"非台湾早期名称》，《复旦学报(社会科学版)》1985 年第 2 期。

③ 参见张崇根辑校：《临海水土异物志辑校》，北京：农业出版社，1981 年。

④ 参见廖大珂：《福建海外交通史》第一章第三节，福州：福建人民出版社，2002 年，第 5～7 页。

⑤ 引自刘杰、陈昌东主编：《乡土福安》第一章第二节，北京：中华书局，2016 年，第 26 页。

稽东冶贼"的文献记录。《续汉书·天文志中》载："会稽海贼曾於等千余人烧句章，杀长吏，又杀鄞、鄮长，取官兵，拘杀吏民，攻东部都尉。"文中的人名"曾於"，又作"曾旌"，事在顺帝阳嘉元年(132年)，句章、鄞、鄮三县都在今宁波市境。《三国志》卷六〇《吴书·吕岱传》载：东吴嘉禾四年(235年)"庐陵贼李桓、路合，会稽东冶贼随春，南海贼罗厉等一时并起"。这些主要活动于海上的武装力量，其主要成员应是"习于水斗，便于用舟"的越族土著，他们人数不少，攻击力很强，拥有规模可观的船队。王子今、李禹阶注意到，自两汉之际以来，江南经济得到速度明显优胜于北方的发展，"海贼浮于会稽"[①]的形势，也与全国经济重心向东南方向转移的历史变化有关。[②] 实际上，在中原王朝的硬、软实力从内陆向沿海地区逐渐延伸的历史过程中，东汉时代东南"海贼"与当地官府之间的紧张关系，多少还带有滨海土著经济活动与中原帝国政治控御相冲突的意味。王、李之文还联系到陈寅恪曾经提示"天师道与滨海地域之关系"，指出滨海地域形成了具有鲜明个性的特殊的文化区域，当与自渤海至南海漫长地带南北相互联系的方便的交通条件有关。除了秦汉时期"并海道"的陆路交通条件而外，因航运能力的提高，沿海地方相互间近海交通的便利也许表现出更重要的意义。汉代"海贼"利用了这样的条件，也以自己的政治经济实践，推促了海上交通的新的历史进步。探讨中国古代海洋文化的发展，不宜忽视这一社会力量的历史作用。[③] 这个评语是中肯的。

另外，还应当留意闽东北海岸线的古今差异问题。据研究，全新世(约1.2万年前至今)的几次海平面波动上升，使福建沿海海拔低于3～4米的地方都遭受海侵，"长乐海侵"时期，福州盆地和漳州盆地都成为海湾，沉积了海积层。引起海陆变迁的因素除海平面的升降变动外，还有地壳活动的因素。现在海岸带不同高程岩石上所留下的大量海蚀痕，即是海陆变迁的证据。[④] 相关研究指出，"长乐海侵"时期海平面上升，至五六千年前达到高峰，此后海面趋于稳定，并稍有下降，迄至1800年前退到接近现代海面的高度。汉代闽江入海口位于今闽侯县的甘蔗、白沙一带，福州是深入海湾中的半岛；晋江的河口应在今南安的丰州镇，泉州是四面环海的洲岛；九龙江的海口也当深入漳州。[⑤] 就闽江

---

① 《续汉书·天文志中》刘昭《注补》引《古今注》，见《后汉书》中华书局点校本，第3244页。

② 详见王子今、李禹阶：《汉代的"海贼"》，《中国史研究》2010年第1期。

③ 王子今、李禹阶：《汉代的"海贼"》，《中国史研究》2010年第1期。按：陈寅恪《天师道与滨海地域之关系》揭示秦皇汉武时代的方士惑众、东汉末的黄巾米贼、西晋的赵王伦之乱、东晋的孙恩卢循之乱、南朝刘宋太子刘劭之乱等等，都与所谓滨海地域有密切关系，文载《金明馆丛稿初编》，上海：上海古籍出版社，1980年，第1～40页。

④ 见《福建省志·地理志》第八章"自然环境与地理分区"第一节"自然环境"第四目"晚更新世晚期以后"，北京：方志出版社，2001年；参王绍鸿等《福建沿海晚更新世以来的海平面变化》，《台湾海峡》1994年第2期。

⑤ 见《福建省历史地图集》"地图说明·自然图组"，福州：福建省地图出版社，2004年，第278页。

下游而言，当时的冶城处在福州半岛的边沿，负山抱海，造成"壁垒翳山接橹"[①]之胜。《三山志·地理类六·海道》说"伪闽时蛮舶至福州城下"，汉代更是如此。至今福州还保留着许多带"屿"的地名，如鼓山镇的前屿村、后屿村和横屿村，仓山的台屿村和盘屿村，旗山麓的南屿和北屿，还有竹屿、猴屿、洋屿等等，成了古语"闽在海中"的一个注脚。从历史地图上看闽东北的海岸线，以福鼎一带古今差异最大，前岐、桐山、点头、藤屿之间是一片不太小的海域，秦屿也在海中。[②] 霞浦的赤岸是濒海之地，松山是海岛；蕉城区的三屿、吉屿尚未与陆地连接，福安的赛岐也在海港之中。从语言的角度观察，中国沿海岛屿通名的叫法，多带相关地域的方言色彩。除了称"岛"，也或称"洲"，或称"山"，"闽语方言通行地区的海域，主要是台湾海峡及其南北的延伸。望南延伸到南海，至珠江口；望北延伸到东海，至舟山群岛，在这段海域里岛屿的通名除了'岛'以外，大量使用'屿'字"。[③] 可见"屿"是闽语特征词，其读音，《广韵》标为"徐吕切"(释为"海中洲也")，与闽东北方音读作"序"相合。今日闽东北滨海之地常能见到带"屿"字的地名，其中不少也与汉代以来"海岛历史记忆"有关。

第二节　六朝闽东北社会经济概貌

东汉后期，今浙江省大部和整个福建省都还统归会稽郡管辖，浙南椒江流域以南只在今台州、温州、福州设立了三个县(章安、永宁、东侯官)，闽东北地区夹在永宁、东侯官之间，衡以当日情势，尚不可能有清晰的县界。孙吴后期，公元257—260年，先后以会稽郡东部都尉、南部都尉设立临海郡和建安郡；罗江县是临海郡所领七县之一，侯官县是建安郡所领八县之一。[④] 罗江县夹在浙南的罗阳县(今瑞安)与闽东北的侯官县之间。西晋平吴，公元282年从建安郡分置晋安郡，罗江县从临海郡划入晋安郡，次年又从侯官、罗江二县析置温麻县。那么，晋安郡初置时统县八：原丰(今福州东部)、新罗(今龙岩)、宛平(不详)、同安、侯官(福州西部)、罗江、晋安(今南安)、温麻。此后递有裁省变动，晋宋之交先后罢新罗、宛平、同安，南齐徙晋安他属，梁朝又撤罗江(当并入温麻县)，到陈朝

---

① 《三山志》陈叔侗校注本据四库全书本改"接橹"为"楼橹"，未从。北京：方志出版社，2003年。

② 见《福建省历史地图集》"自然图组·海岸线变迁(一)闽东北区"，福州：福建省地图出版社，2004年，第202页。

③ 张振兴：《闽语特征词举例》，《汉语学报》2004年第1期。

④ 据《三国志》卷四八《吴书·三嗣主传》，详见陈健梅：《孙吴政区地理研究》上篇第一章"扬州"第八至十一节，长沙：岳麓书社，2008年，第81～106页。按：临海郡七县指章安、永宁、临海、南始平(今天台)、松阳、罗阳、罗江，后五县皆吴新立；建安郡八县指侯官、建安(今建瓯)、吴兴(今浦城)、昭武(今邵武)、南平、将乐、建平(今建阳)、东安(西晋改名晋安，今南安)，后七县皆吴新立，仅首尾二县濒海。

末年仅余三县。[①] 大体言之，今日福州、宁德两个设区市的地域范围，以当时统县政区而言，是属晋安郡，但不包括闽南诸县；以县而言，主要是原丰、侯官、罗江、温麻四县，也就是说，不仅闽东北，甚至整个大闽东北，它在六朝时期尚未形成独立的经济地理单元，留存下来的资料多与邻近地区相互粘连，农工、商贸等等，无不如此。汉代闽中人口曾经大量被强制北迁，社会经济受到严重影响，到六朝时期，这一带人口已有所恢复和发展，中原及周边地区人口迁入也渐渐增多。与此同时，这里的交通状况、各项传统生业乃至海上贸易也取得显著进步。

一、农　业

六朝时期，随着人口的繁衍，村落的增多，道路的延展，必然有大量的土地被垦辟为田园，交溪流域的许多小谷地（溪谷、山谷、盆谷）都得到初步开发。

“东南以水田为业”，[②]晋安郡主要粮食作物也是水稻。《初学记》卷二七“五谷”条“叙事”载：

> 《抱朴子》曰：南海、晋安有九熟之稻。郭义恭《广志》曰：有虎掌稻、紫芒稻、赤穬稻、蝉鸣稻，七月熟。稻有盖下白，正月种，五月获，获其茎，根复生，九月复熟。青芋稻，六月熟。累子稻、白汉稻，七月熟。此三种大且长，三枚长一寸半。《养生要集》曰：秫，稻属也，稻亦秫之总名也。[③]

郭义恭，旧说为西晋武帝时人，农史学家石声汉认为他可能是东晋时人；《广志》是一部博物志著作，多载南方风土物产，原书已佚。所列稻之八个品种包括“盖下白稻”（一种再生稻），对我们理解葛洪说的晋安、南海（郡治广州）二郡的“九熟之稻”有一定帮助。（葛、郭二书说的未必是一回事，青芋稻、累子稻、白汉稻便出产于巴蜀地区。）《养生要集》著者为东晋张湛，书也久佚，所说的秫（粳）稻，福建沿海确有种植。

闽东北地区属亚热带气候，夏、冬有季风调节，全年温暖湿润，日照时间充足，很适宜种植水稻，“饭稻羹鱼”是固有的传统。东晋以来，朝廷多次下诏强调种麦，这与北方移民的生产、饮食习惯有颇大关系，故重点在长江边的徐、豫二州，尤其是扬州。但更急切的驱动力是旱灾的威胁，目前所见几次著名的督麦之诏的年份，如东晋元帝太兴元年（318年）、刘宋文帝元嘉二十一年（444年）、孝武帝大明七年（463年），都是扬州等地遭受大旱之年。[④] 水稻春播秋收，冬麦秋播春末收，季节正好可以错开，发现旱情伤稻，还来得及

---

① 六朝时期闽东北行政建置的变动，参见林校生：《闽东早期政区建置的总体态势》，《闽东文化流变论劄》，福州：福建人民出版社，2016年，第39～48页。

② 《晋书》卷二六《食货志》，点校本，北京：中华书局，1996年，第788页。

③ 唐徐坚等：《初学记》卷二七《五谷》，点校本，北京：中华书局，1961年，第660页。按：郭义恭《广志》记录的水稻品种还有白米稻、乌粳、黑穬、青函、白夏等多种，“九”字不可过于拘泥。

④ 分见《晋书·食货志》《晋书·五行志中》《宋书·文帝纪》《宋书·孝武帝纪》；何德章：《六朝江南农业技术两题》，《南京晓庄学院学报》2005年第2期。

抢种冬麦以求弥补。[①] 晋安郡属江州,迄今未见种麦的直接记载。然而,从《陈书·陈宝应传》的相关记载(引文详后),可以看出晋安郡旱作的粟产量甚丰。联系陈宣帝太建九年(577 年)下诏,减免"逋(拖欠)租田米粟、夏调绵绢丝布麦",粟、麦已列入国家税收;再加上陈朝福州地区(含闽东北)人口已有一定规模,以旱作农业促进山地开发逐渐成为历史必然,闽江下游流域和交溪流域也多有丘陵之地,已开始种植粟、麦等旱作粮食作物是完全可能的。

此外,两晋南北朝时期的墓葬中的谷仓模型明显增多了,[②]也表明各种粮食作物的生产规模和剩余产品数量都达到比较高的水平。

闽东北的气候也很适合果树栽培。沈莹《临海水土异物志》提到这一带的一些水果特产,如梅桃子、多南子、王坛子、余甘子等,还有荔枝、龙眼、柑橘、阳桃、橄榄等,都数量不少。

另外,东晋王彪之《闽中赋》说:"药草则青珠、黄连、拳柏、决明、苁蓉、鹿茸、漏芦、松荣,痊疴则年永,练质则翰竖。"[③]当时所称"闽中"范围颇广,其中也有闽东北地区的出产。

闽东北早期农副业的发展,应当特别提到茶叶的食用和栽培。中国西南地区(滇川黔)是世界茶树原产地,第三纪中期的地质、气候变化,造成茶树同源分居现象,其中一个传播方向,是沿着云贵高原的南北盘江及元江向东及东南即向着受东南季风影响、干湿分明的方向传播。闽东北地区大抵位于北纬 26°～27°间,地貌、气候合宜,也是茶树的同源生态演化区之一。20 世纪 50 年代以来在宁德县霍童、虎浿、八都等多个村落和福鼎太姥山陆续发现野生茶树。80 年代霞浦黄瓜山遗址出土的彩绘茶具,经省文物考古专家鉴定为晋代彩绘兔毫盏;龙泉山、眉头山古墓出土晋代、南朝时期的茶具青釉盅;1990 年古县村古墓出土有古代茶具、托杯、五盅盘、三足炉、三足碟等 12 件文物,造型小巧,青釉有光泽,经省考古专家鉴定为南朝墓。这些均为当时煮茶、烹茶器皿。据唐代陆羽《茶经·七之事》引《永嘉图经》云:"永嘉县东三百里有白茶山。"永嘉县东三百里为大海,一般认为"东"乃"东南"之误,则应指今白茶之都福鼎太姥山。[④] 这里在唐代之前茶树种植和茶叶加工可能已有一定的规模。

二、手工业和商业

六朝时期闽东北的手工业,主要表现在造船和制瓷方面。

造船是沿海居民传统的技术和生业,孙吴出于国防和航海的需要,十分重视造船,设

---

① 例如,《宋书》卷六《孝武帝纪》大明七年九月己卯诏:"近炎精亢序,苗稼多伤。今二麦未晚,甘泽频降,可下东境郡,勤课垦殖。尤弊之家,量贷麦种。"见中华书局点校本,第 133 页。

② 林蔚文:《福建农业考古概述》,《农业考古》1984 年第 1 期。

③ 见《太平御览》卷九八四《药部一》。

④ 见陈椽:《茶业通史》,北京:中国农业出版社,2008 年。

立了专门管理机构——建安典船校尉和专业造船工场——温麻船屯。关于前者，明代福州开元寺东直巷尚有都尉营遗址。[①] 六朝时此处尚未全部成陆，还是个河口港湾，水道屈曲，避风避浪条件好，成为孙吴在福建的造船中心基地之一。后者一说在今连江县，一说在今霞浦县，都没有很过硬的证据。学界以为古时从闽江口侯官（福州）一带至瓯江口永宁（温州）一带的沿海地区，统称"温麻"。[②]《太平御览》卷七七〇引晋周处《风土记》载："小曰舟，大曰船。温麻五会者，永宁县出豫林，合五板以为大船，因以'五会'为名也。"所谓五会即五合，是由五块巨板（首尾封板、左右舷板、船底板）组合而成的船。东晋卢循所部制造"八槽舰"，有人以为即后世所谓"水密隔舱"结构的雏形，能提高船的抗沉性。卢循失败，其余部浮居闽海，又造出头尖尾高、当中平阔、冲波送浪的"了鸟船"，成为民间常用的运输船。萧梁王朝在晋安、建安、南康（治在今江西于都）三郡都设"伐船谒者"，晋安仍为官办的重要造船基地。而民间"私造大船，因相聚结"[③]的风气也一直延续到隋统一后的头十年。

陶瓷业特别是青瓷的烧造有明显的进步。福建六朝墓葬中出土了大量的青瓷，品种丰富，与江浙湘赣具有相同的时代特征。闽东北、闽南的墓葬青瓷，从总体看，两晋多与江浙赣相似，南朝以来数量、种类增多，尤其是齐梁之际涌现了许多具有本地特色的器形：熏炉、莲花烛台和多管器等造型新颖，质地精良；盘口壶、罐、钵、碗等常见日用器在本地南朝古窑遗址中均有发现；五盅盘、盏托、虎子、盘托三足炉、细颈瓶等器形与闽北、江西虽较接近，但造型和装饰特征有细微差异，很可能为本地仿制品。闽东北出土的六朝青瓷，以霞浦县发现的晋代墓葬明器为代表，特别是霞浦松城眉头山吴天纪元年（277年，即西晋咸宁三年）墓[④]、西晋元康九年（299年）墓、东晋永和二年（346年）墓[⑤]，出土了比较丰富的青瓷器，主要有三足盘、双耳罐、盘口壶、唾壶、洗、堆塑罐、狮形器、虎子等等。福建迄今尚未发现两晋窑址，两晋青瓷有可能通过贸易或移民携带两种途径来自于邻近的江浙赣地区。南朝窑址则在福州洪塘怀安村、连江县敖江己古村一共发现两处。闽东北所出土的青瓷，与福州、闽南的同类器物相比，造型、釉色、风格完全相同。这一带的南朝青瓷多为本地产品应无疑义。[⑥]

据《隋书》卷二六《百官志上》记载，梁代有"晋安练葛屯主"，可见当时福州地区以及闽东北葛纺织业有一定的规模。

---

① 见黄仲昭：《八闽通志》卷八〇《古迹》，福州：福建人民出版社，2006年，第1251页。

② 参见《福建省志·船舶工业志》第一章第二节"沿海货船"，北京：方志出版社，2002年，第20页。

③ 《隋书》卷二六《百官志上》，卷二《高祖纪》，中华书局点校本，第735、788页。

④ 曾凡：《关于福建六朝墓葬的一些问题》，《考古》1994年第5期。

⑤ 福建省博物院：《福建霞浦两晋南朝唐墓》，《福建文博》1995年第1期。

⑥ 关于六朝闽地青瓷的评介，详见刘逸歆：《福建六朝墓葬出土青瓷研究》，《东南文化》2008年第3期。参孔庆荣：《挖掘眉头山古墓葬概况与收获》，霞浦县政协《霞浦文物》，《霞浦文史资料》第27辑，2009年。

商业方面，由于当时福州地区人口初丰，而货运倚重水路，闽江上游的沙溪、富屯溪、建溪自古就各有较长的通航里程，但溪面不宽，溪水不深，船只较小，运载能力有限，而且多为单向运输，福州的产品很少运到上游地区，商贸活动的规模与水平都受制约。史书也极少留下六朝时闽人货殖求利的信息。最著名的一则记事是《陈书·陈宝应传》所载：

（侯景之乱，陈）宝应自海道寇临安、永嘉及会稽、馀姚、诸暨，又载米粟与之贸易，多致玉帛子女，其有能致舟乘者，亦并奔归之。由是大致赀产，士众强盛。

史文著一“寇”字，这便不好说是正常的生意往来，但也多少反映出闽浙沿海地区之间的确存在经贸互通的事实。实际上，为着保障供给，扩展势力，中国古代大型的非政府性军事行动往往都伴随着巨量营利性的贸易活动并且以之为物质基础，直到中国古代史“收官时期”的“倭寇”、明郑集团“海盗贸易”、蔡牵“洋匪”等等，都带有军、商兼行的特征。

三、海上交通贸易

六朝时期，晋安郡的对外交通与贸易以冶城（子城）为重要基地，北达苏浙、南至交阯，是为传统海道。随着六朝时期帆、橹等推进工具的改良，对季风规律的掌握，以及造船技术的重要突破，晋安（东冶）一带海道使用逐渐频繁，相关记载也有所增加。例如：

1. 孙皓凤凰三年（274 年），“会稽妖言章安侯奋当为天子。临海太守奚熙与会稽太守郭诞书，非论国政。诞但白熙书，不白妖言，送付建安作船。遣三郡督何植收熙，熙发兵自卫，断绝海道”。三郡督，胡三省注：“《江表传》作‘备海督’，盖督临海、建安、会稽三郡也。”①

2. 东晋安帝元兴元年（402 年）卢循“略有永嘉、晋安之地”，遂经常利用这条海道。

3. 梁敬帝绍泰二年（556 年），陈宝应为晋安郡太守，封侯官县侯，邑五百户，“时东西岭路，寇贼拥隔，宝应自海道趋于会稽贡献”。②

4.《法苑珠林》卷一八载：“陈扬州严恭者，本是泉州人。……陈太建初。恭年弱冠，请于父母，愿得五万钱，往扬州市易。父母从之。恭船载物而下。……后月余日，恭还家。父母大喜。……因共往扬州起精舍，专写法华经。遂徙家向扬州。其家转富。”③陈代的泉州指晋安郡，包括整个福建东南部。严恭是长乐人，这条资料反映了闽东北地区与其北部沿海地区（扬州）贸易往来的历史事实。④

---

① 参见《三国志》卷四八《吴书·三嗣主传》，点校本，北京：中华书局，2011 年，第 1170 页；《资治通鉴》卷八〇晋武帝泰始十年，点校本，北京：中华书局，2011 年，第 2535 页。

② 《陈书》卷三五《陈宝应传》，点校本，北京：中华书局，1972 年，第 486～487 页。

③ 《法苑珠林》卷一八《敬法篇·感应缘》“陈扬州严恭”条（引自《冥报记》），上海：上海古籍出版社，1991 年，第 142 页。

④ 参见谢重光：《唐宋福建海上交通与对外佛教文化交流》，《中国唐史学会第十二届年会论文集》（未正式出版），2015 年 11 月，第 593 页。

闽东北当时属晋安郡或泉州，又紧邻浙南的会稽、临海、永嘉诸郡（临海析自会稽，永嘉析自临海），以上四条纪事或当与之有所关连。

当然，六朝东南海路交通虽有所进步，但事实上不能作为当时海道畅通的证据。上述所引资料表明，当时海路并非正途，常常是在陆路严重受阻时的第二选择。在发明航海罗盘之前，受定向导航技术水平的制约，六朝海船仍以沿岸航行为主，有时也做较短距离的横渡航行，虽海岸地质、海上风浪仍多有险阻，但从总体上看已比秦汉时期来得安全。当时对海道的利用，政治、军事行为占有相当大的比重，这也与旧史记载对政治、军事的重视远过于经济有关。

从海上贸易角度来说，到了南朝后期，一方面，东晋以来造船工艺在横梁的基础上演变为水密舱结构，抗风浪、抗沉能力加强，海船朝向大型化发展；另一方面，福州沿海地区的经济已经有了显著进步。如梁末侯景之乱，"是时东境饥馑，会稽尤甚，死者十七八，平民男女，并皆自卖，而晋安独丰沃"。[①] 这里战乱相对较少，经过长期开发，逐渐成为富庶地区，为对外贸易打下较为坚实的基础。据《梁书・诸夷传》记载：

> 汉元鼎中，遣伏波将军路博德开百越，置日南郡。其徼外诸国，自武帝以来皆朝贡。后汉桓帝世，大秦、天竺皆由此道遣使贡献。……晋代通中国者盖鲜，故不载史官。及宋、齐，至者有十余国，始为之传。自梁革运，其奉正朔，修贡职，航海岁至，逾于前代矣。

姚思廉把六朝海通状况分作晋前、宋齐、梁朝以还三阶段，其间变化速度很快。西晋著名文学家左思的《三都赋・吴都赋》称"弘舸连舳，巨槛接舻"；"槁工楫师，选自闽禺"。大抵当时的人一般都认为全国最好的船匠、舵师和水手，都出自闽粤土著。到了南朝后期，随着社会经济的发展，闽东北沿海地区的海外贸易应当也有了一定的发展。

第三节　隋唐长溪、霍童溪、古田溪流域的经济规模粗估

公元589年，隋灭陈，统一南北。第二年，浙、闽、粤各地又纷纷起兵反叛，这主要反映了南方豪民大姓与北方统治者的利益冲突，与越人强悍不驯的传统也有一定关系。隋王朝迅速镇压了豪民的叛乱，又大幅度裁撤地方行政建置。福建东吴时已有九县，西晋增加到十五县，刘宋、南齐为十二县，陈朝约为十四县，到隋代，剩下五六个县。入唐后，在今日的宁德设区市辖境陆续恢复长溪（约当原罗江）、连江（约当原温麻）二县的建置，并新设了古田县。唐代长溪、霍童溪、古田溪流域仍属于"大福州"的范围，而当地的一些经济特征和相关人文事象已有所表现。但从资料的角度说，闽东北乃至于整个福建省的经济面貌到唐代依然还很模糊。今日可能的观测指标，只是间接性的与商品交换比较密

---

① 见《南齐书》卷四六《王秀之传》，点校本，北京：中华书局，1996年，第799页；《陈书》卷三五《陈宝应传》，点校本，北京：中华书局，1972年，第486～487页。

切相关的社会基本要素(这里主要指建置、人口、村落、道路等),以及多少有些文字记录传下来的经济现象(如水利工程、土贡产品等),它们虽不是直接的商贸活动资讯,但拼合起来也可以约略反映当时闽东北社会的经济商贸达到的规模和水平。

一、闽东北的建置和人口

今日了解这个时期建置、人口的记载,主要依赖正史(包括《隋书》《旧唐书》《新唐书》等)地理志和各朝修的全国地理总志(如《元和郡县图志》《太平寰宇志》等),它们提供的信息都很简略,而且不是都能具体到闽东北地区,以下撮引相关史文,稍作推衍。

(一)隋　代

根据《隋书》卷三一《地理志下》的记载,整个福建比较稳定的县级建制只有闽(今福州)、建安(今建瓯)、南安、龙溪(今漳州)和邵武五县,邵武属赣东的临川郡;在隋文帝平陈的头三年即开皇十二年(592 年)以前,有兰水(今南靖)、绥安(今漳浦)二县而无邵武县,还短暂存在过莆田县。

隋代的人口,隐漏严重,南方尤甚,人口史学家估计平均只有 1/5 人口入籍。[①] 当时福建少数民族多,侯景之乱以来北来移民显著增加,要比一般南方地区的户口占籍比率更低些。《隋书》卷三一《地理志下》载建安郡统县四,户一万二千四百二十。今以五倍计,建安郡约有 6.2 万户,若每户平均 5 人,可有 30 多万人。闽东北的人口可能接近 4 万。

隋王朝为了解决所谓“当今郡县,倍多于古,或地无百里,数县并置,或户不满千,二郡分领”,“民少官多,十羊九牧”的问题,以求“存要去闲,并小为大”[②],于是罢省天下郡(州)县。这项政策还带有压制新平定的南方疆土民众的意味。实际上,六朝时期福建乃至广大东南沿海地区的人口、经济和社会其他方面已经有了比较明显的发展,应当改变两汉在这里行政建置稀疏的格局,至少隋王朝巨量裁撤东南沿海的县级建制是不合时宜的。所以到了唐代,福建的州县数又逐渐增加起来。闽东北原有两个县级建制到隋代已全被撤销(并入闽县),而紧相毗邻、社会经济发展水平也比较接近的浙西南则尚存四县,其中括苍(丽水)为隋平陈后新从松阳析置。造成这种差异,有多种因素,单就受纳移民的角度说,这个时期南迁到闽东北的人口还很有限,当地主要是东南土著的世界,这与明清时期闽东北劳动力络绎进入浙西南是很不一样的历史情景。

(二)盛唐和晚唐

杜佑《通典》卷一八二《州郡十二》载,福州“领县八:闽、侯官、福唐、长乐、连江、长溪、

① 详见葛剑雄:《中国人口发展史》,福州:福建人民出版社,1991 年,第 145～147 页。

② 见《隋书》卷四六《杨尚希传》,点校本,北京:中华书局,1997 年,第 1253 页。

古田、尤溪”①；又载，“户三万九千五百二十七，口二十一万七千八百七十七”。

李吉甫《元和郡县图志》卷二九《江南道五》载：

> 福州，长乐。中都督府。开元户三万一千六十七。乡六十六。元和户一万九千四百五十五。乡八十一。
>
> ……
>
> 管县九：闽、侯官、长乐、福唐、连江、长溪、尤溪、古田、永泰。
>
> ……
>
> 连江县，紧。西南至州水陆路一百六十里。本汉冶县地，晋分立温麻县。武德六年移于连江之北，改为连江县。连江，在县南三百里，东流入海。海，在县东五里。
>
> 长溪县，中下。西南至州水路八百里。长安二年割晋温麻旧县北四乡置长溪县。长溪，在县南四十五里，流入大海。
>
> ……
>
> 古田县，中下。东至州七百里。开元二十九年开山洞置。东与连江接界，与沙县分界。

《通典》始修于唐代宗大历年间(766—779)，成于德宗贞元十七年(801年)；《元和郡县图志》写成于宪宗元和八年(813年)。二书行文极其简省，是唐人对唐时闽东北的直接记述，弥足珍贵。《通典》的户口数未标示年代，但口户比为5.5∶1，可供参考；《元和郡县图志》福州“开元户”记为三万一千六十七，“两唐书”作三万四千八十四，学界一般采用后者的数据。

据元和志，福州九县中尤溪、古田、永泰三县皆“开山洞置”，其境少数族群广布山野，而多未得入籍，但永泰县晚置，开元户数当以八县论，若尤溪、古田二县户籍作三千户计，②则其余六县的“开元户”为三万一千户。这六个县，闽和长乐是上县；侯官、福唐(今福清)、连江是紧县，紧县表示地理位置重要；长溪是中下县，该地置县历史甚久。开元时一般以六千户为上县，以三千户为中县，未满三千户为中下县，千户以下为下县。综合以上所列，长溪县占籍之户应接近三千。《通典》卷七《食货·历代盛衰户口》指出，天宝户口数(唐代最高户口数)存在严重隐漏(达1/3)，费省的博士论文《唐代人口地理》推算开元九年至二十年(721—732)户口增长情况，认为杜佑的说法有相当的根据，葛剑雄只认可费氏关于开元间隐漏率大大高于16.3%的分析。③ 我们认为，闽东北乃至整个福建远离中央朝廷，且唐代中期少数族群依然很活跃，这里的户口隐漏1/3是完全可能的。其

① 其时福州领县九，此处漏列永泰县。按：《元和郡县图志》卷二九《江南道五》“福州”条：永泰县，永泰二年(766年)观察使李承昭开山洞置。

② 当地最早的方志，嘉靖本《尤溪县志》、万历本《永福县志》皆不载唐代户数，唯有万历本《古田县志》卷四《食货志·户口》载：“唐，户一千余。开元二十八年都督李亚丘招致。”

③ 费省的论述，见氏著《唐代人口地理》第二章“唐代人口统计概述”，西安：西北大学出版社，1996年；葛剑雄的论述，见氏著《中国人口发展史》第六章“唐时期”第二节“人口峰值计算”，福州：福建人民出版社，1991年。按：费省的博士论文完成于1988年。

时的古田县更到处是不占籍的少数族群。[①] 所以，我们估计开元年间长溪、古田二县可有居民七八千户、四万数千人。

元和年间朝廷对地方的控制力严重削弱，著籍户口数大幅度下降。但闽东北乃至整个福建，受藩镇割据、混战的冲击不大，又受纳不少北方移民，它的实际人口数应当仍在继续增长。

二、主要溪河流域的姓族村落

隋唐时期闽东北依然夷越广布，其聚落状况没有什么资料留存下来。安史之乱后尤其是到了晚唐以还，北来人口的规模化迁入逐渐增多，有关的姓族村落也开始有了一些文字的材料和口头的说法辗转传承，且多数材料中，晚唐与五代往往粘连缠夹，以下仅述其大致轮廓。

(一)长溪(交溪)流域

长溪流经十一县，包括其主要地段宁德设区市境内周宁、寿宁、柘荣等县的一部分和福安市的大部分。流域的姓族村落资料，以今福安市一带稍成系统，见李健民《品读福安》。清光绪十年(1884 年)本《福安县志》卷终《氏族》记载福安姓氏 38 个，唐末五代以前迁入者，主要有廉村陈氏，坂头黄氏，苏阳刘氏，青云吴氏，西铭郑氏，岩下章氏，穆阳林氏、龙溪林氏，枢阳阮氏，廉村薛氏、甘棠薛氏，甘棠阳口张氏、东歧张氏，廉首高氏，坑头苏氏等等。[②] 结合现存族谱材料，各姓较早徙居福安的时间大抵是：

> 陈太建(569—582)中薛贺之子薛许自江苏南京迁入溪北洋；隋末苏惟忠、苏惟信由福州乌山迁入康厝岙里，唐中宗嗣圣元年(684 年)迁入苏家坂；唐玄宗开元十六年(728 年)黄翁从建宁府石牌山迁入穆阳狮子岩前，寻迁黄坂；武宗会昌四年(844 年)林谊由霞浦赤岸迁入大箬；僖宗光启元年(885 年)林纬从福州迁社口后溪里岙；懿宗咸通九年(868 年)阮晏肇居察阳。[③]

---

① 北宋景德二年(1005 年)古田县令李堪写的《古田县记》说："林谓《闽中记》：开元二十八年，都督李亚丘会溪峒逋民刘疆辈千余计归命向化，乃状其事以闻。越明年四月二日，命下允俞而始立邑。当环峰复嶂间，平陆三十五里，版垣墉，高丈许，步三百周，树室辟户，张官置吏，子男之邦，周宏远规。先是，田畯锄芜敷菑，为厥疆亩，因著之名。"(节录自万历本《古田县志》卷一二《艺文志》)

② 详见福安县地方志编纂委员会 1986 年点校光绪《福安县志》下册，第 740～756 页。按：台北成文出版社 1967 年版《中国方志丛书》影印本光绪志有末卷(即卷终《氏族》《题捐》)，上海书店等 2009 年影印本光绪志无末卷。

③ 详见罗承晋：《福安姓氏 · 概述》，福安政协编：《福安姓氏》第 1 辑，2014 年，第 1～6 页。

其中，薛氏陈朝在福安开基建村，是我们所知整个闽东北最早的移民姓族村落。[①]

另外，今赛岐镇赛里村有詹厝自然村，《赛江詹祠宗谱》(民国十七年本)詹福禄序(明洪武十年)曰，唐乾宁二年(895 年)詹赛自淳池(今周宁县纯池镇)豪洋迁入开基。查蔡道华主编《周宁域情》“纯池镇·豪阳行政村·豪阳自然村”，该村原名哈兜、何洋，元大德四年(1300 年)肇基，居民以詹姓为主。[②] 詹谱所记詹厝开基时间或属村人讹传。

以上所述出于晚近方志、族谱的记载，不可能尽都属实，但证以 1972 年在溪潭镇溪北村发现一古墓葬，墓砖上有“大业三年”(607 年)四字，出土 21 件随葬品，2006 年坂中步兜山上隋墓也有相似发现，隋唐以来在长溪下游近岸地带已有一定数量的村落分布，是完全可能的。

(二)霍童溪流域

霍童溪是宁德设区市第二大河，主要在今蕉城区境内，该流域比较系统的姓族村落资料，当推甘峰主撰的《宁川域情》，该书第三部分“西北霍童溪流域地区”设五章，分述八都、九都、霍童、赤溪、洪口诸乡镇现辖全部 97 个行政村、495 个自然村(含已经不再住人的废村)的基本情况。今参合相关资料略作增删，其中传为唐代之前建村的主要有：七都西林村，八都金垂村、水漈村，九都云气村、九仙村，霍童镇霍童村、石桥村、邑村自然村、石党自然村，赤溪镇院前村，石后乡光荣村(原为光坂、安仁寺二村)，等等。[③]

霍童溪上游流域还包括屏南、政和、周宁三县的各一部分，而以周宁为大端，特别是该县咸村、礼门和玛坑三个乡镇，基本都在该流域范围。据蔡道华主编的《周宁域情》第二章的简要叙述，咸村镇川中村、云门村亦属唐村。[④]

整个霍童溪流域的村落密度，或许与长溪流域的情况相差无多。

(三)古田溪及霍口溪流域

闽江支流古田溪和霍口溪是古田县第一、第二大河流，县境内流域面积分别为 833 平方公里(不包括古田一、二级水库)、450 平方公里，约占全县总面积(2385 平方公里，含库区面积)的 55%以上。如果再加上流经凤都乡的闽江另一支流武步溪在境内流域面积 115 平方公里，还有贯穿黄田、水口两镇县境内长 34 公里的闽江干流，则要大大超过

---

① 现在常以今天的廉村自然村作为薛令之故里，其实不确。年深岁久，家族容有迁徙，地貌容有变异，村落位置、大小容有挪移伸缩，地名或随人同迁或留在原处，千数百载后如何还能毫厘不爽地指认圈定出来，不如把唐廉村理解为今天穆阳溪下游的廉溪流域，至于当年的薛宅旧址早已湮没在岁月厚尘之中而难以强辨。详见林校生：《谢翱小传与地方名人的乡籍之争》，《福建文史》2016 年第 2 期。

② 蔡道华主编：《周宁域情》第四章“纯池镇”第六节“豪阳行政村·豪阳自然村”，福州：海峡书局，2012 年，第 142 页。

③ 详见甘峰主撰：《宁川域情》，香港：华夏文艺出版社，2008 年，第 174～252 页。按：村民的集体记忆(含族谱资讯)不可能都属实，如有单独引用，宜考证后再作评论。

④ 参见蔡道华主编：《周宁域情》，福州：海峡书局，2012 年，第 53、89 页。

60%了。但迄今未见有比较系统的姓族村落资料。有文字资料(族谱)可考的最早姓族村落当为杉洋,开基祖余焕,唐天宝间“相地闽山,乐三阳风土之厚,山水之清,卜宅于兹,余氏肇基焉”。晚唐僖宗时,又有曾任福建观察使的李诲(改名邦)迁入。

至于全县的情况,这里暂引新编《古田县志》的一段话,略明其梗概:

> 殷周时代,境内已有人类居住。先秦时期,生息着闽越族人。西晋时,中原内乱,汉人南迁,境内始有汉族人。刘、林、谢比诸姓先入古田,陈、郑、施、章于西晋永嘉五年(311年)由河南固始入闽,居古田。隋大业五年(609年)浙江菇农杨氏到石步坑种植香菇,随后即定居该地。林姓始祖高平于唐开元年间(731—741)由河南固始迁福建,其孙林溢迁居古田。开元二十八年(740年)刘疆率林溢、林希向化,都督李亚邱遣参军杨楚畹招致谢能等千余户置县。余焕父余燧任江西鄱阳县令,转任建阳令,唐天宝十四年(755年)迁杉洋,子余宥任浙江平阳县令,始居西洋,其子孙复迁芝南。李诲系唐宗室,任福建观察使,后弃官居浙江处州(今丽水),中和元年(881年)与其兄挈家奔闽居三阳(今杉洋)。①

上引志文,综括了当地的主要族谱上的记载,具有一定的资料价值,但也有附会传讹之处。一个基本的不同认识是,如本书绪论所述,闽东北非汉族群为主体的格局一直延续到六朝以及其后一段时期;②古田在唐前期“开山洞置县”③,刘疆、林溢、谢能等人应属受汉族移民影响较多的土著酋豪;以“归顺向化”者为县令带有“羁縻政区”的性质。另外,把晋永嘉南渡、唐开元南迁的出发地都和王审知入闽一拨说成河南固始,也是缺乏史识的混淆。但古田置县后特别是到了唐末五代,受纳移民和开发经济的速度显著加快,《新唐书·地理志》将其列为中下县,南宋《淳熙三山志·地理志·叙县》中已称之为望县。

长溪县中心地(今霞浦县),也应有较多居民聚落,赤岸村就是最著名的聚落,主要为王、林二姓,以长溪县令王务琨和洛阳御史林儒为肇基祖,位于霞浦县城东北5公里处,在古代曾为重要的海港。继“开闽进士”薛令之后,于僖宗乾符二年(875年)赤岸林嵩也进士及第,唐廷赐名其乡里为劝儒乡擢秀里。但全县古村落尚缺乏比较完整的统计和研究。

---

① 新编《古田县志》第三篇“人口”第一章“人口变动”第一节“源流”,北京:中华书局,1997年,第101~102页。

② 详参林校生:《六朝时期东南地区族群关系综说》,《六朝时期闽东的政治冲突与族群结构》,均收入《闽东文化流变论劄》,福州:福建人民出版社,2016年。

③ 关于唐朝南方“开山洞”的含义及其与新州县建立的关系,王承文《唐代岭南“溪洞”和“山洞”论考》述之甚详,见《中国唐史学会第十二届年会论文集》(未正式出版),2015年11月。按:本书绪论已经指出,在整体环境上,根据《元和郡县志》卷二九“江南道福建观察使”和《舆地纪胜》卷一三一“福建路漳州·官吏·陈元光”条的记载,福州的尤溪县、古田县、永泰县和汀州、漳州直至唐代前期仍保留浓重的蛮地特色。

（四）从隋唐寺院数量看闽东北姓族村落分布

中国传统文化极重视祭祖，但相关的制度约束历来很严格，按照唐代礼制，三品以上官家才可以到宗庙祭及三代以上，普通平民只能在家里祭其父、祖。① 中唐以还，一些有经济实力的大族“为了祭祖护墓，往往在寺院中设立檀越祠，或是在祖坟附近创建寺院庵堂”。② 蓝炯熹经过数年调查，在《福安佛教志概述》中指出“今存福安古寺，大多是当年乡村大姓巨族所建之功德坟寺”，“功德坟寺，简称功德寺，又称功德院、功德坟、香火寺、香灯寺、家山、坟寺等，是附设于祖坟的僧寺、尼院、庵堂等”。例如，《三山志》所载福安最早的寺院“栖善院”（唐大中三年即公元 849 年置）的檀越主便是现今坂中乡长汀村施氏宗族。从表 2-1 可见《三山志》中长溪、古田、宁德各县隋唐始建寺院的数量情况。

表 2-1　《三山志》中闽东北三县始建寺院数量统计表

	长溪（含今霞浦、福安、福鼎、柘荣及寿宁大部）	古田（含今屏南）	宁德（含今周宁大部）
南朝齐梁间（指 483、536、547 年）	2		1
隋开皇十三年（593 年）	1		
唐开元间（713—741）		3	
天宝元至六年（742—747）		3	
元和十四至十五年（819—820）			2
开成元年（836 年）			1
大中间（847—859）	2		4
咸通间（860—873）	16	10	14
乾符间（874—879）			3
中和二至四年（882—884）	1	1	1
光启二至三年（886—887）	3	2	
大顺元至二年（890—891）	3		
景福元至二年（892—893）	4	3	1
乾宁三年（896 年）	1		
光化二年（899 年）		1	

① 详见杜佑《通典》卷一〇八《开元礼纂类三·序例下·杂制》“百官祠庙”条，点校本，北京：中华书局，1988 年，第 2811 页。

② 参见郑振满：《明清福建家族组织与社会变迁》，北京：中国人民大学出版社，2009 年，第 214 页。

续表

	长溪(含今霞浦、福安、福鼎、柘荣及寿宁大部)	古田(含今屏南)	宁德(含今周宁大部)
天复元至二年(901—902)			2
天祐二至三年(905—906)	1	1	
五代(907—960)	30	24	9

这些寺院当然不都是移民大族的功德坟寺,有相当一部分出于官府治政的需要,但在唐代及其前的八十七寺中,南朝后期三,隋一,绝大部分都是唐代中期以来建的,元和(806—820)以来新建七十七寺,占了总数的88.5%,且五代才五十余年便又新增六十三寺,为隋唐(隋统一至唐亡,589—907)三百多年所建总数(八十四寺)的75%,这些与安史之乱(755—763)后开始有延续时间较长、数量较多的北方移民迁入,时间上比较合榫,应当与北来人口(可能也有一些汉化土著)的信仰需求存在一定的关联。古田最早的六所寺院建于当地置县之后(《三山志》所载西晋南朝福建各县最早的寺院也都在建安、晋安诸郡县设立之后),也有类似的移民背景。

从地理分布的角度看,参合《三山志·寺观》原文,可知南宋时的闽东北三县,唐代及其前始建的寺院,长溪全县二十二里、三十四寺,十七个里有寺,其中温麻里五寺,望海、西兴、归化东、遥香四里各三寺,擢秀、归化西、万安、安民、柘阳五里各二寺,另七里各一寺;宁德全县十里、二十九寺,十个里都有寺,其中霍童里六寺,陵山里五寺,①金溪、水漈二里各四寺,安乐里三寺,东阳里二寺,一寺未载里名,余四里各一寺;古田全县十三里、二十四寺,九个里有寺,其中邵南里八寺,横溪、崇礼二里各四寺,和平、慕仁二里各二寺,另四里各一寺。这比较明显地呈现出沿海之地寺院早于、多于内陆山区的格局。以《三山志》上述有寺诸里之下所列地名与后世方志、今地相对照,寺院也集中在滨海诸里以及诸溪下游通海之里。这大体上也是北来移民聚落在地理分布上的一个特点,也因此,长溪县的寺院建得最早,数量最多。

如果说闽越族自有其民间信仰的底色,"福建佛教的区域化进程是移民入闽后才真正开始的",②那么上述寺院分布区主要是北来移民村落比较多的地方。至于独孤及《福

① 《三山志》卷三七《寺观类五》原文报恩院、永宁院所在俱作"灵山里",但卷三《地理类·叙县二》载宁德县仅十里,无灵山里,"灵山"当为"陵山"之讹。参见明万历癸丑刊本《三山志》,北京:方志出版社,2004年,第21、441页。

② 参见林拓:《文化的地理过程分析——福建文化的地域性考察》下篇第一、二章,上海:上海书店出版社,2004年,第192~193、200页。

州都督府新学碑铭》说"闽越旧风，机巧剽轻……犹无诸、余善之遗俗，号曰难治"；[①]刘禹锡《唐故福建等州都团练观察处置使福州刺史薛公(謇)神道碑》说："闽有负海之饶，其民悍而俗鬼，居洞砦，家桴筏者，与华言不通"；又"铭曰"："闽悍而嚣，夷风脆急"。[②] 那么，至少直到中唐，闽地还有大量的非汉族群地区，或独立成片，或穿插在北来汉人或南方汉人的村落之间。其详情已不可究诘。

三、水利成就

在农业社会里，水利灌溉是地方经济的命脉。黄鞠组织修建的隧道水利工程，当是闽东北现存年代最早、最富特色的一个水利工程。

黄鞠，号玄甫，相传原籍河南固始县，曾任过隋朝谏议大夫，炀帝大业九年(613年)，辞官入闽避乱，最后在今宁德蕉城区霍童镇定居。这里地当闽东北第二大河霍童溪上游三条支流的汇合处，形成一个小盆谷。谷中榛莽丛生，有待垦殖。南边岩岸较高，与上游一条支流隔着一座小山梁。北岸比较低平，沙洲、田地连成一片，但也需要选择一个水位较高的地方作为灌溉源。黄鞠组织民众在南岸挖断山岩，凿石渠引水，利用落差安装多级水碓；开日、月、星三湖蓄水，水先环绕村中民房再流入田里，既便于村民洗涤、防火，又提高了水的养分，有利于肥田。水渠回转九曲，每曲都镇一块石蛤蟆，用来缓阻急流，提高水位。工程设计相当巧妙。在霍童溪北岸，则从十五里外的堵坪湖引水灌溉，沿途有几处山岩阻隔，必须开凿隧道，也由黄鞠主持，灌溉受益面积达数百顷。现在，位于湖头村岩角以西仙莱岩下的溪边，还保存一条长千余米的古代灌溉水渠，由明渠和七段涵洞连接而成。涵洞直壁弧顶，高2.2米左右，宽1米左右，个体长度分别为2～30米不等，总长约70米。堵坪湖的水源深远，大旱不竭，在它的灌溉下，附近田地也尽成沃土。豪强地主屡屡想要独占其利，终未有人得逞。北宋末年，宁德知县储懒叙在诗中咏叹："咫尺天湖号堵坪，先贤曾此劝农耕。若教一日归豪右，敢向黄公庙下行?"从中可以看出黄鞠在当地声望很高，地方政府对水利工程的管理也很尽心。

黄鞠凿山引水，当地传说很多，宋代的《三山志》、明代的《八闽通志》《闽书》、清代的《宁德支提寺图志》，都有一些记载，族谱中也有所反映，有的可以互相参证。

但仍存在一些疑点。如，黄鞠原籍光州固始(黄氏族谱和乾隆本县志)，如此，则其迁徙不当早至隋代。又如，从地貌环境、劳动力、工程难度、经济需求和巨大效益等因素看，工程兴造时当地的人口总量、村落规模、技术水平都应属闽省村落之翘楚，但就现存最早的嘉靖本宁德县志的相关记载看，两者不相符。又如，明谢肇淛修、清崔嵸续修《宁德支提寺图志》卷一"溪"载："故老相传，昔黄公鞠欲垦松岸一带为田，于仙莱峰下凿石为渠，引上流水以溉。石长数十丈，凿至半，开而复合，遂寝。今迹尚存。"寝者，停止。那么，我

---

① 独孤及：《福州都督府新学碑铭》，《毗陵集》卷九，四库全书本。今有刘鹏、李桃校注：《毗陵集校注》，沈阳：辽海出版社，2007年。

② 见《刘宾客文集》卷三《碑(中)》，西安：陕西人民出版社，1974年。

们所见霍童隧道水利工程遗迹，乃是一个尚未最后完工的大作品。总体言之，黄鞠凿渠之说由来已久，包含一定的历史事实内核。2000—2001年之交，福建省文物局综合实地考察所见所闻，认定“霍童涵洞”为隋唐建筑遗迹，列入第五批省级文物保护单位。“隋唐”的时间定位，留有较大余地，我们对相关记载和传说的理解，恐不宜过于拘泥、坐实。

四、道路交通

古代闽东北与外界的联系相对闭塞，陆路尤甚，沿途重山叠岭，交通很不方便。但较之前朝唐代的福建交通至少有两项显著的改善。其一，隋开大运河，全部工程完成不数年即被李唐王朝所取代，又对运河航道多次进行维修和改进，如《元和郡县图志》卷五《河南道一·河南府·河阴县》“汴渠”所载：“炀帝巡幸，乘龙舟而往江都。自扬、益、湘，南至交、广、闽中等州，公家运漕，私行商旅，舳舻相继。隋氏作之虽劳，后代实受其利。”这说的是全国南北联通的大格局。其二，就局部地域来说，闽东北地区通往中原地区的道路状况也有显著的改观。《三山志》卷五《地理类五》“驿铺”载：

> 西路，旧无车道抵中国。缘江乘舟，羃荡而溯，凡四百六十二里，始接邮道。唐元和中，岁歉，宪宗纳李播言，发使赈济。观察使陆庶为州二年，而江吏籍沦溺者百数。乃铲峰湮谷，停舟续流，跨木引绳，抵延平、富沙，以通京师。有洪文馆秘书李叔夏为《记》，盖谓此路也。其古田路，亦自开元二十八年洞豪刘彊等纳土，始渐有之。

中唐以还，河朔六镇割据自雄，中原诸藩的主要职能是防遏六镇，西北、西南诸藩的主要职能是守御边疆，唐中枢与财源所赖的东南地区的关系比前密切得多。[①] 在这种总体形势之下，闽地包括长溪、古田二县对外交通设施受到各级官员的重视，内陆物流也开始变得比较通畅起来。

当然，闽东北巨大的交通潜力主要在海路。这里的海岸线占全省总长的28%，天然良港多，区域内有1200余个岛、屿、礁、滩、岬角、河口和水道。闽东北居民在长期的生产实践中积累了精湛的造船技术和丰富的航海经验。唐代闽东北三都澳一带开始形成三江口（宁德官井洋口）、盐田（今属霞浦）、黄崎（今福安下白石）等商港，海上交通有所发展，中晚唐的长溪县赤岸（今属霞浦）已是闽浙门户之一，南北海船常在此停泊。

唐天宝年间（742—756年；一说武则天时期，684—704年，恐难成立），韩国僧人元表从西域到中国，携《唐本华严》（也称《八十华严》）走陆路南下，在宁德县支提山那罗岩（今虎浿镇西部狮子峰绝壁下）“涧饮木食”，修行（头陀行）多年。朴现圭根据韩国美术史学会《考古美术》1967年刊佚名文章《新罗国武州迦智山宝林寺事迹》，推断新罗景德王十七年（759年）元表已经回到新罗；又根据唐代交通形势，引用曾巩《乱山》诗（《元丰类稿》卷八）“举头东望是新罗”句下自注：“福州际海，东海即新罗诸国。《图经》亦云：长溪与外

---

① 并非所有的藩镇都是割据势力，参见张国刚：《唐代藩镇研究》第四章“唐代藩镇的类型分析”，北京：中国人民大学出版社，2010年。

国接界。”推断出元表是在长溪宁德海边坐船回朝鲜半岛的。[①]

公元 804 年，日本来华留学僧空海乘坐第十七次遣唐使的船队前来中国，途中遇台风，在海上漂流多日，被风浪吹送到赤岸海口，受到这里官员和民众热情的款待，在福建观察使的安排下，从福州北上。这是福州境内(当时州境包括闽东北)首次接待日本遣唐使船舶。当年十二月，空海法师到达唐都城长安。留学两年期间，与当时的僧人、文士广泛交流，博采唐朝的文化成果。回国后，他创立了佛教真言宗，大力传播中国文化，成为中日交流的杰出代表。

五、土贡品目

唐代福州土贡，今日可以看到的资料有《唐六典》、《通典》、《元和郡县图志》、《新唐书·地理志》四种。据王永兴的研究，分别反映了五个年代的土贡品目：开元二十五年贡(《唐六典》三“户部郎中员外郎”条)；开元二十六年至二十九年贡(《元和郡县图志》)；天宝中贡(《通典》六《食货典》六“赋税”下)；元和元年至九年贡(《元和郡县图志》)；长庆贡(《新唐书·地理志》)。[②] 我们暂且依此将福州(长乐郡)土贡列成下表：

表 2-2　唐代福州土贡表

开元二十五年贡	开元二十六至二十九年贡	天宝中贡	元和贡	长庆间贡
蕉、海蛤	海蛤、蚺蛇胆	蕉布 20 匹、海蛤 1 升	干姜、白蕉	蕉布、海蛤、文扇、茶、橄榄

以上贡品中，蕉布是用芭蕉茎纤维织成的，有白蕉布、花蕉布等，岭南更多一些。令狐楚的《进白蕉状》称：“前件白蕉，先时织成，依价市得，光虽让雪，疏不碍风，愿充当暑之服。”[③]可见蕉布是质量很高的夏服用料。海蛤即文蛤，壳厚肉美，作为贡品，应是药材，

① 朴现圭：《新罗僧元表行迹和〈那罗岩碑记〉考》，原载《新罗文化》第 39 辑，收入郑康麟主编：《宁川茶脉》，北京：中国农业出版社，2015 年，第 30～43 页。按：福鼎资国寺贤志法师《试论福建茶禅对茶文化的贡献》以《宋高僧传·唐高丽国元表传》有“表赍经栖泊，涧饮木食”一句，抽出“饮木食”三字，以为最常见、最有可能的“木食”就是茶。从而推论元表无疑是将闽东北(今宁德市)茶传播到朝鲜的使者。但“涧饮木食”实在说来就是“饮涧食木”，朴文解作“元表在害虫和猛兽出没的那罗岩中以草根树皮和山涧水为食”，大略近似。今日韩国茶学界多以元表为将福建茶文化传播到新罗的贡献者，而唐代闽茶见于记载，目前尚只有福州方山茶、腊面茶和建州北苑茶。

② 详见王永兴：《唐代土贡资料系年——唐代土贡研究之一》，《北京大学学报(哲学社会科学版)》1982 年第 4 期。

③ 令狐楚的状文，收录在北宋李昉等编：《文苑英华》卷六四二五“进贡下”，北京：中华书局，2000 年，第 3297 页；清董浩等编：《全唐文》卷五四二五，北京：中华书局，1983 年，第 5502 页。

即去肉洗净，晒干或煅火后碾碎，所以《通典》卷六《食货六·赋税下》“长乐郡”条下土贡称“海蛤一升”（升，有的本子作斤）。或有研究者把它归在食物类，①不确。蚺蛇一般而言就是气候炎热地区的水中巨蟒，肉、胆皆可入药。干姜也是著名的一味中药。看来药物在东南地区贡物中占了很大的比重。

唐代饮茶之风渐盛，仅陆羽《茶经》（约成书于8世纪中叶）中列出的产茶之地有四十三州，其中陆羽实际考察过三十二州，根据传闻或者偶得其茶品而予以记载的十一州。陆羽《茶经》“七之事”引《永嘉图经》云：“永嘉县东三百里有白茶山。”陈椽《茶业通史》以为“永嘉东三百里是海，是南三百里之误。南三百里是福建的福鼎，系白茶原产地”。此为以今释古，可备一说。②

大体言之，中晚唐时期闽东北地区仍保持长溪、古田两个县级行政建置，陆续从周边迁入汉族人口，姓族村落逐渐增加，区域经济开发有了一定的压力和动力，也取得一系列成效，这是地方官府维持自身存在和支应朝廷赋役的物质基础。而土贡则是官府收购或由特定贡户生产的具有地方特色的物品，贡品往往代表一个地方农业、手工业的发展水平和生产特色，它不是正常的贸易，但常常带动了民间商业买卖活动。另外，晚唐开成年间（836—840）已在长溪县设立感德盐场（后析属宁德县），是福州四个榷盐院、场之一。其时实行食盐专卖，也不是正常的贸易，但也能带动民间商业买卖活动。但这些民间商业买卖活动的主体，恐怕还是当地的非汉族群（包括较早南迁的土著居民）。唐代独孤及说：“闽越旧风，机巧剽轻，资货产利，与巴蜀埒富，犹无诸、余善之遗俗。”③资货行商成为无诸、余善以来的闽越遗俗，这实际上强调了非汉族群和早期移民在闽地商业活动中的主体地位。李肇《唐国史补》卷下“叙舟楫之利”条载：“凡东南郡邑无不通水，故天下货利，舟楫居多。”这里河流众多，紧临大海，水上交通发达，海洋贸易比重大，富有南岛—百越生理、文化基因的闽东北土著（包括众多疍民在内）遂可能比新到不久的北方移民在经商生业中发挥更大更主动的作用。

---

① 袁本海：《唐代关内道与江南道土贡对比研究》，中央民族大学硕士学位论文，2006年。

② 陈椽的推断，见所著《茶业通史》，北京：中国农业出版社，2008年，第50页。吴觉农《茶经述评》说：“永嘉县境内的雁荡山，很早以前就以产茶闻名，白茶山是否就是出产白色明茶的雁荡山，有待考证。”《雁山志》载：“每春清明日采摘芽茶进贡，一旗一枪，而白色者曰明茶，谷雨日采者曰雨茶，此上品也。”黄向永：《“永嘉县东三百里有白茶山”考》（《中国茶叶》2012年第7期）认为，永嘉县现为温州乐清县，传统县东乃指县城东北方向，现约为135公里，雁荡山正好位于县东约十驿站（约当今135公里）的路程，白茶山应为出产白色明茶的雁荡山。洪治：《陆羽茶经中的“白茶山之谜”》（《中华合作时报》2015年7月21日）认为，我国将茶叶划分为六大类的方法，始于陈椽先生提出的按制法和品质为基础，以茶多酚氧化程度为序，把初制茶叶分为绿茶、黄茶、黑茶、青茶、白茶、红茶六大茶类，至今不过几十年。所以古人所说的白茶是指白化变异的茶树品种，绝非晾晒萎凋的白茶工艺。“永嘉县东三百里有白茶山”可以作为温州乐清境内发现白化品种茶树的佐证。另外，还有学者认为，“县东”疑为“县西”之误，所载白茶应是安吉白茶，此不具引。

③ 独孤及：《福州都督府新学碑铭》，《毗陵集》卷九。

第四节　唐末五代长溪、古田、宁德三县经济开发基本面貌

“正规”的五代，从后梁朱温称帝的开平元年即公元 907 年算起，到公元 960 年后周恭帝柴宗训“禅位”，才五十三年；若加上唐末三帝（僖宗李儇、昭宗李晔、哀帝李柷）在位的时间，也才八十多年；若再延长至南唐、吴越灭亡、全闽相继入宋，则不过堪堪凑足百年之数（874—978）。但它是福建经济发展、文化转型的重要历史时期，对于闽东北地区，在族群结构、行政建置格局、交通形势、生业取向诸方面，尤其具有新的历史起点的意义。故独立作为一节，略述其要。

一、受纳规模移民

五代之成为闽东北经济、文化转型的关键时期，开始较多受纳北方汉族移民是一个很重要的因素。

新编《福建省志・人口志》第三章“人口迁移与流动”第一节“省际流动・历代”写道：

> 唐末至五代，战乱频繁。唐僖宗时，黄巢起义军南下进入过福建。唐光启元年（885 年），又有河南寿州固始人王绪率军入闽。王绪死后，队伍由王潮、王审邽、王审知兄弟统领。王潮取福州授威武军节度使，死后由王审知继任，后梁初封为闽王。随王氏兄弟之后南迁入闽的人口中有不少是投靠王氏以避战乱的河南固始人。王氏兄弟治闽，颇有政绩，北方士大夫携眷依附者颇多。唐相王溥之子王淡和杨涉堂弟杨沂、知名进士徐寅等，“皆依审知仕宦”（《二十五史・新五代史・闽世家第八》，第 5161 页）。唐相韩偓则于天祐二年（905 年）“挈其族南依王审知而卒”（《二十五史・新唐书・韩偓传》，第 4698 页）。王氏还筑“招贤院”，接待避难入闽者。此期迁入者分布于全省各地，但以闽北和闽西为多。

这里的叙述不尽准确，但指出随王氏迁入福建“以闽北和闽西为多”是对的。吴松弟以唐天宝福建各州辖境为单位，统计自唐开元至北宋初太平兴国年间各州户数增长百分比，即以建州最高（837%），汀州其次，福州第三。[①] 户口增长有多种因素，受纳移民的数量也当是影响因子之一。

新编《宁德地区志》卷三《人口》第一章“人口规模”第一节“人口来源”写道：

> 全区万人以上的 43 姓中（有明确文字记载及落籍区境时间的），隋及隋以前迁入的有薛、黄、杨、胡 4 姓；唐初迁入的有陈、林、刘、余、周、阮、缪、苏、何、汤、许、邱等

① 参见吴松弟：《宋代东南沿海丘陵的经济开发》，《历史地理》第 7 辑，上海：上海人民出版社，1990 年。

12 姓，唐中期迁入的有张、李、吴、江、高等 5 姓；唐末五代期间迁入的姓氏最多，有王、郑、雷、叶、钟、蓝、谢、魏、陆、孙、朱、徐、詹、蔡、袁等 15 姓，其余均于宋代迁入。唐末闽东北大姓的格局已具雏形。

作者在编志过程中查考了大量族谱，所述"唐末五代期间迁入的姓氏最多"的说法值得重视，当然，其前迁入的二十一姓，以及该统计年份没有达到万人标准的姓氏，也有一部分会在唐末五代迁入。

吴松弟搜寻七十四种宋人文集、五种史书（含《舆地纪胜》）及《全唐文》《全唐诗》中的资讯，列出《唐后期五代南迁的北方移民实例（福建部分）》表，[①]所得实例一百二十六条[②]，其中迁入福州及属县者三十一，泉州及属县三十六，建州属县三十一，只标入闽者二十九。福州属县中，闽县六人，侯官七，长乐二，连江二（含罗源），福清六，长溪三，尤溪一。长溪的三人如下：

表 2-3　唐末长溪县北方移民实例

姓名	迁移时间	迁出地	今省	迁入地	今地	资料来源
郑氏	唐末	高密	山东	长溪	霞浦一带	《不系舟渔集》卷一三
郑载伯祖先	唐末	固始	河南	长溪	霞浦一带	《后村集》卷一六九
陈谦祖先	唐后期(?)	颍川	河南	长溪	霞浦一带	《苏平仲集》卷一〇

这些虽为不完全列举，但长溪一带六朝已有县级建制，经过先期移民、土著居民的长期垦辟，生产、生活环境已较能为北来者所适应，霞浦及周近地区移民较多是可以理解的。地方志和族谱中也有一些材料可以相互印证。还应当注意到，虽然唐末五代的长溪县还谈不上人多地少，而紧邻的浙南温州一带人地关系也比较宽缓，于是有一些人口便从长溪县或经由长溪县（包括今霞浦、福鼎、福安等地）迁徙到温州（主要是今瑞安、平阳、苍南等地）。祁刚从部分县志、族谱中搜检到这个时期徙温的有朱、顾、张、何、国、刘、吴、孙、郑、方、李、薛、徐、王、黄、狄、谢、项、谷、韩、宋、陈、曹、林 24 个姓族。[③] 所引材料不尽属实，但多少可以反映此时长溪县已经有了一定数量的北来移民聚落。

---

① 葛剑雄主编，吴松弟撰：《中国移民史》第三卷（隋唐五代时期）第九章，福州：福建人民出版社，1997 年，第 306～310 页。

② 原表 127 条，其中一条采自明弘治《兴化府志》，后世地方志中的记载颇多，单用此条，似不尽妥，暂予删落。

③ 详见祁刚：《八至十八世纪闽东北开发之研究》第二章"唐宋时期闽东北的开发"第二节"长溪赤岸：移民与开发"，复旦大学历史地理所博士学位论文，2010 年。

前揭罗承晋《福安姓氏·概述》说,五代时期跟随王潮、王审知入闽,以福安为再迁地者,为数颇多:

> 《固始县志》称,当年随王审知人闽的兵士5000人计35姓,福安族谱或县志内提及约20人,但福安系再迁地。其时,陈怀玉从连江迁廉村;孙大琪从侯官迁大留;罗汉充随父从永贞县(罗源)迁穆阳凤源(岙里);唐僖宗中和四年(884年)东南节度使张演由建康数迁而居下邳,其子张定生由下邳迁大留;昭宗景福二年(893年)詹祖睿自周宁豪阳迁晓阳南源,詹祖晋迁秦溪、马下,詹祖都迁赛里(按:詹氏迁徙时间不实,已见上文);建州太守章基避乱由浦城徙居龟龄;后唐明宗天成间(926—930)刘皈自东洋黄坛迁苏阳;天成三年(928年)谢邦光、谢邦彦经古松州迁居湾坞半岭;后晋开运四年(947年)吴承涣由泰顺库村迁仕坂(长汀);开运间(944—946)高子云由柳田迁廉首;后周世宗显德间(955—959)缪恺由寿宁犀溪迁穆阳狮子岩下。钟彦江从汀州上杭迁福安五十三都钟莆坑,也在五代时期。①

前揭甘峰主撰《宁川域情》收集的口传和族谱资料显示,宁德(今蕉城)始建于唐末五代时期的移民村落主要有:蕉北米筛坪村,金涵院后村,漳湾蒋澳村、林家池村,七都大厅村、马坂村,八都漈山村,九都贵村,霍童兴贤村,飞鸾澳坪村、二都村,三都罗厝里、黄湾、玠溪三村,石后芹后村、陈坂村,洋中镇洋中村、东山村,虎浿溪东村、葛地里村,等等。

寿宁县山高水险,长期是土著居民生产、生活的地方,很晚才有移民问津。寿宁政协在各乡镇的积极配合之下以三年之力新编《村名溯源》,记述全县203个行政村的村史村情。据载,最早的移民村落是南阳镇大蜀村,现有吴、龚、叶、张等姓居住,其中吴姓于唐末(约888—904)从浙江景宁吴家洞迁入,已历1100多年,为该村最早定居姓氏。②

现有的本期移民资料,比较集中在唐长溪县地。

闽东北的内陆山区,自古田设县后,少数族群遍布的"山洞"景象渐渐改观,也陆续有移民入境。新编《古田县志》载:

> 五代十国时,由中原入闽的官宦及幕僚,其后裔到古田定居日多。后唐时彭官任行军使,清泰二年(935年)秋,与父发兵入闽,宦居西湖,四载后往宁德,过杉洋,居枫亭。黄姓先祖膺,原籍河南固始,唐末随王审知入闽,任邵武节钺使,至后唐(923—936)孙黄宾任古田县令,宾子昶、颙分居黄坑、黄溪。陈姓始祖嵩岩,中和五年(885年)从河南固始随王审知南渡,居漳泉,任上柱国。南唐中期(945年)迁古田,生子7人,子敬定居陈墩,传十代,析迁筹洋,复迁宅里。林姓始祖禄于晋太宁三年(325年)守晋安郡,宋建隆元年(960年)迁上坪(今属屏南),雍熙二年(985年)其后裔析迁旧城三保、乔洨、利洋、大埔、东华。谢姓始祖谢真、谢迪于唐末从河南光州入闽,分居古田石床,后迁至杉洋谢坂,明永乐元年(1403年)定居岭南。许姓先祖

① 详见罗承晋:《福安姓氏·概述》,福安政协编《福安姓氏》第1辑,2014年,第1~6页。

② 参见寿宁县政协编:《村名溯源·南阳镇·下洋仔村》,2011年内部印本,第86页。

于唐末从河南固始莅闽，至第三代迁入珠洋。①

上文所述，并非都真实无疑，例如，《三山志》列西晋永兴初至东晋太宁末年间（304—325）晋安太守十二人，并无林禄之名；谢氏更可能属古田土著。但总体看来，唐末五代是移民入闽较多、影响也较大的时期，迁到闽东北（属福州）的移民，主要来自周近的浙北、赣南乃至江淮，其中来自淮南地区光州固始（今属河南省，五代时先后属吴和南唐②）的移民尤其引人瞩目。

二、兴建农田工程

在非汉族群的生产、生活天地里，人口总量相对比较小，人口增长速率相对比较低（所谓“丈夫早夭”），环境资源丰富广阔，生业形态多种多样，故而人地关系长期以来比较缓和。唐末以来汉族移民或汉化程度较高的周边土著陆续入迁，不但人口总量持续上升，而且入迁者的生计来源相对比较倚重耕稼，闽东北山岭多，平原少，人地关系渐趋紧张，迁出地的农田垦辟老经验，很快成为重要的应对方略。闽东北的滨海地带，在海潮推动下，江河夹带的泥沙淤积在海口，形成一片片滩涂和洼地。为应对人口增长而可耕土地少的矛盾，当时在滨海、临河之区最常见的做法，便是筑堤御潮，开沟养淡，变海滩为农田。

唐末五代闽东北最著名的滨海围垦工程是长溪赤岸的营田陂和宁德六都的西陂塘。新编《霞浦县志》载：

> 唐代，“赤岸居民垦辟赤卤地，得田千余亩”；北壁建造四门桥，“桥成，辟田三百余亩”（后称韩庄塘）。③

霞浦北壁乡及四门桥村，位于东冲半岛西南端沿海突出部，位置险要，当地流传唐代赵仙娘建桥的神话；县博物馆老业务认为，四门桥“始建于唐代，没有确凿史料记载”，根据乾隆四十八年（1783年）立的桥碑，“始建于明代以前可能是事实”。④ 赤岸人围垦之说则确有依据，采自南宋本郡人士林甄（担任过通直郎，从六品）写的一篇专记，载于明嘉靖本《福宁州志》卷三《水利》目“本州·营田陂”条。记中追溯营田陂的兴造历史说：“赤岸居民垦辟赤卤地，得田千余亩。时闽王据有七闽地，与吴越用兵争横，取其地为赡军之需，曰营田洋。”这一大片利用周近的“龙湫”（今人称龙潭）淡水垦辟出来的塘田，经过宋代的精心修护，长期发挥着重要的粮食生产功能，我们在下一章还要详说。

---

① 新编《古田县志》第三篇“人口”第一章“人口变动”第一节“源流”，北京：中华书局，1997年，第101～102页。

② 见谭其骧主编：《中国历史地图集》第五册（隋唐五代十国时期）“吴·吴越·闽”“南唐·吴越”图幅，北京：中国地图出版社，1989年，第89、90页。

③ 见新编《霞浦县志》第六篇“农业”第五章“农田水利建设”第二节“围垦工程”，北京：方志出版社，1999年，第239页。

④ 黄亦钊：《四门桥寻梦》，《霞浦文史资料》第25辑《霞浦古建筑》，2008年。

《三山志》卷一二《版籍类三·海田》、卷一六《版籍类七·水利》都记载宁德县的赤鉴陂(西陂塘)，是个历史悠久的很重要的围垦工程。明代该邑名士陈邦校《复西陂议》称："西陂塘，创自唐代，宋元祐四年(1089年)复砌以石。"①应有确实的根据，但这个"唐"当指的是"后唐"("后唐"是现代历史学界流行的称呼)。而明代闽县名士林廷机《遗爱祠碑文》称："宁德县六都赤鉴湖，即名西陂塘。又为廉村、天成二塘。"②这里的"廉村"指"廉坑"(亦写作濂坑)，今属宁德蕉城金涵乡，与六都村比邻。据新编《濂坑村志》，王审知疏浚甘棠港后，继而又要围垦西陂塘，此处海滩腹大口小，涨退潮落差大，铁沙溪(大金溪支流)出海口水流湍急，难以成围。遂在港道两侧围筑"蝴蝶塘"。一翼从濂坑的港尾山向东围至漳湾的岭后山鼻，俗称南塘；一翼从濂坑的七斗坵向东围至六都的东歧，俗称北塘。以其成于后唐天成年间(926—929)，故称天成二塘。后崩坏，濂坑人历代称之为"破塘墘(塍)"。至今犹存部分遗址，多处可以见到塘基枕木桩架，每根木头长四米许，直径0.4～0.5米不等。

闽东北沿海地带可能还有一些小型围垦工程没有见诸记载，但一方面，唐末五代这里的人口压力刚开始显露，程度较轻；另一方面，劳动力规模和围垦技术则都很有限，所以我们估计这些文献失载的工程，有也数量无多，体量不大。

闽东北内陆的人地关系比沿海还要舒缓一些，随着土著、移民的居民点的增加，河谷地带的引水灌溉工程也逐渐发展起来。据《三山志》卷一六《版籍类七》，古田县七个里有陂(全县十三里)，多者一里六陂，计二十七处(含"洋"一，湖一)，其中应有少数为五代时所创。在滨海县份的山区也会有类似的工程。《三山志》同卷记载宁德县：

霍童里　仙湖、堵平湖、塘腹湖　食小溪水。隋谏议黄公创，溉田千余顷。

感德里　周仙湖　岩峰之上，中心低注，草木环绕。阴翳幽寂，莫测深浅。相传：昔有周其姓者得道于此。四围多芳草，积水溉田。

霍童里为宁德县西北部山区，堵平湖等储水工程上一节中已经叙述，并且指出疑点，包括引水隧道在内的这些配套工程的规模、效益，与隋唐时期霍童山区的人口规模和经济开发水平不相称，似以放在唐末更为得实。感德里或分前、后里，为宁德县西部山区，周仙湖在二十都，今洋中镇天湖村大抵是其旧地。唐末五代时期闽东北山区一些溪河两侧的小盆谷有可能较早得到开发，潴水为陂，引渠灌溉，应是常用的手段。

随着北来移民的增加和包括土著在内的人口总量的增长，以及滨海围垦和河谷灌溉工程的络绎兴建，农业耕作在闽东北经济生活中的比重显著上升，文化基调也渐渐有所变化，这是当地经济、文化转型的又一个重要表现。

① 乾隆本《宁德县志》卷一《舆地志·山川·川》"西陂"条。

② 乾隆本《宁德县志》卷一《舆地志·山川·川》"西陂"条。

三、以盐事增设新县

闽国王延钧龙启元年(后唐明宗长兴四年,公元933年)升感德场为宁德县。这是一个经济体量比较小的县份,它的设立却是闽东北县级政区建置过程中的一个重要环节。

如本书绪论所述,闽东北县级政区建置始于东吴孙亮太平二年至西晋武帝太康四年(257—283),其时先后设置罗江、温麻二县。东晋明帝太宁元年至孝武帝宁康二年(323—374)罗江县一度划属新设的永嘉郡,再划回晋安郡时,县界当缩至今福鼎东北界。约南齐末罗江废,仅余温麻一县,境域或略当原来两县之地。经隋朝短时间的大裁并,唐武德六年至长安二年(623—702),先后设立连江县和温麻(天宝元年改名长溪)县。根据绪论所列《今宁德设区市境域历代县数县名简表》,可将公元257—741年(即从罗江设县之始至古田设县之始期间)设县数的变化列成下表:

表2-4 闽东北公元257—741年设县数变化表

设县情况	公元年代					积年
一县	257—283		501—589		623—741	232年
二县		283—约501				218年
未单设				589—623		34年

应当说明,表2-4中所示设立两个县的时期即公元283—501年间,其时西南部包括今罗源、连江,东北部则可能连及浙南的少部分地块,比今日的宁德设区市要大得多。换句话说,公元257—741年在今福鼎至宁德蕉城区的广阔地域,实际上只有一个或一个多一点的县级建制。

公元741年古田置县,宁德设区市真正有了长溪、古田两个县级建制。这里山区的族群结构和生业形态也开始比较明显地受到北来移民的影响,而且,这里滨海地区和内陆山区经济、文化上也开始有了比较明显的互动。前文已经提到,晚唐开成年间(836—840)从长溪县和古田县各析部分地设立感德场,成为福州四个榷盐院、场之一。这个榷场的管理范围,包括原属唐古田县东北部而今属宁德蕉城区西部山区的石后、洋中、虎浿诸乡镇和金涵乡的一部分,也包括从唐长溪县划出的今蕉城区滨海地带和霍童溪流域。闽东北的海岸为基岩海岸,海岸带的农耕条件很差,居民多以渔、盐为生。山区河谷稍有条件种植,但作为生活必需品的食盐只能通过购买获取。感德场既濒海,又密迩内陆,与古田县之间虽交通不便,但毕竟陆路、水路都到得了,是建立榷场的很理想的地方。设场后,此地人口集中和经济开发加快,闽国时期对福建的政治控制力度大大加强,设县的条件于是成熟。宁德置县,不仅使闽东北地盘首度出现三个县份,而且是在今福鼎至宁德蕉城区的滨海地域出现两个县级建制,所以我们说这是闽东北县级政区建置过程中的一个重要变动。

闽东北以往县级新政区的设立,往往更多出于政治、军事上的需要,唐末五代在北来移民增多、开发加快的总体背景下，财税收入等经济方面的考虑有所凸显。在感德场将近百年发展的基础上设立宁德县，正是其时江南财赋重地“升场为县”潮流的一个组成部分。“场”往往设在矿冶（包括盐）兴旺之地，而以征税为主要功能。林珽《福州侯官县丞汤府君墓志铭（并序）》载：

> 君讳华，字知新。……释褐衡州参军。……再调，授福州侯官丞，兼总感德场。人不告劳，征赋皆集。……秩满，寓居南方。以土风有殊，瘴厉所染，沉痼既构，天寿不遐。以大中十一年六月五日，终于岭中连江邑之客第，春秋五十八。……以大中十二年十一月二十八日，归葬于明州鄮县龙山乡……①

浙江鄮县的汤华在唐大中十一年（857年）的前数年，亦即感德场初设二十年前后，就以侯官县丞来兼摄场监，“人不告劳”而“征赋皆集”，虽言有夸饰，但若理解为这里的食盐产销规模尚可，税赋征纳比较顺利，当与事实相去未远。七十多年后终于升场为县，是积渐所至，也是大势使然。此后闽东北设置新县，从两宋置政和（划属建州）、福安，明代置寿宁，清代置屏南、福鼎，直到民国置周宁、柘荣，人口和经济都是很重要的推动力量（当然，政治方面的考虑依然举足轻重）。

四、开辟甘棠港

长溪县黄崎镇被开辟为重要的航海港道和税场，是上文所提闽东北的“镇”功能转型的一个佳例。关于黄崎镇，今日能见到的最早的材料，是北宋王存等人编撰的《元丰九域志》，该书卷九“福建路·福州”载：“望，长溪县，州东北五百四十五里。四乡。黄崎一镇。”嘉靖本《福宁州志》卷一“镇市·福安·黄崎镇”条载其“置自唐之前”，顾祖禹《读史方舆纪要》卷九六“福建·福宁州·福安县·白石镇”条引旧志说它“唐咸通（860—874）中置”。② 闽东北滨海一带地处冲要之地。《读史方舆纪要》同卷引明人唐顺之等辑《防险说》：

> 闽、兴、泉、福、漳之地，皆滨海要冲。然莫有如福宁之尤险者，盖地势自西北而东南，至会城尽之矣，而福宁又在东南，突出海中，如吐舌然。其左为瓯、括，海居东面；其右为福、兴，海居南面；福宁独当东南北三面之冲。岛夷入寇，必先犯此，故防为最急也。

在这样的军事地理背景下，晚唐设置黄崎镇自然不可能没有防务上的考虑。它变得担负较多经济方面的职能，五代闽国疏浚“甘棠港”是一个重要的转折点。

---

①　林珽：《福州侯官县丞汤府君墓志铭（并序）》，收录于《全唐文》卷七九一，又载周绍良主编：《唐代墓志汇编》“大中一四六”，上海：上海古籍出版社，1992年。

②　分见《元丰九域志》，点校本，北京：中华书局，1984年，第400页；“天一阁藏明代方志选刊续编”第41种《嘉靖福宁州志》，上海：上海书店出版社，1990年，第84页；顾祖禹：《读史方舆纪要》，点校本，北京：中华书局，2005年，第4432页。

唐末王审知为威武军节度使、福建观察使。昭宗乾宁五年(898年,是年八月改元光化),审知命彭城人署成武军节度判官刘山甫主持开凿疏浚位于闽东北最大河流(长溪)出海口黄崎镇附近的港道。刘山甫的《金溪闲谈》对此有所回忆。该书十二卷,已佚。但与刘氏同时的孙光宪辑录的笔记小说集《北梦琐言》两处略有涉及,卷二载:

葆光子尝闻闽王王审知患海畔石碕为舟楫之梗,一夜梦吴安王(按:即伍子胥)许以开导,乃命判官刘山甫躬往祈祭。三奠才毕,风雷勃兴。山甫凭高观焉,见海中有黄物,可长千百丈,奋跃攻击。凡三日,晴霁,见石港通畅,便于泛涉。于时录奏,赐名甘棠港。

卷七载:

福建道以海口黄碕岸横石巉峭,常为舟楫之患。闽王琅琊王审知思欲制置,惮于力役。乾宁中,因梦金甲神,自称吴安王,许助开凿。及觉,话于宾僚,因命判官刘山甫躬往设祭,具述所梦之事。三奠未终,海内灵怪具见。山甫乃憩于僧院,凭高观之,风雷暴兴,见一物,非鱼非龙,鳞黄鬣赤。凡三日,风雷止霁。已别开一港,甚便行旅。当时录奏,赐号甘棠港。闽从事刘山甫,乃中朝旧族也。著《金溪闲谈》十二卷,具载其事。愚尝略得披览。而其本偶亡绝,无人收得,海隅迢递,莫可搜访。今之所集,云闻于刘山甫,即其事也,十不记其三四,惜哉。

中国海岸有平原海岸、基岩海岸和生物海岸三类,"横石巉峭"是闽浙基岩海岸的特点,闽东北的三沙湾位于霞浦、福安、宁德、罗源四县海岸之间,四周由海拔300～800米的低山环绕,海岸曲折,以基岩为主,海底地形崎岖不平,"横石巉峭"的特征尤其突出。记事语涉灵异,则是工程艰巨不易的曲折反映。嘉靖本《宁德县志》卷四《杂志·异闻·宋》"忠烈王灵异"条载:"福安黄崎港中有巨石,舟过触之,多覆溺。会贡方物舟过,祷于神,忽震雷碎其石,港道遂平。"忠烈王指唐末宁德县二都人黄岳,嘉靖志卷二《祠庙》"忠烈王庙"条和卷四《人物》"忠义·黄岳"条载有他的事迹和传说。"港中有巨石"即航道上有巨大的明礁、暗礁;"会贡方物舟过",则指王审知向中原朝廷(后梁)进贡地方特产。但当时贡道被割据淮南的杨行密阻断,只能改走海路。《新五代史》卷六八《闽世家第八》载:

是时,杨行密据有江淮,审知岁遣使泛海,自登、莱朝贡于梁,使者入海,覆溺常十三四。

《读史方舆纪要》卷九五《福建叙》托"客问"说:

王审知之据闽也,尚禀命于中国,其入贡之道,为淮南所阻,每岁自福州洋过温州洋,取台州洋,过天门山,入明州象山洋,过涔江,掠洌港,直东北度大洋,抵登(州)、莱(州)岸,风涛险恶,没溺尝十之四五……招来海中蛮夷商贾。海上黄崎,波涛为阻,一夕风雨雷电震击,开以为港,闽人以为审知德政所致,号为甘棠港。

那么,王审知的一个重要目的,或者说甘棠港的一项重要功能,就是打通和中原朝廷的经济、政治联系。而且，甘棠港处在福州洋和温州洋居中位置，避风条件好，北行的船只可以在此暂泊补给粮食和淡水；自长溪出海口延伸内地有村落、码头多处，又可以成为闽东北鱼、盐、竹、木诸种土产的集散地，与浙南及以北地区进行贸易，乃至与海外蛮夷商贾相往来。黄崎镇亦即甘棠港的繁盛光景延续了相当长时间。

南宋淳熙九年（1182 年）赵汝愚任福建安抚使兼知福州，上《论福州便民事疏》，指出：

> 臣照得本州管下场务税额重处，福清县有海口镇务，长溪县有黄崎镇务，二镇皆僻在海隅，数十年前人烟繁盛，舟船凑集，故二镇税额不劳而办。自海口镇为海贼刘臣兴焚爇之后，居人星散，市井萧条，而黄崎镇尤号迂僻，民物皆非其旧。然而二镇税额尚存，无缘登足。臣因考究簿书，见二镇比年收趁本州及诸司钱数，皆不及元额，然其督责追呼无时无之。夫以昔时商贾之盛，则凡所税者，皆当税之物，民力尚可堪耐。今以萧条焚爇之余，而欲办往时之税，彼若不肆意一切诛取，何以逭一时之责。①

照赵汝愚的说法，黄崎镇（还有海口镇）的大萧条是海贼刘臣兴大焚掠的结果。刘臣兴，南宋李埴《皇宋十朝纲要》作刘巨兴。刘氏起事在绍兴二十八年（1158 年）。联系南宋洪迈《夷坚志・乙志》卷八所载绍兴二十年（1150 年）的一则记事（具体情实，见下章征引），似乎甘棠港在遭受兵火前数年商务活动状况还算正常，赵氏帅闽必有许多目睹耳闻，所述应有一定依据。但从宏观上把握，可以有进一步的认识。②

本地的方言，“港”原指航道，积以时日，重要航道及相关锚地周近或随之而有码头之类设施。福州甘棠港（或称黄崎港）的语义也应当经历了这样的变化。自《三山志・海道》著录以来，它位于五代两宋的长溪县境、南宋末的福安县境，元至元二十三年（1286年）以后和明成化九年（1473 年）以后才改属福宁州，明代闽人编纂的省志如莆田人黄仲昭《八闽通志》、晋江人何乔远《闽书》及侯官人王应山《闽都记》等，均无异词。这里还可以补充一个例子。明万历四十八年（1620 年）冬，福州著名学者徐𤊹应知县张蔚然之邀，前往福安修志期间，曾作《夜渡黄崎镇》，诗曰：

> 驱车渡梨岭，日昕抵黄崎。巨镇扆山曲，孤城盘海湄。
> 风涛响澎湃，烟霭横纷披。石浮六印出，潮落孤篷移。
> 雄风海若怒，明月天吴窥。忆昔唐末季，闽王辟洪基。
> 奔流等滟滪，舟楫行多危。先王德惠普，四境俱恬熙。
> 风雷一夕起，怪石迁无遗。自昔苦覆溺，倏尔欢平夷。
> 盛事纪信史，异政登穹碑。迄今千载后，江势安流澌。
> 我来泛舴艋，风静蒲帆迟。古今有感叹，魂梦无惊疑。

① 杨士奇等编：《历代名臣奏议》卷一〇八“仁民”类，四库全书本。

② 参见廖大珂：《甘棠港的位置及其兴衰初探》，《南洋问题研究》1993 年第 3 期。

潮鸡忽报曙，日在扶桑枝。

扆山为福安小地名，今溪柄镇有扆山村；六印江，今赛江下游之别称，以古代江中有六屿而得名。徐诗表明当时省城文化人对闽王王审知在今福安白马江沿岸、下白石一带开辟黄崎港史实的认可。进入现代，最早写作专文论述其事发生在福安的，也是福州著名地方史学者王铁藩的《唐末开辟的甘棠港址考》[《福建论坛(人文社科版)》1984 年第 5 期]。最近"海上丝绸之路"成为讨论热点，以及连带而来的丝路"中国始发港"成为地方文史宣传热点，有些新的说法也很自然。本书绪论中对黄崎镇、甘棠港开辟之后在发挥港口、税卡及巡检治安功能诸方面显示出历史连续性略有涉及，可以参看。

另外，唐德宗贞元二十年(804 年)，即日本桓武天皇延历二十三年，遣唐使分乘四艘海船来华，学问僧空海与大使、副使以及留学生橘逸势等人所乘第一艘船舶遭遇海风，于八月十五日漂至长溪县赤岸，这是福州境内首次接待日本遣唐使船舶。空海留学回日后，大力传播中国文化，著有《文镜秘府论》等多部著作，又参据草书汉字始造平假名，对日本文化发展贡献极大。长溪赤岸在中日关系史上留下佳话，1984 年以来，日本每年都有不少真言宗信徒来到赤岸参拜访问。这虽不属外贸，但毕竟是闽东北对日交往的一件大事，特附列于此。

五、主要商品生产门类

福建地域偏小，农业资源十分有限，王审知治闽，较之其他割据政权更重视发展商业。这种政策，很适应闽东北的地理环境和人文传统。但关于闽东北商品生产的情况，留下来的文献记载和新发现的考古资料都很少。煮盐业是重要门类，在历史文献中有所反映。

盐的商品性最强，食盐除了一般的调味食用，还可以帮助贮存食品和蚕茧，以及"点茶"、药用等等。① 据《新唐书 · 地理志》，福建 25 县产盐 6 县，福州 10 县产盐 4 县，其中有长溪一县。长溪县(治今霞浦)产盐的历史比较悠久。而宁德县，在晚唐设县前已经先建感德场，又称白鹤盐场，嘉靖本《宁德县志》卷二《古迹》"感德盐厂"条载："唐开成中置场督盐，建前后厂。前厂即今县治，后厂在龙首境。"据王铁藩对福州地名的解释，古时仓库叫厂。在内陆古田县和滨海长溪县相邻之处析地建立盐场、盐仓，最直接的经济功能是向古田县供应食盐。宁德县今石后、洋中乡镇与古田县今大甲、杉洋乡镇接壤；宁德县今虎浿镇与古田今鹤塘镇、屏南县今黛溪镇(原为古田县地)接壤；宁德县今洪口乡和周宁县咸村镇(原宁德县地)与屏南县今寿山、双溪乡镇(均原古田县地)接壤，挑盐担走陆路并无多少阻隔。不仅如此，通过海、河水道，长溪、宁德的食盐还可以递经福州城和古田水口镇运往建、剑、汀、邵等"上四州"。《三山志》卷七"盐仓"条记载北宋一朝的福州盐

① 详见郭正忠主编：《中国盐业史(古代编)》第二章第一节"隋唐五代的盐业"第一目"食盐的品类及其应用"，北京：人民出版社，1997 年，第 80～81 页。

道说：

> 国初，转运司置仓南台，储福清、长乐等县长溪、宁德、罗源、连江运盐至天圣六年（1028 年）罢盐，给州、县务州有盐税务，县各置盐税务及仓，听民自买。……大中祥符五年（1012 年），以水口、嵩溪驿增为仓，移运上四郡纲盐于此，以便搬卖。明道二年（1033 年）罢。元丰元年（1078 年）复之。政和八年（1118 年），诏移水口仓于怀安县创盖时兴化军以涵头仓运盐到此，搬剥留滞，奏移怀安，始在县治西一里黄石崎山置。宣和四年（1122 年），复归水口。

宣和四年距北宋正式灭亡只有五年。看来，古田水口镇作为北宋福州盐派运“上四郡”的枢纽的位置，是不可替代的。闽东北的食盐在北宋开基不及七十年就退出这个行列，当是由于产量不继，也反映了经过晚唐到宋初的上百年时间，福建内陆地区的人口、经济都有了较大的发展。但唐末五代时期闽东北与古田乃至“上四郡”的“食盐关系”是很密切的。

万历时宁德知县舒应元说：“本县依山濒海，土狭人稠，沿海居民无田可耕，惟以煎熬细盐挑贩为活。自龙启置县，经今六百余年，并无官商行盐。”①所述不独一县为然。闽东北自连江以北都是典型的基岩海岸，漫长的海岸带不便垦辟成为农田，在人口压力未严重到一定程度、围海技术未达到一定水平的情况下，滨海土著往往只能在种植粮食之外另觅生计。万历本《古田县志》卷五《食货志下・盐铁》载：“古田岩邑，其盐取给于宁德、罗源二县。远都有小民，无田可耕，肩挑负贩，名曰‘依山盐引’。穷民以此为生，县民亦便之。”那么，以盐为生，不仅有沿海的盐户和贫民，而且有山区的苦力。

唐代对食盐实行专卖，但实际上只能以民制、官收、商销为主，是一种半官营手工业。五代闽国实行产盐法，计产纳钱。《宋史》卷一八三《食货志下五》载御史黄降语：“福州缘王氏之旧，每产钱一，当余州之十，其科纳以此为率，余随均定，盐额亦当五倍，而实减半焉。”盐史专家郭正忠解释说：“产钱即夏税钱。产盐法是根据家业钱的多少，计定税户相应的买盐钱，以随夏税征纳。”②官府干预，税重价高，遂致福建私盐猖獗，这将在下一章中叙述。

其次，茶业也值得注意。1950 年后，先后在福鼎、宁德、寿宁、屏南等县多处发现野生茶树，栽培茶则起源时间不详。1972 年 12 月，福安溪潭乡溪北村后山发现一座古墓，出土三件青釉托杯（杯托齐全），初称唐墓。③ 后发现墓砖有“大业三年”（607 年）凸形文字。2006 年又在福安坂中乡步兜山村发现隋“大业四年”古墓遗址，出土了有明确纪年的纹砖和一件托杯略残、托盘完好的青釉茶杯。霞浦县考古人员 1993 年 3 月在沙江镇

① 万历本《宁德县志》卷二《食货志・物产・货类》“盐”条按语。

② 见郭正忠主编：《中国盐业史（古代编）》第二章第六节“五代十国时期的盐法与食盐流通方式”第三目“关于十国流通方式及博征制的一点探讨”，北京：人民出版社，1997 年，第 233 页。

③ 详见卢茂村执笔：《福建福安、福州郊区的唐墓》，《考古》1983 年第 7 期。

古县村发现晋代古墓，出土托杯、五盅盘等茶具。[①] 当然，士人饮茶不等于就有茶叶贸易，但到了五代时期，福建产茶之州在唐代的福、建二州之外增加了南剑州、漳州、汀州和泉州，发展较快，福州内部茶叶生产地域亦应有所扩展。仅就闽东北地界而言，《三山志》卷四一《土俗类三·物产·货》"茶"条载：

> 唐宪宗元和间，诏方山院僧怀恽麟德殿说法，赐之茶。怀恽奏曰："此茶不及方山茶佳。"则方山茶得名久矣。唐《地理志》亦载："福州贡蜡面茶。"盖建茶未盛前也。今古田、长溪近建宁界，亦能采造，然气味不及。

或据以上引文，认为唐代长溪、古田二县已经生产贡茶，实际上"今古田、长溪近建宁界，亦能采造"，是《三山志》的文字，与《唐书·地理志》无关。北宋宋子安《东溪试茶录》载："旧记：建安郡官焙三十有八，自南唐岁率六县民采造，大为民间所苦。"一般以为建安郡（建州）六县指建安（建瓯）、邵武、浦城、建阳、将乐和松源（松溪）。但北苑茶除了官焙，还有很多私焙，古田县的凤埔乡、凤都镇，屏南县的岭下乡、路下乡，以及当时宁德县的关隶镇（闽永隆三年即941年，闽王王延政将宁德县关隶乡改设关隶镇，北宋升政和县），都毗邻建州，民众生业容易受其影响。乾隆本《古田县志》卷七《隐逸》载：

> 余轩，一名球。仕南唐李氏为尚书法曹，以时政衰敝，解官归杉洋村，营别墅以终其身。浚池沼，植竹木，尝有句云："煎来前社茶芽白，酿出新春酒味酸。朱槛柳垂金缕细，碧波鱼跃锦鳞斑。"怡然自得也。[②]

综合闽东北山区的土壤、水质、气候和野生茶资源诸方面的资料，余轩的茶诗句和他的南唐仕历从一个微观角度提供了北苑茶向闽东北浸润的一个佐证。后者规模小，分布零散，不属官焙，具有更多的民间商品生产色彩。

此外，渔业、造船、林木、水果等，都是闽东北居民的传统生业，也具有不同程度的商品产销性质，但罕有直接资料留存，暂且一笔带过。

大体言之，到了五代时期，闽东北的居民在族群结构上已经发生了相当大的变化，北来移民的数量不断增加，非汉族群的比例明显下降（尽管数量上也在继续增长），北方以农业为主的生计形式的影响持续加强。福建四大沿海平原的农业开发加快（漳州平原稍迟）。但受自然条件制约，这里适宜发展农耕经济的地盘总体上非常有限，为适应俗称"八山一水一分田"的环境，移民与土著之间在生业方式上的相互采借频频发生并渐渐积累，不仅农作物多样化、商品化成为农业开发的重要特色，而且就整个"国民经济"特色而言，在五代南方九国中唯一由北来人士建立的闽国，不能不接受"资货产利"的"闽越旧

---

① 余挺：《隋代托杯昭示福安茶文化悠久历史》；刘季鸣：《霞浦葛洪山出土的茶具》，均收入李步泉、缪品枚编：《闽东茶叶历史文化》，福州：海峡书局，2015年，第311、310页。

② 余氏的生平和茶诗，万历本《古田县志》不载，民国本《古田县志》卷二九《独行附隐逸》载生平略同，卷二四《艺文志》中其诗首尾完具（七律），清、民二志当取材于余姓族谱。

风”或曰“无诸、余善之遗俗”，更多地依赖商业贸易以维持国用。王审知实行重商政策，①在福州设置榷货务，主管对外贸易，征收关税，对闽东北经济有所拉动。闽国的平章事翁承赞称扬开辟甘棠港，“碎巨石于洪波，化安流于碧海”，“至今往来蕃商，略无疑恐”，②高度肯定了它的外贸港口功能。现在保存下来的当地最早的方志，包括明代《福宁州志》三种（嘉靖本、万历癸巳本、万历甲寅本），《福安县志》一种（万历本），《宁德县志》两种（嘉靖本、万历本），都述及黄崎镇、甘棠港相关情事，延及晚清而不坠，虽语焉不详且陈陈相因，仍在一定程度上反映了地方官府、地方知识系统对该港、该镇历史地位的持久关注。

① 史志有称，“先是，闽疆税重，百货奎滞。（王）审知尽去繁苛，招徕蛮夷商贾，纵其交易”；“招蛮夷商贾，敛不加暴，国用日以富饶”，分见道光本《重纂福建通志》卷八八《五代封爵》；民国本《福建通志・名宦传》卷三《张睦传》。

② 翁承赞：《唐故威武军节度使守中书令闽王墓志》，王铁藩编：《王审知谱志汇编》，福州：福建人民出版社，2015 年。

第三章

宋元时期闽东北的商贸经济和商业资本

中晚唐到两宋，就全局来看，是中国经济重心逐渐南移直至完全实现的过程，同时它也是中国的人口分布重心和赋税负担基盘的南移过程。在这个过程中，中原以定居农业为主导的经济开发模式在南方节节铺展开来，南方的族群结构和生态环境亦相应发生巨大的变化。就闽东北这个具体地域来看，它在宋元时期人口数量及结构的变化和农工商贸经济面貌的变化，总体上是与这个大变局相一致的。当然，依现在的研究成果和认识水平，不宜再把这样一个丰富、复杂的历史行程仅仅理解为单向、线性的“进步”，而应适当关注到它的多种可能性和多重效应。

第一节　人口变动与社会转型

宋元时期闽东北的社会转型和资源压力，最直接的根源在于其时巨大的人口变动，包括数量上的增加、空间上的迁移和族群结构上的变化。

一、宋元时期闽东北人口变动

(一)北宋闽东北诸县缺少可以利用的户口数据

闽东北诸县的北宋户口数据保留下来的很少，也不成系统，这里稍作引录和分析。《三山志》卷一〇《版籍一・户口》载：

《吏部格式》：建隆元年(960年)，敕应天下县，据现管主户，重升降地望。取四千户以上为望；三千户以上为紧；二千户以上为上，一千户以上为中，以下为中下。又开宝六年(973年)敕：五百户以下为下县。自今后，三年一度，取诸道、州、府现管户口升降。

又载大中祥符二年(1009年)“升降数目”，其中，古田六千八百五十户，系望县；长溪三千八百四十户，系紧县；宁德一千四百六十户，系中县。景祐四年(1037年)“重行升降等第地望”，其中，古田六千九百二十二户，依旧为望县；长溪三千八百四十户，依旧为紧县；宁德一千四百六十户，[1]依旧为中县。

按：这里所录各县户数，为考核县等升降时登记的主户数。宋太祖以来实行县望等级三年一升降，除了《三山志》上引建隆元年敕和开宝六年敕，曾多次予以强调。如，乾德二年(964年)十月六日吏部格式司言：“今欲据诸州见管主户，重升降地望，取四千户以上为望，三千户以上为紧，二千户以上为上，一千户以上为中，不满千户为中下。自今仍欲三年一度，别取诸道见管户口升降。”[2]县等升降的根据是“见管主户”，而非全部户数。所以，《三山志》所录大中祥符二年和景祐四年各县户数合计只有5.95万和6.35万，而全州主、客户数景德年间(1004—1007)为11.49万，治平年间(1064—1067)为19.72万，县户之和与州户数相差很大，不能引以为据。

(二)南宋户口数据简析

福建省图书馆藏抱山堂钞本《三山志》卷一〇《版籍一·户口》又载：

> 祖额：
>
> 主客户二十五万九千二百九十，主户一十七万一百三十七，客户八万九千一百五十三。
>
> 主客丁三十八万六千一百六十二，主丁二十五万八千五百九十一，客丁一十二万八千五百七十一。
>
> 今额：主客户三十二万一千二百八十四，主户二十一万一千五百九十，客户一十万九千六百九十二。
>
> 主客丁五十七万九千一百七十七，主丁三十九万二千三百二十七，客丁一十八万六千八百五十。
>
> ……
>
> 长溪县：主户一万九千九百八十九，口六万一千七百一十九；客户二万六千三百三十五，口三万四千七百七十四。
>
> 古田县：主户□万四千一百四十三，口六万二千七百六十三；客户九千四百八十二，口二万一千八百二十八。
>
> ……
>
> 宁德县：主户一万一千八百四十九，口二万三千六百四十三；客户七千四百，口一万五千五百三十二。[3]

---

① 嘉靖本《宁德县志》卷一“户口”目亦载“宁德县北宋景祐四年(1037年)户一千四百六十(民户、女户、寺观户一千四百二十四，官户三十六)，口无考”，万历本、乾隆本县志沿载。

② 《宋会要辑稿》“方域七”之二五“州县升降废置·杂录”。

③ 此处所载分县户口数据，明万历刻本、崇祯刻本无，见梁克家著，福州市地方志编纂委员会整理：《三山志》，福州：海风出版社，2000年，第125、128页。

这里列及历史上专属闽东北地区的第一个年度在籍人口数据，值得高度重视。有几个相关问题需要略加说明。

其一，关于“祖额”，陈叔侗校注本《三山志》释为“指宋太祖开国时之户额、丁口额”，①误。这个“祖额”分别约是该志所录北宋早期两个户数(国初、景德)的 2.7 倍和 2.3 倍，而与所录南宋建炎户“二十七万二百有一”最接近，当是赵宋王朝南渡初步控制住局面时登记的户口数。

其二，关于“今额”之“今”，梁克家(1128—1187)淳熙六年(1179 年)知福州，九年离任，复为右丞相，同年《三山志》编纂完成(其后历代均有增补)。那么单从这个角度说，“今额”和其下的分县数据都应是淳熙六到九年的著籍户口数。但以下分县户口数不见于今存最早的万历刊本，则为后人补入，未必是同时的数据。如，嘉靖本《福宁州志》卷三和《宁德县志》卷一的“户口”目并载：宁德县南宋绍兴二十四年(1154 年)户一万九千二百四十九(主户一万一千八百四十九，客户七千四百)；口三万九千一百七十五(主户二万三千六百四十三，客户一万五千五百三十二)，与上引淳熙《三山志》中的宁德县户口数相合，那么，宁德县的户口应是二十多年前的数据。

其三，古田县“主户”后缺了一个数字，即未标明是几万四千一百四十三户，“口数”不缺。检读万历本《古田县志》卷四《食货志 · 户口》：“宋：户二万三千六百零五户(主户一万四千一百四十三，客户九千四百八十二)；口八万四千五百九十一(主口六万二千七百六十三，客口二万一千八百二十八)。”两者数字相同。可见上引淳熙《三山志》中的古田主户数应为一万四千一百四十三。长溪、古田都是北宋中期的望县，都初设于唐，而长溪置县的“前史”比古田悠久，接受北来移民的时间也早得多，古田的主户数量比它少了几千是很自然的事；如果反过来作二万四千一百四十三户，就很不正常了。

其四，宋代的“口数”大体实为“丁数”，《三山志》在“祖额”“今额”中直接称“主丁”“客丁”“主客丁”，其后插入一段资料(小字)，所列分县数据则以“口”相称。宋代官方统计的人口，口户比都很低，大致在每户平均口数最高的天圣元年(1023 年)也只有 2.57 人，元丰三年(1080 年)甚至低至 1.42 人，多数在 2.00～2.30 之间。现据上引三县小字户口数据列成下表。

表 3-1　南宋闽东北三县著籍户均口数表

县　名	主户数	口数	口户比	客户数	口　数	口户比	主客户合计	主客口数合计	口户比
长溪	19989	61719	3.088	26335	34774	1.320	46324	96493	2.083
古田	14143	62763	4.438	9482	21828	2.302	23625	84591	3.581
宁德	11849	23643	1.995	7400	15532	2.099	19249	39175	2.035

① 见梁克家著，陈叔侗校注：《三山志》，北京：方志出版社，2003 年，第 169 页。

在将“口数”理解为承担赋税劳役的人口的前提下，表 3-1 中各县的著籍总户口数所体现的口户比，长溪、宁德的数值都属当时很常见的。古田的数值明显偏高，尤其是主户的口户比，已相当符合实际户均人口数，可能古田户口数乃出于另一统计系统，例如赈济户口统计（一种包括全体人口的非例行户口统计系统）。当然，也可能该“口数”统计有误，但一般说来户数记录还是可信的。

其五，因资料缺乏，暂且把上引抱山堂钞本《三山志》分县主客户数理解为同一历史时期（例如，绍兴二十四年左右）的档册记录，三县主客户合计 89198，以平均每户 5.2 口计，①凡 463830。这是著籍人口数量，实际人口则还要加上各种不入籍或脱漏籍的人口，包括小部分“山泽溪洞”的非汉族群。那么，南宋前期闽东北人口可能达到将近 50 万的规模。

附带一提，何乔远编撰《闽书》卷三九《版籍志・户口》谓宋代“主户者，土著之户也；客户者，外邑之人寄庄守米者也”，此说有误。唐代主客户之分，主要是土著和侨寓之别，中唐的两税法规定“户无主、客，以见居为簿；人无丁、中，以贫富为差”。② 主、客含义如旧，征纳标准已变。五代以来主客户的含义也逐渐起了变化。宋代主要以有无田地、资产作为区分主客户的标准，主户亦称税户，“税户者，有常产之人也；客户则无产而侨寓者也”。③ 主户是国家赋税的主要承担者，客户在田租之外也要向国家交纳身丁钱（丁税）和各种按户、按丁的摊派。主客户的身份依其田产状况的变动而相互转化。

（三）元代闽东北的人口规模

元代福建兵灾频繁，户口衰耗，闽东北也不例外。嘉靖本《福宁州志》卷三“户口”目载：本州元户 21111，辖二县，其中宁德县至正十七年（1357 年）有户 15566，福安县无考。福安县析置于南宋末（淳祐五年，即 1245 年，距元军正式占领临安 31 年），此前户数计算统含在长溪县，元代福安与宁德同为中县，户数则当低于宁德，姑且以万户作估，三者相加，福宁州约有户 4.7 万，算是比较接近它作为元代“上州”的标准（五万户）了。

又，万历本《古田县志》卷四《食货志・户口》载，该县元户 26996，假定这些数据所属年代相近，闽东北元代后期著籍户约 7.4 万，比南宋前期的 8.9 万大约减少了 17%。

这个降幅明显低于全省的整体降幅。《元史》卷六二《地理志五》载：

> 福州路，上。……户七十九万九千六百九十四，口三百八十七万五千一百二十七。领司一、县九、州二。州（引者按：指福宁）领二县。

但该志记载福建其余七路户数合计仅 501123，这里的福州路户数比七路总数还多

① 据吴松弟的研究，宋代南北家庭规模有别，将南方户均口数估计为 5.2，北方户均口数估计为 6，全国户均口数为 5.4 可能比较合理一些。见葛剑雄主编，吴松弟著：《中国人口史》第三卷第四章，上海：复旦大学出版社，2005 年，第 162 页。

② 《旧唐书》卷八三《食货志上》。

③ 《宋会要辑稿・食货》一二之一九至二〇，第 6 册，第 5017 页。

出 60%，而且，福建各路户数都比南宋后期大为减少，唯独福州剧增 149%，也不合情理。所以吴松弟认为志中福州路 799694 户是福建道宣慰使司辖户总数（减去七州户数，所得 298571 才是福州户数）。那么，这个数据仅及南宋嘉定十六年（1223 年）160 万户的一半。① 福建是宋军抗元的最后主战场之一，大规模的战争、屠杀、掳掠，使人口大量丧失，朱维幹《福建史稿》第十三章第一节铺列、分析多方面资料，说明"元初兵灾严重，减少了过半的户口"。②

事实上，闽东北"与众不同"的户数降幅，似乎反映了它背后深刻的历史地理差异。福建各县等级的变动，可以提供一个佐证。据欧阳忞《舆地广记》卷三四，北宋晚期福建路凡 47 县，有 30 个列为望县或上县，列表如下。

表 3-2 《舆地广记》福建各州军望县、上县数量表

	福州	建州	泉州	南剑州	汀州	漳州	邵武军	兴化军
总县数	12	7	7	5	5	4	4	3
望县数	7	5	0	0	2	4	4	2
上县数	0	1	1	2	2	0	0	0

王象之《舆地纪胜》是南宋中叶的一部地理总志，已增置莲城县（汀州），望县、上县数未变（其中 28 个望县、上县继承自王存的《元丰九域志》，表明两宋的更迭对福建的破坏性甚小）。但在《元史 · 地理志五》中，福建 48 个县，竟有 47 个都是中县或下县，仅闽东北的古田为上县；又升长溪县为福宁州，领宁德、福安两个中县。元代之州有三类：一是直隶于省部（或行省、宣慰司）之州，如福州；二是路下所辖的"领县的属州"，如福宁州；三是路下所辖的"不领县的属州"，如福清县在元贞元年（1295 年）以户满四万，升为福清州，不领县。从这个角度观察，宋元之交的兵灾掳掠和其后一段时期的严厉管控盘剥，对福建的破坏性极大，只是就省内各地相比较而言，闽东北可能程度稍轻一些。南宋垂亡之际，1276 年农历五月，端宗即位于福州；七月，文天祥开立督府于南平，经略江西；十月，文天祥移兵汀州；十一月，元军入闽，破建宁府、邵武军，端宗避至泉州，蒲寿庚以泉州降元，端宗转至粤省；十二月，元军破兴化；次年正月，文天祥移兵漳州；三月，福、泉、汀、漳、建、剑、邵、兴八郡尽入元朝版图。闽东北虽属福州，却僻在一隅，为主要兵锋所不及，大约即因此而未元气大伤。

① 详见葛剑雄主编，吴松弟著：《中国人口史》第三卷第七章第四节、第十一章第三节，上海：复旦大学出版社，2005 年，第 325～326、504～506 页。

② 详见朱维幹：《福建史稿》，福州：福建教育出版社，2008 年，第 343～351 页。

二、两宋闽东北的社会转型

(一)族群结构的变化

上述两宋时期福建包括闽东北的人口持续快速增长,绝非人口自然增长所致。一方面应当看到,其中必然包含五代末和北宋末的大量移民,这些移民有相当部分来自河南一带,也有不少来自江南和淮南。① 这是比较明显、比较容易理解的。另一方面,还应当看到,在北来移民强势、官府管控深入的背景下,众多土著认同汉族和汉文化,编户入籍,缴纳赋税;部分未认同汉文化的非汉族群也可能被官府编入"夷户"之类的另册,都使当地登记户口产生较大数量的增长。

宋代闽东北的非汉族群尚有一定数量。《太平寰宇记》卷一〇〇《江南东道十二·福州·风俗》记载:

> 《开元录》云:"闽州,越地,即古东瓯,今建州亦其地。皆蛇种。有五姓,谓林、黄是其裔。"《十道志》云:"嗜欲服衣,别是一方。"

这是唐代的资料,到北宋,非汉族群主导社会风气的情况当然会有很大转变,但也应当有很多旧传统还在延续,特别是州城以外的广大地区。此即晚唐长乐诗人周朴"瓯闽在郊外"所指陈的民俗地理图谱。② 再看《太平寰宇记》卷一〇二《江南东道十四·泉州·风俗》的记载:

> 泉郎,即此州之夷户,亦曰游艇子,即卢循之余。晋末,卢循寇暴,为刘裕所灭,遗种逃叛,散居山海,至今种类尚繁。唐武德八年,都督王义童遣使招抚,得其首领周造、麦细陵等,并受骑都尉,令相统摄,不为寇盗。贞观十年,始输半课。其居止常在船上,兼结庐海畔,随时移徙,不常厥所。船头尾尖高,当中平阔,冲波逆浪,都无畏惧,名曰了鸟船。③

这是说的泉州水上居民,福州地区也有水上居民,闽东北和浙南一带或称之为"白水郎"。《三山志》卷六《海道》引录《太平寰宇记》的一些文字,并记载今福鼎桐山、沙埕港有白水江,周遭有白水郎居止生活:

> **十五潮**　至钱夯头,谚云:"钱夯头,无风自毶流。"言荡漾也。白露门,或曰:即

---

① 葛剑雄主编,吴松弟著:《中国移民史》第三卷第九章第四节列表"唐后期五代南迁的北方移民实例(福建部分)",从数十种史志、文集中搜到127例移民,绝大部分都说是来自河南,真正明确迁出地在江南的仅江苏、湖北各二例。但吴氏依然警觉地指出,"这是因统治者来自北方故列表移民特多,实际移民数量未必能超过江南和淮南"。

② 周朴《福州东禅寺》:"瓯闽在郊外,师院号东禅。物得居来正,人经论后贤。飚槽柳塞马,盖地月支綖。鹳鹊尚巢顶,谁堪举世传。"见《全唐诗》卷六七三。

③ 《太平寰宇记》各个版本文字小有同异,本节引自中华书局点校本(王文楚等点校)。

白水江也。白水郎停船之处。泊莆门寨前。西南：沙埕港。源出温州界，至桐山东入海。船至桐山。白水江。《旧记》：县东北百七十里。《寰宇记》："白水郎，夷户也，亦曰游艇子。或曰卢循余种散居海上。唐武德中，王义童招其首领周造、麦细陵等，授骑都尉。以船为居，寓庐海旁。船首尾尖高，中平阔，冲波逆浪，略无惧怛，名了鸟。"乾符间，有陈蓬者，驾舟从海来，家于后崎，号白水仙。有诗云："水篱疏见浦，茅屋漏通星。"又云："石头荦确高低踏，竹户彭亨左右闻。"尝留谶曰："东去无边海，西来万顷田。松山沙径合，朱紫出其间。"蔡学士《杂记》："福唐水居船，举家聚止一舟，寒暑、食饮、疾病、昏(婚)娅，未始去。所谓白水郎者，其斯人之徒欤？"

上文中的"松山"，地名，位于今霞浦县松港街道松山村澳尾的洄澜岸口。当地的方言，"松"与"船"音同，"松山"即"船山"。嘉靖版《福宁州志》卷二《山川·川泽》"本州·白水江"条也说：

白水江，在十九都。白水郎停舟之处。昔闽人徙居水中岛者，有七种。或云白水郎乃卢循余种，散居海上，以船为家。唐武德中招其守(首?)领而降之。

有论者以为，明代福宁本州十九都当在今福鼎桐城山门底附近，那么，白水江便在"八尺门"以内周围海域，为沙埕港的内港分汊之一。① 实际上，闽东北沿海诸县都有疍民分布。② 直到今天，福鼎沙埕港、霞浦三沙港和蕉城三都港一带的群众中，还流传着"白水郎"的故事，福安甘棠镇乌山尾妈祖庙尚保存有道光六年(1826年)"以船为屋""水居"翁、刘、郑、连等姓人家申诉获批的"严禁勒索溪租短价强买"碑。③ 这一带疍民来源纷杂，其中也有卢循残部下江海而入疍家者，今长乐县筹东村的卢姓疍民便归宗于卢循。

综合这些信息："游艇子"，正史中见于《北史·杨素传》，称其"居水为亡命"，为未入官府版籍的"水上居民"。"白水郎"，亦见于唐时的作品，如日本真人元开(722—785)《唐大和上东征传》、唐传奇《灵应传》等。他们在唐初之前不入籍，到贞观十年(636年)才编户"输半课"，这是朝廷对边远非汉族群赋税减免优恤政策。"白水郎"("游艇子")在岸上或有居处，但主要生活空间在小船上；虽入了籍，毕竟属于"夷户"，且浮海"毬流"，"冲波逆浪"，生性不拘，依然是很边缘化的人群。《三山志》所记陈蓬，"驾舟从海来，家于后崎，号白水仙"，应是比较有文化素养的"白水郎"；"乾符"为唐僖宗用的第一个年号(874—879)，似传闻致讹，从家居楹联的工整成熟，尤其是从"朱紫出其间"诗句看出希冀通过科考改变社会地位，更可能与宋代科举改革不论门第、贫富，向下层平民子弟开放有关。当然，"白水郎"成为朱衣紫绶的高级官员是极渺茫的幻想，这里主要表达的是处在边缘地

① 参见白荣敏：《福鼎史话·沙关旧影·天然良港屯兵要地》，北京：商务印书馆，2014年，第158页。

② 闽东北学人一般以"白水郎"为历史上疍民的别称。自20世纪初以来学术界相关讨论颇多，参看黄向春：《从疍民研究看中国民族史与族群研究的百年探索》，《广西民族研究》2008年第4期。

③ 碑刻全文见李健民：《品读福安》，昆明：云南大学出版社，2011年，第27～28页。

位的非汉族群对汉族科举文化的认同。

(二)定居农业的推广

汉族大量入闽的影响，在经济上或者说生计形式上也有多方面的表现，其中最突出的一端，是定居农业的推广。稻作原是南方族群的粮食生产传统，北方汉族迁到江南，很快适应新的生产、生活环境，学会水稻生产技术，加以诸多改进，并且将土石工程与修塘、围海改造水田结合起来。唐代从苏、浙等地进入福建的汉人，先后在泉州莆田、晋江，福州连江、闽县、长乐诸县滨海处筑堤围田。据《新唐书》卷四一《地理志五》的记载，唐代闽县、长乐、晋江已有造田、溉田工程，都是当地的主官组织兴建的，明显带有招徕、安置汉族移民的意图，连江、莆田县诸塘应当也有类似的功能。受地理条件制约，闽东北接纳汉族规模移民的日程总体上要晚一些，比较大的围海工程也出现得晚一些。据清人林机先的《甘棠迁城立堡记》，①长溪流域较大规模的围垦工程始于北宋，今福安甘棠镇滨海小平原包括南塘、官塘和外塘，三塘之地原为一片滩涂，“退潮时一望无垠，渺不见人”。元丰三年(1080年)林美和由长溪赤岸(今属霞浦县)乘船到此经营围垦(南塘)；其他家族陆续介入，朱、金、郑三姓有官府背景，所围者居中(官塘)；陈、苏二姓所围者在外(外塘)，至绍兴十年(1140年)，六十余年间计筑堤十余公里，甘棠洋已经具备雏形，宋元之时甘棠洋的围垦面积将近两千四百亩。

当时宁德县比较大的围海造田工程主要是北宋赤鉴陂(今称西陂塘)和南宋东湖。赤鉴陂见于《三山志》卷一六“版籍类七・水利二”：

> **赤鉴陂**　元祐四年(1089年)，土民林圭与圣泉寺僧养誉，以陂下田户百六十均所费，于陂上为桥，号泗洲，延三十余丈，石址。又于陂西水漈里筑堤，上广二丈，长二里，址亦以石，筑堤二，以为捍，斗门三，以司启闭，溉田三百十八顷，受种二千四百石，园艺不计也……其后，日堕岁弛，涨水决坏四十余丈。深二丈。宣和七年(1125年)，储知县委僧修筑，不就。斗门今犹存。

东湖则见于嘉靖本《福宁州志》卷三“水利・宁德县”：

> **东　湖**　在一都县城之东。县山高水迅，久议筑堤。宋淳祐九年(1249年)，邑民请于部，符下，县令李泽民率僚佐及学官生徒，鸠工筑堤百丈，周九百七十五步。于余、阮二塘内，为两路，各广三步，由是旱涝有备。邑人德之，号曰李公堤。今废。

按照新编《福建省志・水利志・概述》中的评价，“宁德县于元祐四年(1089年)，围筑西陂塘，拓地4500亩；淳熙九年(1182年)，围筑东湖塘，拓地3000亩。这是当时最大的围垦工程”。

嘉靖本《福宁州志》卷三《水利》还记载了福宁本州(清雍正时设为霞浦县)最大的围海工程营田陂：

---

①　见陈一夔始撰：《甘棠堡琐志》上卷，民国十六年刊本。

> **营田陂** 在二三都，始垦于伪闽。宋开宝初，著作郎王(原版误作正)文昉引龙潭水以溉田，寻塞。绍圣三年(1096年)，县令熊浚明疏而大之，广二十五丈。嘉定九年(1216年)，县令江润祖重筑，复坏。淳祐二年(1242年)，参政王伯大命县令黄恪截流，骈木为基，其势逾壮。今本都田皆借灌溉。

并录存邑人南宋通直郎林甄关于修筑赤岸营田陂的一篇记文，提供了一些工程细节，具有一定的文献价值。

另，今福鼎围海造田规模最大者，则当推店下洋。据新编《福鼎县志》第五篇“农业”第二章“生产条件”第五节“农田水利建设”，福鼎店下镇的大片良田在宋代以前原是沙埕港湾的一个内海，历宋、元、明、清至近现代，共围造海涂田达两万多亩。除店下外，周近的屿前、东岐、溪美诸村的李、赵、谢、喻、林、王等姓村民也进行围海造田，面积不下一万数千亩。

大抵说来，闽东北比较大型的围海造田工程的兴建，往往都有官府组织、运筹的背景，而相当多小型围垦则往往都有北来汉族移民分散活动的身影。

随着滨海及邻近河谷“地狭人稠”的趋势愈益严重，较高的山地也逐渐得到开发。李纲《梁溪集·桃源行并序》所谓“今闽中深山窃谷，人迹所不到，往往有民居。田园水竹，鸡犬之音相闻”;《古今图书集成·艺术典·农部》所谓“田尽而地，地尽而山，虽土浅水寒，山岚蔽日，而人力所至，雨露所养，不无少获”，便成为宋代尤其是南宋时期福建人地关系紧张的生动写照。山地开发，无论水田还是旱园，修建引水、蓄水灌溉工程都至关重要。以古田县为例，这里根据《三山志》卷一六“版籍类七·水利二”和卷三“地理类三·叙县二”提供的相关资讯，列表如下：

表3-3 南宋古田县灌溉工程简表

乡名	里名	工程名	工程规模	灌溉效益
建东乡	保安里	感溪陂	长十二丈，阔四尺，深三尺	溉田十顷
		小溪陂	长八丈，阔三尺，深二尺	溉田四顷
		瑞云陂	长百二十丈，阔三尺，深二尺	溉田四顷
		屈斗陂	长四十九丈，阔三尺五寸，深二尺三寸	溉田种三十石
	和平里	上洋陂	长七十丈，阔二尺三寸，深□尺七寸	溉田种三十石
	慕仁里	蒋洋陂	长三百七十丈，阔八尺，深三尺五寸	溉田种一百二十石
		徐洋陂	长二百八十丈，阔四尺，深二尺五寸	溉田种二百五十石
		漈下陂	长二百二十丈，阔三尺，深四尺八寸	溉田种百三十余石
		覆船陂	长百三十七丈，阔四尺，深二尺五寸	溉田种十五石
	崇礼里	高头洋陂	长百五十九丈，阔二尺三寸，深二尺	溉田种一百二十石
		西云陂	长百六十五丈，阔三尺五寸，深二尺五寸	溉田种七十石

续表

乡　名	里　名	工程名	工程规模	灌溉效益
恩惠乡	新兴里	邹洋陂	长四百五十丈,阔一丈,深四尺	溉田二十顷
		樟尾陂	长百二十丈,阔六尺,深二尺五寸	溉田十八顷
		吴元陂	长二百四十丈,阔四尺,深二尺三寸	溉田七顷
		岩头陂	长二十丈,阔二尺,深一尺七寸	溉田七顷
		双獭陂	长五十丈,阔四尺,深二尺	溉田二顷
		溪平陂	长百五十丈,阔五尺,深二尺五寸	溉田七顷半
	横溪里	溪源陂	长六十四丈,阔二尺,深一尺五寸	溉田种二十石
		陈坑陂	长百五十八丈,阔三尺,深二尺	溉田种二十石
		东洋陂	长四十丈,阔二尺五寸,深一尺五寸	溉田种十石
		上堀陂	长四十五丈,阔三尺,深二尺	溉田种二十石
		倪　洋	长三十丈,阔三尺,深二尺五寸	溉田种二十石
		平　湖	长八百五十丈,阔三十丈,深一丈五尺	溉田种二千五百石
元和乡	邵南里	碾洋陂	长五十丈,阔五尺,深三尺	溉田种五十石
		湖潭陂	长百五十丈,阔二尺五寸,深三尺五寸	溉田种七十石
		诸家陂	长五十丈,阔五尺,深三尺	溉田种六十石
		五峰陂	长五十丈,阔五尺,深三尺二寸	溉田种五十五石

注:(1)上洋陂深□尺七寸,明崇祯十一年林弘衍“越山草堂”刊本再钞本作“深一尺七寸”,似可从;(2)倪洋、平湖二陂,《三山志》未载相关数据,表中所填,为明万历三十四年刊本《古田县志》卷二“山川志·陂”的数据;(3)《三山志》载陂二十七,万历县志载陂二十八,增入柯潭陂,该陂长八百丈,阔三十丈,深六尺,溉田种二千石,今予附列,唯称“在新安里”,里名有误,二志中均不见载。

闽东北内陆山区面积广阔,大大小小的灌溉工程所在多有,只是留下的材料不如古田丰富而已。

大量滩涂、浅海、山地、林地被改造成农田,所谓“高者种粟,低者种豆;有水源者艺稻,无水源者播麦”;①或者说“高田种早,低田种晚,燥处宜麦,湿处宜禾,田硬宜豆,山畬宜粟,随地所宜,无不栽种,此便是因地之利”,②又成为宋代尤其是南宋时期中原汉人生计模式弥漫于福建包括闽东北的生动写照。

随着这里居民族群结构的变化和定居农业生计方式的推广,汉文化对闽东北的影响

① 韩元吉:《建宁府劝农文》,《南涧甲乙稿》卷一八。

② 真德秀:《再守泉州劝农文》,《西山先生真文忠公文集》卷四〇。

也大大强化，例如表现为科举和科举教育的盛行、儒学的广泛传播、编修族谱风气的蔓延等等，不一而足。①

三、闽东北地区的经济文化底色

以上所述闽东北社会经济转型，实际上牵涉整个中国东南地区社会经济大转型，杨国桢认为这种转型在一定程度上可说是农耕经济模式战胜海洋经济模式。秦汉至唐，是东南地区第一个社会经济转型期（按：从整个福州讲，这个转型期可能到唐代已经基本结束，而僻在一隅的闽东北则要迟至宋代，才算完成）。当时中华文明的中心是以黄河流域为代表的农业文明，古越族的海洋经济尚处于相对原始、质朴的阶段，生产力比较低下，在与中原农业文明的交往、冲突中处于劣势，农业社会经济最终取得全局性的胜利。因而本区这一时期的转型，也可以称为"中原农业社会经济模式在东南海岸带的延伸"，但它并不是北方农业社会形态的简单复制和移植，而是适应海陆兼备的生态环境，"吸收涵化了古越族文化传统的变更和创造"。这里所说的变更和创造，主要指：

> 在农耕经济上，是稻作区的垦辟，而非麦作区的推广；水利功能从蓄水扩大到防潮（御潮）、洗盐，有了新的技术创新。面向海洋，利用舟楫之便，又在原来的农业汉族中分化出海洋活动群体——渔民、船户和海商，并在古越族的基础上发展了造船航海技术。汉晋时（的）海上占星术被广泛应用，承载风帆的桅杆由单桅发展到多桅，东南帆船已远航海外诸国。②

杨氏之论，颇富启迪。与整个东南地区一样，甚至有过之而无不及，闽东北在"汉化"过程中也保留了原属非汉族群的诸多经济文化底色，并在新的时代条件下获得新的发展或新的转化。

闽东北地区社会经济的底色，乃与当地山川气候等自然环境，与"百越—南岛"族群及其汇通北来移民形成的"南方汉族"等生计传统紧密绾合，遂得以持久赓续，不断再生，表现出鲜明的特征和丰富的内涵。这里仅结合杨氏所论，简述其中数端。

其一，闽东北内陆以山地为主，只有一些错落分布其中的大小不等、高程不一的山间盆谷，因有河道蜿蜒穿插，具备定居耕作的水利条件。土壤主要是红壤、黄壤，腐殖质不丰，养分和盐基饱和度明显低于北方，缺乏氮、磷、钾，肥力差。滨海为基岩岸段，河口冲积平原很少，农田多由筑堤御潮再开沟洗盐养淡而成。但古代这方面技术水平和当地人力财力条件都很有限，所以比较大的工程建成不易，持久更难。故曰"潮泥积淤，善经理

---

① 参见林校生：《宋代闽东北的社会转型》，《宁德师范学院学报（哲学社会科学版）》2017年第2期。

② 参见杨国桢：《东溟水土：东南中国的海洋环境与经济开发》第一章，南昌：江西高校出版社，2003年，第54页。

之可为田，稍失堤防，风潮冲击，则平田高岸悉为水乡”，①上述宁德县的东湖、赤鉴陂两大围垦工程即分别在北宋和南宋毁废。福建“八山一水一分田”，闽东北田、山比例更低，根本没有条件普遍推广定居农业生计模式。所以北宋人说“七闽地狭瘠，而水源浅远，其人虽至勤俭，而所以为生之具，比他处终无有甚富者”②；南宋人也说“闽地褊，不足以衣食之也，于是散而之四方”③，都认为这里的耕地严重不足，单靠粮食生产无法满足居民的基本生活需要，因而人们必须坚持农渔工商并举多种经营的生计传统。明代杰出的人文地理学家王士性谓之“人稠地狭”，“故身不有技，则口不糊；足不出外，则技不售”。④一部分原来从事粮食生产的农民，转而以种植经济作物为主。长溪盛产油麻，古田盛产可以织布的葛，福安、宁德已有少数地方种上棉花，长溪、宁德的荔枝、龙眼被列为贡品，古田、长溪的种茶业也继闽北建茶之后发展起来，宁德等地还出现了私人种植杉木、松木出售的事例。

其二，就农业耕作而言，这里的主要粮食作物仍然是水稻而非麦子。如前章所叙，自两晋以来，“晋安有九熟之稻”，闽东北的稻作拥有悠久的栽培历史和深厚的技术积累，赵宋以还，生产更有新的发展。由于北方人口大量入闽，他们将面食习惯带到闽地，社会对麦类的需要量显著增长，麦价上扬，刺激麦作较前有所扩展。但一则由于自然条件的限制，南方麦作的产量大大低于同期的水稻单产。二则随着南迁的北方人特别是其后代慢慢适应了南方的饮食，麦食渐渐成为副食，而占人口大多数的土著居民更是依然“饭稻羹鱼”，麦作动力便大大减弱。三则稻作生产技术本身也有所改良。北宋时期，泉州从越南引进的耐旱的占城稻，不久也传到闽东北。占城稻也叫山禾稻，“粒小而谷无芒，不问肥瘠皆可种”，生长期短，抗旱能力强，推广迅速。占城稻的引进，不仅扩大了水稻种植面积，而且扩大了双季稻的种植区域。闽东北民众逐渐学会双季稻耕作。宋代当地人谢邦彦曾在一首诗中说：“嘉谷传来喜两获，薄田不负四时耕。”所以，“宋代经济的发展和人口的增加，主要还是依靠稻米来支撑”。⑤ 水稻耕作以及与其相应的干栏建筑，原是百越先民应对东南沿海地理环境的标志性文化创造和文化特征，并且对周边地区产生了持久的历史影响。⑥

其三，闽东北的山川形势，西北面山体高陡，与外界特别是与文化强势的中原地区交通不便，使它不易被外部力量同化，具有维护本区独立性、进行内部整合的潜质；而自身内部交通不便，又限制了本区域各地间文化交流的规模和层次，延缓了文化整合的进程。东南面则向海形如台阶层层降低，海边有大小海湾、港湾178个，海湾深入内地可达30～

① 宝庆《四明志》卷一八《定海县志第一·水》，《四库全书·史部·地理类·都会郡县之属》。

② 方勺：《泊宅编》卷三，北京：中华书局，1983年。

③ 曾丰：《送缪帐斡解任诣泣改秋序》，《缘督集》卷一七，上海：上海古籍出版社，1987年（与《象山集》《慈湖遗书》合刊）。

④ 王士性：《广志绎》卷四《江南诸省》，北京：中华书局，1997年。

⑤ 详见曾雄生：《析宋代“稻麦二熟”说》，《历史研究》2005年第1期。

⑥ 参见刘杰：《江南木构》第二章、第三章和第八章，上海：上海交通大学出版社，2009年。

35 公里,形成山丘逼近海岸,海湾倚凭山丘的山海交错格局。海的气息浓厚,但传统居民生产生活的范围主要在内海,台风不起则风小浪低,加上泥质海滩食用资源丰富,闽东北的海洋利用方式主要还是近海捕捞、运输和滩涂"讨"拾、养殖,带有"以海为田"的意味,在相当程度上还属于农耕文明的延伸。但霞浦、福鼎也有不少地方直接面临外海,诸多港口是闽浙门户之一,南北海船常云集于此。沙埕(今属福鼎)、盐田(今属霞浦)、甘棠(今福安下白石)等商港,海上交通比较发达,可以远抵新罗、占城、三佛齐(今印尼)和天竺。古籍中有不少闽越人善于造船、行船的记载,他们"以船为车,以楫为马,往若飘风,去则难从",很早就能制造"温麻五会"、"蒙冲斗舰"、"了鸟船"等各种类型的船只,到了宋代,造船技术和航海技术都已经达到相当高的水平。

其四,东南沿海地区的内河航运也很有特色。南宋闽东北一带的内河航运情景,在陆游的诗作中有所反映。绍兴三十年(1160 年)正月,陆游从福州调赴临安,途中作《溪行》二首。诗人奉调离闽,依然水陆兼行,与来闽就职走的是大略相同的路线,①《溪行》写他福州、温州间舟行所见,诗云:

> 篷蒻鸣春雨,帆蒲挂暮烟。买鱼寻近市,觅火就邻船。
> 愁卧醒还醉,滩行却复前。长年殊可念,力尽逆风牵。
>
> 冒雨牵何急,争风力不余。逢人问墟市,计日买薪蔬。
> 烟寺高幡出,山畬一老锄。枕书醒醉里,短发不曾梳。

闽东北浙南滨海区域的地貌、风俗都有相似之处,这里众溪奔流,可以走船送客、运货或捕捞。陆游乘的客舟,中舱搭着竹叶、竹篾编成的篷子,篷外张着用蒲草编织的船帆,比海船小,但比两头尖尖而没有船帆的小"溪利"来得大。20 世纪末这一带还能见到竹篷船,只是早就改用布制的船帆了。与海船不同,溪船的航道上多有浅滩,北行中又常常逆水、逆风而上,这都需要拉纤相助,所谓"险莫过于闯滩,苦莫过于拉纤"。诗句"滩行却复前""力尽逆风牵""冒雨牵何急,争风力不余",写出了滩上岸边的纤夫们风雨无阻、力疲不敢稍歇的艰窘辛酸,一个"却(退)"字,看似寻常,其实十分沉重。船户大抵都是疍民,一般认为与越人的后裔有密切关系,曾长期被视为一个少数族群,主要分布在东南沿海及其河口一带。他们以船为家,终年漂泊,从事水域采捕和(或)水上运输。服饰、居住、节俗、禁忌和歌谣等,都很有自己的特点。那时候生火很费事,船上多在灶膛用余灰捂存火种到下一餐。一旦熄灭,便得追上或者等到别人的船,向他们讨要火炭。即使"现代火柴"发明使用以后,偶尔仍会有"觅火就邻船"的情况发生。至于"计日买薪蔬",那是因为蔬菜不易保存,柴片比较重,又很占空间;当然也与船家的财力有关。

我们不能确定《溪行》写在闽东北浙南哪个县域的哪条河段上,就闽东北而言,福安

---

① 陆游之赴任,当从家乡绍兴取道浙南的永嘉(今温州市)、瑞安、平阳诸县,水陆兼行,进入闽东北。详见林校生:《陆游初仕宁德事行诗文考辑》,《宁德师专学报(哲学社会科学版)》1997 年第 3 期。

的交溪、霞浦的杯溪盐田渡、福鼎的桐山溪等等，都有陆诗所写景象。而在宁德乘舟泛溪，例如从八都溪(霍童溪下游)溯水而上(河口的海星、澳村，现在是著名的疍民村)，景观亦无大殊。①

其五，附带说说梯田景观。前引陆诗有“山畲一老锄”之句，“山畲”不必解为畲族。“畲”的本义是“开垦了三年的熟田”或“用刀耕火种的方法耕种田地”。这里实指“梯田”或“山园”。闽东北浙南的溪河绕山而转，水在山中，山在水中，行舟时可以很方便地看到周遭山上梯田的荷锄老农，仿若一幅幅水墨丹青。至于此地成为畲族比较集中的聚居区，那是后来的事了。山区梯田的开发者，有畲族人，也有避役逃亡的汉族人。他们在有水源的地方“开山为田”，在“高山无水之处，栽种山苗”，胼手胝足，开发了大量水、旱梯田。古田县本来就是因为古时有人在深山垦田而得名，它“立邑于环峰复嶂间”，有许多贫苦农民避居山林，开荒为生。《三山志·版籍六·水利》小序所谓“山多于田，人率危耕侧种，塍级满山，宛若缪篆”。宋代福州地区出现了许多梯田，由于饮食习惯和缺乏麦作技术，梯田主要用来种稻。只有在缺乏水源的情况下，才种植麦子等旱地作物。宋元时期，闽东北县级建制由两个增加到四个，总人口和劳动力都大为增长，使大规模扩展耕地面积有了必要也成为可能。扩大耕地面积的主要途径，在山区是开辟梯田，在沿海是围垦滩涂。闽东北海岸线曲折漫长，滩涂资源非常丰富，当时的围垦能力很有限，对生态环境影响不大。梯田、山园的大量开辟，则情况有所不同。一个重要的标志，是虎害的出现。从环境史的角度说，虎害乃指虎到人的聚落相扰，尤以逼临甚或进入城邑为典型，而无论是否伤及人畜；倘若人入深山而遭遇攻击，即有伤亡，也不是环境史所主要关注的虎害。闽东北最早见于地方文献记载的虎害，发生在南宋。《三山志》卷四二“物产·兽”载：“虎，山深处有之，异时或忽至城邑。”万历本《福安县志》卷九《杂纪志·祥变》载：南宋淳祐年间(1241—1252)，“虎入城郭”。就总体而言，虎害是森林覆盖率下跌到一定程度的产物。② 这表明，至晚到南宋，闽东北开发较早的一些地方森林资源的破坏已现端倪。也就是说，在汉、畲各族人民的共同辛苦劳作下，闽东北的经济开发逐步遍及深山浅海；与此同时，社会发展如何与资源、环境、生态合理利用和维护相协调的问题也渐渐开始凸显。

从海洋利用的视角看，两宋闽东北社会转型的历史行程，虽然一定程度上表现为农耕经济模式战胜海洋经济模式，但这里的河海经济底色犹存；而且，土著居民与规模移民加速、加大、加深了经济文化交流，优势互补，在造船、航海技术水平不断提高的基础上，原来侧重内海运作的海洋经济，仍在一定程度上显示出转向内外海兼重的趋势。

---

① 详见林校生：《陆游笔下宁德的风土人情》，《福建文史》2012年第3期。

② 参见林校生：《明清时期闽东的“虎害”和生态》，《闽东文化流变论劄》，福州：福建人民出版社，2016年。

第二节　闽东北的商人商贸活动

一、农产品商品化程度显著提高

兹以茶叶和蓝草为例。

福建用茶饮茶历史悠久，这在文人诗作和相关出土文物中有所表现。规模产茶始见于唐代。从全国看，唐代共有产茶州府56个，主要分布于淮河流域及长江流域中下游地区，福建有福州和建州；五代十国时期有所发展，达到77个州府，扩大到两湖南部地区和岭南、川蜀及云南部分地区，福建增加了南剑州、漳州、汀州，可能还有泉州。① 学界对这个时期产茶区的数量和分布的推断，大抵多与贡茶区相混合。宋代相关资料渐丰，产茶区资料可以普遍下沉到县一级。台湾学者朱重圣对宋代8个茶叶产区的分布做了比较详细的考证，计有15路、2府、82州、13军、275县、2城，简明一点说，即15路、97州军、277县。福建路产茶区有建、南剑、福、汀、泉、漳6州及邵武军，23县。其中，建州产茶地有建阳、崇安、浦城、松溪、政和、瓯宁、建安7县；南剑州有将乐、尤溪、剑浦、顺昌、沙县5县；福州有古田1县；汀州有宁化、上杭、清流、武平、长汀、连城6县；邵武军有泰宁、邵武、建宁、光泽4县。② 福州地区仅列古田一县，令人难以相信。朱氏文章的主要依据是《宋会要辑稿》，该书“食货二九”录存南宋全国两个年代的产茶额、买茶额和茶数收入，现将福建路各州(府、军)的数据列为下表，并附温州的数据以便有心者参照：

表3-4　《宋会要辑稿》中福建产茶区茶税数据表

州　　别	产茶额(中兴会要)		产茶额(乾道会要)		买茶额	卖茶额
建宁府(建州)	950000斤	7县	983493斤	4县	346995斤	无独立数据，见附注
南剑州	10100斤	5县	29835斤13两	2县	46588斤	无独立数据，见附注
福州	210斤	1县	170斤	1县		无
汀州	10100斤	6县	5200斤	4县		无

① 见杜文玉、王凤翔:《唐五代时期茶叶产区分布考述》,《陕西师范大学学报(哲学社会科学版)》2007年第3期。

② 参见朱重圣:《宋代茶之产区及其种类与产量》,载台湾编译馆中华丛书编审委员会:《宋史研究》第15辑,1984年,第290～350页。转引自孙洪升:《唐宋时期茶叶产地变迁考述》,《清华大学学报(哲学社会科学版)》2009年第4期。

续表

州　　别	产茶额(中兴会要)	产茶额(乾道会要)	买茶额	卖茶额
邵武军	11259 斤 8 两　4 县	19186 斤　4 县		无
温州(参照对象)	56511 斤　4 县	47850 斤　4 县	78190 斤	无独立数据，见附注

注:(1)原书天头注云:以户部左曹具绍兴三十二年诸州路军县所产茶数修人;(2)"卖茶额"条载:"凡六榷货务掌受诸州、军买纳茶,以给商人,于内军及本务入纳见钱算请。"其中,"蕲州蕲口务受洪、潭、建、剑州、兴国军茶,祖额三十六万七千百六十七贯一百二十四文","海州务受杭、越、苏、湖、明、婺、常、温、台、衢、睦州茶,祖额三十万八千七百三贯六百七十六文"。

《新唐书·地理志》记载贡茶的州府计有怀州、峡州、归州、夔州、金州、兴元府、寿州、庐州、蕲州、申州、常州、湖州、睦州、福州、饶州、溪州、雅州 17 个州,而《宋史·地理志》记载贡茶州军只有南康军、广德军、江陵府、潭州、建宁府(即建州)、南剑州 6 个。由唐至宋,茶叶产区急剧扩展,而贡茶的地区却相对缩小,反映了茶叶已由奢侈品降为大众化商品,以及茶业商品经济不断发展的趋势。①

《三山志》卷三九《土俗类·土贡》载南宋福州贡物(荔枝干、荔枝煎、圆荔枝、生荔枝、红蕉花布、干姜、鲨鱼、鹿角菜、紫菜、蕉干),茶确实不在其中。卷一七《财赋类》不标"茶税"之名目,而卷四一《土俗类·物产》把茶列入"货"类之末,结合表 3-4 的数据,可知福州地区确有种植、买卖茶叶的现象,只是规模很有限。闽东北的一些同好,对《三山志·物产》一段文字往往做过度引申。原文说:

> **茶**　《旧记》:"旧闽县尉厅名茶山馆。"又县东十五里,有茶园山,亦云石鳖山,出茶。《球场山亭记》有"芳茗原",今瓯冶山。唐宪宗元和间,诏方山院僧怀恽麟德殿说法,赐之茶。怀恽奏曰:"此茶不及方山茶佳。"则方山茶得名久矣。唐《地理志》亦载:"福州贡蜡面茶。"盖建茶未盛前也。今古田、长溪近建宁界,亦能采造,然气味不及。

从这里并不能推出现在闽东北各县在唐代已经大量种植茶树、生产茶叶,但长溪县尤其是古田县的茶叶采造已经小有规模了。文中特别点出福州的这两个县靠近建宁府,即已暗示它们的茶业是受了当时风行已久的建茶(北苑茶)的影响而发展起来的。今日寻访,犹有若干遗迹。如:古田县的凤埔乡、凤都镇与建瓯毗邻,据民间考证,这些乡镇地理位置、自然条件优越,当时也是北苑贡茶产地。又如:宋人宋子安的《东溪试茶录》、赵汝砺的《北苑别录》中,北苑贡茶的产地有谢坑、苦竹、横坑等,屏南县西北部的岭下乡与建瓯市、政和县接壤处正好有谢坑、苦竹、横坑等行政村。从地理位置、传统习俗、方言、

① 参见孙洪升:《唐宋时期茶叶产地变迁考述》,《清华大学学报(哲学社会科学版)》2009 年第 4 期。

涉茶古迹、民间传说等来看，屏南县西北部部分村落也是宋朝北苑贡茶的生产地或加工地。①

《三山志》卷四一《物产·货》"蓝淀"条称"诸邑有之"。蓝，草本植物名，可提取染料靛蓝的几种植物的统称，有蓼蓝、菘蓝、木蓝、马蓝等。马蓝别称山蓝、茶蓝、琉球蓝、山青，按现代植物学，属爵床科草本植物，中文别名板蓝，根可入药，即板蓝根。闽东北的自然条件和地理环境十分适合种蓝。同书卷三五《寺观类三·僧寺·长溪县·国兴院》引东汉末王烈《蟠桃记》：

> 尧时，有老母以蓝练为业，家于路旁，往来者不吝给之。有道士尝就求浆，母饮以醪。道士奇之，乃授以九转丹砂之法。服之，七月七日，乘九色龙而仙。因相传呼为"大母"。山下有龙墩，今乌桕叶落溪中，色皆秀碧。俗云：仙母归，即取水以染其色。汉武帝命东方朔授天下名山文，乃改"母"为"姥"。

综合宋代王象之《舆地纪胜》、黄仲昭《八闽通志》、嘉庆本《福鼎县志》等地方志的记载，太姥擅长种菁、炼蓝，亦称蓝姥，可知此说由来已久，所传亦广。尧时云云，固不可信，但这个传说还是能够大略反映太姥及其族人，多活动于高山峻岭，刀耕火种，聚居常徙，在生产粮食的同时，也种蓝制靛。他们的后裔山越、畲民及其他山区农民因此形成种蓝的传统。② 南宋学者郑樵路过太姥山，作《蓝溪》绝句："溪流曲曲抱清沙，此地争传太姥家。千载波纹青不改，种蓝人果未休耶？"可见宋代闽东北的种蓝业已有相当的发展。

二、手工业的兴盛

福建手工业在宋代进入繁盛时期，其中以矿冶业最为突出。元丰年间，福建金矿场有 4 个，居全国第二位，岁课居全国第三位；银场有 72 个，居全国第一位，岁课居全国第一位；铜矿场有 44 个，居全国第一位，岁课居全国第三位；铁矿场 11 个，居全国第二位，岁课居全国第九位；铅矿场 31 个，居全国第一位，岁课居全国第二位；锡矿场 5 个，居全国第四位，岁课居全国第二位。宋代福建矿冶业开发范围广泛，8 个州(军)中有 7 个遍设矿场；一场多产现象普遍，出产两种以上金属的矿场占全路矿场的 51%；多数矿场年产量偏低而生产年限较长。③ 关于宋代矿冶的资本运作，本章第三节还要具体分析。这里主要叙述陶瓷业和纺织业。

① 参见黄昭密、郑思芳、张小琴《古田茶业历史文化概述》和沈久聪、吴文胜《屏南茶史概况》，载李步泉主编、缪品枚编：《闽东茶叶历史文化》，福州：海峡书局，2015 年，第 92～101 页。

② 参见卢美松：《畲族与福建制靛的历史》，《闽中稽古》，厦门：厦门大学出版社，2002 年，第 179～180 页。

③ 关于宋代矿冶业的概貌，参见福建省地方志编纂委员会编：《福建省志·总概述》第二章"古代福建"第二节"封建经济文化的繁荣发达时期"第二目"宋元时期福建的大发展"，北京：方志出版社，2002 年。

(一)陶瓷业

中国的陶瓷业受到外贸的有力推动,在宋元时期特别兴盛。闽东北的青瓷器、黑釉瓷器的发展,还受到当地饮茶风气流行和周近建窑、龙泉窑工艺技术的影响,至今遗迹犹存。闽东北的瓷土(高岭土)有一定储量,但比较分散,大大小小的窑址各县都有分布,以"硋窑"(方言中统称陶瓷为硋,音略同"骸")为名的小地名很普遍。宁德县(今蕉城区)飞鸾窑址两处:一为石桥头遗址,位于今蕉城区飞鸾镇飞鸾村北 50 米的石桥头,1958 年文物普查时发现。面积约 1000 平方米,堆积层 1～1.5 米不等。采集的标本有黑釉兔毫盏、青瓷碗和匣钵窑具等。一为牛栏岩瓷窑址,位于飞鸾村西南约 1 公里,也是 1958 年普查文物时发现。遗址面积 900 平方米,厚约 1 米,采集标本以青瓷碗为主。① 有网文《飞鸾窑茶盏概述》评述曰:"飞鸾窑始盛于宋,主烧黑瓷、青瓷。碗盘为大宗,尤以盏多,唯胎白、壁薄、体轻、足糙,与建窑相媲而有别。"②

由于地理位置和交通条件的制约,闽东北的陶瓷业技术受浙南青瓷的牵引更多。宋代青瓷器窑址,以福鼎市磻溪镇南广村为代表。南广村位于福鼎市磻溪镇西北 28 公里,距福鼎市区 63 公里,海拔 700～750 米。此间瓷土丰富,竹木森秀,为陶瓷业发展准备了充分的自然资源条件。最大的南广窑址位于南广村东 100 米。窑址为丘陵地,范围约 2.5 平方公里,考古专家在几座小山丘上发现多处堆积层,厚 0.8～1.2 米。1982 年省考古队采集有青瓷执壶、碗、碟、砚及窑具等,年代为南宋。据族谱记载,南广村肇基于北宋太平兴国三年(978 年),主姓李、林。南广古窑出土的瓷器绝大部分是青瓷,大都为碗、碟、壶等日用器皿。在发现的窑具中,有匣体、支座、垫圈。此前瓷窑采用的是在一个匣钵体内正放一件瓷器烧制。加用垫饼或垫圈,体现了青瓷烧制技术的提高。③ 福安"长溪流域的制瓷业同浙江龙泉青瓷同属一脉,近年在晓阳(乡镇名)发现了多处宋窑遗址,分布方圆十余华里的山头,可以想象当年制瓷业的规模"。④ 古田县吉巷乡吉巷村西南 500 米的亭坪峡窑址,分布范围约 3000 平方米,有文化堆积,整个北坡地表堆积着很厚的窑具及陶片废品,主要产品也是青瓷。

在柘荣县东源乡青兰面村碗窑自然村,一窑址四面环山,山涧自东往西流入青兰面大溪。古石道横贯村前,村后有高黏土。窑址范围约 2.5 万平方米,几座小山丘已暴露大量陶片和窑具,窑口和窑床尚未发现,采集标本有残口碗、碟、钵、盘、瓶等。釉色为白色和影青,可说是宋元时期闽东北青白瓷的代表性民窑。青白瓷的烧制技术源于江西景德镇,具有独特风格和鲜明时代特征。周宁县泗桥乡硋窑村东 100 米处,有窑址范围长

---

① 宁德市蕉城区政协文史委编:《历史的见证——蕉城文物巡览》,《宁德文史资料》第 12 辑,香港:天马图书有限公司,2003 年,第 33～34 页。

② 佚名:《飞鸾窑茶盏概述》,北苑御茶网,2012 年 11 月 2 日。

③ 详见白荣敏:《福鼎史话》第 29 则"南广青瓷,窑烟绵绵",北京:商务印书馆,2014 年,第 85～86 页。

④ 李健民:《品读福安》第十章,昆明:云南大学出版社,2011 年,第 207 页。

约3公里,宽约1.5公里,是一处宋代窑址群。在梯形的山坡上已暴露大量的瓷片和窑具,堆积层厚1～2米。采集标本有残执壶、盅、瓶、碟、多口碗、高足杯等。釉色亦为白色和影青。

(二)纺织业

关于宋代闽东北纺织业的具体资料甚为罕见,比较集中提到的相关记载,仍只有《三山志》的两处文字。《三山志·物产·丝麻》载:

紬 桑叶小,不甚宜蚕,得丝粗,才可为紬。

蕉 《大观本草》:"闽人灰理其皮,织以为布。"旧尝入贡。

纻 其皮可以织布,一科数十茎,宿根至春自生,岁三四收。

麻 诸邑有之。织其皮为布。连江以北皆温之于溪旁,为坑藏火(灰),束麻内(通"纳")其中,石覆而水沃之,良久乃剥。今连江及福清、永福出麻布尤盛。

葛 可缉为布,长溪等县有之。

这一小段文字提供的信息不多,试简单说明两点。其一,桑树(落叶乔木或灌木)原产中国中部和北部。南方也可栽培,只是叶子偏小,不太适合养蚕缫丝,即缫出来的蚕丝的质量有可能受到影响,紬(绸)是比较粗的丝织物。其二,种桑、养蚕的技术和缫丝、编织的工艺是可以逐渐改进的。到了明代,如嘉靖本《福宁州志》卷三《土产·帛类》所载:"紬,粗丝为之;绢,丝细,织为象眼纹,俗名緋;绫,福安出;纱,福安出者佳;缣丝布,州出,苎缣丝为之,佳于纱。"闽东北不仅可以生产无花纹的绫,而且可以生产有花纹的细丝织品绢,以及细苎麻纤维和细丝混织的缣丝布(缣,本指双丝的细绢,以"苎缣丝为之"的缣丝布,当指一种双经双纬的厚软织物)。此外,这里的纺织原料没有提到棉花。元代陶宗仪《辍耕录》云:"闽广多种木棉,纺织为布,名曰吉贝。"古典文献里的"木棉"一词,曾经指称过三种不同的植物——木棉科木棉、锦葵科树棉和锦葵科草棉。《闽书》卷一五一载,那种叫吉贝的木棉是从越南一带传入福建的多年生灌木。古籍里提到木棉纺织,多指锦葵科的树棉和草棉,与木棉树无关。明末徐光启在《农政全书》有言:"攀枝花中作裀褥,虽柔滑而不韧,绝不能牵引,岂堪作布?"明清时期,一年生草棉(即今天广泛种植的棉花)取代了树棉,遍种全国。① 这种可以纺纱织布的木棉有一个由南渐北的过程。北宋晚期刘弇咏莆田的诗中已经有"家家余岁计,吉贝与蒸纱"②之句,但福州地区尚未流行。南宋末谢枋得的《谢刘纯父惠木棉》诗:"嘉树种木棉,天何厚八闽。厥土不宜桑,蚕事殊艰辛。木棉收千株,八口不忧贫。江东易此种,亦可致富殷。"到了南宋末年,"八闽"都已经学会种棉花,而且经济效益很不错。所以,嘉靖本《福宁州志》卷三"土产·货类"和万历本《古田县志》卷五"食货志·物产·货之属"才都列入"棉花"。

---

① 萧春雷:《木棉的花与棉》,萧春雷的博客,http://blog.sina.com.cn/xiaochunlei,2010年6月12日。

② 刘弇:《莆田杂诗二十首》,《龙云集》卷七。

《三山志》还有一处关于纺织的文字，卷一七“财赋类·岁收”载有福州十二县的夏税钱额及其“折科”，兹列表如下：

表 3-5　宋代福州十二县夏税产钱折科表

州县	产钱(贯)	折紬(匹)	折禅布(匹)	折小麦(石)
长溪	775.912	96	964	147
宁德	325.067	39	390	58
古田	563.953	70	699	101
闽	943.323	116	1140	173
连江	725.805	91	895	136
侯官	1025.770	127	1260	191
长乐	502.121	60	610	92
福清	1480.324	181	1825	275
永福	444.750	56	550	84
闽清	337.861	39	415	53
罗源	285.527	33	339	52
怀安	747.903	92	913	138
全州	8148.326			

这里涉及宋代税收的折科，即将税钱按固定比价折征实物。折科本来主要出于便民或朝廷、官府的特殊需求，但执行时官府往往通过反复“折变”从中渔利，加重税户的负担。志书原文略谓：

> 夏税产钱，十二县总八千一百四十八贯三百二十六文。“久例”以三千六百九十贯折科：紬，一千匹；禅布，一万匹；小麦，一千五百石。紬，每匹原折产钱六百五十文；禅布，每匹原折产钱二百四十四文；小麦，每斗原折产钱四十七文。递年分抛下十二县，仰据数于五等人户产钱上科折，取令公平。现纳中价：每匹紬四贯，禅布一贯六百文，小麦每斗四百三十文。

所述便存在这种情况。表 3-5 中所列数据，并不能视为各县紬、布生产实际情况，但多少反映了闽东北确实也存在一定规模的纺织业；夏税按中等价格折纳的紬每匹四贯，禅布每匹一贯六百文，则也多少反映了当地纺织品市场的存在。

三、商贸的活跃

北宋时福建人经商已很出名。南宋国力逊于北宋，而官商、私贸仍继续发展。元代农耕经济一度受挫，但商业贸易依然势头不减。宋元时期商贸活跃，其重要特征是工商业人口的显著增加、集市的普遍兴盛和海上贸易的全面展开。

(一)工商业人口的显著增加

具有悠久的多种经营和经商贸易传统的闽东北，自两宋时期尤其是南宋以来，随着北方移民不断涌入，大量人口从农业生产中分离出来，进入工商业领域。茶户、盐户、坑冶户、糖霜户、荔枝户、船户等的各类工商业生产经营活动都被纳入朝廷与地方官府的管控之中。宋代方志描述福州地区的民风民俗，称“市廛阡陌之间，女作登于男，四民皆溢，虽乐岁无狼戾；能执伎以游四方者，亦各植其身”。① 当时福州商人或北上临安、建康、胶州，或南至两广、海南，在南北商港进行海上贸易。其中有两点特别应当指出。其一，是“女作登于男”，不少妇女也走出家门经商。与《长乐志》(即《三山志》)主要叙述汉族的民俗有所不同，宁德著名儒者陈普作诗《古田女》(并序)，略云：

吾州近郭五六县土风，悉如老杜所赋《夔州女》，而郭尤甚，每惭无以答四海兄弟之诘问。一日来古田，见傍县一二十里内，于插秧时亦如之，以为三时惟此时最忙，不可不为夫子之助也。其说则甚善，而其事则未可，愚以为不如其已也，皆吾人也。作诗以道之，幸其一听作华夏人。岂不足以美吾东南一隅哉！

昔年过饶州，一事独希差。清川浴妇人，以昼不以夜。
上流濯垢腻，下流汲归舍。供佛与事尊，共享如啖蔗。
朝昏卖鱼虾，晴雨亲耕稼。樵采与负戴，咸与夫并驾。
流污浴岂非，失礼事可讶。我时适逆旅，一见为汗下。
欲言不可得，况敢加讥骂。静惟天下事，无边可悲咤。
一从文王没，声教不踰华。巴夔与闽粤，至今愧华夏。
男不耕稼穑，女不专桑柘。内外悉如男，遇合多自嫁。
云山恣歌谣，汤池任腾藉。插花作牙侩，城市称雄霸。
梳头半列肆，笑语皆机诈。新奇弄浓妆，会合持物价。
愚夫与庸奴，低头受凌跨。吾闽自如此，他方我何暇。
福州县十三，余幸穷崖下。十里近郭县，此俗独未化。
一日来古田，拔秧适初夏。青裙半绞扎，水泥和拔迓。
事事亦不恶，位分无假借。三王二帝年，人伦密无罅。
冀方古当涂，丰水今浐灞。见恶如豺狼，嗜礼如脍炙。
固无朝桑中，亦无舞台榭。一国皆若狂，一年唯有蜡。

---

① 祝穆撰，祝洙增订：《新编方舆胜览》卷十“福建路·福州·风俗”引《长乐志》，北京：中华书局，2003年，第163页。按：《三山志》明崇祯刊本和万历刊本的卷三五卷首皆题《长乐志》，那么，该书在流传之初便有“三山志”和“长乐志”两个书名。详见曹臻：《〈淳熙三山志〉研究》，河南大学硕士学位论文，2011年。但今本《三山志》卷三九“土俗类一·土贡”文字略有不同。

盛年事耕织，斑白可休暇。习见宜如常，骤异良以乍。

劝君但勤馌，兹事宜永谢。倘能用吾言，鸡豚愿同社。①

陈普是宋元之交宁德县二十都（石堂山所在，今属虎浿镇）人，追溯至唐开元末，则属古田县“东乡”之地，南宋末元初虽然两县分置已久，但宁德西乡与古田境域相接，俚俗相通，得以对故县民风有亲切的观察。据他在序、诗中所言，古田女“不专桑柘”、自主婚嫁、爱唱山歌、善做生意，举止豪放大方而内质智巧精明，等等，这些都与唐代四川夔州、宋代江西饶州一带的非汉族群女性的性格、风俗颇为类似。陈普此诗，不仅是闽东北商史的重要资料，而且是宋元闽东北族群结构的重要资料。

其二，文化人的宽商之论和从商之行。大抵与地狭人稠谋生不易，而又所居联通江海观念不易闭塞迂执有关，宋代闽人即便是传统的以农为本的儒者，也多不以言商、从商为鄙。北宋理学家侯官人陈襄（1017—1080）认为，商人“岁时羁旅，暴露风日，险阻万里，隔亲戚之爱，以至老死于道涂，诚在乎利也”，“今后如商人过客可且一切宽之”。② 陈襄的逻辑是，正因为商人志在逐利，官府就应该宽其负担，勿夺其利，这个职业才能继续存在。南宋最著名的理学家朱熹也说，“士其业者，必至于登名；农其业者，必至于积粟；工其业者，必至于作巧；商其业者，必至于盈赀。若是，则于身不弃，于人无愧”。③ 朱熹的原则是，为人在世，最要紧的并非从事士、农、工、商中的哪一业，而是尽心尽力达到各业不同的成功标准，经商若能聚财，一样也做到了“不自弃”而无愧于人。上文征引陈普的诗，对热衷经商的古田女，持论也相当温和。陈普算是朱熹的三传弟子。宽商、重商的观念在闽东北还比较通行。

宋末元初学者邓牧（1246—1306）《谢皋父传》记述：

（谢翱）蚤事科举学，有志当世。中遭兵火，室家散亡，购得一子军伍中，相与竭力生产，仅自给。属徭役繁兴，不堪迫辱，日益愤懑成疾；以子粗达时务，委而出游。过严陵，故旧馆焉，因娶某氏。其地与婺接，故常往来两州间，积十四五年，指受馆下生，粲然进于文学。性耿介，不以贫累人。所居产薪若炭，率秋暮载至杭，易米卒岁；少裕，则资游江海，访前代故贤。

宋元之交的数十年间，东南沿海一带的宋遗民诗人特别活跃，谢翱是比较著名的一位。他的外祖缪家是福安穆洋的大姓，“穆洋溪，是福安古代经济发展的黄金水道。它北连周宁、政和、浦城及浙南、赣南地区；南接赛岐、黄崎港（下白石）出海口，是闽东北与浙南、赣南交往的必经之路”。④ 穆洋成了周边数县水陆交通交结点，宋代以来这一带村镇的贸易已经较为发达。谢翱少年时移居闽北浦城，青年落第后流落漳、泉二州，景炎二年（1277年）二十九岁时跟随文天祥抗元失败后，先隐居广东潮阳，最后的十几年避地两

---

① 顾嗣立编：《元诗选》三集，卷二，北京：中华书局，1987年。

② 陈襄：《与福建运使安度支书》，《古灵集》卷一四，四库全书本。

③ 朱熹：《不自弃文》，载清朱玉编：《朱子文集大全类编》第一七册卷二〇。

④ 刘杰、陈昌东主编：《乡土福安》第二章第五节，北京：中华书局，2016年，第90页。

浙，直至去世。谢翱一生漂泊，在许多商品经济比闽东北发达、商品观念比闽东北浓厚的地方生活过，接受影响较多，社会适应能力也强。邓牧说他生活的浙西出产薪柴和木炭（原文“若”作“和”解），他便运到繁华的杭州销售，赚来的钱可以供他“资游江海”，生意做得不小。联系他一生所历和当时商俗，其贸易圈肯定不只限于桐庐、杭州两地，也可能扩及闽、浙之间。

（二）集市的普遍兴盛

与人口大幅度增长和工商业人口比重的显著上升相同步，宋代涌现出许多的邑、镇、草市。闽东北到南宋末已有四县邑。其中，古田县邑，元代吴海《送郑训导序》追述：“古田在昔，提封之广，居民之众，邑里之华，文物之盛，盖彬彬焉。”[①]1958年，因兴建国家重点工程古田溪电站，这座千年古城被淹没在人工水库之中（今称翠屏湖）。2013年8月下旬至9月中上旬，国家博物馆水下考古研究中心、福建博物院文物考古研究所对翠屏湖旧城水下遗址开展物探调查。该邑原来大街小巷纵横交错，商店集市鳞次栉比，翠屏湖水下旧城在历次扩建及清库时虽然有所破坏，但城内街市格局大体还保存原来面貌。[②]旧城的布局对于我们今天了解宋代及其后县级城邑街区特点具有相当重要的参考价值。长溪、宁德、福安等滨海诸邑，也都是户口比较集中、热闹的地方，居民集中区经济活动频繁，地方官府的税贡征纳、商业管理等方面的机构俨如鳞栉。这四个县邑规模都不大，却也还算具备基本的传统商贸功能。

见于史籍记载的镇市，沿海自北而南主要有莆门镇、烽火镇、黄崎镇、飞泉镇，内陆还有关隶镇、水口镇。关隶镇原以银冶及制茶兴镇（后晋天福六年即公元941年闽国析宁德县北部地立关隶镇），北宋咸平三年（1000年）复以矿、茶可观而升为关隶县；水口镇扼闽江中游险段，控制上下州军商贩水路，景祐二年（1035年）“始以巡辖马铺兼”。莆门镇，《三山志》称“今抵温州界”，当在福鼎，已经略有几分现在的闽浙边贸的况味；烽火镇，在长溪县一都松山（船山），明代曾长时间在此设置水寨；黄崎镇（下白石），唐时三江口（官井洋）设税场，管辖长溪县温麻港（盐田港）、黄崎港和宁德县的铜境（八都）港，北宋熙宁年间，因三江口风浪大，商船难泊，税场移到黄崎镇，机构设置更加完整，号称“三县之要冲，海洋之喉舌”，与当时闽侯的闽安镇、闽清的水口镇、福清的海口镇并列为福州府四大名镇；飞泉镇，《三山志》称“罗源县有”，误，实属宁德县二都，地当通往省城的陆路大道，旧有飞泉驿。《宋史·职官志七》称：“镇砦官，诸镇置于管下人烟繁盛处，设监官，管火禁，或兼酒税之事。”镇原来兼有财政和治安的双重职能，总体上愈到后来经济方面的功能愈加发育。

重要的草市，嘉靖本《福宁州志》卷一“镇市”略载，霞浦、福鼎的赤岸市，前代人物最盛；潋村市（今冷城村），唐宋人才最盛，林嵩、杨楫居此；水澳市，滨海舟货所集，旧有巡检

① 黄仲昭：《八闽通志》卷三《地理·风俗·福州府》“古田县”条，福州：福建人民出版社，2006年，第54页。

② 林丽金：《古田县翠屏湖水下旧城遗址物探调查》，《福建文博》2014年第1期。

司；福安的穆洋市，人才颇盛，鬻盐者发迹于此；石矶津市（廉村），商货最盛，他县事贸易者皆集；苏洋市，旧置盐运分司，艖舟俱集于此；还有宁德（含周宁）的蛹源市（七都）、霍童市（十二都）和琼溪市（十七都）。最后的三市，原文没有相应的说明，这里稍述把它们列为宋元墟市的理由：霍童是宁德最古老的聚落之一，北宋时居民就已有一定规模；蛹源南宋称蛹村，陆游晚年回忆“予初仕为宁德县主簿，而朱孝闻景参作尉，情好甚笃”的七绝诗有“同在蛹村折荔枝”的句子，村民传旧蛹源本来在“定美洋”，已被洪水冲荡；琼溪即今周宁李墩镇芹溪村，原名“银溪”，“宋元祐年间（1086—1094 年）宝丰银场大规模开发后，村民多数是定居下来的矿工、经商者”。[①] 此外，州志中提到“本州”的三沙市、秦屿市、柘洋市、浒屿市、沙洽市和大金（大京）市，暂时归入明代兴起之市的范畴。至于万历本《古田县志・经略志・坊市》列有“县前市、焕文桥市、文兴坊市、水口市、黄田市、虾溪市”计六市，前五市仅留市名，虾溪市也没有含带年代性的信息，但结合上文所述，至少县前市和水口市是宋代就形成了。

大体说来，宋代闽东北以墟（农村最小的贸易集散点）、市、场、镇、邑组成的贸易网络已经形成。民间贸易活动借此得以深入千家万户，以黄酒为例，南宋绍兴年间以朝官出知漳州晚年隐居福州连江的李弥逊（吴县人）说：“八州之民，以酒为生者，十室八九。”[②] 四川龙昌期天圣（1023—1031）初年在福州讲学时所作诗有句曰“百货随潮船入市，万家沽酒户垂帘”，[③]也可与李弥逊文相印证。当然，随着这样一个贸易网络的形成，官府对“市”以上（市与墟的基本区别之一，即“市多为官府所开辟，有一定的管理制度”[④]）交易场所的纠察巡检和征纳税课等监管手段亦接踵而至。以黄崎镇为例，南宋洪迈《夷坚志・乙志》卷八载：“绍兴二十年（1150 年）七月，福州甘棠港有舟从东南漂来，载三男子一妇人，沉、檀香数千斤。……甘棠寨巡检以为透漏海舶，遣人护至闽县，县宰丘铎文招予往视之。”有学者解说这一则笔记，认为如《夷坚志》所载：“甘棠港隶于福州，它作为繁盛的贸易港口，还设有甘棠寨巡检司，负责纠察私盐和寇盗以保障海上安全，并课征进口货物的税收。”“甘棠港及甘棠寨皆属闽县以外地区。”“在当时海外贸易中，甘棠港仍是知名港口，故福州男子自海外回归，知在港内靠泊，而且香料仍是海外输入的一项重要方物。”[⑤]

（三）海上贸易的全面展开

北宋为增加财政收入，鼓励海洋贸易，福建人口压力大，最得其宜。苏东坡说：“惟福建一路，多以海商为业。”欧阳修的描写更生动：“闽商海贾，风帆浪舶，出入于江涛浩渺、

---

① 蔡道华主编：《周宁域情》第五章“李墩镇”第八节“芹溪行政村”，福州：海峡书局，2012 年，第 185 页。

② 李弥逊：《筠溪集》卷二四，影印文渊阁四库全书本。

③ 王应山：《闽都记》卷二《城池总叙》，北京：方志出版社，2002 年，第 7 页。

④ 徐晓望主编：《福建通史》第三卷（宋元），福州：福建人民出版社，2006 年，第 317 页。

⑤ 卢美松：《福州甘棠港位置考》，《闽都文化》2013 年第 1 期。

烟云杳霭之间。”①其间也多有官员介入谋取利益。据载，宋仁宗时“审刑院、大理寺言，监察御史朱谏上言，福州递年常有船舶三两只到钟门海口，其郡县官员多令人将钱物、金银博买真珠、犀象、香药等，致公人、百姓接便博买，却违禁宝货不少”②。闽东北当不例外。宋朝的海上对外贸易通过市舶司进行管理，但限制还是很多，每次出海，舶商必须向市舶司呈报所有船员的姓名、所载货物的数量及所去的地点，并由所在州富户三人作保，验实后，市舶司才发给“公凭”。船舶不许夹带兵器和其他禁止出口物品。百姓、官员纷纷从事合法的或走私性质的海运海商活动。《三山志》载：

> **铁** 宁德、永福等县有之。其品有三：初炼去矿，用以铸冶器物者，为生铁……商贾通贩于浙间，皆生铁也。庆历三年(1043年)，发运使杨告乞下福建严行禁法，除民间打造农器、锅釜等外，不许私贩下海。两浙运司奏：“当路州、军自来不产铁，并是泉、福等州转海兴贩。逐年商税课利不少，及官中抽纳、折税收买，打造军器。乞下福建运司晓示，许令有物力客人兴贩。仍令召保，出给长引，只得诣浙路去处贩卖。”本州今出给公据。

“公据”亦即“公凭”之类。也有不少百姓甘冒封禁与风险，驰骋海上。

宋室南渡，更加倚重海洋贸易。宋高宗直白宣称：“市舶之利最厚，若措置合宜，所得动以百万计，岂不胜取之于民，朕所以留意于此，庶几可以少宽民力”；“市舶之利，颇助国用，宜循旧法以招徕远人，阜通货贿”。③ 海外贸易收入成为国家主要财政来源之一。民间海上贸易愈加发达。“罗源、宁德、连江多取木为筏，出南、北洋。”④南宋初，朝廷把北宋设在西京(洛阳)、南京(河南归德)的西外宗正司、南外宗正司分别迁至福州和泉州，以安置陆续比较集中地迁徙到这两个地方的宗室疏属。西外宗人迁徙到福州的路线，主要是从江苏直接浮海南下，也有一部分是从浙南水陆兼行途中留居闽东北。朱貔孙等续补的《三山志》卷三一、卷三二人物科名，自绍熙庚戌(1190年)以还60多年间的进士题名中，增列了梁克家原来“不书”的“宗子正奏”名录，凡二十二举。有学者统计凡335人，其中287人没有具体标明居住地，应当都住在福州的敦宗院里；其外具体提到居住地的48人：闽县1人，侯官县2人，怀安县3人，福清县3人，永福县2人，闽清县1人，古田县5人，长溪县16人(含长邑3人)，宁德县3人，连江县12人。⑤ 闽东北三县(长溪、宁德、古田)占了一半。应当指出，上述数据只是采自南宋最后20余年“举”“宗子正奏”的名录，此前还有更多年份的“宗子正奏”不在其内，而且还有诸多未考得这项功名的宗人不在其内。这些宗室人员享受朝廷优待，可以消费一般民众消费不起的奢侈品，刺激以奢侈品为主流的对外贸易，他们在海商中也占有一定比重。史载绍兴三十一年(1161年)二月，

---

① 分见《东坡集·论高丽进奉状》和《文忠集·在美堂记》。

② 徐松：《宋会要辑稿》职官四“市舶司”，天圣三年。

③ 徐松：《宋会要辑稿》职官四“市舶司”，绍兴七年闰十月三日、十六年九月二十五日。

④ 《三山志》卷四一“土俗类三·货”。

⑤ 参见张春兰：《福州乌山摩崖石刻所见的宋代赵氏宗室活动》，《福建省社会主义学院学报》2010年第4期。按：原文统计古田县误作4人，长溪县误作17人。

知西外宗正事赵士衔“强市海舟为人所诉。右谏议大夫何溥奏其事,因请申严两宗司兴贩蕃舶之禁”。① 这是发生在福州的宗人违禁“兴贩蕃舶”、牟取暴利的典型事例。居住在闽东北的宗室成员或亦有人参与海外贸易经营活动。

入元之后,福建除了泉州仍设市舶司,成为世界著名大港,福州又设海船“万户府”,②福州和闽东北的海上贸易兴盛的势头依然延续。元至正十九年(1359 年)秋,朝廷调运福建漕粮,以盐易粮从海道赶运粮食 10 万石入京师。当时闽江可以与江西之信江、浙江之钱塘江相连,由福州港循海道可达南北洋,成为海港和陆道两端互相连接的重要通道。至元二十六年(1289 年)泉州至杭州之间,专门设置了“海上站赤”(即海驿)15 站,备有海船 5 艘,水军 200 人,专门运送从泉州入口的番货及贡品。闽东北沿海诸港正处在泉州北行杭州的航道上,不仅可以提供给养、修缮服务,而且可以补充购、销货物,其中也有销往海外的。例如,田中克子经过长时间的调查、发掘和研究,指出,在日本九州地区福冈市的博多(自古就是非常繁荣的贸易港口),出土了不少 13 世纪前半期到 14 世纪后半期白瓷芒口产品(芒口是一种烧造的工艺缺陷,制作烧造过程中造成口沿无釉露出胎骨)。“这些产品中,虽然也有景德镇窑的,但出土的几乎都是同一器形的无纹碗和碟,与福建沿海东北部宁德市柘荣窑的产品很相似。”③栗建安也强调,在博多遗址群出土的宋元陶瓷器中,福建陶瓷占有相当大的比重,“其品种有青瓷、青白瓷、黑釉瓷以及绿釉瓷等,所涉及的福建窑址有:连江浦口窑、柘荣碗窑、宁德飞鸾窑、邵武四都窑、建阳建窑、南平茶洋窑、闽清义窑、福州长柄窑、福州宦溪窑、福州洪塘窑、福清东张窑、莆田庄边窑、莆田灵川窑、晋江磁灶窑、德化窑、南安南坑窑、漳平永福窑、漳浦罗宛井窑、云霄火田窑、厦门汀溪窑等等”。④ 闽东北的陶瓷器生产和外销,到了宋元时期已经进入新的发展阶段。

第三节　闽东北早期产业资本形态

上一节简要叙述了宋元时期闽东北农业商品化程度和工商业发展面貌,本节继一般叙述之后,再着重就其间所表现的商业资本形态略作分析。

---

① 李心传:《建炎以来系年要录》卷一八八“绍兴三十一年二月甲子”条,北京:中华书局,1956 年,第 3151 页。

② 《元史》卷一四《世祖本纪》,北京:中华书局,1976 年,第 298 页。

③ 田中克子:《日本博多(Hakata)遗址群出土的贸易瓷器及其历史背景:九世纪至十七世纪早期》,栗建安主编:《考古学视野中的闽商》,北京:中华书局,2010 年,第 163～164 页。

④ 栗建安:《从山林到海洋:贸易全球化中的福建陶瓷生产窑外销》,栗建安主编:《考古学视野中的闽商》,北京:中华书局,2010 年,第 50～54 页。

一、海盐产销与私盐富商滋生土壤

中国的经济传统,号称以农为本,但人的生存、生活在农业提供的产品之外尚有诸多须臾不可或缺的物事,食盐就是其中一端。滨海之地有渔盐之利,成为中原农耕核心区传统经济的一个重要补充。

(一)盐业在闽东北地区的重要地位

制盐是闽东北滨海居民十分重要的生计方式,也是官府相当重要的税收来源之一。影响海盐制造业的首要因素是海水的盐度。总的说来,中国东南海岸一带包括众多岛屿都拥有可供制盐的广阔的海水资源,但受大陆沿岸低盐水径流和外海高盐水的制约,海水盐度平面分布地区差异大,季节性也很强。兹将有关资讯列表如下:

表 3-6　中国东南沿海海水盐度比较表

地　区	年均盐度	最高月份	盐度均值	最低月份	盐度均值	备　　注
上海沿海	6.5‰	2	12.98‰	8	1.87‰	不适合制盐
浙江沿海	26.75‰	8	28.38‰	1	25.10‰	
福建沿海	31.06‰	7	33.31‰	1	29.75‰	
台湾沿海	34.10‰	11	34.50‰	8	33.50‰	

资料来源:余勉余主编:《中国浅海滩涂渔业资源》,杭州:浙江科技出版社,1990 年。

福建沿岸海水盐度,也呈由北向南递增趋势。例如,冬季受北面长江、钱塘江等内河淡水顺岸南下和本省内河径流入海的影响,浙南玉环县坎门的盐度为 27.8‰,闽东北连江县北茭为 29.5‰,闽南东山县为 31.5‰,低盐沿岸水愈往南愈减弱;夏季受南海来的高盐水的影响,各地海水盐度增高,加上气温上升,蒸发量大于降水量,有利于晒制海盐。总体上说,"闽江口以南海水含盐量、气温、蒸发量均较北部为高,降水日数则较少,滩涂土壤质地较适于晒盐。闽江口以南是福建主要的产盐区"。① 位于闽江口以北的宁德设区市沿海海水年平均盐度一般为 25.8～29.40‰,尚可用于制盐。但宁德市境内的三沙湾,东西长 45 公里,南北宽 25 公里,面积约 714 平方公里,四周陆域均为海拔数百米的山脉所环抱,仅在东南方向有一个狭口——东冲口与东海相通;且湾口狭长,口门内鸡公岛似一个天然屏障,将主航道分成了左右两条支航道,外海波浪难以直接传入湾内。有学者根据三沙湾多年实测潮位资料和两个临时潮位站的实测资料进行分析和计算,结果表明:三沙湾潮差较大,有较强的纳潮能力,但"更新能力"一般,当潮差累积率为 20%

① 黄公勉:《福建经济地理通论》第六章第二节,福州:福建科学技术出版社,2005 年,第 346 页。

(大潮)时,三沙湾的海水半更换期约为36个潮周期;当潮差累积率为50%(中潮)时,海水半更换期约为75个潮周期;当潮差累积率为80%(小潮)时,海水半更换期达到114个潮周期。① 对比紧相毗邻的罗源湾海水与外海水的交换速率,有学者计算,"罗源湾海水的平均交换率为0.101","罗源湾海水的半更换期约为17个潮周期",②三沙湾大潮时海水半更换期约是罗源湾的2.2倍。三沙湾受纳湾内福建第五、第七大河长溪、霍童溪等内河淡水径流,海水盐度年变动范围在16.71‰~31.8‰之间,即最低点跌到20‰以下,不仅低于闽江口以南,而且也比闽江口以北的连江、罗源低。海水盐度太低,是不适合晒盐的,因此闽东北沿海使用煎盐法一直延续到很晚近的时候。

万历四十二年(1614年)本《福宁州志》卷七"物产·货类·盐"条载:

> 福清、兴化之盐,俱日晒成,独福宁、宁德用火熬汁,卤水十锅煎一锅。且海滨无薪木,爇茅以煎,妇人食、息不离灶下,最为劳苦。贫民肩挑贸易,民甚便之。自引盐行,而以私盐□害故,至今民思槜李陆公。(见《去思碑》)③

万历十九年(1591年)本《宁德县志》卷二"食货志·物产·货类·盐"条所载略同,后附县令舒应元按语,一并节录如下:

> 兴化、福清之盐,皆以日晒而成。宁德溪流泛涨,卤水淡薄,必用火煎熬,乃能成盐。计卤水十锅终煎一锅。且海滨无树木,只烧茅草,妇人食、息不离灶下,最为劳苦。是以妇人出嫁盐乡者多不顺。
>
> 按:本县依山濒海,土狭人稠,沿海居民无田可耕,惟以煎熬细盐挑贩为活。自龙启置县,经今六百余年,并无官商行盐。永乐初,都运谭公议于本县开设盐场,举人陈宗孟条陈不便于民者五事,乃罢之……

由此观之,海盐的生产和供销对闽东北的官政民生具有特别重要的意义,并不是由于这里制盐的自然条件好,而很大程度上是由于这里的滨海地带移民聚集较多,农业资源有限,不能满足人口日益增长的需要;而这里毕竟拥有漫长曲折的海岸带和众多的岛屿,制盐成为非常辛苦但进入门槛很低的普遍性职业。

(二)宋代闽东北的海盐生产

福建盐业唐代已见规模。《新唐书》卷六〇《食货志四》载,刘晏改革盐政,调整食盐

---

① 具体计算,见叶海桃等:《三沙湾纳潮量及湾内外的水交换》,《河海大学学报(自然科学版)》2007年第1期。

② 具体计算,见胡建宇:《罗源湾海水与外海水的变换研究》,《海洋环境科学》1998年第3期。

③ 槜李陆公:指陆万垓,浙江平湖县(今嘉兴市)人,明隆庆二年至五年(1568—1571)任福宁州知州,治绩之一即严惩"鹾酋"与盐吏勾结以鱼肉贫民,离任后,民立"去思碑"纪念,盛继《知州陆公去思碑》、游朴《重立知州陆公去思碑》,并载万历四十二年(甲寅)本《福宁州志》卷一四《艺文志下·碑记》。按:槜李,古地名,在今嘉兴市一带。

专卖制度，改官收、官运、官销为官收、商运、商销，统一征收盐税；大力削减盐监、盐场等盐务机构，宝应元年（762年）全国设十个盐监，其中一个在福州侯官。《新唐书》卷四一《地理志五》载，福建在长乐、连江、长溪、晋江、南安五县设盐官。宋代盐务归茶盐使管辖，分监、场、务、栅四级。据《元丰九域志》卷九，当时福建盐区包括福州府的长溪、长乐、罗源三盐场，福清一盐仓；泉州府的晋江县一百六十一个盐亭，惠安县一百二十九个盐亭，同安县四个盐场；漳州府龙溪县三个盐团和漳浦县黄敦盐团。"盐团与盐栅，是官府用团墙或木栅围绕起来的盐民聚落。从现有资料分析，其出现不晚于元丰年间，或许就设置于熙丰新法之际。宋代的盐团，多见于闽浙一带。……盐栅与盐团相类。南宋初浙东台州杜渎盐场，管栅一十有八，亭户二百三十有六，灶五十四。这表明，当地亭户大约每三灶结为一栅；每灶之下，平均有四家亭户。"①《三山志》卷一九"兵防类二·两县巡检（今宁德）"载，元丰三年（1080年）亦置立"长溪县边海盐栅"。

宋盐的名目有数十种之多，宋盐的制作方法则不外乎煎炼和晒制两类。古代海盐本都是熬煎而成，后来才有晒制之法。传统以为晒盐法始于明代，见于宋应星的《天工开物》和朱廷立的《盐政志》等。乾隆二十三年（1758年）刊《兴化府莆田县志》卷二《舆地志》也载录说："天下盐皆煮成，独莆盐用晒法。传，明初有陈姓者，居涵江，试取海水晒日中，遂成盐。乃教其乡人，后人因效之。"但南宋人著作如程大昌《演繁露》等，甚至更早的史籍中就有"暴（曝）海水为盐"的记录。其中仍以官方史料《元典章》最具代表性。《元典章》卷二二《户部·盐课》著录有元成宗铁穆耳的一则禁令：

> 大德五年（1301年），江浙省据福建运司申：
>
> 泉得先为盐课涩滞，不能通流，本司用心规划，设法关防，从此恢办。两载之间，课程预期成就。盐法通行，民亦无扰。参详周岁合办盐课额，严立限次，监督煎晒……切惊所辖十场，除煎四场外，晒盐六场所法课程，全凭日色，晒曝成盐。色与净砂无异，名曰砂盐。
>
> 今体知得一等贪图厚利客商小贩之徒，贩益散处货卖，为见市价稍贵，于晒盐内掺和砂土，色泽一般，实难辨别，夹带斤重，添觅价钱，亏损百姓。民间莫知其情，但云运司办盐如此。非惟官司虚受谤言，抑恐盐法因而损坏。除已行下各场，监督盐丁炉户煎晒盐货须要洁净，不致带和砂土纳官，如违，将官吏与犯人一体断罪外，乞明榜禁治（下略）

据此，元大德五年（1301年）及其以前，主管一方盐政的福建运司所辖十个盐场中，四场用煎制法，六场用晒制法；而且，利用晒盐特征而掺砂作伪的行为，猖獗肆行已久，到了非明令禁止不可的地步，可见海盐晒法在福建之普及，并且由来已久。盐史专家郭正忠认为，任何一项科学技术的推广应用，都不可能是一朝一夕的事，结合宋代"晒卤"等相

---

① 郭正忠主编：《中国盐业史（古代编）》第三章第一节，北京：人民出版社，1997年，第258～259页。

关资料，推断晒盐法当是宋金时期盐民的发明。[①] 福建经济地理专家黄公勉也认为，宋代植被薪柴条件大不如前，“随着人口的增加，渔业的发展，对盐的需要量增加了，迫使人们不得不寻找加快盐产的技术措施。为此，福建沿海成为我国首先改变煮海水为盐的生产方法，改革为滩晒盐业的方法（的地区）”。[②]

大德五年（1301 年）江浙行省的申状没有具体说明福建运司哪四个盐场采用煎盐法，哪六个盐场采用晒盐法，不过结合上述及下述的相关资料，大体可以推断，莆田及其以南的盐场海水盐度较高，多为晒制；福州尤其是闽东北海水盐度较低，多用煎制包括先晒后煎。《三山志》卷四一《土俗类·物产》载：

> **盐** 《福清盐埕经》其略曰：“海水有咸卤，潮长而过埕地，则卤归土中；潮退，日曝至生白花，取以淋卤。方潮未至，先耕埕地使土虚，而受信既过，刮起堆聚，用车及担，辇致墩头。穴土为窟，名为漏丘，以杵筑实，用茅衬底，满贮土信，取咸水淋之，堆实则取卤必咸。旁用芦管引入卤橀。橀在漏丘之下，掘土为窟以受卤，茅草覆之。取鸡子或桃仁置卤中以候，浮则卤咸可煎。筑土为斛畎在宫灶旁，以竹管接入盐盘，如畎浍之流。盘以竹篾织，用蛎灰涂，复织釜墙以围绕，亦涂以蛎灰（底本作“亦□以蛎灰”，缺一字，崇抄作“亦坚以蛎灰”，据库本补），盖益以受卤也。大盘一日夜煎二百斤。小盘一百五十斤。今福清、长乐县现有盐户。连江、罗源、宁德、长溪边海，旧亦各有盐额。

这里说“旧亦各有盐额”，指连江、罗源、宁德、长溪边海地方本来也有盐场，需要上缴盐税。这些盐场停废后，原来的亭户很可能变为煎煮、盗卖私盐的盐民、盐贩乃至盐寇。

（三）宋代闽东北的海盐行销与私盐问题

宋代食盐实行分区销售，不同产地的食盐固定销往某些地区，以维护各个产地的产量大体稳定，销售有条不紊，从而保证朝廷、官府的盐课收入。北宋分为解盐、海盐、土盐、井盐四类销售大区，海盐销区大致包括山东、淮浙、两广、福建等盐区。福建盐产量不太大而地形独立性较大，故得自成一盐区，而行销空间比较窄小。宋孝宗时当过宰相（尚书右仆射、同中书门下平章事兼枢密使）的陈俊卿（莆田人）乾道六年（1170 年）出知福州，兼福建路安抚使，他在任上说过：

> 福建盐法与淮浙不同。盖淮浙之盐，行八九路、八十余州，地广数千里，食之者众，贩之者多，百货可通，故其利甚博。福建八州，下四州濒海，已为出盐之乡，惟汀、邵、剑、建四州可售，而地狭人贫，土无重货，非可以他路比也。[③]

---

① 详见郭正忠：《我国海盐晒法究竟始于何时》，《福建论坛（文史哲版）》1990 年第 1 期。

② 黄公勉：《福建经济地理通论》第六章第二节，福州：福建科学技术出版社，2005 年，第 346 页。

③ 见朱熹：《陈俊卿行状》，《朱文公文集》卷九六，四部丛刊初编，北京：商务印书馆，1965 年。

福盐区的销售形式，宋初，出产盐的福、兴、漳、泉下四州自元丰二年（1079 年）实行计产纳钱的“产盐法”，强制百姓根据官府核定的家业大小，定出税户相应的买盐钱，随夏税一起缴纳，由官府抑配食盐；不产盐的延、建、汀、邵上四州则在熙宁十年（1077 年）前就实行“官搬法”，由官府向产地统一收购，统一搬运到销地发卖。景祐元年（1034 年）福建改行“钞盐法”。① 宋代食盐专卖有官鬻法和通商法两种形式，钞盐法实质上就是一种所谓通商法，由商人向传统的榷货务纳钱买（“请”）盐钞，再赴产盐州县凭钞请盐，运销于指定的地方。但在官府随时都有垄断盐利冲动的大环境中，钞盐法难有多少施展空间，官运、官卖又多经营不善，成本高，地方官插手渔利而职掌不明，互相攻击，后来产盐法、官搬法、钞盐法交替使用，愈改愈乱，弊端百出。官盐价高质劣，强制摊派，老百姓饱受其害。这是私盐屡禁不止的重要背景。

宋代的私盐广泛存在于生产、运销等领域中。生产领域的私盐，包括私煎炼盐、私刮咸土、私置灶盘、私辟滩场、隐匿卤沥等。运销领域的私盐贩运，则包括种种违背榷禁规制的停藏、转卖、侵越销盐区界，以及各种夹带运销等。具体运销方式，有个体零星私贩，有多人集体私贩，有官商勾结的私贩，还有持械结集的武装私贩。官府实际上无法尽数收购亭户或锅户所产盐货，私盐数量与官府收购盐额常此消彼长。福建区私盐总量甚巨。三大盐仓（长乐岭口仓、福清海口仓、莆田涵头仓）祖额买盐 1796 万余宋斤，绍兴（1131—1162）末年减为 1221 万宋斤，乾道八年（1172 年）更减为 800 余万宋斤。提举福建转运判官陈岘认为较祖额减买的 1100 余万宋斤“尽散为私盐矣”。② 私盐总量等于甚至超过官盐，加入其中的私盐贩子的数量也就十分可观。绍兴五年（1135 年）殿中侍御史张致远（沙县人）在建言中说道：

> 盖剑、汀诸郡为上四州，地险山僻，民以私贩为业者十率五六，盐产泉、福，溯流而运，寸进于乱石奔涛之间，又非广南平溪安流之比也。祖宗以来，独不榷此二路者，良以郴、虔之人资盐于广，剑、汀、邵之人资盐于泉、福，顷年广东以钞法禁绝之严，而郴、虔盗起，至今未熄；福建前此群盗，皆异时私贩之人也。③

上四州“资盐于泉、福”，从地理形势上看，泉州的盐主要贩运到闽西，福州的盐主要贩运到闽北。南宋闽东北的官办盐场已经停废，旧有的生产能力还保留一定的规模，除了自给，还可以供给周边的山区县，私盐贩子也不少。这里地处盐道热线，福清、莆田的海盐经古田贩往建瓯、南平一带，经宁德（周宁）贩往政和、松溪一带，都是比较便捷的。关于古田道，上章第四节已经述及，关于宁德（周宁）道，这里再引朱熹的一段话：

> 政和县有小路数条，通罗源、宁德海乡，步行不过两三程可到，故私盐每斤不过

---

① 参见韩元吉：《南涧甲乙稿》卷一〇《上周侍御劄子》，丛书集成初编，上海：商务印书馆，1936 年。

② 详见梁庚尧：《南宋的私盐》，台湾《新史学》第 13 卷第 2 期，2002 年 6 月。

③ 李心传：《建炎以来系年要录》卷八五“绍兴五年二月乙酉”条，上海：商务印书馆，1936 年。

四十五文。而官盐则势必溯流运纲，或半岁而后达，脚费不赀，故官盐立价不得不高，遂至不下九十文。①

按：朱熹的劄子上于绍熙四年(1193 年)。朱子所述，涉及闽东北陆路交通的一个重要特点，这里的地貌类型以中低山地为主，高低丘陵地次之，不仅山地的峰崖兀立，切割强烈，连起伏舒缓的低丘陵也显得比较破碎零乱，加上河道纵横交错，把大地划成许多格子状的小单位，地形尤其细碎。闽东北这种山川交错的特定结合形态，使得各个地理小单元之间难以便捷往来，但毕竟可以联通，羊肠小道几乎漫山遍野，谁也无法完全封锁，"挑盐担"成为山区劳动力的重要出路。所以，这里虽然不是"出产"盐寇巨枭的"祖窟"，却也常常成为盐贩、盐贼走私活动包括武装走私活动的波及之地。

嘉靖本《宁德县志》保留有八人因"盐赏"而得以"改秩"的材料，似不多见，值得留意，兹予迻录。

《宁德县志》卷三"历官・典史(县尉)・宋"条载：

宣和年　谢峻，三年任。陆俱七年任。

靖康年　朱孝闻，二年任。

建炎年　叶德闻，四年任。右四人并以盐赏改秩。

乾道年　赵伯彬，五年任。一年以盐赏改秩。

嘉泰年　钱德谦，元年任。以盐赏改秩。

嘉定年　虞诜，四年任。以盐赏改秩。

《宁德县志》卷四"名宦・主簿・宋"条载：

叶衡字梦锡，婺州金华人。绍兴二十四年(1154 年)以左迪功郎任，摄尉。以获盐寇改秩，知于潜县，后至宰相。史称衡才智有余，亦一时之选云。

改秩，字面上为改变官吏的职位或品级，实际上多指升职。"以盐赏改秩"是朝廷为保证盐利而敦促鼓励有关官吏捕拿走私盐贩、盐寇的专项政策。从顶层设计看，不同时期具体奖励内容或有调整。例如，《建炎以来系年要录》卷一七七"绍兴二十七年六月己未条"载：

诏命官捕获私茶盐依赏给各递增一等，于是全火七千斤累及万斤皆改京秩。议者以为滥，二十八年正月壬申不行。

按："火"或即后人所谓"伙"，盐运单位，相当于说"批"或"拨"，一般为七千斤。"全火七千斤累及万斤"，意为一次性缴获私盐七千斤，或累计一万斤。

《建炎以来系年要录》卷一七九"绍兴二十八年正月壬申"条载：

右司谏朱倬言：近制，命官捕盐累及万斤，改京官。盖全火者，类非贫弱，捕盗者

① 见朱熹：《与漕司劄子》，《朱文公文集》卷二九，四部丛刊初编，影印本，北京：商务印书馆，1965 年。

既畏其威众，或得其赂，故多纵而不言；图升斗者，类皆沿海单弱之民，其势易制，其贫无贿，捕盗者利其累及之数，而必取之，故百发而百败，狱讼滋彰。犯法者众，诚可怜悯，又既获改秩，二十年后皆得任子，尤为侥幸。望复祖法户部乞累及万斤者，减磨勘年，从之。

从基层具体执行来看，嘉靖本《宁德县志》所录八人都是县尉（含摄职）以"盐赏"而得升迁，发生的时间段为北宋宣和三年（1121年）到南宋嘉定四年（1211年）的九十年中。以盐赏改秩云云，我们在闽东北其他县份的志书中没有发现，这种情况或与宁德县是闽东北的海盐制贩中心有一定关系。[①]

盐茶走私中广有"单弱之民"，也有富家、势家，在长期兴贩中，常常有地方精英染指其中，如浙东之"大而鹾茗之利，大姓擅而有之"，[②]如莆田之"邑岸大姓鬻盐"。[③]宁德产盐虽远不如浙东和莆田，而当宣和、嘉定百年间屡有县尉这样的低级官吏以捕获巨盐而得升迁，询其社会土壤，也应当能够孕育滋生拥有一定身家的盐商或盐帮，可惜详情无以究诘。

二、矿冶包税制与商、矿业资本的结合

黄仲昭《八闽通志》卷二〇"食货・小序"说："闽地负山滨海，平衍膏腴之壤少，而崎岖峣确之地多。民之食，出于土田，而尤仰给于水利；民之货，出于物产，而尤取资于坑冶。"矿冶业是是农耕经济的又一重要补充，在非宜农区，情况尤其如此。

（一）宋代福州矿冶业发展概况简述

同种自然资源的分布显然具有高度不均衡性，但各种资源的分布又往往有一定的互补性或者说内在的均衡性。不宜农耕的地方，可能林业条件好；农林皆不宜，可能矿藏条件好。号称"八山一水一分田"的福建，农业资源差，矿产资源却很丰富。闽东北在大规模围垦之前，适宜开辟农田的空间特别逼仄，矿物的种类和储量则不输于福州他处。关于宋代淳熙以前福州包括闽东北的矿冶业发展历史，《三山志》卷一四"版籍类五・炉户附坑冶"有一小段很简括的叙述，特加注公元年代，迻录如下：

---

① 宁德县是闽东北海盐制贩中心，一直延续到现代。新编《宁德市志（县级）》卷九第二章第八节载：民国时期，国民政府在宁德城关设"闽东北盐务分局"，总理各县盐务，并在福安、福鼎、霞浦设支局，南埕设盐务所，寿宁、周宁设盐务站。中华人民共和国成立后，1949年12月在宁德城关设立闽东北盐务办事处，组建南埕、赛岐、霞浦、福鼎4个盐务所。

② 见陈造：《寄袁京尹书》，《江湖长翁集》卷二五，影印（四库）本，上海：上海古籍出版社，1987年。

③ 见楼钥：《朝请大夫致仕王君行状》，《攻媿集》卷一〇〇，四库丛刊初编，影印本，北京：商务印书馆，1965年。

坑　冶

自国初至祥符间(1008—1016),惟建、剑、汀、邵有之。见景德《会计录》。

天禧(1017—1021)中,州始兴发。

至皇祐(1049—1053),银才两场尔。铁独古田莒溪仅有也。见皇祐《会计录》。时莒溪附汀州见。

嘉祐(1056—1063)之后,银冶益增。

熙宁间(1068—1077),铜、铅乃盛。

崇宁(1102—1106),用事者仰地宝为国计。检踏开采,所至散漫。

政和(1111—1117)以来,铁坑特多。如长溪,至四十一所,今三十七所,歇惟四所旧坑,余复新发之类。

至于今(淳熙年间,1174—1189),矿脉不绝。抽收、拘买立数之外,民得烹炼。于是,诸县炉户籍于官者始众云。

依照《宋会要辑稿》卷三三“诸坑冶务”提供的数据,朱维幹列出南宋末福建岁收折纳金银数额表①:

表 3-7　南宋税收折纳金银数额表

单位:两

收入项目	折金(全境)	折金(福建)	折银(全境)	折银(福建)	备注
税租之入			38326	9389	
税总收之数	37985	200	2909086	384585	折银列全境第一
诸路上供之数	17004	142	1146784	232207	折银列全境第二
山泽(坑冶)之入	1048	53	129460	18887	
合　计	56037	395	4223656	645068	
占　比	100%	0.70%	100%	15.27%	

宋代福州的矿冶技术,如灌钢生产技术、高炉生铁冶炼术、“胆水浸铜法”(以硫酸铁置换硫酸铜)等等,都能代表当时中国的先进冶炼技术。这些技术几乎都在福州的矿场中出现过。

(二)闽东北矿冶业在福州地区的权重

福州地区闽东北三县矿冶业所占权重,缺乏准确的测算资料,《三山志》卷一四“版籍类五·炉户”中的记载,提供了一些不完全的数据:

① 朱维幹:《福建史稿》第九章第八节,福州:福建教育出版社,2008 年,第 198 页。按:表中数据略有校正。

炉 户

炉,在州及县七十一户。

州 炉户四。高炉二,岁各输四千省;小炉二,岁各输二千省。

闽 县 炉户四。岁各输三千一百一十七文省。

侯官县 炉户八。岁输同上。

连江县 炉户八。岁各输六千一百一十七文省。

蒋洋南北山铁坑。加贤上里。淳熙三年,佃户岁输五千省。五年,增一千省。

长溪县 炉户二十三。高炉八,岁输各三千一百一十七文省。平炉四,岁各一千九百五十文省。小炉一,岁输一千三百省。

玉林场。熙宁间发。六年,收银五百七十八两,铅四千九百五十斤。七年,收银一千三百六十七两,铜一十万八百四十八斤,置监官。绍兴三年三月停。

钱马坑。政和三年发。岁收银十九两,铜三百八十四斤。后歇。

小叶坑。宣和元年发,月收银四两,铜四百斤。后歇。

师姑洋坑。平溪里。政和三年,佃户岁二分抽收铁七百斤,八分拘买二千八百斤。

新丰可段坑。同里。乾道九年,佃户岁二分抽收铁四百斤,八分拘买一千六百斤。

南平北山。柘阳里。绍兴二十二年,佃户岁二分抽收铁一百斤;八分拘买四百斤。

铜盘等处。归化东里。绍兴二十一年,佃户二分抽收铁八十斤;八分拘买四百斤。

东山小乾铁砂坑。淳熙三年,佃户岁输钱二十二千五百五十省。

柄洋埕铁坑二。淳熙六年召佃。

新南、安民二里,大溪岭下等铁坑。淳熙四年,佃户岁输五千省。

北峰院后坑、牛皮滩、澜滩、茶洋溪边。遥香里。淳熙六年发,银矿细微,未有采者。

长乐县 炉户一。岁输同闽县。

福清县 炉户五。岁输同长乐。

东窑场。江阴里,铁沙场,绍兴二十三年发。佃户岁纳钱七百四十六千七百五十文省。

玉据场。同里,铁沙场,乾道元年发。佃户岁纳九十千三百省。淳熙七年退佃,未有承者。

南匿场。临江里,铁沙场,地名“高海鱼台”。乾道五年发。佃户岁纳五十六千二百省。

练木场屿,安夷南里。高远。南匿里。并铁沙场。淳熙二年发。岁总输二十一千省。

古田县 炉户四。岁输同福清。

宝兴场。移风里。天禧二年发。明道元年,岁收银九百二十五两。以天圣四年闰五月所收九十五两为闰月租额。绍圣二年罢。建中靖国元年,铜发。岁课钱六十一千五百省。后歇。累减分数,竟无佃者。

龙溪坑。邵南里。崇宁三年,岁输二千八百省,铅百八十斤。

郑洋场。崇宁元年发,岁课钱二十千,后歇。

游老坑。保安里。崇宁二年发,岁课钱九千省,后歇。

温洋场。新俗里。宣和元年发。建炎中,建寇焚荡,因废。

锥穹场。新俗里。大观中发,再逾时而闭。

猿溪等处。移风里。淳熙元年,佃户季输铅二十斤,丰国监纳。

莒溪坑。淳熙三年,佃户借工料钱二百千省,烹炼得铜一百一十六斤,准钱五十八千二百三十四省。今未有佃者。

保东铁坑。崇礼里。淳熙三年,佃户岁输六十千省。

五羊峰银坑。淳熙五年,委官烹炼,作十五斛,得银五星。未有佃者。

永福县

保德场。庆历二年发。佃户岁输银二十六两。元丰三年罢。绍圣为铜场。建中靖国元年废。

黄洋场。嘉祐四年发。熙宁四年,收银八百二十六两,铜二万二千八百七十五斤,以使臣监。五年,增置监官。七年,收铜四万斤。丰国监纳。元丰三年罢。

五龙场。绍圣四年发。岁输银八两,今歇。

银斜坑。政和五年发。岁输银八两,今歇。

龙场。政和元年发。岁输银十五两,今歇。

宁德县 炉户七。岁输二千二贯省。

宝丰场。东阳里。取玉林场七十里,车盂场百五十里。元祐二年发。宣和中歇。惟西南山一、二条坑户岁输银五十二两。绍兴二年罢。十二年,运司措置兴复。十五年,通宝瑞场,输银百五十两,后歇。乾道二年,输银七两。淳熙五年,输银六两。

宝瑞场。地名郭洋。元祐中发。绍圣元年以官监。盛时,岁收银四十四万两。商税五百余缗。绍圣四年,名宝瑞。靖康中,宝山十八所停废,惟西山六坑,岁犹收千二百六十七两,商税钱四十缗。绍兴六年罢。十二年,措置兴复,通宝丰场收银,后歇。乾道三年,佃户岁输银六两。七年,输四两。

车盂场。元丰初发。四年,置巡探。八年,令铜赴丰国监纳,后歇。

新兴坑。安乐里。政和六年发。月收银百六十两六钱;铜四千七百七十四斤;铅一千五百九十四斤。银赴州常平库纳,铅赴州丰国监纳。后月收银四十两。铜、铅无。淳熙中,佃者岁纳铜三十斤。

宝丰场八坊、后洋坑。佃户岁输铅六十斤。后减为四十斤。淳熙五年,增为七十斤,丰国监纳。

林家、地龙、按岭等处铜坑。淳熙五年,佃户岁输铜二十斤,丰国监纳。

阳陵山铁坑。县东。政和五年发,佃户岁输一千三百斤。

罗源县 炉户八。岁输四十千省。

怀安县

高务坑。微细。岁输钱二千省,今歇。

上述材料中的"岁输""岁课"数有很多混杂成分,不好通约计算。这里姑且以炉户数来做一个粗略的对比。此时福州辖12县,上述资料未列闽清县,《八闽通志·食货·坑冶》记载中也不列闽清,推想起来,宋代闽清可能有色金属矿脉少,未设坑冶。另外,虽列永福、怀安二县,并未标出炉户数,当属漏标,好在有全州的总数(71个)。最粗疏的算法,将长溪、古田、宁德三县炉户数之和(34个)与全州之数作比,则约占47.9%。但有几点应当考虑到。其一,"长溪县高炉八,岁输各三千一百一十七文省;平炉四,岁各一千九百五十文省;小炉一,岁输一千三百省",这里的高炉和小炉都是炼铁炉,平炉是炼钢炉;高炉的容量是小炉的两倍多,[①]合计十三座炉而有二十三个炉户,那么,高炉和平炉可能大部分是两户合掌一炉。其二,高炉"岁各输三千一百一十七文省"是标准的税额,在标出"输额"的九县中,古田、福清、长乐、长溪、侯官、闽县都是这个标准,颇疑"连江县炉户八,岁各输六千一百一十七文省"中的"六",亦当为"三"之误。其三,矿山开发,有先有后,有兴有废,延续时间有长有短,炼炉有大有小,在这种情况下,《三山志》只有各县炉户的数据相对齐全些,而单以炉户数论权重是很不全面的。其四,上述材料除"岁输"钱额外,还列有各县的部分著名坑场,其中,五县无,连江一坑,福清五场,永福四场一坑,怀安一坑,计约九场三坑;而长溪一场十余坑,古田三场七坑,宁德三场四坑,计约七场二十一坑。宋代坑冶多兴办在偏僻的山野,闽东北坑、场较兴盛也合乎情理。综合此处各方面的数据,长溪、古田、宁德三县矿冶占到整个福州地区总量的35%～40%,甚至40%以上是没有什么问题的。

(三)《三山志》中的闽东北"炉户"(手工业主)与"坑户"(矿业主)

传统社会有许多手工业采取个体生产形式,如绫户、绣户乃至盐户,都可以只是从事特定职业的个体专业户。但也有一部分手工业是不可能采取个体生产的,矿冶业可谓其一。以冶铁为例,开炉之后,必须连续作业,采矿、伐木烧炭、运输、进料、出铁、排渣等等,一座高炉需要几十个、几百个工人,劳动强度极高,所以苏轼奏报元丰时徐州冶铁情况,有利国监"今三十六冶,冶各百余人,采矿伐炭,多饥寒亡命、强力鸷忍之民"[②]的说法。他给朝臣浦城人章惇(字子厚)写信,也说在徐州时"常令三十六冶每户点集冶夫数十人,持却刃枪,每月两衙于知监之庭,以示有备"。[③] 闽东北的矿冶业远不如徐州利国监发

① 见王曾瑜:《宋朝阶级结构》第二十章"国家与坊郭户及工商业者",北京:中国人民大学出版社,2010年,第390页。

② 见《苏轼文集》卷五二《奏议六首·上皇帝书》,北京:中华书局,1986年。

③ 见《东坡七集·东坡集》卷二九《与章子厚书》,宋集珍本丛刊,北京:线装书局,2004年。

达，但炉户(或曰冶户)是雇用数十成百个炉丁(或曰冶夫)的有一定经济实力的手工业主和商人，则是一样的。

上述资料又说，宁德县宝丰场“元祐二年发。宣和中歇，惟西南山一、二条坑户岁输银五十二两”。这里的“坑户”，指的是雇用若干“坑丁”“作匠”的矿业富户。例如，《宋会要辑稿》职官四三“提点官・提点坑冶铸钱司”载：

(乾道)二年四月十二日，提点坑冶铸钱司状：“契勘绍兴五年十一月指挥，坑、炉户依保甲法，与免身丁。今据兴国军坑户刘介状，称被本县不时差科坑丁、作匠，应奉官司，妨废采坑。本司已行约束外，乞降旨，应坑丁、作匠并令本县注籍，与免本身诸般非泛差使。所贵专一用心，兴采坑冶。”诏依。

据此条《宋会要辑稿》所述，坑户手下的坑丁、作匠等可在坑场所在县登记户口，可按保甲法规定免除身丁杂役，以专门从事采矿生产。坑户作为矿场主或矿业主，也是颇有经济实力的。

在上述《三山志》引文中，闽东北坑场的不少佃户也很活跃，最突出的，如长溪县的师姑洋坑、新丰可段坑、南平北山坑、铜盘等处坑场、东山小乾铁砂坑、柄洋埕铁坑和新南、安民二里及大溪岭下等铁坑，都是由佃户承租开采的。古田县的宝兴场，“以天圣四年闰五月所收九十五两为闰月租额。……后歇，累减分数，竟无佃者”，可见原由佃户承包经营。该县猿溪等处坑场、莒溪坑、保东铁坑等，也标明属佃户“岁输”课额。这些佃户的经济实力未必都不如坑户，宝兴场“建中靖国元年铜发，岁课钱六十一千五百省”，长溪县东山小乾铁砂坑“淳熙三年佃户岁输钱二十二千五百五十省”，可见规模相当大。

《宋史》卷一八五《食货志七・坑冶》载：“宋初，旧有坑冶，官置场、监；或民承买，以分数中卖于官。”可见当时对坑冶比较普遍的两种经营方式，一是由官府设立监、冶、场、务等专门机构，招工采炼；一是由有财力的人租赁采炼。后者亦称“买扑”，即包税制度。铁矿生产出现民间买扑经营方式，约从仁宗后期开始。宋神宗任用王安石实行变法，坑冶“召百姓采取，自备物料烹炼，以十分为率，官收二分，其八分许坑户自便货卖”。① 闽东北矿冶业多属民营，志文中所谓“二分抽收”“八分拘买”，通常称熙丰二八抽分法，即百姓自筹开采成本，开采出的矿冶产品官府收取二成，其余八成允许开采户自卖(后来主要是卖给官府)；也有实行定额承包(志文中所谓“岁课”“岁输省”，即固定的上缴额)。

宋代闽东北矿冶业已经相当发达，铅、铜等有色金属坑冶，各县都有，特别是白银的采炼，产量一度已相当可观。据上引《三山志》，长溪县玉林场、古田县宝兴场、宁德县宝瑞场都是当时闽东北地区规模较大的几个矿场。玉林场，北宋熙宁六年(1073 年)收银 578 两，铅 4950 斤；七年，收银 1367 两，铜 100848 斤，直到南宋绍兴三年(1133 年)才停歇。宝兴场，北宋明道元年(1032 年)，岁收银九百二十五两；建中靖国元年(1101 年)，兴发铜矿，岁课钱 61500 省。宝瑞场，于北宋元祐年间(1086—1094)兴发，绍圣间(1094—1098)岁收银达 44 万两，商税 500 余缗；靖康中(1127 年左右)多处停废，只剩下西山六

① 见《宋会要辑稿》食货三四之一六。

坑，岁犹收1267两，商税钱四十缗，直到南宋绍兴六年(1136年)才罢废。

大致言之，闽东北自然条件不宜于种植传统的粮食作物，宋代以来，跋涉山野开矿炼铸成为闽东北人的重要生计，从中也逐渐滋生出一批经营有方的富户。坑场经营以官办民营为主，采取“民间请佃”的形式，由民间出资承包矿山，自行雇用人力、投入设备、组织生产。这些“民间请佃”者包括“佃户”“坑户”“炉户”等等，大多是具有一定产业资本和技术设备的矿业商人，他们应当可以算是闽东北最早的商帮之一了。闽东北经济发展得比周近地区晚，但在闽北建、剑地区矿冶业的影响下，早期商业资本与坑冶产业资本相结合是完全可能的。

三、桥梁建造与民间资本力量的成长

桥梁建造数量是社会发展水平的一个重要体现，尤其是商业经济发展的重要基础和直接指标。在中国桥梁建造史上，两宋“继承前代，进入全面开展和大规模进行的时期”；元代“中国古代桥梁的构造类型，基本上已经齐备”，“有所改进”，“造桥的能力渐强”。[①]这里存在颇大的历史性区域差异。唐朝前期交通重心在北方，桥梁建设也以北方为主。唐代中后期，南方地区建造的桥梁多了起来。两宋时期，南方地区桥梁建造更是急剧增多。据民国《福建通志》统计，福建一路在宋代就造桥六百数十座。[②] 闽东北也有类似的景况，这需要多方面条件叠加乃至机缘凑泊，我们特别关注民间资本力量的成长在其中的作用。

(一)闽东北地区宋元桥的分布

福建多水，小桥随处可见，不计其数，见于《八闽通志》卷一七至一九《地理志·桥梁》者，当是比较重要通道上的有一定规模的桥梁。为了简略勾勒闽东北宋元桥的大体分布轮廓，今暂且以之为据，列成表3-8。闽东北诸县始建于唐代(以前)的桥梁才2座，宋代32座，元代14座，明代弘治(以前)21座。另有朝代不明的57座，其中除寿宁的34座可能基本为明代所建外，余外各县的23座应基本为宋元所建。[③] 宋元是闽东北大兴桥建的第一个高峰期。

① 唐寰澄:《中国科学技术史·桥梁卷》第一章第四节，北京:科学出版社，2000年，第18、20页。

② 参见曹家启:《唐宋时期南方地区交通研究》第五章第二节，香港:华夏文艺出版社，2005年。

③ 这里仅用《八闽通志》的材料数据，似乎有片面性，但若用他书订补，各县资料存佚不平衡，有相当大的偶然性。从统计的角度考虑，单用年代最早的一部省志作为资料来源有它的合理性。

表 3-8 闽东北诸县桥梁建造情况表(明弘治以前)

州县	桥名	建桥时间	主事者	备注
福州古田	丁字桥	南宋庆元二年(1196年)	里人林湜捐资	二桥一纵一横,形如丁字
	迎驷桥	宋时		
	杨桥	宋时		
	潮鱼桥	宋时		
	开禧桥	宋时		明代改名曹阳(洋)桥
	锦溪桥	宋时		
	朝天桥	宋时		
	云津桥	宋初	邑人廖三益捐资创建	
	龙江公济桥	宋时		
	石平桥	宋元累建		
	院溪桥	宋时		
	鸣玉桥	宋时屡毁屡建	绍兴年间僧圆证募缘重建	
	汤头桥	宋时(后废,明代为渡)		
	普济桥	元时		
	劝农桥	元时	邑令劝农驻此	
	万安桥	元季		
	迎仙桥	元季		
	清潭桥	元季(废后,明代为渡)		古田县明代桥三,朝代不详六
福宁本州	蓝溪桥	唐乾符三年(876年)		
	赤岸桥	北宋皇祐五年(1053年)	僧文果募缘创建	
	金波桥	南宋嘉定十六年(1223年)	县令杨志创建	
	南门桥	南宋淳熙五年(1178年)	进士许晟募众建	
	安民桥	北宋政和元年(1111年)	乡人杨师隆募众建	
	漈溪桥	元至元三年(1266年)	僧妙峰捐资率众建	
	攀龙桥	元至正二年(1342年)	里人县尉林洪倡众建	福宁本州明代桥一,朝代不详十

续表

州县	桥名	建桥时间	主事者	备注
福宁宁德	普济桥	唐咸通二年(861年)		
	郑公桥	南宋绍兴三年(1133年)	知县郑革	
	惠政桥	北宋元祐二年(1087年)		
	鹏程桥	北宋元祐五年(1090年)		
	泽民桥	北宋治平二年(1065年)		
	凤仙桥	北宋治平二年(1065年)		
	圣堂桥	北宋元祐二年(1087年)		
	飞鸾桥	南宋淳熙三年(1176年)		
	朝天桥	北宋元丰元年(1078年)		
	登瀛桥	北宋宣和元年(1119年)		
	赵公桥	南宋淳熙二年(1175年)	知县赵善悉	"善悉"二字据嘉靖宁德县志补
	千佛桥	北宋太平兴国四年(979年)		
	三元桥	元大德元年(1297年)		宁德县明代桥四
福宁福安	留江桥	南宋绍兴十年(1140年)	里人阮楚	淳祐十一年(1251年)里人阮升重建
	登龙桥	南宋乾道五年(1169年)		淳祐十年(1250年)知县林子勋重建
	玉峰桥	南宋淳祐七年(1247年)	里人陈昂伐石创建	
	化蛟桥	北宋元丰(1078—1085)前		以里人卓钧登进士得名
	甘棠桥	元至正三年(1343年)	县尹赵元善建	
	龙首桥	元皇庆元年(1312年)	主簿胡琏建	
	通济桥	元皇庆间(1312—1313)	主簿胡琏建	
	道者桥	元至顺元年(1330年)	县尹高琛建	
	合掌桥	元至正元年(1341年)	里人刘玉峰建	
	贵登桥	元至正四年(1344年)	里人孙子玉建	福安县明代桥二,朝代不详七
建宁寿宁				明代桥十一,朝代不详三十四

(二)宋元时期桥建大兴的动力和条件

宋元时期闽东北大兴桥建，是多种力量包括环境条件综合作用的结果。简要说来，有两大端。

从“需要”一端看，闽东北山岭重叠，溪河纵横，桥本是“渡水”工具之一。在唐代以前，居民以非汉族群为主，生计来源多种多样，商品交换源远流长，但聚落小型、分散，罕有大宗贸易，而且无论越族、奚(溪)族、疍族，皆善水、善舟筏，可以泅涉、溜索携物过河，梁桥的必要性远不如后世。随着人口繁衍、族群变迁、经济增长、社会转型，经济重心南移过程中政治管控的深入和南北交通设施的整体加强，闽东北大兴桥梁建设成为必然；且由于本区的自然地理特征，溪中多有乱石涡流，行船不便，桥建较之平原和一般山区有更广的用途和更大的迫切性。宋人方志或称：

> 湖(州)为泽国。苕(水)、霅(水)众水会于城中，浩漾湍急，既不可厉揭而涉，济以舟栰，遇风朝雨夕，溪流瀑涨之际，亦有覆溺之惧。故成梁之政视他郡尤急。①

志书作者说的是吴兴地区(湖州)的水陆道路状况，实际上宋元时期闽东北山川交通对桥梁的倚重有过之而无不及。

从“资金来源”一端看，存在官、私两种力量的推动。在个体小农经济为主的传统社会，官府出资兴办公共工程是常规做法。在上引《八闽通志》的记载中，长溪县金波桥，“县令杨志创建石桥”；宁德县郑公桥，“知县郑革建”，赵公桥，“知县赵善悉建”；福安县登龙桥，“知县林子勋重建”，甘棠桥，“县尹赵元善建”，道者桥，“县尹高琛建”，龙首桥、通济桥，“主簿胡琏建”；古田县劝农桥，“邑令劝农驻此，故名”，应当都是由官府出资的。

比较引人注目的是民间出资建桥。据《八闽通志》所载，其具体情形主要有二。一是募集众资。如长溪县南门桥，“进士许晟募众建”，安民桥，“乡人杨师隆等募众建”，赤岸桥，“僧文果募缘创，南北海船皆萃于此”，滁溪桥，“宝岩(寺)僧妙峰捐资率众就两崖间叠石为址，而梁以巨石”；古田县鸣玉桥，绍兴元年毁于兵，僧圆证募缘重建，等等。另外，长溪县的攀龙桥，“里人县尉林洪倡众建”，林洪虽有官职，仍以“里人”身份扮演工程组织者的角色，工程成本还是来自众筹。

二是大户独资。如古田县的丁字桥，“二水合流，宋庆元二年，里人林提捐资建二桥，一纵一横，形如丁字，故名”；云津桥，“宋初邑人廖三益捐资创建”。又如，福安县的留江桥，“宋绍兴十年里人阮楚建，淳祐十一年里人阮升重建”，玉峰桥，“里人陈昂伐石创建”，合掌桥，“里人刘玉峰建”，贵登桥，“里人孙子玉建”，等等，都是乡村大姓独自或者为主出资兴建的。

无论是独资还是众筹，都反映出到了宋元时期，随着商品经济的发展，闽东北地区民间资本的力量已经比较普遍地有了相当程度的积累，并在桥梁兴建热潮中发挥了显著的作用。嘉靖本《惠安县志》卷三《桥梁》纂者张岳“论曰”：

---

① 《嘉泰吴兴志》卷一九《桥梁》，北京：中华书局，1990年。

所谓桥梁道路者，考《图经》，作于宋世居多，南渡后尤多。国朝承平日久，民物殷阜，宜其有余力以兴百务也。而桥梁道路之修，竟不及宋季世。何欤？或言宋海舶无禁，利入甚富且易，不捐之于桥梁道路，则以之崇侈释氏，无所爱惜，理或然欤！不然，则物力登耗必有任其责者矣。[①]

弘治本《兴化府志》卷五二《桥道志》也说："有事于城府者，多就白湖渡或温泉口过渡，厥后人物渐繁，财力渐巨，凡为渡处皆驾石为梁。而乡下诸沟渠旁午相贯亦皆作石梁，于是平地始为通衢。"闽南的地貌，平原占比相对较高，流行的多为石构桥，闽东北受地理环境制约则可能木构桥更为常见。但这里民间资本的成长和运作，和整个福建乃至更大的东南地区的经济趋势是一致的。

(三)木拱廊桥的建造与闽东北民间资本的规模

闽东北的桥梁，以木拱廊桥的技术含量最高。[②] 木拱廊桥现已存世无多，主要分布在闽东北、浙西南的广大山区，闽东北现存木拱桥数量约当全国之半。它们的外部桥型如飞虹卧波，其下部结构的基本特点，是由直木穿插别压组合而成的曲形拱架，刘杰、沈为平将其命名为"编木拱梁桥"(英文译为 Woven Timber Arch-Beam Bridge)，而把《清明上河图》的"虹桥"命名为"编木拱桥"(英文译为 Woven Timber Arch Bridge)。[③]

闽东北的木拱廊桥(编木拱梁桥)的建造年代，以现存的有限资料，最早可以追溯到北宋(浙西南有建于唐初的零星线索)。以屏南县的木拱桥为例，历代修建而承传至今的计有十三座(不包括近年为了观赏旅游、科学研究等目的有意仿造的)，"据旧县志和有关村史、桥碑记载，始建于宋代的有万安桥、千乘桥、龙井桥、百祥桥、广利桥；始建于元代的有广福桥；始建于明代和清代的有龙津桥、金造桥、清晏桥、惠风桥、溪里桥、樟口桥、迎风桥"。[④] 五座宋桥的证据未必都充分，但万安桥的建桥资料较丰。它又称龙江公济桥、彩虹桥、长桥。五墩六孔，正中桥墩上嵌入一石碑，碑文云：

弟子江稹谢舍钱壹拾三贯，又谷三十四石，结石墩一造，为考妣二亲承此良因，

---

① 莫尚简修，张岳纂：嘉靖本《惠安县志》卷三《土田水利桥梁》，天一阁藏明代方志选刊第43种。

② 2009年10月，以屏南、寿宁、周宁、泰顺、庆元(按申报时的单位排序)等县申报的"中国木拱桥传统营造技艺"在阿联酋首都阿布扎比召开的联合国教科文组织保护非物质文化遗产政府间委员会第4次会议上，被正式列入"世界急需保护的非物质文化遗产名录"。

③ 刘杰、沈为平：《中国虹桥再研究——试论编木拱桥和编木拱梁桥的命名及其渊源》，《营造》第三辑(第三届中国建筑史学国际研讨会论文选辑)，2004年8月。按：对于《清明上河图》中的汴水虹桥和现在尚存的浙闽木拱廊桥，茅以升主编的《中国古桥技术史》(北京：北京出版社，1986年)分别称为"拱式木桥"和"虹桥式木拱桥"；唐寰澄编著的《中国古桥》(北京：文物出版社，1987年)将两种桥梁结构同称为"叠梁拱"；后来唐氏在《中国科学技术史·桥梁卷》(北京：科学出版社，2000年)中又将汴水虹桥的结构命名为"贯木拱桥"。本书采用刘、沈的命名。

④ 宁德市政协文史委编：《闽东虹桥实录》，2003年内部印行，第16页。

又为合家男女及自身各乞保平安。元祐五年(1090 年)庚午九月谨题。

“龙江公济桥”之名,首见于万历本《古田县志》卷三《经略志·桥渡》:“龙江公济桥,在横溪里,宋时建,累石为墩五,构亭其上。”清雍正十二年(1734 年)分割古田移风、新俗、横溪三里设立屏南县。乾隆本《屏南县志》卷四《桥梁》载:“长桥,《玉田志略》称:两溪相接,亘如长虹,俗云仙人所建。按:古志一名龙江公济桥,宋时建,累石为墩五,构亭于其上。”其后,道光志卷二《津梁》、光绪志卷三《建置志·城池附桥亭》、民国志卷七《建筑志·桥亭》续有记载,补充了清代重建的资讯。又,今棠口乡千乘桥畔有清嘉庆生员周大权《千乘桥记》,碑云:“棠溪有桥,颜曰千乘,双峰其对峙也,双涧其汇流也。虽居僻壤,而北抵县城,南通省郡,实往来之通衢。自宋以来,重建已三次矣。”又,今寿山乡龙井桥西端也有碑遗存,清人彭年《龙井桥碑志》云:“吾乡之南二十里许有龙井桥,不知昉自何代,询之父老及遗碑,大约创自炎宋,亦究无实录。终回禄于乾隆年间。今岁缘首募缘重建,嘱志于予。”所述大体可信。① 这些桥都位于交通要道上。

自 1953 年桥梁史专家唐寰澄发现《清明上河图》中的汴水虹桥就是北宋流行的木拱桥和 20 世纪七八十年代之交文物工作者又在浙西南、闽东北山区发现类似虹桥结构的木拱廊桥以来,在相当长的一段时间里,《中国古桥技术史》《中国古代桥梁》《中国科学技术史·桥梁卷》等代表性桥史著作一直认为浙闽木拱廊桥是“演进了的虹桥式木拱桥”,②宋室南渡,“北方造桥匠师亦有南到浙闽”,“于是在括苍山、洞宫山、鹫峰山脉一带的山区官、私古道上修建贯木拱”。③ 汴水虹桥与浙闽木拱廊桥都是全木构体系的桥梁,有相同的编木拱结构,两者的差异,以往比较强调两条:一是前者桥面无廊屋,而后者普遍建有廊屋(故俗称厝桥),桥梁总体结构更繁复;二是前者桥下拱架使用棕绳绑扎技术,而后者使用榫卯技术,固定效果更好,被认为是前者的“演进”形态。这种观点在学术界影响颇大。

也有一些建筑史专家和浙闽文化工作者认为,闽浙木拱廊桥是在当地由简到繁一步一步独立发展起来的。曹春平分析现存的闽浙木拱廊桥与宋代汴河虹桥的结构差异,探讨了闽浙木拱廊桥的木拱结构和施工程序,提出“闽浙木拱桥的体系相对独立,可能有着自己的发展脉络”,而“并非源于随着宋室南迁带来的北方汴河流域的虹桥技术”④。刘杰总结了汴水虹桥与浙闽木拱廊桥之间的六大差异,除了前文所述有无桥屋和拱架节点固定技术之外,还强调“汴水虹桥因为使用于地势平坦的中原地区,只用了编木拱一种结构体系,而后者是运用在浙闽山区的大山密林之中,深沟高涧之上,除了拱梁体系外,还

① 万安桥碑文、《千乘桥记》、《龙井桥碑志》详见上揭《闽东虹桥实录》第 60、57、58～59 页。按:该书第 22、25 页分别说今棠口乡百祥桥和岭下乡广利桥始建于宋,笔者迄今未见具体的文字资料。

② 茅以升主编:《中国古桥技术史》第三章第五节,北京:北京出版社,1986 年,第 106 页。

③ 唐寰澄:《中国科学技术史·桥梁卷》第五章第三节,北京:科学出版社,2000 年,第 473 页。

④ 曹春平:《闽浙木拱桥》,《中国名城》2009 年第 8 期;《闽浙木拱桥:结构与起源》,《第三届中国廊桥国际学术研讨会论文集》,屏南,2009 年 10 月。

常常在靠近两岸的下部结构中运用了门式刚架，增强桥梁结构的受力性能，也能增大拱梁结构的跨度”等差异。他将浙闽尤其是泰顺、庆元一带的木构桥梁进行分类整理，勾勒出如下桥梁发展谱系：简支木梁桥—中间有支撑的木平梁桥—两端设斜撑的木平梁桥—向编木拱梁结构过渡的木拱桥—浙闽编木拱梁桥—由编木拱梁结构向编木拱过渡的木桥—编木拱桥（汴水虹桥），要完成此谱系，需要经历七个桥式的发展过程。他认为，“汴水虹桥为纯粹的编木拱结构，而浙闽木拱桥却是编木拱与木梁相结合的拱梁结构”；“汴水虹桥是南方的技术传入北方衍进而成的木构桥梁发展的最高形式”。（刘杰、沈为平运用结构力学分析和计算机模拟，结果表明编木拱的结构性能优于编木拱梁结构，即按技术发展的观点来讲，编木拱桥的出现应当晚于编木拱梁桥。）如果上述由简支木梁桥发端的“这一木桥向木拱桥发展演变过程的假想成立，那么，在浙闽山区独立发展编木拱梁桥的观点就可能成立。反观汴水虹桥所在的北宋东京……因为当时经济文化发达的中原可以有石桥乃至石拱桥等先进桥式的更多选择，没有了广泛的木桥建造基础，从纯技术上讲就失去了在当地产生高水平的先进木桥桥式的可能，何况是汴水虹桥如此完美的编木拱式结构呢？”[①]刘杰把浙闽木拱桥的历史渊源问题放在整个“江南木构建筑起源与发展过程”的大背景中来考察和考虑[刘杰《江南木构》一书所谓江南，与五代吴越国强盛时的疆域大抵相近，包括苏、秀（今嘉兴）、湖、杭、越（今绍兴）、明（今宁波）、睦（今建德）、婺（今金华）、衢、台、处（今丽水）、温、福等十三州]，且对江南木构建筑受气候影响不易保存的现实及其反而促进南方木作技术不断发展的可能性保有比较清醒的认识，他关于浙闽木拱桥相对独立演进历程的推断，有理论思考，有“田野”工夫，有“文献”比照，值得重视。

从闽东北民间资本成长的角度来考虑，修桥费用不菲，特别是建造木拱廊桥耗资甚大。[②] 以现存桥梁用料为例，屏南的木拱廊桥的下部结构基本一致，都是用 61 根圆杉木作为纵梁，与 10 根横串梁木（俗称牛头）以榫卯联结成八字形桥拱，再用八根梁木形成四个“X”字形剪刀叉来避免桥拱左右摇摆，并在桥拱上穿插杆件形成拱架，上方横铺木板作为桥面，然后在桥面上竖立四柱九檩穿斗式构架的廊屋，上覆厚厚青瓦。闽东北的廊桥建筑多止于实用，浙西南在实用之外常进而讲究美饰，造价更高。另外，闽浙山区宋代植被尚好，桥木可以就地取材，即使在不能通航或通航条件很差的溪涧，也可能以“放排”的形式满足从上游到下游的供货，建造石构桥的工程成本又远在木构桥之上。由此而观闽东北桥梁的资金来源，莫说是私修，便是官修往往也要民间赞助，所以，在大兴桥建的后面，应有比较强大的民间资本力量在支撑，其中，也应当有富民大贾的活动身影。只是，这方面的文字记载太少。如宋代的事例，见嘉靖本《宁德县志》卷二“津梁 · 关梁”：

---

① 详见刘杰：《江南木构》第七章第四节，上海：上海交通大学出版社，2009 年，第 200～216 页。

② 李焘《续资治通鉴长编》卷八九宋真宗天禧元年（1017 年）载：“先是，内殿承制魏化基言汴水悍激，多因桥柱坏舟，遂献无脚桥式，编木为之，钉贯其中，诏化基与八作司营造。至是，三司度所费功逾三倍，乃诏罢之。”方拥《虹桥考》（《建筑学报》1995 年第 11 期）认为“这种因耗工太多而未建造成功的无脚桥可能为伸臂木梁式”；上揭刘杰、沈为平《中国虹桥再研究》则认为“也有可能就是编木拱梁桥”。

石马桥　元时里有二女，纺绩聚财，构石六，各长二丈，厚尺许，为桥。有道士过曰："石长而薄，恐易折。"众笑之。道士曰："我试行。"右石遂折。众恚，道士挑以足，石折不坠。至今过者危之。

三溪桥　亦二女建。

并在十六都。

这是一个靠经营纺织业而颇发了一点财的富户独资建造两座石构平梁桥的故事，桥不大。十六都，今属周宁县。

可考的私人建桥事例，还有今福鼎市的谢家桥和下尾上桥。谢家桥，嘉庆本《福鼎县志》卷二《水利附桥梁》载，"在小弹。宋绍兴丁丑年，谢召建"。据该志，小弹属五都，县治东南七十里起为五都。下尾上桥，位于秦屿镇下尾村才溪，建于北宋，今存，为石构平梁桥，长 15 米，宽 2.2 米。桥柱依稀有蛎壳遗迹，当初海水涨落，桥下尚可通航。桥面中段石条北侧刻字："杨宅三房奉为四恩三宝造石桥一所，熙宁八月乙卯孟冬题。"南侧另刻有"八都石兰邓讳国妻叶氏捐银八百两造此桥奉祈嗣孙昌盛者"和"嘉靖四十三年募缘重造"等字样。

万历本《古田县志》卷三《经略志·桥渡》载："朝天桥，在一都清潭渡，宋时建，后废，(明)正德十三年(1518 年)，巨商许文经捐赀重建，状元舒芬为记。"舒芬(1484—1527)，字国裳，号梓溪，南昌人，正德十二年(1517 年)状元。许文经有名有姓，号称巨商，能请到邻省新科状元为他新落成的桥梁撰写记文，桥的规模应该不小。这表明宋元以还，降及明中叶，闽东北民间资本总体上具有发展连续性。在这个历史长时段，随着中原盛行的农耕经济模式的逐步南渐，浙西南、闽东北经济、文化和社会的持续转型，如同英国著名汉学家伊懋可(Mark Elvin)所说：

与水利规划相比，桥，更多的是由社会和个人主动修建的，当然有时可能是出于官方的授意。如果说在中期和晚期帝国治下存在着某种独立于官府的"市民社会"的成分，那么，桥梁的修建，将是寻找证据，以证明其有无或多少的佳所。①

这里伊氏对官府出资修建桥梁的权重估计或有偏低之处，实际情况比较复杂，不同时期、不同地区会有较大差异，就上文所列的宋元闽东北诸县桥梁建造情况表来看，由官府出资、地方官员主持修建占比较大的比重。但从公共工程的兴建动机和实际效能分析，水利工程的主要目标是保障、发展传统农业生产，桥梁工程的主要目标则不仅是促进交通运输，而且桥屋的普遍附设在便于行人休憩的同时，还提供了周边居民乃至远近旅客祭祀、娱乐、岁时聚会和商品交易的很好的场所，在交通不便、公共设施寡陋的时代尤其如此。这是商人富户或者说广义的所谓市民社会对桥梁工程表现出更多积极性的内驱力。前文所引述的元代宁德十六都织户和明代古田巨商许文经，他们出资建桥也都带

① 伊懋可著，梅雪芹、毛利霞等译：《大象的退却：一部中国环境史》第七章，南京：江苏人民出版社，2014 年，第 203 页。

有为自己拓便商网、商路的考虑。

总之，福建包括闽东北受自然地理条件的制约，定居农耕经济特别是粮食生产严重受限，土著居民生计方式多样化，商业传统绵延不断。宋元时期，经济重心南移，北方流民南下，这里又远离战乱，人口一直在增长。到北宋中后期，福建渐由地广人稀趋于“地狭人稠”。因应之策，在定居农业经济模式范围内，主要是集约经营、扩大耕地和对外移民。集约经营是用提高单位面积产量的方法来增加农产品总量，本章第二节已简要述及。扩大耕地，便要围海造田，开辟梯田，《三山志·版籍六·水利》小序所谓“山多于田，人率危耕侧种，塍级满山，宛若缪篆”，说的是整个福州地区(含闽东北各县)。当时围垦的负面影响还没有明显呈现。但大量开辟梯田，则已开始严重伤及植被覆盖和水土保持。对外移民，是相对稠密地区居民向相对稀疏地区拓展生存空间的永久或半永久的居住地变动。闽东北于周边以至更远的相对人口稠密区来说，自是可供选择的迁入地之一；而于周边以至更远的人口稀疏区来说，又是一个居民迁出地。五代两宋闽东北受纳北方移民而致人口巨量增长，本章第一节已有说明。而本时期闽东北居民因当地人口压力太大而外移，最集中的迁入地是浙西南的温州地区，这里引用相关研究稍作说明。自唐末五代以来，长溪及其所属赤岸之名渐著于闽浙之间，成为这一时期闽浙移民主要的迁出地与迁入地。广义上来说，这一地域包括了旧长溪县即今福鼎、霞浦、福安、寿宁、宁德等地，它们是“历史上福建移民迁往温州的主要迁出地，由此也进一步形成福建迁温移民群体共同的集体记忆，与福建地区所流传的‘光州固始’移民之说相类”。① 吴松弟认为，“福建人民对温州的移民，至少在两宋间已经达到一定的规模”，宋乾道二年(1166年)“强台风登陆，带来狂风暴雨和大潮水，形成温州历史上最为严重的大水灾”，“在温州沿海平原人民大量死亡、土地抛荒的背景下，福建东北部尤其是长溪县(治今霞浦县)的人民纷纷迁入垦殖”。② 祁刚依据民国本《平阳县志》《瑞安县志稿》《瓯海轶闻》等多种地方志书和相关文集、族谱材料，制作“唐宋时代‘长溪赤岸’移民情况统计简表”，表中列出六十余个姓氏家族的迁徙情况，虽不是这一时期移民活动的全部内容，但足以反映出福建移民迁往温州的年代、迁居地点的基本情况。据该表，“自长溪赤岸迁往温州地区的移民人群至晚于五代时期已经迁往温州”，“一直延续至宋元之际”，“其中又以五代时期最为集中，所占比例超过一半以上，两宋之际又次之；就其迁住地点分布而言，以迁往平阳、瑞安两地人数最多，分布最广，而温州城内相对较少，然后再经由平阳、瑞安向内转迁，分别迁往永嘉、乐清、泰顺、文成等县；就其迁徙原因来看，大多以避乱为主，主要躲避五代时期闽国内乱，其次为仕宦游历留居”。③

---

① 祁刚：《八至十八世纪闽东北开发之研究》第二章第二节，复旦大学历史地理学博士学位论文，2010年。

② 葛剑雄主编，吴松弟著：《中国移民史》第四卷，福州：福建人民出版社，1997年，第209～210页。

③ 祁刚：《八至十八世纪闽东北开发之研究》第二章第二节，复旦大学历史地理学博士学位论文，2010年。

除了集约经营、扩大耕地和对外移民这三项传统的因应之策，发展商业，与外地区互通贸易，也是减少本地人口压力的有效办法。宋代，工商业逐渐成为福建人的主要财源，不仅减轻了人口对土地的直接依赖，而且赢得了远超于农业生产所获的丰厚利润，得以从事多种投资活动。[①] 本章第三节所述盐业、矿冶业、桥梁公共工程，便是闽东北商人资本运作的几个重要方面。受制于闽东北的资源环境和交通环境，当时发家致富的途径比较有限，盐商、矿主与大兴桥建之间具体有着怎样的关联，或许还有继续探索的余地。资料少，是由于岁月长河中的自然流失，也由于主流话语的有意无意的遮蔽。在中原文化、儒家观念里，经商求利属于弃本逐末。北宋仙游人蔡襄深受儒家思想浸润，他知福州时批评当地“凡人情莫不欲富。至于农人、百工、商贾之家，莫不昼夜营度，以求其利”。[②] 南宋时当过福州知府的常州人张守也说：“七闽险远瘠薄，俗即纤啬以趋利，间多椎剽而为奸。”[③]他把闽人好贾、逐利、敢于铤而走险的性格、风气，与当地的环境资源、族群背景联系起来。这是外来者（汉人或北人）的一个承传有绪也持之有据的观感和判断。诚如《闽商发展史・总论卷・古代部分》作者所论：“古代福建是越族生活的地方，其观念与北方汉族略有不同，北方人重农轻商，但闽人一向农、商并举。”[④]闽东北的地理环境及与之相应的族群传统（包括非汉族群和南方汉族），使其在五代两宋的强劲的经济文化转型中犹能保有若干底色，与此后纷至沓来的各种经济、文化元素融会贯通，协同创新。

---

① 见王丽歌：《宋代福建地区人地矛盾及其调节》，《古今农业》2011 年第 1 期。

② 梁克家著，陈书侗校注：《三山志》卷三九“土俗类一・戒谕”，北京：方志出版社，2003 年。

③ 张守：《赐福建制置使辛启宗诏》，《毗陵集》卷九，丛书集成初编，北京：中华书局，1985 年。

④ 苏文菁总主编，徐晓望主编、撰写：《闽商发展史・总论卷・古代部分》第二章第三节，厦门：厦门大学出版社，2013 年，第 41 页。

第四章

明清时期闽东北闽商的近代化进程

闽东北在清咸丰(1851—1861)以前,贸易以鱼、盐为大宗,境内黄崎镇、水口镇分别为福建东、西路盐运分司所在,是闽东北、闽北三府十余县的食盐运销重地,富溪津、沙埕、三沙均为渔市兼盐市。但由于食盐的专卖性质,闽东北闽商非但没有在渔、盐贸易中得到应有的发育,诸多被逼承揽盐事的富户反倒弄得倾家荡产。明、清两朝旷日持久的海禁政策,对沿海集市贸易、资本积累和商帮成长的打击是毁灭性的。此间,闽东北闽商生存极为困难,只有小商贩,几无知名商贾。明正统至嘉靖年间的采银热潮,既没有惠及境内平民,也没有养肥银商,反而因为繁重的银课盘剥酿出了一场又一场的矿工起义。明末清初的种苎、种菁潮,虽是有益于地方民生,但也没有培育出殷实的商贾。引发闽东北商潮的是清咸丰年间轰轰烈烈的太平天国事变,太平军占领江西,切断通往广州十三行的出口茶道,最后逼使清廷解除福建海禁,开放马尾港茶贸。闽东北的茶叶,这时得以成为大宗外贸商品,闽东北境内才有了真正意义上的对外贸易,孕育出了真正意义上的商人和商帮。茶叶也成为境内惠及千家万户的最重要产业,三都澳开埠和清末茶叶贸易,在闽东北近代经济社会发展史上写下了浓重的一笔。

第一节　贸易商品与集市

一、贸易商品

明代境内主要贸易商品,据《福宁州志》和《古田县志》土产货类记载,有银、铜、铁、五金、陶瓷、木、竹、苎、麻、蓝靛、丝、棉花、布、纸、漆、蜡、粮、油、茶、鱼、盐、糖、烟、酒、曲、蜜、药材、果蔬等二十多种。其中粮、油、鱼、盐等生活必需品占主要地位,其次为五金、木、竹等生产和生活用品;晚清以后茶、烟叶、药材等贸易频繁了起来。五口通商后,洋货大量涌入,贸易商品种类不断增多,至清末达到三十余种,茶叶和洋货成为最主要的贸易商品。商人也从亦农亦商或亦工亦商中剥离出来,成为近代意义上的商人。

(一)农产品的商品化

茶叶　明代,闽浙贡茶以芽茶为上品。据嘉靖版《福宁州志》记载:“本州宋元无考,本朝贡……芽茶八十四斤十二两,价银一十三两二钱二分一厘;叶茶六十一斤一十两,价银一两四钱七分九厘。”①于此可知,芽茶的价值近十倍于叶茶。对照比邻的浙江温州“永嘉岁进茶芽十斤,乐清茶芽五斤,瑞安、平阳岁进亦如之”(见《瓯江逸志》),可知福宁上贡芽茶数量数倍于浙之温州。明人谢肇淛在《长溪琐语》中说:“环长溪百里,诸山皆产茗。山丁僧俗半衣食焉。支提、太姥无论,即圣水、瑞岩、洪山、白鹤,处处有之。”茶叶生产之盛于此可见。乾隆本《福宁府志》卷一二“食货·物产·货类”亦云:“茶,郡治俱有,佳者福鼎白琳、福安松罗,以宁德支提为最。”时闽东北境内生产的茶类以绿茶和白茶为主。清道光二十二年(1842 年)七月《南京条约》签订后福州港对外开放。清咸丰五年(1855 年),江西几乎全境被太平军控制,南方部分口岸在其打击下,贸易停顿。福建出口的大量茶叶滞留在闽北,清当局这才不得不开放福建海禁,同意茶叶从福州马尾闽海关出口。闽东北生产的茶叶再也不必取道闽北经江西运往广州,而是直接由轮船运到福州马尾港出口。红茶出口价格较内销高,水运输出成本低,境内精制红茶技术成熟,于是茶商纷纷改制红茶出口。据清同治四年(1865 年)《闽海关年度贸易报告》称:咸丰六年(1856 年)茶季闽海关运往欧美的茶叶 32 万担,同治四年(1865 年)经福州口岸输出的茶叶激增至 51.96 万担。其中部分为“福宁府产红茶和银针白毫……还有一种绿茶和橘香白毫”。

烟草　明末,烟草传入闽东北后广为种植。据清光绪二十六年(1900 年)《闽海关年度贸易报告》,境内经三都澳输出的烟叶达 400 吨,福鼎为福建四大产烟县之一。伴随烟草种植出现的烟丝加工业也较发达,烟丝品种中,福鼎“桐山烟”、霞浦“岚下烟”、宁德“霍童烟”均在国内享有盛名。

油料　明清时期,闽东北境内生产销售的油类就有桐油、柏油、榛油、菜油、麻油等多种。桐油,油桐籽榨成,主要作为油漆之用,是闽东北特产。柏油系乌柏籽榨就,主要用于制蜡烛。此外榛油、菜油、麻油均供食用。榛油又称茶油,为油茶籽榨成,是境内的特产。清光绪二十五年(1899 年),闽东北输出茶油 1500 担。清光绪三十二年(1906 年)境内销往外地的茶油达 7000 担。“清光绪三十四年,茶油贸易发展很快,已在泉州开辟了新的市场,每担售价约(大洋)16 元,而在原来的琯头市场,一直没超过每担 14 元。三十四年茶油出口比三十三年增加 4538 担,即增加 57%,生意兴隆,这是个好兆头。”②宣统三年(1911 年)茶籽丰收,茶油总出口量超过 14000 担,每担价格仍然在 12～14 元之间。由于茶油生产对原材料油茶籽的依赖性过大,油茶籽的产量无法控制,以致生产时起时

① 闵文振纂修:明嘉靖十七年《福宁州志》卷之三“贡办·土贡”,天一阁明代方志选刊续编,影印本,上海:上海书店出版社,1990 年。

② 福州海关编:《近代福州及闽东地区社会经济概况》中的《福海关年度贸易报告》,北京:华艺出版社,1989 年,第 482 页。

落，波动性大，加上采用古老的方法榨油，生产设施落后，榨油业始终徘徊不前。

蔗糖 闽东北种植糖蔗、生产蔗糖历史悠久，福安、宁德是蔗糖主产区，年产蔗糖约5万担。据清光绪二十五年(1899年)《闽海关年度贸易报告》：福宁府境内输往各地的蔗糖为3.92万担，其中红糖3.8万担、白糖0.12万担。光绪三十三年(1907年)出口红糖1.9万担；宣统元年(1909年)因温州市场红糖需求量增加，糖市复苏，境内输出1.71万担，每担红糖价格为10.5元。

草席 明代古田县平湖镇玉源村村民编织的草席(又叫郑源席)，声名卓著。大桥沂洋村、杉洋芹尺和坝头里等村以及卓洋乡也有种草编织草席的生产传统。清嘉庆末年，凤都乡从山东传入草编技艺，所产草席别具一格。清末，宁德霍童生产的草席亦远近闻名。此外，雨伞、油纸扇、火笼、蒸笼、棕衣等日用商品亦有一定市场销量。

造纸 闽东北造纸的历史可追溯至元代，据寿宁刘坪横山、黄潭底、犀溪等村的族谱记载，元至正年间该地即开始用本地出产的黄竹做原料制造粗纸。明清时期，境内古田杉洋、大甲、昆源，寿宁县竹管垅的刘坪、横山以及大安的黄潭底、犀溪等村即以当地出产的黄竹造粗纸。清乾隆十六年(1751年)修《古田县志》卷之二"特产·货属"称："纸，五都、七都有造者。"清康熙间，古田大桥半岭、吉洋、昆山村，杉洋大邱头村，大甲毗源等地村民利用当地出产的毛竹加工土纸，俗称"甲纸"。[①] 清光绪间，周宁李墩东山村开始生产粗纸，福鼎的管阳、沈青等地开始生产棉纸。光绪二十五(1899年)通过三都澳运销外地的二级纸为500担。光绪三十年(1904年)，二级纸首次用轮船装载出口。光绪三十二年(1906年)，一些二级纸被直接运往上海，当年输出量为3.13万担，比6年前增长将近62倍。光绪三十四年(1908年)，因为税率和运输原因，纸张出口量下降至1.21万担。宣统元年(1909年)，纸张出口量为5.93万担(其中16378担由轮船运出)。宣统三年(1911年)，由轮船运载出口的二级纸减少，由木船运载出口的相应增加，出口总量比上年减少3000担；纸每捆3340张，价格为白银0.85～1.04两。在当时闽东北地区，造纸被认为是最重要的实业。"纸张是用毛竹浆制造的，仅限于生产神像纸和粗糙的包装用纸，运往北方市场。纸张贸易因包装上的弄虚作假和粗心，受到了很大损害，罗源县的情况尤其严重，以至完全停止了贸易。纸张贸易现在全部集中到宁德，有七家制造商从事这种经营，而十年以前只有三家。制造商没有做出持久的努力来诚实经商，而是使用无聊的方法，在纸捆上加盖尤溪县一家有名造纸厂的印章，除非造纸业进行一次根本性的改革，否则很难发展成为繁荣的工业。"[②]

樟脑 闽东北地区有大量樟树。1906年福州一些商行的代理人到区内村庄大购樟脑，全年由常关监管民船运输的樟脑贸易总额达244.82万海关两，当年有431担樟脑、642担樟脑油分别经过海关和常关出口，其实报表中的樟脑数量还不到实际产量的一半。1907年，樟脑和樟脑油经过海关运出的有382担，常关运出的有1217担。对资源的

---

① 李扬强主编：《古田县志》，北京：中华书局，1997年，第265页。

② 福州海关编：《近代福州及闽东地区社会经济概况》中的《福海关十年贸易报告(1902—1911)》，北京：华艺出版社，1989年，第559页。

掠夺式滥采，使洋人都惊叹道:“由于竭泽而渔式的开采，樟脑资源即将枯竭，无可出口。”1908年，樟脑的价格从每担白银104两，下降到40两。据说幸存的樟树不到30%，樟脑资源已经濒于枯竭。当年，输出樟脑只有185担。1909年，已无樟脑可运。10年后，1919年上半年经海关输出的樟脑仅12担;同年下半年，因洋商出高价收购樟脑，官方设立“官樟局”并拟订了《暂行章程》，取缔商民自熬自售。于是，经营樟脑的商民怕《暂行章程》实行后受限制，趁尚未正式施行之际，突击采伐，半年中出口樟脑8028担，樟脑油1839担，本来幸存不多的闽东北樟树再次蒙受厄运。“樟脑和樟脑油是当地的主要工业品，地方不能加强对樟树的管理和营造。1905年至1907年间，樟木资源被大量开发了，几乎所有的樟树都被砍掉了，樟脑和樟脑油的制造业也当然地走到了尽头。”①

(二)手工业产品的商品化

白银 早在北宋元祐年间(1086—1094)，闽东北就有开采玉林、宝丰、宝瑞等银场的记载。此后经历宋宣和至淳熙年间(1119—1189)的采采停停，到明洪武年间(1368—1398)，境内再度掀起采银热潮，一时间开采银矿14座。其中有福宁本州(今霞浦、福鼎、柘荣县)的黄海、黄社两个银坑:“洪武间发黄海黄社二坑，岁纳银课七百七十六两。永乐间增至一千一百七十二两。后矿脉微细，小民赔纳困疲。弘治六年罢矿，穴封闭。”②

福安县的上坪、刘洋，相传鼎盛时有“三千挑粮客，四万掘银人”。“洪武间发上坪、刘洋二坑，岁纳银课一千九百零八两七钱五分;正德间(1506—1521)增至二千七百五十七两八分三厘三毫。小民赔纳，多至逃亡。正德五年罢矿，穴封闭。”③寿宁大安乡官台山一带有官办银场(官田银坑)，岁办课银五百五十八两，闰月加办课银六两五钱。万历间罢免。

宁德县的宝丰银场“明洪武十九年(1386年)，邑民何安请复之，岁纳银三十六两。永乐元年，专命中官、御史各一员，监督输课，岁纳银一千九百五十两。正统九年，增至三千九十两。景泰初二千九百两。是里矿脉微细，罢官监督。天顺二年，定额每岁纳银二千八十两，匀入通县丁粮派银赔纳，百姓疲敝，多至逃窜。正德三年，减定一千五百六十两。五年。诏尽罢之，民力始苏。嘉靖十四年，浙人林福奏请复开银场，随命院道临视，见矿脉已绝，遂奏罢之”。④

古田县有四个银场。“宝兴银场，在新俗里二十九都(今属屏南)，天禧二年发。明道

① 福州海关编:《近代福州及闽东地区社会经济概况》中的《福海关十年贸易报告(1902—1911)》，北京:华艺出版社，1989年，第560页。

② 闵文振纂修:明嘉靖十七年《福宁州志》卷之三“田赋·课程”，上海:上海书店出版社，1990年，第176页。

③ 闵文振纂修:明嘉靖十七年《福宁州志》卷之三“田赋·课程”，上海:上海书店出版社，1990年，第178页。

④ 张君宾编纂:清乾隆四十六年《宁德县志》卷之一“舆地志·坑治”，厦门:厦门大学出版社，2012年，第139页。

元年，岁收银九百二十五两；天圣四年收银九十两，绍圣二年废。国朝宣德、正统、景泰、天顺等年累发累罢，成化间，照民丁粮输其课，后因利尽，弘治五年尚书林聪题准蠲免，设官军百余戍之；龙岭银场在保安十四都；游家银场，在三十二都二坑。嘉靖二年，贼首周马良率党私造搔扰，参政魏棨奏取官军百名守之。至十一，钦差李千户并李巡按、吴参议亲莅采造，未几矿脉尽绝，遂寝。尚有官军以守。隆庆五年，奉文禁闭。万历二十七三月，内监高开采宝兴、龙岭、游家三坑，以利微，不偿役费，坑首姚朗满等千准停止。赤岩坑，在二十八都（今属屏南），万历二十七年，高内监招官商陆正富等开采，利微作罢，亦将封闭。"①

据万历本《福宁州志》记载，洪武年间开采福安县七都上坪阳、刘洋一带银矿。明洪武十九年（1386 年）宁德县芹溪、郭洋一带银矿恢复开采，年上交课银 36 两。正统九年（1444 年）课银增至 3090 两。后因矿藏减少，正德三年（1508 年）课银减为 1560 两，正德五年（1510 年）停炼。嘉靖三十年（1551 年），上洋耆民张彭八获准在浦源官司村设炉冶炼，并由宁德县派兵监护。嘉靖四十年至隆庆四年间（1561—1570），福安穆阳举人缪一凤曾在七步梨坪开采银矿。后两处银坑均于隆庆五年（1571 年）奉命停采。明万历二十八年（1600 年），官商陆正富等在古田二十八都赤岩坑（今泮地）开采银矿，后因利微而停闭。

陶瓷 闽东北境内高岭土资源丰富，历史上即有陶瓷窑多处。明天启年间（1621—1627），闽南移民在高岭土储量丰富的二都飞鸾、碗窑和七都三屿坪山村生产陶、瓷器，这里成为陶瓷专业村。清末，宁德二都碗窑村的瓷窑增至 30 多座，年产碗 120 万只，远销宁波、山东、东北等地。据三都澳《福海关贸易年报》记载，清光绪二十五年（1899 年）从宁德运往宁波的瓷器就有 2700 担（每担 200 件），运往山东和北方港口的有 14 万担。此后输出数量有增有减，光绪三十二至三十四年（1906—1908）3 年间共输出瓷器 299831 担，年均 99944 担。宣统二年（1910 年）出口量为 2300 万件。碗窑生产的碗分山东式粗碗和宁波式细碗两种。山东式粗碗不吃香，输出量下降，只有宁波式细碗出口。"三都澳附近生产一种粗陶器，供当地使用，但是大量生产出口的，只限于碗窑的产品。碗窑建在港湾入口的岸上，几乎面对着本埠。据说清初一批陶工从泉州来到这里，发现有大量黏土可供制造粗陶器，他们就在这里安家并开始制造。虽然这工业吸引了许多其他地方的人到这里来，目前已有居民 8000 人，但是原先移民的子孙仍营制陶不衰，形成一个紧密的圈子。本期内陶器商行的数量稍有减少：1902 年有 36 家，拥有 42 座窑；现在降为 33 家，拥有 37 座窑，雇用了约 600 名工人。行主只能在本行业工人团体中招雇学徒，还要经过双方协商同意。他们反对雇用外来的人。在这种情况下，制陶业实际已落入旧框框，不可能再发展。1895 年雇了 200 名学徒，以后就不再雇了。直到 1910 年才又雇了 120 名，每人要向老工人交纳入行金 25 元。他们只生产两种饭盆，一种叫宁波盆，另一

---

① 刘曰暘主修：明万历《古田县志》卷之五"食货志·银矿"，北京：方志出版社，2007 年，第 86 页。

种稍小一点叫山东盆;现在后者的需求量大为下降。饭碗的绘饰工作由妇女担任,计件付酬。本期年产量平均2000万盆。每40个双漆盆的工资由40个铜钱增加至60个铜钱。每烧一次窑,柴草钱由9元增至13元,每4万个宁波盆的价格也从270元涨至380元;山东盆从170元涨至280元,利润尚能维持不变。1904年在三都澳建了一座小型陶器厂,生产饭盆,后来破产。1908年出租,租期八年,每年租金100元。现在每年出口双滚盆10000个左右。"①

食盐　明初,宁德南埕、漳湾、三都一带制盐,其制盐方式是先制卤后煮卤成盐,时称细盐,年产约1000吨,由官商垄断购销。清代,宁德县盐场仍旧,霞浦县有淳管盐场1所,宁德的漳湾盐场和霞浦盐场生产的均为锅煎细盐;产量1500多吨。此外,福安沿海乡村亦有制细盐者,清乾隆《福安县志》:"他盐俱以日晒成,独本县下都等处泼卤于谷藁,烧满十锅,熬干只一锅,味淡、色白。海滨无柴,烧茅苇以煎,妇人添苇不离灶下,最为劳苦。"

渔货　闽东北海洋渔场广阔,鱼、虾等水产品一向是地方主要菜食。沿海俗谚:"官井洋半年粮。"仅黄瓜鱼汛一季,官井洋渔获量就达3000多吨。闽东北沿海捕捞的主要鱼类有:大黄鱼、小黄鱼、带鱼、鲨鱼、鳓鱼、目鱼、鲳鱼、鲵鱼、鳗鱼、马鲛鱼、虾和海蜇皮等。除在东吾洋、官井洋、台山、西洋、三沙五大渔场从事捕捞作业外,沿海渔民也兼事外海捕捞作业。清朝咸丰、同治年间,霞浦松山渔民购置载重10～20吨大钓船,可载渔工20余人,远涉台湾附近海面捕捞鲂鱼和鲨鱼。三沙渔民也组织船队到台湾、漳州、泉州外的海面上捕鱼,所获鱼货与内海所产大为不同,鱼贩子们特别称之为"三沙货"。其次是海水养殖,明初,霞浦竹屿渔民就在海蛎育苗的实践中,发明用竹枝育苗的技术,为沿海渔村转相仿效,从此蛎苗培育成为沿海渔村传统的养殖项目。三都澳海关帮办麦加伦称:闽东北广阔的滩涂将成为养殖蚝蛎、贝、蛤的优良基地。1907年福海关年度贸易报告记载:经由常关出口(指运销国内、省内其他地区,下同)的闽东北贝类苗种、幼苗即达1400吨,鲜蛎2415吨,蚝蛎培育在沿海港湾是一项前景不凡的事业。渔民们收集幼蛎附在树枝或竹条上,经过一段时间培育后再移到滩涂上,养殖竹蛏也一样。此外,渔民们还养殖淡菜和蛤。1908年贝类和牡蛎丰产,出口量比往年增加了650吨,此后蚝蛎出口量历年有增无减。

土布　明清时期,境内生产土布以苎布和麻布为主,少量为棉布。据《古田县志》物产类记载:苎布,有青、红二种,岁三熟,曰春苎、曰月苎、曰寒苎。青者最良,绩以成布,视他邑为多。葛布,种取自山。精者曰絺,粗者曰绤。麻布,苎属粗者。田邑用以为布袋。腰机布,以苎为经,以绵为纬;细嫩似绸,为单衣佳。土布生产多以家庭为单位,由女性劳力为之。苎麻布主要用于缝制夏天穿的衣衫,故苎布、麻布又称夏布。境内年产夏布3万～5万米。

① 福州海关编:《近代福州及闽东地区社会经济概况》中的《福海关十年贸易报告(1902—1911)》,北京:华艺出版社,1989年,第559页。

帆船 明代，闽东北沿海的宁德、霞浦、福安、福鼎均建有造船楼，尤以宁德漳湾和福安赛江沿岸的沙岩、长岐外塘、六屿的造船楼为著名。清代，能营造1～50吨的木帆船。年生产木帆船100多艘，订户遍及闽浙沿海、河埠。

酒曲 明清时期，古田、屏南县还盛产红曲。明万历本《古田县志》卷五《食货志·物产》载："红曲，降来米蒸饭，伴以红糟，密室藏熟，令水淘三次，可以作酒，此惟古田能造，远方闽中皆用之。"明代古田县生产的红曲已远销海内外。闽东北地区城乡均有酿酒作坊，所产酒类以黄酒为主。清乾隆年间，古田县杉洋后街开设瑞安酒库，以酿制经营3年陈窑而闻名。晚清时期，古田杉洋协龙酒店、裕兴酒店颇负名气，两店年均销售黄酒300坛(每坛75公斤)。

二、集　市

闽东北三面环山，受崇山峻岭的切割，车马往来不便，陆路交通并不发达；但一面临海，境内的长溪、霍童溪和古田溪均系天然航道，水运相当便捷。自然环境的因素决定了境内的集市贸易多以鱼、盐为主，镇市沿港湾、河岸分布的格局。时境内除寿宁、屏南县城不通舟楫外，其他县城均为航船可达；境内重要集镇如福鼎沙埕、霞浦三沙、福安黄崎镇、宁德铜镜、古田水口均处沿海港湾、溪河出海口或交汇处上，福安穆洋、富溪津(今福安廉村潭头)，宁德霍童，寿宁斜滩则处在水陆运交汇点上。这些集市仰仗优越的天然条件保持长盛不衰。闽东北的商业网络就是以上述集市为点，河海航道为主线，铺递陆路为副线构筑起来的。

明代，以镇备防，以市集贸易。据志书记载，境内设有3个镇、22个集市：3个镇为福宁本州烽火镇、福安县黄崎镇、宁德县飞泉镇；22个集市为：福宁本州(包含今福鼎、柘荣)赤岸、三沙、泠村、秦屿、水澳、柘洋、浒屿、沙治、间峡、大金10个集市；福安(包含寿宁一部分)穆洋、石矶津、苏洋3个集市；宁德县(包含今周宁县)浦源、霍童、琼溪等16个集市；古田县设有县前、焕文桥、文兴坊、水口、黄田、虾溪6个集市。①

清乾隆间，福宁府集市增至40个。古田县也增加了东门市。清咸丰以后，因茶叶贸易崛起的新兴集市则有宁德三都澳、福鼎白琳、秦屿，福安苏堤、洪口、赛江、龟龄、社口、坦洋、上白石等集市。

明代至清咸丰以前，闽东北地区贸易的最大宗商品是鱼、盐；从北到南境内最旺的集市莫不与鱼、盐息息相关。沙埕、三沙均系渔港型集市；黄崎镇和水口镇是食盐运销总口，其贸易集市地位极为重要；富溪津、铜镜、蛹源和霍童、盐田等均为一方鱼盐贸易运输集市。

(一)沙埕集市

沙埕，旧称沙关。位于福鼎县东南部闽浙海岸之交，是东海流入沙埕港的入口处，属

① 参见明嘉靖《福宁州志》、明万历《古田县志》。

福宁州劝儒乡育仁里十四都，为福建最北端鱼盐贸易和闽浙互易的重要集市。因其地处闽头浙尾的特殊地理位置，明万历十二年（1584 年），福宁州开始在这里设立关卡，对往来闽浙间的商船收税，时称沙埕税，每年税额为银 16 两，收入充福宁州饷。刚开始时委托民间贸易中人征收，后来福建按察司福宁按察分司（分巡道）长官李琯怕中间人逃亡，改派地方富民 8 人为官定中人负责征收，税额从原来的 16 两增至 80 两，以 30 两充饷，50 两为分巡道支配奖赏等项开支。后来那些负责征税的“官侩”，不如私侩灵活，形同虚设。万历二十七年（1599 年），中贵人高寀（顺天府文安县人，幼时进宫成为宦官，后得到神宗皇帝的宠信，累升迁至御马监监丞）奉命任福建地方税监，改以贸易货物的数量计征税课，年沙埕税额增至 3478 两，为原有税额的 43 倍还多。明末清初，张煌言曾在此屯兵抗清。清顺治十二年（1655 年）二月，郑成功部将陈辉、周家政率战船 300 余艘，奇袭驻守沙埕的清兵。顺治十六年（1659 年）正月，郑成功屯兵沙埕，取道前岐内港，出兵分水关，抵浙江平阳县，联合张煌言挥师北上抗清。顺治十八年（1661 年），郑、张部战败，张煌言部退守沙埕达 3 个月之久。清初，禁海迁界，沿海居民迁离家园后，衣食无着，谋生无路，因而铤而走险，结帮成群，突破海禁，展开对番贸易，沙埕成为沿海最主要的走私港口之一，输出纱绸、缎丝、药材、桐油、杉桅、铁器、硝黄和稻米，同时还输入日本运来的海参、鲍鱼、鲨鱼翅、昆布、水獭、紫梗、紫草、木香、田狗皮、黄连、磨香料等。清乾隆四年（1739 年），福鼎建县后，沙埕属福鼎县二十都，为“闽浙茶、盐、矾商荟集地”，“沙埕镇在西面山麓，颇繁盛”（清光绪《福建沿海图说》）。沙埕设防守沙埕汛把总 1 员、外委把总 1 员，兵 80 名，战船 2 艘驻防。清光绪三十二年（1906 年）沙埕开埠，东通台澎、南往闽粤、北通江浙等地，时开征的沙埕关税由镇闽将军督理，税收输入京库。

沙埕作为闽浙贸易的重要港口，亦为食盐行销点。“桐山港盐发卖沙埕及温州收鱼过客，店下、澳腰、南镇、流江各渔民卖盐皆赴沙埕，抽税官查验完日，投本官销缴。”①

（二）三沙集市

三沙，明属福宁本州五六都，是一个天然的渔港、鱼盐贸易集市。因其面临深海，“居民远涉于台湾、漳、泉而外，所得多远海之货，比鼎、安、德诸港内者迥不相侔，故贩鱼者特称之为‘三沙货’”。“三沙之为渔也，捕获之后，或鲜，或腌，或鲞，类皆因循旧法，而宁（福宁州府）属远近之商常来置办”，“三沙，虽无寸土可耕，而渔业之盛，可以称雄闽海，商舶辐辏，俨然商埠”（民国《霞浦县志》卷一八《实业》），清光绪《福建沿海图说》亦称其“人烟稠密，几无隙地，市面亦颇繁盛”，鱼货贸易盛况于此可见。三沙又是军事重镇。清初，在三沙街设总镇行台，福宁总镇出海巡洋期间，即驻三沙。清道光年间，设立三沙巡检司；清光绪间驻有福宁镇标水师左营，有官兵 263 名，兵船 3 艘。

（三）黄崎镇集市

黄崎镇在福安三十四都，距福安县城 150 里，位于长溪出海口（汇入三沙湾），居福宁

① 明万历林烃《福建运司志》卷七《征输》。

(本州)、福安、宁德之要冲,为海洋之喉舌。明初在黄崎镇置公馆;明弘治十八年(1505年),为防御倭寇,原设在福安七都的白石巡检司移至黄崎镇。嘉靖初建盐运分司于苏洋;嘉靖十六年(1537年),迁建盐运分司于黄崎镇,监管福建东路盐运,后盐运分司迁上长崎;嘉靖四十五年(1566年),知县李有朋辟山建公馆上、下两座,上座前后深12丈,左右广5丈2尺;下座深12丈,左右广5丈2尺。题匾"甘棠小憩"。万历间,驻上长崎的盐商私造快哨船10余艘,每艘船雇用哨夫20多人。这些哨夫多系无籍流民,假借巡缉为名,实际上是以盘查夹带停引,从中贩卖私盐,不仅妨碍正常课税征缴,还趁机强行抢夺,横行海上。万历二十四年(1596年),各澳口船户被害人联名上告,经知县陆以载和典史熊思化访缉属实,着力申请院道,全数革除私哨,另设县捕,代商巡缉,集市始得宁静。黄崎镇是福建东路盐运分司总口,明万历《福建运司志》行盐地界载:黄崎港至省城三百里,系福宁州福安县地方。"运盐水次,东路港图八"载:黄崎总图、黄崎港图、罗源港图、水漈西陂港图、秦屿港图、楼前港图、文崎港图、桐山港图。这里所谓总图与分图,实际上是黄崎盐运分司总口行盐至所辖下各港(分口)的盐运路线示意图。黄崎总图有文字说明:"黄崎港总图:东路牛船下海口场,装盐半载,驾泊南瀲,计水洋二十里;候装满报牛田场,开驾至养月,计水洋八十里。湾泊候风,夏天南风一宵可到;秋冬风候无律,莫可定期。由松下门过碚礁,计水洋一百三十里,至磁澳一百八十里,至官塘七十里,至北茭八十里,至东冲六十里,至官井洋又一潮水七十里,至白马门又一潮水五十里,至黄崎镇报到,仍离三十里泊大般地方,听拨内外八港。当帮发卖内港,黄崎船由大盘驾出长崎,计水洋二十里。水漈西陂船由大盘驾出白马门外至渔沧,计水洋一百余里;外港楼前船由大盘驾出白马门外至宁德,计水洋一百里;罗源船由大盘驾出白马门外至罗源,计水洋一百四十里;文崎船大盘驾出白马门外至福宁州,计水洋一百八十里;秦屿船由大盘驾出白马门外至秦屿澳,计水洋一百九十里;桐山船由大盘驾出白马门外至桐山,计水洋一百九十余里。"《福建运司志》对从黄崎港盐运分司前往盐场装载运回到发售各港的季节风候、里程记载得十分详细。黄崎镇东路盐运分司负责福宁本州(今霞浦、福鼎、柘荣县地)、福安县、宁德县(含周宁县)、寿宁县、政和县、松溪县和罗源的食盐运销。

清乾隆间,公馆迁至黄崎镇对岸的湾坞,税馆、巡检司沿旧。"白石海口设有海关,商船载货出入,按章征税,尽收尽解,均归将军管理。同治四年,白石又设厘金局,商船载货出入,委员抽厘,收解郡局。同治五年,坦洋又设茶税局,由省委员督办。"①黄崎镇在明清时期始终处于福建东北鱼盐贸易总口的突出位置。明御史聂豹有《甘棠港》诗"带雨苍云湿,扶天白浪明。晨光予利涉,渺渺云舟轻",抒写了黄崎印象。明清时期,黄崎镇周边的卫星集市有苏洋、三塘(官塘、外塘、南塘)、苏洋、长崎、大盘、湾坞等,均处在黄崎镇市圈内。

(四)富溪津集市

富溪津,在福安二十都廉村。为鱼盐之货丛集之地,贩运本县,上通建宁。明嘉靖

① 清光绪十年《福安县志》卷之三《疆域》。

《福宁州志》称其“商货最盛，他县事贸易者皆集”。明初设巡检，万历初，改设官牙（由县衙选择城乡公慎者充任）4名，以平贸易，商贩两便。万历三十七年（1619年），废官牙，商贩感到不便，三十九年复设。泰昌年间复废，崇祯九年（1636年）复设。时知县巫三祝严禁狡伪，商民称便，勒石溪左。其碑云：

> 去扆南三十里曰富溪，盖市舶往来之津，群邑侩走命焉。所过复壁危峦，下上走，重茧累喘，始得至。至则一带莽苍，非若波斯、卻林、五父之衢，可恣探取者。遥望一艘来，群攘之，至截流泊济以身殉，不则素手枵腹矣。来贸者益高其直，设种种，诸巧蠹以网诸贾，称较者有搭头之例，增钩贯索，站立船头，不一而足。资斧几何，乃十不得六七。比归，或遇假虎横食，则有倾橐耳。巫侯莅扆三载，孜孜兴剔，诸如革科，敛绝苞苴，简刑讼，恤饥溺，谕善戒卧邪，与民休息，弗具论。论其惠商者，虽一豆一区，不一年谋市，而且齐官民之价，杜胥隶之侵，谨权量之易。其于内治固已整整，至于效外之事，豪为政，有司者岂得闻焉，乃悉廉而痛惩之，著为令，而商歌途矣，曰：数年来，几来识子母，赖有母我者，始得母其子，侯也众人之母也！则相率伐石勒颂请于余，余谓侯备德政累累，必欲为勒南山之碣可既乎！贾于五民固无赖未作耳，有大感激不为动，侯何以得此声于其间哉？德至矣，是洵不可无勒。为勒于富溪之左次。侯讳三祝，号终成始，广之龙川人，登崇祯戊辰进士。①

从碑文可以看出当时富溪津渔市贸易梗概。清初富溪津官牙沿旧，康熙中裁革。时称：富溪津市与白沙市（又称白沙务，即今福安县溪柄镇白沙村，位于交溪南岸）各有优劣，县城商贩以白沙适合，因为货物可以用船载运至阳头、社口和寿宁斜滩；若取富溪津，上通穆阳，有利于建宁府政和、松溪、浦城和周墩、屏南一带客商贸易，但需运往福安县城的货物就只能走马山岭（廉岭）靠人工挑运进县城。清咸丰以后，随着茶叶贸易的日益繁盛，上游的穆阳和下游的赛岐因其茶叶贸易地位日益突出，相形之下一向以鱼盐贸易为主的富溪津集市地位相应下降。

（五）铜镜（牛道头）集市、峬原集市

明嘉靖《福宁州志》镇市“峬原市在七都，林少保居此”的记载。乾隆本《宁德县志》“街市”条称：七都之峬村（旧志《津梁》内所载峬村津是也）、八都之牛渡头（此地上接屏南、政和，下达漳、泉，水陆交通。有税馆、巡司馆、牙馆。乾隆初年始成市，于今渐盛）皆有街市。宁德民谚“金铜境，银峬村”亦谓此二市。铜镜市原址在今铜镜坂，为洪水冲毁，改市下游数里牛道头（今八都街）。八都铜镜村，地处霍童溪下游，宁德至福安古道交汇点上；七都峬村地处七都溪出海口，陆路亦处宁德至福安古道交汇点上，从铜镜翻越七都漈头岭，即至七都峬村。明清时期，铜镜对岸即为盐运点水漈，“水漈港盐卖莒洲水客，用小艚装至莒洲屯仓，转卖古田、松溪山客，肩挑回县发卖，票投各县销缴”。峬村附近即为盐运点西陂塘，“西陂港盐卖新市水客，用小艚装至新市屯仓，转卖寿宁、政和山客挑运回

① 明崇祯《福安县志》卷八《艺文》。

该县散卖,票投各该县缴销”。[①] 可见两地均为鱼盐中转集市。

(六)水口集市

明万历《古田县志》:“水口驿在古田县南一都。水路下通白沙百二十里而遥,陆中上接黄田五十里而近,嵩溪水势至此稍缓,溪滨地稍宽,下鲜滩石,上下舟航,船舶辐辏,居人繁盛,桑梓联络。”洪武间在水口驿边设有水口递运所。嘉靖三十年(1551年),古田知县在水口设立嵩溪公馆。明罗荣《修理水口石路记》:“古田万壑之水,曾为巨流入大溪(闽江),上接延津,下通省治。自邑城至此,凡百里……至水口为市,民居相对临街,东附山,西悬岩,并累垂结构如巢。”水口地处古田溪与闽交汇处,是古田县重要贸易集市,古田县的大米、红曲都必须通过水口运往福州等地销售,食盐也需要经过水口运入古田内地。明代水口为福建西路分司所在。《福建盐运志》配有水口分司总图一幅:“水口分司设在古田县一都地方,离县一百二十里,离省城一百八里,商人往海口上里二场支盐,装至半载,驾出南漖地方,计水洋二十里,装满报牛田场剪引,驾至养月澳计八十里……闽清至水口六十里,湾泊关前,候分司掣明,听水客吊运篷船往延建邵三府各属县发卖。”[②]水口市是往闽北三府食盐发运的中转站,其集市之旺盛由此可知。

第二节　明清闽东北重要商事

一、白银开采引发社会问题

明朝建立后朱元璋把稳定物价作为施政目标,采取既不限制也不鼓励商业的政策,客观上推动了商品经济的发展。明初以铜钱为法定货币,后以生铜短缺,铜钱不够应付为由,洪武八年(1375年)开始由中书省印制大明宝钞(纸币)。规定每钞一贯准钱一千文、银一两或金二钱五。到正统元年(1436年),银一两当钞千余贯,宝钞已贬值千倍,在宝钞崩坏过程中,白银倍受追捧、需求量日增,引发了采银热。

福宁本州(今霞浦、福鼎和柘荣县地)的黄海、黄山银坑经过百余年的开采之后,因“矿脉微细”,矿商疲于缴纳银课,在弘治六年(1493年)罢采封洞。福安县的上坪、刘洋坑银矿开采持续到正德五年(1510年),最后也因为承包矿商赔纳不起银课逃亡,矿洞封闭。时位于福安县北的官田银坑(今寿宁县大安乡官台山),景泰元年(1450年)因浙江括州(丽水)郑怀茂聚众武装盗采,矿工与官府对抗,闽浙都御史刘广衡与福建按察副使

① 明万历林烃《福建运司志》卷七《征输》。

② 明万历林烃《福建运司志》卷一《总图》。

沈讷[①]率领官兵进驻征剿，致其全军覆没，导致寿宁建县，而银矿开采并未停止。

宁德县（包含今周宁县地）的宝丰银场规模较大，景泰四年（1453年）三月起用镇守福建太监戴细保担任福建银场提督；同年十二月，巡按监察御史倪敬以"贪虐扰害诸不法事"弹劾戴细保，戴因此被关进了监狱，一时大快人心，致"吏民相庆"，[②]因采银屡屡诱发官场贪腐，境内深受其害。

宣德年间（1426—1435），御史张鹏负责监察宝丰银场，按当时规定御史每个季度都要到银场巡视一次，巡视期间银场要负责接待，甚而送礼。张鹏为减轻银场负担，改为半年下银场巡视一次，以减轻银矿负担，《福宁州志》便把张鹏列为"循吏"，予以立传表彰，由此可见银场给当地带来的负担有多繁重。永乐元年（1403年），宝丰银场的银课额是1950两，到正统九年（1444年）增至3090两，后来又增加到5090两，税额增长了2.6倍。一边是矿脉越来越弱，银产量剧减；一边是银课步步攀高，后来还被匀摊入丁粮中缴纳，造成赋税畸重，人民苦不堪言。在繁重的课税下，官民矛盾日趋突出，民变势不可免。

正统七年（1442年）十二月，宝丰银场遭到叶宗留等人盗采。叶宗留发动数千矿工投牒明廷称："留宝丰场，听我开采，不然杀人！""锦衣卫校尉陈以节言，浙言（江）丽水县贼首陈善恭等，僭拟名称，纠结青田县贼叶宗留等，有众二千，时往盗福建宝丰场银矿，与贼首叶子长争利，益延蔓。上命浙江福建都、布、按三司等官相机擒捕。"（《英宗实录》卷九九）"正统八年（1443年）五月，英宗下诏称："浙江、福建等处军民，先因窘于衣食，被人引诱偷采银矿者，亦有事发供报在官，畏罪逃窜者，诏书到日，悉宥其罪，军还原伍，民复原业，所司并免追究。"（《英宗实录》卷一〇四）可见明廷对盗采银矿的深层原因有所认识，并采取了宽宏安抚的措施，但要平定这场盗采却并不顺利。正统九年（1444年）七月己酉，"浙江处州贼数百人，盗银矿于福建福安之刘洋坑。参议竺渊、都指挥佥事刘海等率众往捕，渊被杀，海被伤。巡按御史牛宣等奏：刘海及按察司佥事董应轸等，寻督不严，宜治其罪。从之。遂命都布按三司，各委能干堂上官调军捕贼。不获不宥"。（《英宗实录》卷一一八）

正统十年（1445年）四月乙巳，"都御史王大言：往者银场不开，诸坑首、匠作纠合亡赖千百成群盗采，甚至相仇杀，劫掠乡村。有司捕之，辄肆拒，诛之不胜，及闻开银场，冀复旧役，始忻然退散。若此徒者使与诸提督官吏通弊，将无不至矣，宜严禁之，不许其得旧役。除公用器具给于民，凡提督官吏，诸坑首、匠作，有仍称课不及额，掊敛民财及侵盗官银者，一切治之如律徒流，以福建、浙江易地充驿递夫徒，如本限。流四年期满，民宁家，官吏黜为民，死罪亦易地充沿海边卫军，恕奸顽知警，良善或安，从之"。（《英宗实录》卷一二八）

---

① 据《英宗实录》卷二八六，沈讷原为福建按察司佥事，天顺二年（1458年）正月升为副使，仍负责巡视银场。

② 参见《英宗实录》卷二二四，《明史》卷一六二有倪敬传："倪敬，字汝敬，无锡人……既至，奏罢诸司器物滥取于民者。镇守内臣戴细保贪横，敬列其罪以闻。帝召细保还，命敬捕治其党，吏民相庆。"

“正统十一年十二月壬戌，户部郎中杨谌上奏：比因福建复设银场，闽浙流民盗矿劫掠，命臣同御史等官设法抚捕。受命以来，夙夜靡宁，躬冒矢石，已招抚附籍复业流民三千五百三十九户，男妇共八千三百九口，生擒贼徒伪马大王等八名。”（《英宗实录》卷一四八）“正统十三年二月，监察御史王珉奏：奉敕巡视银场，据福州等府宁德等县民五千余人诉，先因侍郎焦宏定岁课银二万八千二百五十两后，会同本处司府先关从公勘实，准令尽力煎办，止得银一万三千四百两，已行解官，今复追补宏所定数。缘各坑矿脉微细，各民家道艰难，无从陪（赔）纳，乞赐分豁，如虚，各甘籍没家产。臣以为民窘如此，若复追并，恐逃窜为非，乞依御史冯杰所定数煎办。上曰：银课数已定，民何得妄诉，若复不定，并珉执罪之。”（《英宗实录》卷一六三）这场中国历史上首次由小业主领导的闽浙矿工起义前后持续了5年，正统十三年（1448年）十一月，叶宗留在与江西铅山黄柏铺与明军交战中中箭身死。《明书》列传卷之三十一有叶宗留传，谓：“宗留中流矢死，官军不知也。”类似的矿工强采，并不以叶宗留的死而告终，到成化七年（1471年）六月，盗采的余波仍未平息。“福建都指挥仲荣等奏，浙江处州贼胡吴清等五百余徒，越境至建宁府寿宁等县银坑，屯聚一千余徒强采银矿，随督府县民兵剿捕于马头、渔溪等处，与贼交战十余合，擒斩贼首周择斌等八十余，徒众遂溃去。窃计此贼不乘时剿灭，必旋踵复来，乞行浙江都布按三司，严行府县巡矿官员，相机擒捕，以靖地方。事下兵部议，如所言。从之。”（《宪宗实录》卷九二）成化十年（1474年）正月，“巡抚浙江右副都御史刘敷等奏，成化九年十一月，温州等处强贼千余，谋窃福建码头坑矿，福建守备上坪坑指挥佥事吴晟率众御之，于官鉴岭官军被伤，贼势益识”。

朱维幹《福建史稿》分析明代福建银场开采乱象，指出其弊端有三：“（1）扰民，银场名为官司办，而开采工具都要民间供给；（2）浪费，银场税课减办，杂费却多花一倍，以至于得不偿失；（3）勒赔，矿脉渐微，产额一年少一年，岁课却不予以核减。”

面对上述采银弊端，闽东北地方官和当地缙绅，如前面说到的监宝丰银场御史张鹏减少下矿巡视次数，宁德乡贤林聪（1415—1482）更是挺身而出，为民请命。林聪，字季聪，号见庵，宁德七都酺源人。明正统四年（1439年）进士。八年，拜刑科给事中。他生性刚正不阿，慨然以天下为己任，针对银矿生产条件恶劣、劳役艰难、课银额重等情况，拟写了《请免宁德县除办银课外别项差办状》，建议朝廷“无图银课之利”，应“将坑冶封闭，银课免办，与民休息”。该事在《英宗实录》卷二二八有载：“景泰四年（1453年）四月庚寅，吏科给事中林聪奏：‘银场岁有额办，然其间矿脉细微，场分不得减免，如此则设银场，虽曰将以防盗贼，其病民亦已甚矣。臣本福建人，福建银场之不便，臣正统中实目击其事。况今盗贼荼毒之，加以旱荒，连岁五谷不收，若不遣官核视除豁，斯民恐难聊生。’事下户部议，请移文镇守福建兵部尚书孙原贞并巡按御史、都布按三司，从长计议，如果银场不便于民，应与停止，明白会奏区处。若可以弭盗安民，亦从实具奏，从简征办，务在官民两便。从之。”林聪上疏，极言福建银场课银之艰，乞速减免。疏中指出所谓“矿贼”实则为县民，因生活所迫才“聚而偷矿煎银”；因此“欲杜盗贼之原”，“惟欲民生之安”。矿工起义被镇压后，明朝廷接受林聪的建议，罢宁德、建宁银税，民困始得少苏。

嘉靖十八年（1539年），“诏遣锦衣千户李隆、巡按御史李凤翔开矿于州，知州谢廷举力陈其害，报罢”。[①] 谢廷举，湖南郴州人，举人出身，嘉靖十四年（1535 年）任福宁知州，时浙江人林福奏请有诏命复采。而事实上时境内银矿品位不高，“百斤仅得银二钱”，其开采所得不足支付耗费。锦衣千户李隆想用抬高税额的办法，从中牟利，这样势必使陷民困境，谢廷举竭力反对。他说：“有金而以为无者，欺也；无之而以为有，亦欺也。欺罔于暂，可常继乎？”在谢廷举的坚决反对下，一个由贪官蠹吏发起的采银坑民阴谋破灭了。

二、苎布生产与畲民迁入

苎麻，属荨麻科苎麻属亚灌木或灌木植物，是我国古代重要的纤维作物之一。考古表明早在 4700 多年前，浙江就已开始栽培苎麻、纺织穿用苎布；闽东北邻近浙江，种植苎麻、生产使用苎布的年代当相差不远。清乾隆《宁德县志》卷一“物产・菁靛”条载：“旧志按云：‘本县山场无论城郭、乡村，除附近庐舍、坟墓者始为民业，高山、深谷俱官山也。嘉靖初年，外郡人来县栽菁，俱告于官，官则随山按户置簿收租。自辛酉倭变之后，官簿无存，土豪年估其租。’今考本县册籍，民山并无分抄，悉属官山，尚存官山三顷二十亩九分，之税匀派于通县，而利独归于数家。”明代由于织机的改进，苎布质量有很大提高，销量也因此剧增，闽浙种苎、种菁业异常火爆。这一时期又恰逢福建畲军处于迁徙和转型时期。一边是闽浙纺织业发展需要大量原材料苎麻和染料蓝靛，闽东北和浙南的气候地理条件适宜种植苎麻、蓝草，需要大量劳动力；一边是处于辗转迁徙之中急于寻求就业机会的畲族先民，而且“种苎和种菁之利倍于粮食”，“寿（宁）民力本务农，山无旷土。近得种苎之利，走龙泉、庆元、云和之境如骛，田颇有就芜者，此不可不责之田主也。苎山亦曰麻山，一年三熟，谓之‘三季’。富者买山，贫者为佣，中人则自力其地。力薄则指苎称贷，熟而偿之”。（冯梦龙《寿宁待志》）可见风靡一时的种苎种菁热，吸引了大量处于迁徙中的拓荒者。畲族先民得此机会源源不断地从闽西南迁往闽东北和浙南。明嘉靖期间，倭寇围攻福安县城，福安县一度招畲人协战，其间福安县城四周山头已聚集了大批畲族先民，他们的主要职业就是种苎、种菁。《思文大纪》卷六有一段关于明末福安籍进士刘中藻兴师抗清的记录，可与明万历版《福安县志》有关畲民的记载相印证：“上谓金衢巡抚刘中藻曰：‘选练精兵，可取于苎寮、菁寮、畲寮三项。此议诚是。取用之后，即当给示，免其差徭。仍勉令与百姓相安。兵数准一千名，衣甲银两，准于该州动支二千两正项，期兵精而饷不糜。’”[②]文中明确记载了刘中藻所部士兵征自“苎寮、菁寮、畲寮”三寮，主要为福建畲军余部，他们当时正从事种苎、种菁和种植畲禾（一种旱稻）。

古田凤都蓝尾洋一带的蓝姓畲民，其先人亦于明代从闽西上杭等县迁入，以种菁为业。清初部分畲民从古田辗转迁徙到了宁德，再从宁德往福安、霞浦、福鼎以及浙江南部迁移。乾隆本《宁德县志》载：“居山者不事锄畚，听从菁客佃作。如西乡八都，菁客盈千。

① 参见明万历四十四年《福宁州志》卷一六《时事》。

② 明代野史丛书《虎口余生记》（外十一种），北京：北京古籍出版社，2002 年，第 266 页。

凡菁客佃作之山，皆深岩穷谷，非平原旷野可树桑麻者比。于今西乡未尝种桑麻。”“邑以种菁为业者，大抵皆汀人也，关口榷税充额，惟此为广。”种菁在农家收入中，占有举足轻重的位置。操种菁业者大多是迁自汀州的菁客(大部分为畲族)，“种菁之业，善其有者，汀民也”。

据新编《闽东畲族志》考述，截至清乾隆间，先后迁入闽东北的畲族蓝、雷、钟 3 姓，共有 74 支之多。其中，蓝姓 26 支，雷姓 25 支，钟姓 23 支。按迁入方向，来自省内上杭 7 支、武平 4 支、建宁卫 1 支、龙溪 1 支、福州 6 支、连江 3 支、罗源 25 支，浙江省 26 支(大部分是回迁，内泰顺 8 支、苍南 1 支、平阳 16 支、庆元 1 支)，江西省 1 支。按时间，唐代迁入 2 支，明代迁入 30 支，清代迁入 42 支。明清两代迁入的这 72 支，大抵与种苎、种菁有关。

三、蔡牵起事

蔡牵(1761—1809)，福建同安人(又作漳浦人)，自幼家贫，在霞浦南乡水澳岛替人补渔网为生。当过三沙渔船水手，因营生日艰，于乾隆五十九年(1794 年)下海为盗，以水澳为据点，往来于闽、浙、粤海面，劫船越货，封锁航道，靠收“出洋税”为经费来源，不断扩充势力。嘉庆七年(1802 年)，蔡牵率船队攻厦门海口的大、小担山，500 余众登岸，夺炮 13 门。清廷命浙江水师提督李长庚赴闽造大舰 30 艘，铸炮 400 余门往攻。次年初，蔡牵在浙江普陀海面遭李长庚袭击，败退福建海面，仅余船 24 艘，处境不利，遂向闽浙总督玉德诈降，又用厚金贿赂闽商更造巨艇，恢复作战能力。嘉庆九年(1804 年)夏，移屯台湾海面，集大船 80 艘，突入福建海面，击杀温州总兵胡振声，焚其战船 26 艘。清廷命李长庚率闽浙水师往攻，在浙江海面击败蔡牵。嘉庆十年(1805 年)冬，蔡牵欲取台湾建立据点，聚战船百余艘，先攻占台湾淡水、凤山(今高雄)等地，得当地民众支持，队伍发展至 2 万余人。蔡牵被推为镇海王，率船队驶入台湾凤山，包围台湾府城。清廷急调广州将军赛冲阿为钦差大臣赴台督办军务，命李长庚率水师三千渡海入台镇压义军。蔡牵沉舟鹿耳门港，阻滞清军舰船。嘉庆十一年(1806 年)初，李长庚分路围堵鹿耳门及其附近港口，阻止义军突围。蔡牵趁海潮骤涨、沉舟漂起之际，夺航路突围至闽、浙海面。嘉庆十二年(1807 年)底，在广东黑水外洋迎战李长庚及福建水师提督张见升，受挫后仅剩大船 3 艘、小船 10 余艘。清军乘胜追击，并以火攻船挂住蔡牵座船后艄，蔡牵于船尾发炮，击杀李长庚。张见升畏怯，遂退出战斗，蔡牵移师远海休整。清廷命王得禄、邱良功分任福建、浙江提督，合兵围攻。起义军长期作战，伤亡甚重，内部分裂。嘉庆十四年(1809 年)八月，蔡牵与清军闽浙水师连续交战于浙江渔山外洋，遭清军围击，寡不敌众，发炮自裂座船，与妻小及部众 250 余人沉海而死。关于蔡牵在闽东北沿海活动的事迹，比较常见的资料有民国本《霞浦县志》卷三《大事记》，《清史稿》卷三五〇李长庚传、王得禄传、邱良功传等。如《李长庚传》载：

安南新阮内附，受封守约束，艇匪无所巢穴。其在闽者，皆为漳盗蔡牵所并，有艇百余，粤盗朱濆亦得数十艘。牵，同安人，奸猾善用众，既得夷艇，凡水澳、凤尾诸党悉归之，遂猖獗。阮元与长庚议夷艇高大，水师战舰不能制，乃集捐十余万金付长庚，赴闽造大舰三十，名曰霆船，铸大炮四百余配之。连败牵等于海上，军威大振。八年，牵窜定海，进香普陀山，长庚掩至，牵仅以身免，穷追至闽洋，贼船粮尽帆坏，伪乞降于总督玉德，遣兴泉永道庆徕赴三沙招抚，玉德遽檄浙师收港，牵得以其间修船扬帆去。浙师追击于三沙及温州，毁其船六。牵畏霆船，贿闽商造大艇，高于霆船，出洋以被劫报，牵得之，渡横洋，劫台湾米以饷朱濆，遂与之合。嘉庆九年夏，连宗八十余入闽，戕总兵胡振声，诏治闽将不援罪，长庚总统两省水师。秋，牵、濆共犯浙，长庚合诸镇兵击之于定海北洋，冲贼为二，自当牵，急击，逐至尽山。牵以大艇得遁，委败朱濆，濆怒，于是复分。嘉庆十年夏，调福建提督。牵闻长庚至，遂窜浙，追败之青龙港，又败之于台州斗米洋。复调浙江提督。嘉庆十一年正月，牵合百余艘犯台湾，结土匪万余攻府城，自号镇海王，沉舟鹿耳门阻援兵。长庚至，不得入，谍知南汕、北汕、大港门可通小舟，遣总兵许松年、副将王得禄绕道入，攻洲仔尾，连败之。二月，松年登洲仔尾，焚其寮，牵反救，长庚遣兵出南汕，与松年夹击，大败之。牵无去路，困守北汕。会风潮骤涨，沉舟漂起，乃夺鹿耳门逸去，诏夺花翎、顶戴。四月，蔡牵、朱濆同犯福宁外洋，击败之，追至台州斗米洋，擒其党李按等。十二年春，击败牵于粤洋大星屿。十一月，又击败于闽洋浮鹰山。十二月，遂偕福建提督张见升追牵入澳，穷其所向，至黑水洋。牵仅存三艇，皆百战之寇，以死拒。长庚自以火攻船挂其艇尾，欲跃登，忽炮中喉，移时而殒。时战舰数十倍于贼，见升庸懦，遥见总统船乱，遽退，牵乃遁入安南外洋。

王得禄、邱良功均为李长庚部将，李长庚既没，得禄与良功分任福建和浙江提督，同心灭蔡牵，为长庚报仇。《王得禄传》载："嘉庆十四年(1809年)八月，同击蔡牵于定海渔山，败之。牵东南走，追至黑水洋，合击累日，良功以浙舟骈列贼舟东，得禄率闽舟列浙舟东，战酣，良功舟伤暂退，得禄舟进，附牵舟，诸贼党隔不得援。牵铅丸尽，以番银代，得禄额腕皆伤，掷火焚牵舟尾楼，复冲断其柁。牵知不免，举炮自裂其舟沉于海。"《邱良功传》载："嘉庆十四年(1809年)，擢浙江提督。偕王得禄合击蔡牵于渔山外洋，乘上风逼之，夜半浪急，不得进。明日，复要截环攻，牵且战且走，傍午逾黑水洋，见绿水。良功恐日暮贼遁，大呼突进，以己舟逼牵舟，两篷相结。贼以椗冲船，陷入死斗。良功腓被矛伤，毁贼椗，得脱出。闽师继之，牵遂裂舟自沉。"

蔡牵起自一补网渔夫，啸聚千夫，以凤尾洋、水澳为据点，横行东南沿海十余年，既灭，霞浦水澳岛亦被清兵夷为平地。蔡牵之所以能在东南海面存在十多年，原因有二：一是巧妙利用了东南沿海反清势力与清廷的对立矛盾。明末清初东南沿海一度为抗清主战场，郑成功、张煌言所部或往来于三沙湾，或驻师于沙埕港，与内地反清势力往来密切，蔡牵承接其影响力，自号"镇海王"，想重演郑成功的故事，据台湾自守等。这些都说明，蔡牵的据海自重是获得沿海百姓暗中支持的，"当牵自鹿耳败遁时，甚狼狈，追至福宁，得岸奸接济，势复张"，可见沿海人民的支持是蔡牵武装存在的重要土壤；蔡牵也十分重视维护与沿海人民间的关系,"(嘉庆)十二年(1807年)四月,蔡牵船至东冲,蓦见瓜船数千,汹汹股桨,即复退外洋之浮鹰岛",就是明证。二是蔡牵所部的经费、补给有来源,李长庚造霆船威压蔡牵,蔡牵却能够在内地商人的支持下,"造巨艇高于霆艇",与之对抗,就很能说明问题。蔡牵武装的主要经费来源是收"出洋税",就是对往来商船只要给税就许通行,而不是杀人越货,赶尽杀绝,这与倭寇在闽东北专事抢劫和屠戮大不相同,闽浙沿海的商业贸易并不因蔡牵武装的存在而中断。

四、许应骙奏开福海关

三都澳开埠,与清末的屈辱历史有关。清光绪二十一年(1895年)三月,丧权辱国的《马关条约》签订后,中国要向日本赔款白银二亿两,后来为赎回辽东又追加了三千万两。而当时清政府的实际财政收入仅八千万两。为了赔款,先后三次分别向俄国、法国和英国、德国集团共借白银三亿两,加上利息债务多达七亿两。这巨额的借款都是以海关税收作为担保的,为偿还洋债,清统治者的目光落到了口岸上。清光绪二十四年三月三日(1898年3月24日),总理各国事务衙门奏称:"泰西各国首重商务,不惜广开通国口岸,任令各国通商,设关榷税,以收足国、足民之效。中国自通商以来,关税逐渐加增,近年征至二千余万,京协各饷多半取给于此。惟是筹还洋款等项,支用愈繁、筹拨恒苦不继,臣等再四筹维,计惟添设通商口岸,借裨饷源。查湖南岳州地方,滨临大江,兵商各船往来甚便,将来粤汉铁路既通,广东、香港百货皆可由此出口,实为湘鄂交界第一要埠。比来湖南风气渐开,该处又与湖北毗连,洋人为其习见,若作为通商口岸,揆之地势人情,均称便利。又福建福宁府所属之三都澳,地界福安、宁德两县之间,距福州省城陆路二百余里,为福州后路门户,形势险要。闽洋商船亦多会萃于此,臣等公同商酌,拟于该两处添开通商口岸,庶可振兴商务,扩充利源。如蒙俞允,即由臣等咨行各该省将军督抚,先将应办事宜妥速筹备,再由臣等酌定开办日期,照会各国驻京使臣……"①奏文说得格外明白,清廷怕日益增多的洋债偿还不过来,亟须多方扩充财源,现在福宁府遍布茶园,在三都澳设立福海关有利可图,于是三都澳成了清廷自开口岸。

许应骙(1832—1903),字昌德,号筠庵,广州市越秀区高第街人。清光绪二十三年(1897年)出任总理各国事务衙门大臣,办理外交事务,后转任礼部尚书。光绪二十四年(1898年)百日维新期间被光绪帝革职。变法失败后,慈禧太后即以许应骙出任浙闽总督。光绪二十五年(1899年)奉旨兼署福州将军、船政大臣。

许应骙在浙闽总督、福州将军任上,多次就三都澳福海关开办一事上奏朝廷。光绪二十五年六月十一日(1899年7月18日),许应骙奏称:"福宁府三都澳通商,经臣专折奏明,于三月二十九日开办。并饬委镶红旗协领明玉会同税务司前往开关。查此时商贾尚

① 朱寿朋编:《光绪朝东华录》第四册"光绪二十四年",北京:中华书局,1958年,第4062页。又见清《德宗实录》卷四一六。

未畅行，税务较简，应暂由东冲口委员就近兼管，以节靡费。俟将来关征日旺，再行添设，俾专责成，其余应办各事宜，统容臣妥定章程，次第举办。再税务司建造洋关公所，除地价外，估计工料约需关平银三万五千两。请在洋税项下动支。合并陈明，下所司知之。”①这是现存有关三都澳福海关设立的第一手档案资料，三都澳海关开关的准确日期应是清光绪二十五年三月二十九日(1899年5月8日)。

百日维新期间，光绪帝就注意到在国内广开通商口岸的必要性，并在上谕中说：“欧洲通例，凡通商口岸，各国均不得侵占。现当海禁洞开，强邻环伺，欲图商务统通，隐杜觊觎，惟有广开口岸一法。三月间业经准如总理各国事务衙门奏，将湖南岳州、福建三都澳、直隶秦王岛开作口岸。”但由于各地方情形不一，一时尚无定议，故光绪帝一再强调，“如有形势扼要商贾辐辏之区，可以推广口岸展拓商埠者，即行谘商总理衙门办理。惟须详定节目，不准划作租界，以均利益以保事权”。

福建三都澳地方广阔，除了可以开埠通商，更可以辟作船坞，是一个具有很高经济价值和军事价值的地理要冲。许应骙到福建之后，遵照朝廷的意旨，曾到实地勘查，对于如何开发通商，将来如何构造大舰、停泊修理等等，提出建设方案，并做了投资上的估算。

许应骙在福建期间，除“整顿一切，于财政兵备邦交海防尤刻意规划”，还针对“闽省山多田少，时有艰食之虞，爰未雨绸缪，近而江苏芜湖，远而暹罗西贡，分途采买米石，以广平粜”，让福建“民食大裕”(见宣统《番禺县志》)。他不顾年老体衰，深入福建一些地方调查研究，于光绪二十五年(1899年)二月向朝廷奏请在福建开办农工商务局事务。他在奏报中说：

> 臣维时事多艰，以理财为第一要义。如农工商三者，办有成效，皆足开扩利源。查闽省全境皆山，惟福州及兴、泉三府间有平地，每段只三十里而止，余则滩碛居多。历来种谷者半借山麓之梯田，种薯者兼及壖旁之沙地。民数艰食，端由于此。其峰腰岭脊阡陌之处，始种竹、种木、种茶。曩年，曾试植桑及棉花，而今迄未收效。且植桑棉之地，即植茶木之地，损彼益此，利实无多也。今之言农工者，佥主用外洋耕具，不知机轮灵捷，原以补人力所不足，必西北平原寥廓，动逾百数十顷者，始展所长。若闽人浮于土，地利已搜剔殆尽，则用之非便。臣惟有切饬各属认真振兴水利，开垦荒田，并晓谕民间讲求树艺新法，以阜物产而增财赋。……至于商务，以茶木为大宗，木只行销于内地，茶则专售于外国。从前印度、日本未谙种法，闽之业茶者获利甚丰。今则洋茶盛行，销路减去十分之六七。推其原故，固由种植焙制未尽如法，亦因税厘耗羡征款日繁，以至成本增重，动形亏折。茶业系闽人之生计，实关中国之利权，若不设法挽回，深恐日敝一日。臣当详慎酌拟，再行奏明办理。②

① 朱寿朋编：《光绪朝东华录》第四册“光绪二十五年”，北京：中华书局，1958年，第4392页。

② 沈桐生辑：《光绪政要》第3册卷二十五《闽浙总督许应骙奏办福建农工商局事务》，扬州：江苏广陵古籍刻印社，1991年，第1426页。

许应骙此折被当时《光绪政要》的编纂者贯以《闽浙总督许应骙奏办福建农工商局事务》的标题，列为光绪二十五年（1899 年）开年发生在国内的一件首要大事。许应骙奏设福海关也是与发展茶业、扩大利源相关联的。

开埠后的三都澳实际上成了闽东北政治、经济、文化、交通的副中心，其地位甚至超越了普通县城。辛亥福宁光复是闽东北一项重大的政治事件，也是在三都议定而后展开的。《民国史料丛刊·福建辛亥光复史料》原文称："福宁府知府某旗人，闽省中光复，有联合兵民，图谋反抗革命之准备。经政务院派炸弹队队员庄超然为宣抚队队长，洋枪队队员吴汉城、商团队队员柯挺雄为副队长，督率革命队伍，驰往福宁府属五县，宣传革命，抚慰百姓。该队先至三都，会议组织便衣队，推定队员卢耀年为队长，许祖培、吴祖介、周光汉、蒋国涛、马德孙、林式勋、郑敏杰、高有恒、林家齐等，计两队，每队 6 人，先入城侦察动静，该府闻风逃走。庄即率队进城，同时有人民代表黄守清等数十人，并福宁镇台（汉族武官），率兵民数千人，带印出城欢迎，香花载道，鸣炮冲天，全城民众瞻仰革命军，万人空巷。宣抚队直抵府衙，由该镇压台呈缴府印，并开欢迎大会。代表黄守清致欢迎词，后庄队长报告省中光复经过及宣传革命主义，并代表郑会长、孙都督、彭院长宣抚民众。……又光复后，孙都督曾通电各府县，照常任职；并派队由彭述带赴上游各县属安抚；并电三都义团，请为协力巡防。而福宁各界，乃代表赞基等，纷至三都欢迎。"

经济上，三都澳为闽东北进出口物资集散地，在开埠的半个多世纪中，经三都澳输出的茶叶 600 万～800 万担，收入白银不下 1 亿两，对改善闽东北民生有巨大的作用；又为省立三都中学所在，这是民国时期闽东北最高学府、精英摇篮。三都港辟有开往日本、香港和内地重要港口的轮船航班，是当时名副其实的闽东北交通枢纽。闽东北邮政、电信、金融的发端莫不追溯到三都澳，因此，说三都澳是闽东北近代化的策源、发端之地，一点也不为过。

五、新式海上运输

闽东北有近 1000 公里长的海岸线，早在三国时期，吴国就在三沙湾内设立温麻船屯，建造海船，交溪干流也成了通往闽东北腹地最主要的航道，可见当时的海上交通已相当活跃。明中期以后倭患频仍，海面不宁。清初又实行"迁界"和海禁政策，闽东北的海洋通道被堵死了，海上交通受到严重的遏制，再加上内陆三面环绕的崇山峻岭的阻隔，正如清福宁知府李拔叹惋的那样："僻在偏隅，轩辅罕及，未能表彰。"拥有浩瀚大海的闽东北，似乎被海遗忘了。

清光绪二十五年（1899 年），轮船开始被应用于运输闽东北盛产的新茶。光绪二十六年（1900 年），有 1500 吨的茶叶分别由两艘轮船陆续运往福州；同时，货轮还为闽东北运进 75 吨大米。当年进出闽东北的轮船结关吨位达到 47080 吨，茶季过后国内轮船停航，日本大阪轮船株式会社仍有一艘小轮船靠其政府的津贴在做全年每月 4 次的定期航行。清光绪三十三年（1907 年），沙埕港向内河轮船开放，原由三都澳运往北岭的茶叶，直接从沙埕运往福州。"本港轮船运输主要靠 1 艘小轮长年与福州往来，茶季开始时，增加至3艘同类船只。只要情况正常，本港海运都是这样安排的，在本期的开始几年，定期航行轮船是由日本人办的，由日本政府补贴。以后由英国轮船接办，但因是外商经营，无利可图，在后四年便由中国人经营了。印度支那轮船公司的船只，在茶季中，也习惯地不时来到本港，但是效果不能完全令人满意，近年来已很少来了。相当数量的茶叶从三都澳运往福州，都供国内消费用。如果当地能够采取措施改良茶叶，增其香味，由定期航行沿海的小型轮船把茶叶直接运往北方，那将是取得显著经济效果的一个良好开端。工业的建立有助于本口岸的发展，同时轮船也能从装运纸张和陶器中得到利润。"①三都澳的对外开放和轮船运输的崛起，打破了闽东北社会封闭的格局，刺激了经济发展，也带动了内陆经济的发展。

第三节　福建北路茶的兴起

清康熙二十二年(1683年)七月统一台湾，八月十七日，姚启圣疏请开放海禁。康熙帝阅后以为姚启圣沽名市恩，不准行。十月十九日，两广总督吴兴祚疏请开广东沿海边界，二十一日帝与大学士等议开沿海边界事，决定每两省派大臣一员前往，就地定议。二十八日，命吏部侍郎杜臻、内阁学士席柱往广东、福建，工部侍郎金世鉴、副都御史雅思哈往江南、浙江，勘沿海开界。②

可是开界后，并没有解除禁海令，而是所有的对外商业贸易只能在广州十三行进行。即便在清道光二十三年(1843年)广州、福州、厦门、宁波、上海五口通商后，福州闽海关口岸仍然形同虚设。清同治四年(1865年)《闽海关年度贸易报告》称："自(闽海关)开埠至清咸丰五年(1855年)，除一些不纯的鸦片走私外，福州口岸没有什么价值。开头几年这种鸦片用来以货易货，但其后几种茶叶构成了本口贸易中的小部分内容。"闽东北的茶叶出口，还是走老路，须沿霍童溪北上，经屏南人工挑运往闽北，汇集于赤石或星村打包，用木筏运到崇安；再由脚夫背负翻越分水关，到达江西铅山县城(河口镇)；再装船沿信江(饶江)而下，经鄱阳湖，溯赣江而上，抵达赣州；再换小船上溯章水到南安(今江西省大余县)；再由脚夫背负翻越梅岭，到广东南雄；在南雄装船顺浈水到广东韶州，再顺北江而下，经过珠江到达广州。全程约1450公里，费时50～60天。

放着福州口岸不走，其中最主要的原因是清朝廷害怕曾经是反清复明主力的福建士民一旦与东南沿海的反清势力取得联系后，将危及其统治。即便在洋人的压力下福州口岸开放了，但是福建海禁并没有彻底解除。真正改变这一荒唐局面的是势如破竹的太平天国事变。清道光三十年(1850年)7月，洪秀全在广西金田发布团营令，次年1月11日金田起义。清咸丰二年(1852年)8月，太平军占领湖南郴州，9月围长沙，12月占湖南岳

① 福州海关编:《近代福州及闽东地区社会经济概况》中的《福海关十年贸易报告(1902—1911)》，北京:华艺出版社，1989年，第554页。

② 事载《康熙起居注》第二册，杜臻《粤闽巡视录》也记其事。

州、湖北汉阳。咸丰三年(1853 年),占湖北武昌,克江西九江、安徽安庆,占南京、镇江;4 月 1 日(清咸丰三年二月二十四日),林凤祥、李开芳(太平军将领)率军占领扬州;4 月 2 日,“以福建巡抚王懿德兼署闽浙总督”。① 太平天国事变将武夷茶的所有北销路线全部切断了,福建茶叶大量囤积在闽北,清当局慌了手脚,匆忙商议解除福建海禁。清咸丰五年三月癸亥(1855 年 4 月 16 日),王懿德奏称:“闽省商茶,拟请设关征收。”下户部速议。寻议奏:“闽省崇安等县,为产茶盛旺之区。自闽省暂开海禁,运道便捷,各商赴闽愈多,所请附省扼要处所,及界连粤东、浙东等处,分设关卡,征收茶税。应请准其照办。专款存储,三月奏报一次,听候部拨。试办一二年后,奏明定额,永远遵行。”②王懿德请求清朝廷开放福州茶叶出口,并派人到处招揽洋商。以此,经闽海关出口的茶叶一下子多了起来,到清咸丰九年(1859 年)达到 37.51 万担。福州港一跃而成为国内重要茶港,与武汉、上海并称中国三大茶市。“茶是福州最宝贵的特产,少量运往本国口岸,绝大多数直接用轮船出口外国。通过香港运往澳大利亚,美国及印度的数量亦十分可观。”(清同治四年《闽海关年度贸易报告》)。

为此,清朝廷也加紧对福建征收茶税的监督。清咸丰十年三月乙亥(1860 年 4 月 1 日),谕内阁:“户部奏闽省茶税延不奏报,请旨饬催一折。福建省征收茶税,前经户部奏准,令将所缴课银,专存储,每届三月奏报一次,并将次随案催勒限奏报。迄今仍未据该督抚奏报有案。以致无凭查核,实属迟延,难保无侵渔中饱情弊,着庆端、瑞宾迅即遵照该部前奏,速行奏报,毋稍徇隐。”③这期间,原本以生产制作绿茶为主的闽东北各县茶人,看到生产红茶获利倍于绿茶,于是纷纷改制工夫红茶外销,闽东北运往福州的茶叶不绝于道。闽海关所在的福州马尾港与宁德三都港之间的水路距离原本只有 74 海里(137 公里),按当时的普通轮船航速每小时 20～25 节(一节等于 1 公里)计,只需 6 个多小时就可运到,可以说是朝发午至。闽东北地区生产的茶叶成为闽海关税务司关注的焦点,从茶叶质量的优劣,到竞争对手以及境内茶税情况,当局对地方茶市的看法、市场行情评估等,一一加以分析。以下是历年《闽海关年度贸易报告》中有关闽东北地区茶叶产销情况的记述:

光绪元年(1875 年)《闽海关年度贸易报告》:“板洋红茶比同治十三年(1874 年)初期也提价 3 两。”光绪二年(1876 年)《闽海关年度贸易报告》:“北岭茶和板洋茶价格与上年差不多,但质量差于往年……继则有一些极品板洋茶和一些普通茶叶启运伦敦,价目不明。”“本年的茶质很差,除第一批茶叶,包括板洋茶在内的某些数量外,质量低劣,掺有大量茶末,这已成为老规矩。”由于上年度茶市旺盛,茶商们开始弄虚作假。

---

① 中国人民大学清史研究所编:《清史编年》第九卷《咸丰朝》,北京:中国人民大学出版社,2000 年,第 137 页。

② 南开大学历史系编:《清实录经济资料辑录》第二辑“赋税·茶税”,北京:中华书局,1959 年,第 753 页。

③ 南开大学历史系编:《清实录经济资料辑录》第二辑“赋税·茶税”,北京:中华书局,1959 年,第 754 页。

光绪六年(1880年)《闽海关年度贸易报告》:“5月27日《福州捷报》称‘新茶叶的质量不错。邵武、福宁和界首的功夫原比上一季的好得多,也较干净,但味道稍逊。北岭茶好于光绪五年,而板洋茶无疑劣于往年’。”光绪七年(1881年)《闽海关年度贸易报告》:“板洋茶的需求量增大,这种茶的价格一直不变。”光绪十四年(1888年)“板洋茶福州每担15~37两,而光绪十三年每担11.75~36两;白琳茶福州每担28~48两,而光绪十三年每担19~42两”。

光绪七年(1881年)《闽海关年度贸易报告》介绍代理税务司爱格尔在茶季到福州北岭茶区考察的见闻:“这个地方在福州北部的北岭,走半天就可以到。坐两小时的轿子到山下,再沿着陡峭,但铺得很好的花岗石板的山路拾阶而上,直到2000英尺左右的高度。清晨5点即可看到三四个苦力结帮成伙地下山,每个人都挑着两个大布袋装着的茶叶,约有120斤重。天越亮,人数越多,形成了一条绵延不断的人流,蜿蜒通向港口。许多大树参天的地点都挤满了吃饭、睡觉的苦力,小路上都是竹扁担和茶包。这苦力不全都是从北岭来的,因为这条路通向远方各产茶区。这些苦力要在崎岖的乡间小道上走二三天,在5、6、7月份间,这里喧哗吵闹,充满了生机。”北岭是陆路茶运通道,宁德的茶叶有相当一部分也是由此进入福州的。这段记述茶季挑工长途跋涉的文字很生动。

光绪二十四年(1898年)《闽海关年度贸易报告》:“3月24日皇上下谕向外国贸易开放的三都澳还没有开放,但也许不会再拖延多长时间了。尽管现在仍然难以预测开放新口岸会对福州的贸易产生什么影响,但有理由相信,三都澳会吸去不少关税,虽然贸易额不会受到多大影响,因为在某个时期,三沙地区的茶叶可能会运来本口复出口。”这里闽海关的税务司已经准确地预见到三都澳开放后在很长的一段时间内都只能是一个茶叶中转港的现实。清光绪二十五年(1899年),当福州茶叶改良公司改制新茶因茶质不良失败了,福建当局寄希望于闽东北:“曾经令人满怀期望的福州茶叶改良公司被迫于年底停业。两年来的经营证明,在目前的情况下,实验的费用太高,但它仍然期望吸取过去的教训,在一个更合适的地方——有理由认为是福宁(清乾隆后宁德、福安、寿宁、霞浦、福鼎县隶属福宁府)——重整旗鼓,成为在英国市场上比重日益增大的印度茶叶和锡兰茶叶的劲敌。”

光绪三十年(1904年)《闽海关年度贸易报告》:“从本口直接出口的红茶价值228.60万海关两,另有194.40万海关两的红茶是用轮船从其他地方(主要三都)运到福州复出口的,至于数量,可参阅本报告附录的出口茶叶统计表。出口红茶(外国)10.10万担,复出口近7.90万担,这种复出口意味着其他中国口岸(主要是三都)用轮船运茶叶来本口出售,然后再和福州其他茶叶一起出口国外。”

福州马尾口岸开放后,因为茶叶运输路线的改变和距离的缩短,运费大幅度下降,促进茶业生产的发展,福宁府遍布茶园,红茶精制工艺也日趋精湛,涌现出坦洋工夫、白琳工夫等著名茶叶品牌,适合出口英伦欧美的闽东北工夫红茶数量不断增加,境内又放着个得天独厚的三都澳深水港,这些是日后三都澳开埠的重要因素。

综上可知,其时闽东北茶叶分数路汇集福州出口,从清光绪二十五年(1899年)三都澳开埠到民国改元(1912年)的13年中,经三都澳福海关输出茶叶共计1378.62万担,平均年输出茶叶约11万担。这期间福海关的茶叶税收总额为164.94万关两。

第四节　明清闽东北闽商及商人组织

闽东北受地理条件等诸多条件的制约,大商人的发育受阻。以宋代以来连续性较好的采银商来看,到明代尚有两例。缪一凤是福安县穆阳人,清光绪《福安县志》卷二二《人物》传说他是嘉靖三十一年(1552年)举人,宰石城,调宁都,皆有惠政,以府需丸蜡,忤意挂冠归。据《周墩区志》,"梨坪银坑,在十五都梨坪村。明季,福安人缪一凤开采,今矿绝,其洞犹存"。他经营银矿开采,家有巨资,衣食无忧,才有胆量"忤上意,挂冠归",不为五斗米折腰,可算是一个白银开采商的典型。另一位是张彭八,名鉴,生于明成化年间(约1487年),世居福建省福宁州宁德县十七都二图七甲上洋乡。当地传说嘉靖二十九年(1550年),浙江唐汝楫①奉旨到宁德县十七都二图七甲上洋村,向彭八借银两,彭八慨然将家中所有银两全部捐献给唐汝楫转交明国库。后获准"开坑凿矿,煽炼白银",垄断宝丰银场开采权,直到隆庆五年(1571年)才停炼。民国《周墩区志》"特产"条称:"嘉靖三十年,上洋村耆宾张彭八,准于官司地方开煽,围城驻军保护。"自此,"天资聪敏,才智过人"的张彭八与其兄魏六共同经营开采银矿,遂成一方巨富。

闽东北滨海地区从食盐买卖中讨生活的传统很悠久,多为斗筲细民,也有少数有名的盐商。如霞浦县盐商郑联标、福鼎县盐商陈贻安、宁德县盐商蔡若书、古田县黄田盐帮冯调元等,具体事迹难以细考。渔商的情况也颇类似。清道光间,福宁府境内共有渔户3000多户,渔船2000多艘(民国《福建通志》卷二〇《渔业志》)。这里虽然有广阔的渔场,但明清海面不靖,连年禁海,渔业生产深受其害,鱼市亦难兴旺,境内富有的渔商极少。

在造船业方面,明嘉靖十四年(1535年),"准予黄崎镇建立分司(即东路盐运分司),召商造船,给引支盐。其船限以梁头阔二丈五尺,长七丈,深八尺五寸,装正余盐一百五十引,名为'全引'(盐每引200公斤)。又虑各商资本不齐,复准造中船,阔一丈五尺,长五丈,深六尺,装正余盐九十引,名为中引。俱令赴司告牌帖船,由挂号给发"。黄崎镇盐运分司的建立,是闽东北造船商的一次重要商机,分司下辖八港盐运,负责闽东北福宁本州、福安、宁德、寿宁、罗源、松溪、政和和古田一部(后来的屏南)食盐的运输任务,加上巡查,需要各式船只数百艘之多。因此,几乎各港均有造船寮之设,福安的沙岩、长岐、外塘,宁德漳湾等地的造船寮就是在这一背景下得到发展的。但很快在嘉靖三十五年(1556年)前后的倭患中,这些盐运船只也难逃厄运,"嘉靖三十五年以来,倭贼生发,前船概被焚毁。四十四年内,据福安县民黄伯春等呈乞比照,近议南路牛船装驾轻便,该本

---

① 唐汝楫,嘉靖二十九年(1550年)状元,授翰林院修撰,仕至左春坊谕德。嘉靖四十一年(1562年)严嵩倒台,唐汝楫被罢官削职。隆庆元年(1567年),皇帝朱载垕为之平反。

司同知刘汝顺议照南港十引牛船，限以梁头一丈一尺，着令各商佥保船户，给式打造”。①所造全引船净载重量30吨，中引船净载重18吨，牛船净载重量21吨，溪艚净载重0.5～0.75吨。

在清初迁界、禁海后，闽东北造船业再次滑坡，清康熙二十三年(1684年)开界后，造船业得以复苏。清乾隆年间(1736—1795)，福安沿海外塘、沙岩、六屿、长崎的造船商重新兴起。清嘉庆年间，蔡牵在霞浦长春水澳一带起义，此后将近二十年间，其船队纵横东南海上，其船舶大部分为闽东北沿海造船寮所造。清末，外塘人苏兰金、苏妹湖、苏水旺、苏清宽等驾船航行于北方港口，开辟北方航线。清光绪三十年(1904年)，王泰和从香港购回“江门号”轮船，在福州成立泰安轮船公司，为闽东北境内设立的首家轮船公司。

一、闽东北茶商

明代至清咸丰前，因境域东、西、北三面受太姥山山脉、洞宫山山脉和鹫峰山山脉三大山脉1000多座公里以上高峰的阻隔，境域内腹地不大，“轮蹄罕至”，陆运极其不便；唯一的南面海道，又因长年海禁，水运不畅，无法发挥应有效益。在这样一个相对封闭的地域内，商业很难有太大的发展机会，加上山高水险，盗贼频出，资本积累，乍聚即散，巨商大贾，千年不一现。有的只是一些小富即安的鱼盐小贩，从事境内粮油、副食品加工、贩运的小商小贩和从事日常生产、生活必需品加工的作坊主、加工商。清咸丰以来，闽东北茶市走红，境内才有了真正意义上的商人。早期的茶商，也还是以往来于天津、上海、宁波、温州和福州间内贸居多；但是，晚清出现的茶商无论人数、拥有的资本，还是经商方法视野、对社会的贡献和在地方影响力上，都是此前的鱼盐商贩无法比拟的。晚清茶商虽然还远非巨商，但却是闽东北有史以来真正意义上的商人。

(一)福安坦洋茶商

胡姓茶商　坦洋以胡氏家族人口最多，历史上做茶的也最多，曾出现过17个茶商号。“万兴隆”是胡姓第一家茶商号，其中最大的是“泰大来”茶行，其他有“万兴隆”“胜大来”“同泰春”等10多个茶号。胡氏茶业的创始人是胡福四。胡开轩、胡兆江父子名气最大。胡兆江是胡开轩长子，乡试中举，获文魁功名，与其他四位弟弟同心协力将“泰大来”推向历史最鼎盛阶段，经营最为成功，同时为坦洋工夫红茶精制技术做出突出贡献。

胡姓于明末迁居坦洋，种制茶是胡氏家族营生的手段之一。传说胡氏培育成功坦洋菜茶后，即在周边广为种植，为日后坦洋茶产业的发展壮大奠定良好的基础。鸦片战争以后，清廷被迫开放福建海禁，“番舶弛禁，贪贾垄断，茶荈莺粟(罂粟)，遍植岩野，以邀利市之三倍”。② 胡氏家族长年从事茶叶产制的技术积累和拥有的产业优势恰逢其时，得到充分的发挥。胡家在广辟茶园、大面积种茶的同时，自制红茶，经营茶庄，一步一个脚

① 以上参见明万历林烴《福建运司志》卷七《征输》。

② 清光绪本《福安县志》卷之七《物产》。

印地把茶叶生意做大。清咸丰元年(1851 年),万兴隆茶庄率先开始精制工夫红茶。胡姓茶商胡福四、胡开轩、胡兆江等经营的万兴隆、泰大来、胜大来、同泰春、同泰钰等茶号相继面世,以经营红茶出口为契机,有力地带动地方经济发展。晚清茶商多数脱胎于耕读之家,耕以养家糊口,是谋生之计;读为光宗耀祖,是理想所在,这一特点决定了早期茶商的人生价值取向,这在坦洋胡姓茶商身上表现得也很突出。坦洋胡氏世代向学,热衷功名。“士为四民之首,秀朴之所由分也;族大丁繁,惟赖士出乎类而为之……上以礼义廉耻为先,次以进取功名为务。荣宗耀祖,型方训俗,使乡里有所矜式。”(《坦洋安定胡氏宗谱·胡氏家训》)他们认为即便不能从科举正途上获得功名,也要通过经商跻身“士林”。时人称胡兆江“不为士之业,而为贾之良”,“虽以商贾起家,而性好文史,暇时辄手一编以自娱……有儒风,且远胜乎世之陋儒者矣”(清李书铭《几一公墓志铭》)。据《坦洋安定胡氏宗谱》载,从四世桂舜(分东房)、桂禹(分西房)兄弟以上寿荣膺恩典“恩荣八品顶戴”,其后人有英祥(五世)、大盛(六世)、家栋(七世)、开轩(八世),直到兆江(九世);胡波澜和胡兆江分别捐得五品同知衔,胡大宾捐得千总衔。尽管捐纳只是一个虚衔,但也算光宗耀祖,彰显胡氏实力。殷实的家资和光耀的社会身份,为胡氏争得更多的话语权和影响力,成为一方著姓。清福安知县徐承禧还为胡大盛立传,本邑进士李应奎为大盛和开轩分别撰写墓志铭,都是明证。坦洋胡氏富有开拓创业精神,是坦洋村开设茶庄最多的族姓,万兴隆是坦洋村已知的最早茶庄。①

胡大盛(1792—1857),系坦洋胡氏第六世,万兴隆茶庄的掌门人。胡大盛经营茶业,不畏挫折,“遭变不渝其志,一蹶复振”,在坦洋、社口开设市铺多处。待人接物,“温若春煦”,“厚族邻,好施舍,排难解纷”(清李应奎《忠一公墓志铭》)。胡大盛率先试制工夫红茶成功,开坦洋工夫先河功不可没。

胡兆江(1829—1895),在兄弟五人中居长,最为出色。兆江 20 岁时即担起家业,独支世业,使其父胡开轩 50 岁(约 1849 年)后就得以远离茶事,“逍遥杖履,日与其乡之长老游,以终天年”。清咸丰、同治时正值闽茶大兴,兆江“乃采买名茶以市洋商”,不数年大获其利,“赫然以资雄于乡”。平时热心公益事业,“解纷排难,乐善好施”(《坦洋安定胡氏宗谱》),口碑极好。

胡兆淮(1833—1891),兆江之三弟,辅佐其兄兆江共事茶业,对坦洋工夫茶品牌的创建多有贡献。“同治年间,坦洋茶市日盛,公兄弟善辨茶,故坦洋茶遂翕然称诵岛外。”胡氏兄弟十分友爱,“至老,不忍离居”(《坦洋安定胡氏宗谱》),为乡亲称道。

施姓茶商 坦洋施氏原居福安长汀。清顺治年间(1644—1662),有赵一、赵二兄弟迁居坦洋,成为坦洋施氏的肇迁始祖(清光绪《福安县志》卷终《氏族》)。施氏是坦洋一大家族,与胡氏为姻亲。坦洋村建有胡、施姓祠堂各一座。清咸丰前,施氏并不发达,“先世寒微”,光凌“兄弟三人皆醇谨朴诚”,后来两位兄长“游太学”,施家才“渐兴门户”。清咸

---

① 参见李健民:《坦洋茶商的百年沧桑》,陈成基:《坦洋村五大茶业家族》,李步泉主编:《闽东茶叶历史文化》第四编茶人商行,福州:海峡书局,2015 年,第 233～241 页。

丰年间施光凌因经营坦洋工夫茶顺利，在经济上渐具实力；清同治元年（1862 年）施光凌得中武举人，例授武信郎，获得政治地位，在地方上有了话语权。坦洋施氏先后开设有丰泰隆、亦茂行、永昌堂、文德堂、振昌隆等多家茶庄，对坦洋村红茶生产和茶市的发展起着举足轻重的作用。施氏家族似乎更重视读书求道，族谱称施光凌“嗜《汉书》及《三国志》，见有可箴规者，辄以示人”。施家请福宁府学教授卢士珍为施光凌撰写墓志铭，在某种程度上也表达了施氏家族重视文化的理念。施氏家族不仅善于经营茶业、获得财富，而且保持尚武的豪气，仗义疏财、乐善好施；这与一般商人“唯利是图”“锱铢必较”是很不一样的，施氏宗谱称施光凌“大度宽洪，与物无忤。有伪券谋占其业，慨然弗较”。（以上引文见清卢士珍《武信郎照川公墓志铭》）最终因不法之徒伪造施家茶票，施氏茶庄败落，这种过于追求道德完美和理想化，而不顾商业利益的做法，不能不令人遗憾。但究其根源还是在于从耕读文化向商业文化转化的过程中，割裂不彻底。

施光凌（1827—1862），从小好学勇武，清同治元年（1862 年）得中武科举人，按例授予武信郎荣誉官爵。咸丰十年（1860 年），山寇犯乡，知县朱德沛请施光凌出面筹备组织民间武装防卫。施光凌“身为卒先”，使“寇氛遂息”。施光凌无意仕途，创办丰泰隆茶庄，积极参与红茶研制，是坦洋工夫红茶制作的创始人之一。丰泰隆鼎盛时员工有 300 余人，年产工夫红茶 3000 多担，产品主要销往英伦。史料记述：“英商购买华茶，以坦洋出产为最，佥日公之力也。”施光凌一生乐善好施，“乡里偶有善举，则毅然为之倡”。建祖祠，兴义塾，造桥梁，还为无家可归的乞丐“架瓦屋数间以庇之”（清卢士珍《武信郎照川公墓志铭》）。今坦洋村口真武桥，2004 年重修，桥碑称：“坦洋真武桥……始建乾隆年间，遭水灾塌。清咸丰十一年（1861 年）重建，上覆以亭，旋遭火。清光绪二年（1876 年），武举施光凌为首，胡兆江、郭尚宾、王正卿等倡建拱桥。”施、胡、郭、王四家都是当时坦洋著名的茶商。

施长滢（1851—1900），号镜波，施光凌长子，曾就读于三山鳌峰书院，“屡试秋闱，数奇不遇”，只好随父学经商。他“接人以恭，持己以俭；无贫富，咸容焉”。其弟长埂去世后，他毅然承担起施家的家政和茶庄经营重任。长滢还继承其父乐善好施、热心公益的优秀品格，敢于担当，临危不惧。有一年，山寇“二百余人突入坦洋抢劫，杀伤人命”，长滢“奋不顾身，径向茶税局徐公华润通报县主详请大兵”，还“亲率甲士，昼夜巡防”，因此深得乡亲信赖（清寿棠《坦洋施氏族谱・镜波先生行述》）。

施长壎（1854—1881），号和笙，施光凌次子。自幼就喜欢经商，帮助家里打理茶庄事务。他 20 来岁时，坦洋茶市旺盛，他全力辅佐其父，分管收购、精制茶叶重任，对拣、择茶业务极为在行，经销茶叶经验丰富，平时热心公益，忠厚待人，凡有义举，慷慨为之。“平居不自暇逸，督木匠制茶箱，理账簿，司出入，井井有条”，深得其父施光凌的赏识和赞许（清寿钧《坦洋施氏族谱・先考和笙公行状》）。①

① 参见李健民：《坦洋茶商的百年沧桑》，陈成基：《坦洋村五大茶业家族》，李步泉主编：《闽东茶叶历史文化》第四编茶人商行，福州：海峡书局，2015 年，第 233～241 页。

王姓茶商　坦洋王氏原居寿宁北山，清咸丰间始迁入坦洋，肇迁祖王正卿，后来亦发展为坦洋知名茶商。王正卿(1822—1990)自幼经商，迁到坦洋后，看到做茶叶生意好赚钱，就开始经营茶叶，他与客居坦洋的吴步云志同道合，共同创办祥生记茶庄。清咸丰年间，祥生记茶庄开始精制红茶，为坦洋工夫红茶的重要生产经营商号。祥生记茶庄讲诚信、重义气，经营顺畅，很快就闻名遐迩。坦洋茶市旺盛，王正卿钱袋子也鼓了起来，当时社会风气崇尚奢侈，但王正卿却依然坚持俭朴传统，“并严诫子孙，不得稍耽暇逸、染靡习”(《坦洋王氏家谱》)。正卿事亲至孝，急公好义，乐善好施，深受社会称许。不久，祥生记茶庄分为“祥记”“生记”两家，分别由王正卿和吴步云执掌。王正卿由于经营有方，很快致富，在坦洋建造豪宅，既为家住，也作为茶庄工场；六个大宅院分别称“一先堂”“二生堂”“三光堂”“四达堂”等，组成一个建筑群落；每一座宅院都是“六扇八廊庑”制式，按二进、二托、二天井、五开间、双侧屋的格局建造，精美的门楼、巍峨的风火墙，宅院内天井、回廊、影壁、鱼池，布局恰到好处；屋宇高大、宽敞，雕梁画栋，装饰精美、实用，既具闽东北民居特点，蔚为壮观，也足见当时王家财富实力。在二生堂正门顶墙内侧有一长溜书法作品，落款为“丙午中秋”，提示我们该建筑落成时间是清光绪三十二年(1906年)。王家经过50年的财富积累，始建此豪宅，亦在情理之中。光绪初年，坦洋祥记改号为宜记，一直延续到民国时期。①

吴姓茶商　坦洋吴氏，清道光至光绪年间从福安谷岭(今晓阳岭下)迁入，肇迁祖即为当时到坦洋经营茶叶的吴步云(1826—1891)。清咸丰年间，吴步云在坦洋与王正卿共同经营祥生记茶庄，后来“祥”“生”分开经营，吴步云独掌生记茶行。时吴步云正值而立之年，也是坦洋茶风最旺盛之时，步云才略过人，不辞辛劳，将坦洋工夫茶的生意越做越大。年精制坦洋工夫红茶2000余件，远销英、俄等国。他奔走于闽、粤之间，直接与洋人洽谈茶叶贸易事项，致贩茶巨万，“不数年大获奇赢”。他在老家谷岭建起制茶厂、装箱厂和4座宅院；在坦洋村建起精制茶厂和家居豪宅，拥有茶行7间；而且沿长溪往南，在溪柄、赛岐、下白石等市镇购置产业，还在闽东北境外多个地方设立茶行。吴步云发迹后，依然勤俭持家，关注国运时局，知恩图报。清光绪十年(1884年)，中法战争爆发，军需告急，吴步云“毅然输财助边”，清政府为褒扬他，授予候补同知衔。吴步云热心社会公益，出资倡修道路桥梁，整修罗源、连江两县之间的崎岖危险的山中茶道。逝世后，福安进士、翰林院庶吉士宋瞻扆为其撰写墓志铭，称赞他“急公好义”“乐善好施”(清宋瞻扆《吴步云墓志铭》，载《谷岭吴氏宗谱》)。吴步云对其弟吴步升和侄子吴庭元影响很大，后来他们均成为闽东北的茶界名人。其中，吴庭元为福建茶业巨商，为坦洋工夫红茶行销海外做出重大贡献。

郭姓茶商　郭尚宾，坦洋人，清咸丰元年(1851年)孟曾谷榜举人。清光绪《福安县志》卷之四“山川·桂香山”条下收有由其所撰的《桂香山记》，称坦洋村“产茶美且多，有

---

①　参见李健民：《坦洋茶商的百年沧桑》，陈成基：《坦洋村五大茶业家族》，李步泉主编：《闽东茶叶历史文化》第四编茶人商行，福州：海峡书局，2015年，第233～241页。

武夷之风，外邦称为‘小武夷’是也”。郭尚宾一族原亦事茶业产制，其茶号有“木山行”“顺天行”等，是坦洋工夫红茶生产经营的重要家族。①

除了坦洋五姓之外，福安凤林村和城关上杭村的陈姓茶商也很著名。凤林又称林前、兰田，今属福安县溪潭镇。该村位于福安县第二大平原溪北洋东南方，前临长溪支流穆赛溪，林前对岸即明清福安最大集市富溪津市（在廉村、潭头村，为闽北客商云集之地），水运方便。清道光至咸丰年间，凤林人陈俊士利用家乡前临穆赛溪水运之便，前往购入建宁府茶叶和山货，过驳到大吨位木帆船上，运往温州、宁波、上海销售，再从上海等地运回布匹、百货等生活必需品，销往闽北，以此逐渐致富。他生有三子——聚贤、定邦和聚奎，均经商，商号为贻记、瑞记和金记。鼎盛时陈家的田租达到2.2万多担，在老家凤林建有闽东北最大的庄园，占地面积120亩，四周砖墙包以三合土，墙厚0.6米，高5～6米。各向临路处设有双开门，门朝外一面用铁板加固，墙上设有炮台、枪眼，有专人负责保卫，最多时庄园内驻扎护院武装200余人。庄内陈氏各房又各建宅院，三合土包墙；设有粮仓数座，可储存粮食2万多担；建有花园、鱼池多处，并且菜园地、晒谷坪、牛栏猪舍、鸡舍、柴火间生活设施配备齐全。陈俊士为人疏财仗义、乐善好施，每每捐资铺路建桥、捐资兴学等，为一方称道。

城关上杭陈姓族人经营茶叶历史悠久。清光绪进士宋瞻扆所撰《清故修职郎进士按察司照磨陈君墓志铭》记载上杭茶商陈寿（1836—1886）经历，有“年逾弱冠，有才干，随其伯兄服贾，终日握筹。咸同间，闽海始通夷舶，福安故僻处澥钜，商君与伯兄，为茶运，与外夷互市舶，所获利倍徙，越十余年，伯兄卒，君独肩其任，顾外夷习久生诈，茶无办，故贱售，利大减”等语，即为当时经营茶叶生意的真实记录。

（二）福鼎白琳茶商

蔡维侧和祥丰茶庄　蔡维侧（1850—1903），号侍卿，白琳瓜园人，清光绪年间武生，刀、盾、骑、射靡不精绝。其时白琳平厝里一户平姓人家在康山王渡头办茶庄，因经营不善破产，制茶厂房被官府没收，给蔡维侧一个办茶庄的良好契机。其妻丁氏通过丁县令的关系，使蔡维侧得以租用平姓人家厂房制茶。厂房共24榴，在白琳属于很大规模的茶庄。蔡维侧经营有方，茶叶质量上乘，销量不断增加。几年后以很低的价格买下厂房，创建祥丰茶庄（洋中茶馆）。祥丰茶庄主要制作红茶和绿茶，原料均是白琳自产的福鼎大白茶，所产制的白琳工夫茶砖远销英国。绿茶为莲心茶，选用明前的茶叶做原料制成；茶色鲜绿，茶味清香，深受顾客好评，远销于东南亚新加坡以及香港等地。蔡维侧顺当经营几年后，家产日丰，便在离瓜园不远的洋中置房产25榴；并购下大片地产，东至大官道，西接瓜园，南至百步溪，北至山丘的土地。清光绪二十五年（1899年），福鼎境内不太平，丁县令为保卫家乡，下令各区设立民团，蔡维侧被推举为白琳区团董，他出面力任其事，查

---

①　参见李健民：《坦洋茶商的百年沧桑》，陈成基：《坦洋村五大茶业家族》，李步泉主编：《闽东茶叶历史文化》第四编茶人商行，福州：海峡书局，2015年，第233～241页。

户口、置器械、练团丁，稽查严密，毋少懈；鼠辈闻风远避，地方赖以安宁。

蔡德教(1868—1951)，清末秀才，蔡维侧长子。他将茶庄转交同族兄弟蔡德理主管，具体经营事务交由同族蔡维露打理。后来随着蔡维露与蔡德理自立门户，祥丰茶庄便日趋衰败。对茶叶经营不上心的蔡德教，其人品却让村民交口称道。瓜园村有一句俗语叫“秀才不知秤花”，说的就是蔡德教。他为人豪爽，与人为善，村民向其交租，从来不过秤，于是便有如此一说。蔡德教还非常乐于助人，茶庄中有一雇工得病，脚上生疮流脓，无人照料。蔡德教便为他寻医治疗，并细心照料他的生活起居经年之久，病愈后，还为他张罗娶妻。于是村里又有一句俗语：“秀才为人提尿壶。”在白琳，瓜园蔡氏经营的茶庄有好几家，祥丰茶庄虽只经历两代，但培养出众多技术精湛的茶师。①

翁江萧姓和三泰茶庄 清康熙年间，福鼎翁江萧姓先人从闽西上杭县胜运里棉村转迁点头镇康山，始祖萧汉华生男三，即天爵、天禄、天成，分为乾、坤、泰三房。清嘉庆年间，泰房的萧天成举家移居白琳翁江。萧天成生五子：正玑、正奎、正枢、正谟、正伦。泰房下又分仁、敬、孝、慈、信五房。萧氏迁居翁江不出一代，家族就积财万贯，先后建起三座宏伟壮观的宅第和一座宗祠，家族产业遍布各地。

萧姓的发家史，要追溯到天玑五兄弟在福宁府(今霞浦)开的十三家布店，当时生意做得很红火。相传有一年“安南客”的商船停靠霞浦码头，一连几天阴雨绵绵，客商看天气不好，就将十三担零一头(箩)的染料，寄存在萧家布店里，说好半个月来取，可是过了好几个月，都不见来取。恰巧邻街一家布店缺染料，向萧家借一头(箩)，萧家自己没有多余的染料，在邻街的多次请求下，先将客商寄存的暂借一头给他，可是不出三天，邻家布店老板又来借染料，引起萧家注意。到晚间，悄悄将客商寄存廊下的染料细查一下，原来这些染料底下全是白花花的银子，于是这些巨额财富俱归萧氏。后来，萧氏布店、茶庄等生意顺风顺水，财源广进。没几年，一个富甲一方的新兴家族就此突起。传说归传说，萧氏实际发家是经营布店、茶庄所获。

萧氏经营茶叶始于清嘉庆二十年(1815年)，创建三泰茶庄，取意收购、茶行、运销三通。道光二十一年(1841年)五口通商后，福州成为茶叶出口口岸，茶市日旺，有利可图。上海形成当时全国最大的茶叶交易市场，于是萧氏族人将三泰茶庄开进上海滩，其运作模式是集茶叶收购、制作、运输、销售为一体，这个时期也是三泰茶庄发展的巅峰期。

萧正枢(1788—1853)，副贡生，上海三泰茶庄创始人。他29岁时就接手管理翁江萧氏所有产业。时三泰茶庄主营绿茶，兼营白琳工夫。萧正枢的三泰茶庄进驻上海时，正值中国茶叶占世界茶叶最大份额时期，销路极好，利润也高。没几年，三泰茶庄得到空前的发展，在国内许多地方设有分号，贩茶所得利润奇高。萧氏将所得巨额财富用于广置田产，巅峰时萧氏拥有田产遍及福鼎、霞浦两县，年收租3万担以上。

翁江萧姓致富后，世代相沿乐善好施，广结人缘。一方面接纳地方文人墨客，提高家

---

① 参见杨应杰：《清代福鼎茶商邵维羡》，蔡丽娟、杨应杰：《福鼎祥丰茶庄》，李步泉主编：《闽东茶叶历史文化》第四编茶人商行，福州：海峡书局，2015年，第262～263、295～296页。

族声望；另一方面，希望子侄受到文风熏陶，日后学有所成，以张大家族门面。据统计，先后驻足翁江水竹湖的文人墨客、达官显贵有魏敬中、王聘三、王守锐、王祖望、林步蟾、吴念祖、萨镇冰、王翼谋、智水、江本侃、孔昭淦、黄寿祺等数十人。翁江萧氏五房，自移迁翁江以来的200多年间，崇儒重教，代有显人。其中萧骏名焕椿，号逸九，得中清光绪丙子科第73名举人，特授南靖县教谕。整个家族有例贡、捐贡等贡生16人，庠生、武庠生11人。

萧氏从迁居翁江起，为办地方公益前后捐资上万。清咸丰五年（1855年），福建提督学政都察院左副都御史彭韫章送匾曰“福臻畴九”，后福建省长萨镇冰送匾曰“乐善好施”，今两匾尚存。翁江萧氏始祖萧天成，例贡生。每遇岁歉，罄所蓄粮食平粜，按户口分给乡中无粮者，其乐善好施事迹载《福鼎乡土志》。萧崇岚济急救荒，造桥亭，修道路、建庙宇，莫不为之尽力。清道光年间，萧正枢见福鼎县缺考棚，慨然捐资建造；并出任总理，修河坝以护城；建文昌祠、忠孝祠，置实兴田若干亩，为乡会试捐资数千金。同治年间，萧承鹤见岁歉，辄减价平粜；独资建万安桥，屡圮屡修，前后费银数千。光绪二十四年（1898年）大饥荒，萧正伦之曾孙萧仰山，尽出仓谷，减价平粜，全活乡人无数。萧立三，县武学生员，居福鼎点头，出资创办点头小学；返回故里后，倡议设族学，培育人才。黄寿祺作《立三公六十寿诗》云：“灵峰毓秀产英奇，太姥山阿识有谁。蕴算才堪媲郯目，穿杨技不比由基。十年久舞闻鸡剑，周甲欣斟酌兕诗。积德长垂大雅后，莱庭绳武有佳儿。”立三子宗潜，毕业于华北大学教育系，曾任福鼎县教育局督学、北岭中学校长等，系福鼎北岭初级中学筹建发起人之一，首创福鼎简易师范学校，多有成就。[①]

白琳之外的福鼎著名茶商，主要有桐山（福鼎县城）张永德和巽城林嗣元。

张永德是福鼎举人林滋秀的外甥，道光十二年（1832年）春，林滋秀赴京待缺，病逝于京城，世代以“垦山种茶为生”的外甥张永德一路陪同北上，又护送林滋秀灵柩南归，在杭州与北上接应的林滋秀长子大纲等会合，同返福鼎。张永德借助福鼎得天独厚的茶叶资源，以及陪林滋秀北上期间积累的人脉和开阔的视野，做起了茶叶营生。约在同治二年（1863年），创办张元记茶行，诚信经商。他吸收六安瓜片、西湖龙井、洞庭碧螺春等名茶的制法，加以福鼎独特而优质的茶叶原料，制成张元记红茶、绿茶、白茶和花茶，销往海内外，大获成功。除了茶叶，他还做烟草生意，“购闽浙于烟茶，通商各处”，“千顷承租”（《张氏宗谱·忍卿公传赞》）。桐山民谚：“世上有钱张元记，采茶捆烟头一家。”说的就是那时的张元记商号。其到福州或温州取回外地汇兑来的钱款，一次要选用青壮年挑夫上百人前往挑运，前后还得有警察局官兵护卫。张家把福鼎茶叶往北销到京城，往南销往澳门、香港，乃至海外。抗日战争时期，百业凋敝，福鼎茶业却一枝独秀，沙埕港的商船借挂中立国的旗号，依然出海贸易；福鼎茶叶商号最多时有98个之多，张元记为佼佼者，时

① 参见陈启西：《福鼎三泰茶庄》，李步泉主编：《闽东茶叶历史文化》第四编茶人商行，福州：海峡书局，2015年，第289～291页。

当家人张维周，兼任福鼎商会主席及农会干事长，为非常时期海外茶叶市场的开拓做出积极贡献。①

巽城林氏原居莆田涵江，清康熙年间，迁入福鼎巽城下井，林氏家族世以茶为业。林嗣元(1781—1872)，国学生。一生在苏杭一带经商二十多年，对福鼎茶叶市场的开拓颇有思考，独具眼光。他联合同行，集资创立宁帮茶商公所，订立规矩，为福鼎茶商争取话语权，为福鼎茶叶在苏杭江浙一带营销奠定良好基础。巽城位于沙埕湾内，三面靠山，一面临海，“兼摄五方道路，上通北浙，下属南闽，系要害之区，为行旅往来必由之路”(见白琳《何氏宗谱》)。巽城水陆交通便利，有古驿道经过，由桐山出发，经水路可达沙埕港，从巽城渡登陆，过巽城桥，历缸窑、茶塘等地，到达秦屿，越境可通霞浦。地理位置优越，为福宁古道上重要的集镇，“城中有市，诸村交易之场”。光绪三十二年(1906年)沙埕开埠以来，举凡福鼎、霞浦、福安、柘荣以及浙江的泰顺、平阳、苍南等地许多小宗货物，均从巽城渡上埠出海，巽城渡成为沙埕港内水陆交通的重要枢纽和时福鼎重要渡口。渡船航运、茶叶贸易一度十分旺盛，在清后期中国茶叶产销高峰期，巽城的茶叶作为福鼎茶叶的重要组成部分，通过沙埕、福宁古道源源不断地输送到全国各地，甚至远渡重洋，成为欧洲人的重要饮品。巽城茶市规模不大，但却是商人制茶、贩茶的一个标志性集市，除林大钰、林嗣元等茶商外，还有“施仁泰”“林长盛”等商号。②

(三)宁德茶商缪济川和兰成茶铺

缪济川(1810—?)，太学生，霍童人。咸丰六年(1856年)正月，他与八都某店老板商谈做茶叶生意，老板也觉得有理，于是就在霍童设点收购茶叶，稍后再扩展到屏南、周墩等地。他人缘好，茶叶生意顺利，第一年春季就获利甚丰。咸丰末年，他用开茶行赚到的钱，在宁德县城东门外(现海滨路)办起兰成茶铺，管理有方。他为人真诚，善待同仁，茶叶生意越做越红火，发了财。缪济川将赚到的钱分成18担白银，挑回霍童。同治年间，他在霍童开办兰成茶行，原开在宁德县城的兰成茶铺供存放茶叶和土特产之用。同治三年(1864年)八月三十日，下尾街发生火灾，火烧街面数百户，兰成茶铺也处在火海包围之中，这时邻近一黄姓人家有20多人被困在着火的房子中出不来，缪济川将自己房子的土墙(三合土夯筑)凿开锅大的墙洞，黄姓一家20多人得以逃生。火愈烧愈烈，四邻皆烬，兰成茶铺独存。宁德知县到现场勘察，赞扬缪济川急难救人之举，题“善人居”匾额以旌扬。缪济川一生经营茶叶有方，发家后多行公益善举，为乡人所赞誉。同治元年(1862年)，他倡议在福州建宁德会馆，建成后，可供最多上百人住宿。宁德会馆后来成为进出口货物的集散中心、经济文化信息交流交换中心、闽东北对外经贸窗口和接受新思想重要渠道。为解决宁德与福州之间海上交通问题，由各商合股购买一艘轮船，航行于三都

---

① 参见蔡丽娟、杨应杰:《福鼎祥丰茶庄》，白荣敏:《福鼎张元记茶号》，李步泉主编:《闽东茶叶历史文化》第四编茶人商行，福州:海峡书局，2015年，第295～296、292～294页。

② 参见曾云端:《福鼎茶人茶肆》，李步泉主编:《闽东茶叶历史文化》第四编茶人商行，福州:海峡书局，2015年，第266～267页。

澳至福州两地。光绪三十一年(1905年),缪济川长子缪文齐在霍童创办邮政代办所,引进新技术,促进社会进步和经济发展。他还带头发起成立宁德县茶商理事会,亲任理事长,维护茶商利益,促进地方经济的发展。①

(四)屏南周姓茶商

屏南茶商以周姓最著称,其中双溪周家的六合春茶行和棠口周家的万象春茶行名气很大。

双溪周姓兄弟的六合春茶行　清同治十一年(1872年),屏南县周绍京、周绍虞、周绍垫三兄弟在双溪办起了六合春茶行。周绍京,原在古田县城创办升记商行,兼在屏南县城开办盛和商行,经营各种杂货,经商中敏锐地觉察到屏南红茶质优价廉,有市场需求,是个有利可图的项目,遂返回屏南,联合周绍虞、周绍垫,兄弟三人联合创办六合春茶行,主要经营红茶外销。

周氏兄弟三人通力合作,"每年春则借采办六合春箱茶,价冠屏茶,遂以茶致富,积资累巨万"(《周氏宗谱·周母黄儒人家传》)。光绪九年(1883年),他们三人复成立"六合春"总茶行,在屏南及周边县分别设立"玉和生""玉成春""四兴隆""福昌隆""广升隆""广福昌""广泰隆""恒升隆""万和隆""生记茶庄""政邑生记"等19个茶行分号。光绪十二年(1886年),"六合春"红茶出口外销量达2万多担(3万余箱)。鼎盛时期,有9个县的红茶均冠以"六合春"的牌子对外销售,一时有"茶管九县"之说。周氏兄弟还在福州开设钱庄、布庄,在福安建茶叶专用码头,购进商船8艘,航行于天津、上海、汉口、宁波、福州五大口岸,运送进出口货物。六合春茶行经营的茶叶品牌有玉库、奇种、凤眉、上品、英华、茗香、冠霞等。周氏兄弟以茶致富后,还经营钱庄、布庄、酱园、国药、百货等7个行业,在出口红茶的同时进口煤油、牛奶等货物。周绍京主要在古田、福州经营,周绍虞主管周氏产业的财务,周绍垫主要坐镇屏南。清末民初,社会动荡,"六合春"福州钱庄被歹人所破,资金周转不灵,总行解散,周绍垫及其子周以昌、周以煦继续经营屏南境内的六合春茶行。盛极一时的"六合春"存续了半个多世纪,是当时闽东北最有影响的商号之一。周氏兄弟均为影响一方的民族资本家,在"以茶致富,积资累巨万"的同时,热心慈善事业,创办屏南县育婴所,救活女婴数千人,朝廷曾以拯婴功,奖五品顶戴;创办"生春号"药店,求诊者不论贫富不取药钱;还扶贫济困,修桥铺路。《屏南县志·高士篇》载:周绍京号树屏、双溪人,性慷慨乐施,古屏交界处一带道路历久倾圮,京兴工砌建,自梅花地主蝎谷约五十里,所费不下二千金。又重建曹洋桥,取材坚厚,至今行人称善焉。②

棠口周姓茶商和万象春茶行　棠口村位于屏南县东北部,清末办有万象春、合兴泰、广利、两仪森、逢春发、广福祥6家茶行,其中万象春茶行规模最大。民谣"宋代铜锣响天

① 参见黄鹤:《缪济川与兰成茶铺轶事》,李步泉主编:《闽东茶叶历史文化》第四编茶人商行,福州:海峡书局,2015年,第276～277页。

② 参见苏旭东:《屏南六合春茶行》,李步泉主编:《闽东茶叶历史文化》第四编茶人商行,福州:海峡书局,2015年,第298～299页。

下，元朝罗经通八闽，大明蓝靛运江北，晚清红茶销外洋”在屏南广为流传，说的就是棠口茶叶远销欧洲，牵线人为英国传教士及其买办一事。

周作衔(1828—1899)，同治元年(1862年)考中武痒第三名，一家20余口，为棠口书香门第。光绪元年(1875年)，作衔出任崇安县中营千总时，看到武夷山一带靠种制茶发家致富，就聘请一位姓王的茶师回屏南制作红茶，办起万象春茶行，该茶行遗址在后宅垅头水井上。由长子周以镜负责制茶，次子周以修负责购销，三子周以振负责账目，王师傅负责评茶和制茶技术指导，常年雇用茶工8人，旺季临时聘用40多人，挑运茶工视情况临时聘用，资本金为大洋8000元。

万象春茶行的经营方式：一是收购菁茶精制红茶和绿茶，按质论价出售；二是收购毛茶进行加工，分等定价，用木箱套布袋包装出售。以菁茶精制，每年谷雨前后焙绿茶，立夏时晒红茶。因谷雨时的茶叶幼嫩，制出的绿茶有白毫像银丝一样，故取名“银丝茶”，泡出来的茶水呈深绿色，如竹叶青米酒一样，清香可口。此外，还有专收“一刀一枪”的菁茶特制的“柳青茶”，专用大白茶精制的“白茗”，还通过烦琐的工艺制作“工夫茶”等品牌茶。其中，“白茗”很受津沪苏杭一带的茶客喜爱；“工夫茶”泡出的茶水如陈年米酒一样，喝了口感清馨，心旷神怡，畅销各地。

民国《屏南县志》“宗教”章载：光绪十六年(1890年)，英差会派遣英籍郭恩赐和萧爱美两位女执事来棠口传教，于光绪二十年(1894年)建成崇正堂，成立棠口教区，在下教堂办起西医室和育婴室；同时，英差会又派遣潘美顾等两位女医生来棠口教会创办西医室。光绪三十年(1904年)，英差会决定建造大规模西式建筑群扩大教堂，地点选在崇正堂右前方50米处，占地面积25亩。征地前，万象春茶行的东家周以振，身患急性盲肠炎，生命垂危，潘美顾医生为他做了切除手术，终于在有惊无险中捡回性命。为报恩，周以振把教会边的一丘上等茶园无偿献给教会。此后，教会与万象春茶行关系密切，周以振三兄弟与其家族成员多数成为基督教徒，教会每年向万象春行收购茶叶三五百箱，销往国内各地教会和海外，使万象春茶行的生意兴隆，富甲棠溪。

周氏三兄弟用售茶所得100块银圆买下黄厝七星潭边的土地(占地面积3.6亩)，建大型水碓坊。包括水碓楼、引水渠、住房、仓库、书楼等，以棠溪之水为动力，推动大型水车带动水碓和石磨，进行舂米、磨麦、磨米和磨豆等，人称“磨坊”。村民可随时到磨坊换面粉和加工大米，方便了各村民众。万象春生意兴隆，带动棠溪一带农民的种茶积极性，棠口、凤林、安溪、小章、旺坑等36村农民广辟茶园，面积逐年扩大，茶叶产量不断提高，这一带成为当时屏南最大的茶叶产区。

光绪二十五年(1899年)，周作衔逝世后，由周以修主管家业，直到民国八年(1919年)，因兄弟分家，茶行划归周以振经营。民国二十六年(1937年)，抗日战争全面爆发，海关封闭，外销停滞，茶行亏损。民国二十七年(1938年)，这个具有63年历史的万象春茶行终至关闭。①

(五)周墩陈姓茶商和广源泰茶行

清咸丰、同治年间(1851—1874),周墩七步茶商陈步桐创办广源泰茶行,采取产制销一体模式,在主营红茶出口的同时,还兼营南北京果、布匹、百货、日杂、药材及代外商采购造纸原料等。广源泰为满足交易结算需要,发行了"赁工票"和"银票"两种代用券。"赁工票"面额为1分、2分、3分、1角(30分为1角),用于茶坊员工工钱兑换,在七步一带市面上可以自由流通;"银票"面额为1元、5元、10元、100元(银圆币值),可在福州、福安、周宁等地流通兑换。广源泰鼎盛时期,发展有连锁的盛记、鸿记、昌记、兴记、丰记5个分号,拥有大规模的茶坊、店铺、磨坊、药店、豪宅13幢。陈步桐先生热心公益事业,乐善不倦,见义勇为。光绪乙亥(1875年)岁歉,贻书棠坡,由省垣往琯头购米,减价出售,人得以苏,又由温州购衣暖人,人感其德;陈步桐与杏园子衡、世芳、延阳首倡建造渡头桥、三湾桥,捐银一千五百余两;光绪十六年(1890年)重修通往宁德之新岭,路长二百余丈;光绪十九年(1893年)重修通往福安锁岭千余级台阶,修建道路,捐赠寺庙,不遗余力。陈赓勋和陈景纲传承先辈乐善好施之德,颇受乡人推崇。陈景纲精研医学,擅长医治麻疹,药到病除,他一生义务行医,众口称颂。②

二、商人组织

(一)会　馆

清乾隆年间(1736—1795),福安商人即在福州南台惠泽境,购入翁晋夫、许光礼等房子10多座建福安会馆。"(会馆正座)中祀天后,旁为邑人客闽者旅馆。咸丰初,正座火,仅余馆舍数楹。同治七年(1868年),董事李常荣等十三人倡募重建天后庙并韩阳公所。由庙直入五座,计深三十余丈有奇;由公所直入四座,计深二十六丈有余,统共阔十丈。前至街,后至山,四围馆墙为界。左隔一巷,惠泽宫之后,另购房屋两座,为负担者会所。一深九丈,阔五丈九尺;一深三丈六尺,阔七丈。前宫,后山,界以本馆墙围。"③咸丰九年至同治元年(1859—1862),霍童缪长焕与英商联合建立宁邑会馆于福州(在福州南台铺前顶)。配套建筑有马祖庙、奎光阁等,占地面积2.66亩。光绪二十九年(1903年),霞

---

① 参见周回利:《棠口万象春茶行》,李步泉主编:《闽东茶叶历史文化》第四编茶人商行,福州:海峡书局,2015年,第266～267页。

② 参见孙绍旭:《周宁七蒲广源泰茶行史略》,李步泉主编:《闽东茶叶历史文化》第四编茶人商行,福州:海峡书局,2015年,第303～306页。

③ 清光绪十年张景祈纂:《福安县志》(上册)卷之十七"公署·会馆",福安县地方志编纂委员会整理,1986年,第292页。

浦寓榕商人在福州南台安民里崎下建立霞乡会馆。[①] 光绪二十四年(1898 年),古田商人陈必光将购置的一块地献出,推举魏明然牵头倡建古田会馆,五帮共同捐输,光绪三十四年(1908 年)完成主体建筑,民国三年(1914 年)全面竣工。地点在福州市台江区同德路口(旧时称三保街吴厝埕)。其他各县也均在福州建有会馆,这些会馆主要为驻榕客商集体议事、洽谈生意、客商住宿、进出口货物存放等提供稳定场所,有助于各地商界调解纠纷,交流商业信息,一定程度上促进商业贸易,带动经济发展。

(二)商会和同业公会

光绪十一年(1885 年),成立福安县商会,首任会长洪加恩,继任会长陈琼燕、王邦溪等。光绪二十四年(1898 年),成立古田平湖商会,设董事 5 人。光绪三十二年(1906 年),成立霞浦县商会,地址在霞浦县城北社龙王庙,首任会长王邦怀。宣统二年(1910 年),福鼎城关布、烟、光、渔几个同业公会发起成立福鼎县商会;并成立三沙商务分会,地址在三沙巡检署。宣统三年(1911 年),成立寿宁斜滩盐业同业公会,随后茶业、油业、南北杂货、百货业同业公会相继成立。商会和同业公会选举产生董事会董事若干人,设总理 1 人负责主持日常事务性工作;办公人员有秘书、录事、勤杂等。商会、同业公会均订有章程,按章程履行义务和行使权利。清末民初的商会不仅是商人统一的组织形式,而且是商人社会地位和参政意识提高的产物,在稳定当时市场经济秩序,保护工商业者利益方面具有进步意义。[②]

清末商会的产生与发展,对中国近代政治、经济、文教以及商人的成长壮大,产生了不可忽视的影响。清末闽东北各地商会既不是官办机构,也不是半官方的组织,而是带有一定"官督"色彩的商办民间社团。当时商会钤印由农商部发给,县商会可以直接呈文给农商部交涉相关事项。如福安城关原来只有一所紫阳小学,光绪三十四年(1908 年),由福安商会出面请在龟湖山后面天后宫处筹建湖山高初等小学校,但受到县公署衙门官吏的多方阻挠,无法立案。后来县商会呈文报请农商部转咨教育部立案,才正式创办县立湖山初高两等小学校,商会办事力度由此可见。清末,三沙渔业商会的成立,对稳定三沙的渔贸市场,服务渔业生产者,促进经济发展,也起到极为重要的作用。

---

① 新编《宁德市志》大事记,北京:方志出版社,1995 年,第 15 页;新编《霞浦县志》大事记,北京:方志出版社,1999 年,第 21 页。

② 参见新编《宁德地区志》卷二〇《群团》第五章"工商团体"第一节"商会",北京:方志出版社,1998 年,第 978 页。

第五节 商贸管理与宁台关系

一、集市管理

明代，福安县最大鱼市富溪津即设有巡栏、官牙，加以管理。“明设巡栏（报货物税），复改设官司牙（征鱼税），以平贸易，择公慎者为之。万历三十七年罢，商贩不便，三十九年复设……国朝因之，康熙中年裁革。”①明万历福安知县毛万汇《韩阳拙令·一为禁革小牙事》载：

照得富溪津商税，原系百姓奏请通商足课，故仰承上司德意，与众复之。其所税，亦止于贩海鱼鲜耳。乃闻先年历有给帖小牙，则并苎麻、糖、靛尽税之。夫小民勤苦，筋骨所入几何？而官利其纤悉之朱，价以给帖，奸民遂执官府之帖以横征，致穷乡细民无所控诉。为民父母者，亦何忍以不义之财，而贻赤子以无穷之害也！本县到任，合行裁革。为此示仰各都图大小人等知悉：凡民间苎麻、糖、靛等货，悉听自相贸易，敢有势要土豪及奸棍人等，指称先年官帖，把持行市，欺骗财物者，许被害之人即时首告，以凭重治。

文中述及万历三十七年（1609 年）罢官牙（即“给帖小牙”）的原因，即官牙所选非人，造成鱼牙税抽收的范围任意扩大到民间各货上，只好由县令出面予以废除，但废除后，又不方便鱼课输纳，两年后只好“复设”。清乾隆以前，年征富溪津商税银六十两，闰年则加五两；乾隆元年（1736 年），福安知县萧荃呈文免征。

乾隆初，宁德县的八都牛道头，也发展成为著名鱼市，“有税馆、巡司馆、牙馆”；此外琼溪津、北门津、飞泉津、峬村津、霍童津五个鱼市，亦各设巡栏一名，计五名，“宁德县商税等课，共征银四十九两三钱七分九厘零，有闰月加银四两一钱四分八厘零。巡栏五名，每名工食银三两六钱，共银十八两，抵纳商税等课”。②

万历十二年（1584 年），福宁州对开往浙江的福建商船开征沙埕税，按船计征，每艘船年征银十六两，起先是由私牙（市侩）负责征收，其税银收入归福宁州助饷。万历十九年（1591 年），分巡道李琯认为私牙多系客居者，恐其卷税款逃走，改选择本州富户八人充官牙（官侩），“增其税至八十两，以三十两佐饷，五十两为本道操赏之费。然商人便于私侩，而官侩徒拥虚名，税遂多负。万历二十年，分巡道吴之鹏，尽籍私侩五十家，分属官

① 清光绪十年《福安县志》卷三“疆域·街市”，福安县地方志编纂委员会整理，1986 年，第 22 页。

② 清乾隆二十七年《福宁府志》卷一〇“食货志·商税”，福建省宁德地区地方志委员会整理本，1990 年，第 268 页。

侩,委官以主其事,季一更换。万历三十八年内监高□,乃算商贾之货,岁以三千四百七十八两为准,以三千两输入内监,其余存司”。① 沙埕税从万历十二年(1584年)的按船计征,到万历三十年(1602年)的按货物计征,税银从八十两涨至三千四百七十八两,一方面是商税负担加重了,另一方面也可以看出闽浙集市贸易发展了。福宁州除沙埕税外,各埠还要开征商税,税银在数两至数十两之间。乾隆四年(1739年),福鼎县把商船和渔船统一编成海、晏、河、清四个字号;海字号一年征税银一两,晏字号五钱,河字号三钱,清字号有底无盖(无船篷)免征。

二、食盐管理

(一)灶　户

闽东北沿海居民用煎熬法生产细盐,有柴薪等费用,所以折半征税。明永乐初,都运谭氏建议在宁德县开设盐场,因宁德举人陈宗孟呈文条陈不宜,故罢。明隆庆末,官商将沿海灶户编作五场,每季散银于各灶(户)。每银一钱,捎盐一百六十斤。灶户日夜煎熬,给商之外,剩余部分名叫“火食余盐”。宁德县“漳湾并青山团,年产细盐二万担。半为宁邑本地额销,半配寿宁商人运至斜滩埠行销。(全县)设灶户三百名。煎盐交仓,每团秤一百斤,给灶价钱二百八十文。清乾隆四十三年(1778年),奉文加增钱一百文。设团长、甲长,为催煎查卤等役”。②

霞浦县“淳管场一所,灶丁三十三名,锅煎细盐,年约计出盐一千余引不等,分配本府商人采买行销”,“漳湾场,宁德县盐埕,锅煎细盐共六所,灶口共三百名。年约计出盐二万余引不等。分配本县并寿宁县商人采买行销”。③

(二)行　盐

福安黄崎镇水路与三沙湾相连接,运盐船进来多系贩卖私盐,离开时还顺带劫财掠人,为害地方。嘉靖十四年(1535年),盐运使娄志德呈文巡抚福建监察御史,获准在黄崎镇建立盐运分司,“召船造船,给引支盐”④。嘉靖十五年(1536年)三月,正式设立福建盐运分司于福安黄崎镇。黄崎镇盐运公司又称东路盐运分司,其食盐仓库设在黄崎镇大盘村,其盐行销内外八港:黄崎港分销路线为,从大盘运至长崎,开邦吊卖,水运小船经廉

---

① 清乾隆二十七年《福宁府志》卷一〇“食货志·商税”,福建省宁德地区地方志委员会整理本,1990年,第266页。

② 清乾隆四十六年《宁德县志》卷四“赋役志·盐课”,厦门:厦门大学出版社,2012年,第355～357页。

③ 清乾隆二十七年《福宁府志》卷一〇“食货志·物产·盐场”,福建省宁德地区地方志委员会整理本,1990年,第310页。

④ 明林烃《福建运司志》卷七“征输·东路梓船牛船”。

村至穆阳，共计水路120里，转卖山客，由陆路挑运至松溪政和县散卖；罗源港，大盘罗源县东门外计水路140里，再用船运至港尾散卖给东洛澳、西洋澳、夏屿澳松枝、杞铺等码头发卖；水漈、西陂港，大盘至渔仓100余里，至霍童70里，至莒洲水路100里，再由莒洲经陆路销往古田（屏南）松溪；西陂港盐则分销往寿宁政和；秦屿港，大盘秦屿水路180余里，盐分销于八都坎门、水澳、屯头、茶堂各处；楼前港，大盘至宁德县楼前港水路100里，盐大半系由陆路挑运至松溪、政和、古田散卖；文岐港，在州城东七里，与大盘水路125里，盐分销于青浩、古县、三沙、沙合、渔洋、大金、高罗、闾峡、下浒、延亭、文岐、赤岐等地；桐山港，距大盘190里，分销于前岐、郑岐、巽城、流江、吊澳、沙埕、店头、店下等地。东路公司负责建宁府松溪、政和、寿宁食盐分销，这三县没有盐引，“各港引盐与福安县细盐各印给小票，听商分填，水客山贩挑盐照运，定以限期，限满投县销缴……但浦城一县原食西路官盐，派销引目上，官吏有参罚之责，东路票盐不许借口越入……凡遇水客山贩挑盐经过，查验小票，有票为官司盐，截角放行，无票为私盐，即便拿究，轻则照常究拟，重则解道处治”。①

清初，盐政差御史分巡督课，设运使、分司提举、吏目、大使等官，按数定课，分地拨销。顺治十八年（1661年），撤巡按归巡抚衙门管理。康熙三十一年（1892年），复设盐运差司，刊由单呈该御史报部，先后题增，补引添课，各县这才有商有引。雍正元年（1723年），核准将盐院衙门各官及商人，尽行裁革，应征课饷，照广东琼州府之例，均摊各场，交与各州县，照数收纳，兴泉道管辖，解交司库，仍令各场选派佐贰官一员，监管盐务，所有公费照数充饷，引停不行。雍正四年（1726年），始招水客，定额试办，于年额外多销者为盈余。乾隆七年（1729年），复行请引，佥商办理，按各县原征额课，分为正额，配销正引；盈余额，配销余引。其霞浦、宁德场，编立团长，督率灶丁，日晒盐斤，尽数上仓，听商坐养，按上仓盐斤，给价请领，由票赴场配运。霞浦、福鼎、福安、宁德、寿宁等福宁府五县及附属行盐的政和、松溪、罗源三县，计正额六万五千七百三十九引九百四十五斤半。“霞浦县正额六千一百三十引。盈余一万一千零二十四引三十斤，额外三千、四千、五千引不等；又带细盐二千引。福鼎县正额共一万六千九百八十余引。福安县正额一万零三百三十四引八十二斤半；附政和县额一万零五百八十九引二斤；附松溪县额一万零五百八十九引二斤。宁德县正额一万引。寿宁县正额一千一百一十七引八斤；斜滩细盐一万引，盈余一千引。附罗源县拨额一千引。”②

（三）盐　税

嘉靖初，刘椿、薛希敏、黄五峰等人呈文请开东路官盐，行盐于上四府及江浙等处，本地所产的细盐照旧流通。不久，盐商为垄断食盐市场，从中渔利，不许细盐煎熬挑贩。知县林时芳援引有关条例，认为挑盐卖不算私贩，呈文两院，才废除其禁。万历四十二年

①　明林烃《福建运司志》卷七“征输・建宁府松溪政和寿宁三县无销引”。

②　清乾隆二十七年《福宁府志》卷一〇“食货志・物产・盐法”，福建省宁德地区地方志委员会整理本，1990年，第309～310页。

(1614年)《福宁州志》卷七“食货志·盐钞”:“国初,男女岁给盐三斤,征米八升。永乐初,大口纳钞一十贯,支盐一十二斤,小口半之。其后盐亦不给,但计积通州之数,共征二百六十七两八钱零,内以一百五两七钱零起运南京,其余者存留本州。”雍正元年(1723年),地方官府逐渐放宽民间集市贸易管制,取消官盐制度,任凭民间小商贩自由运售食盐及农副产品,而集市上的违禁商品也随之增多。时福安下白石设局征收渔配课,每担鱼配盐十斤,抽盐课二百文。道光二十年(1840年),官逼富户充盐商。“宁德贡生蔡若书被迫承办,倾其家。”[①]同治十一年(1872年)招商认办盐店,但官盐销售不旺,商人多数裹足不前。官府强迫本地富户充商,低盐价以便民,然耗重利轻,亏蚀过甚。霞浦县富户游元儒、郑希玉被逼充盐商,连年亏损,几至破产。清咸丰间,闽浙巡抚左宗棠改良办法,招商承办,霞浦县年配盐引行销额,定课钞七千二百余元。光绪二十一年(1895年)后税率不断加重,盐政由此衰败。民国初年,为增加课盐收入,实行盐业专卖。民国十二年(1923年)废专卖,实行就场征税。

三、海关及关税

清康熙七年(1668年)设立东冲口常关税。“清康熙二十三年(1684年)平台后,开放海禁通商贸易,(关税)历系由钦差内务府人员监督征收。至雍正元年(1723年),令地方官监收。六年,复派内务府人员监督。乾隆元年(1736年),改归总督衙门。二年,改归巡抚衙门。三年,归将军衙门,委旗员一员分管宁德总口。又于白石司、沙埕、福宁府、罗源、秦屿等处,设立口岸分征税银。于霞浦之东冲、盐田,宁德之二都、八都设立口岸,稽查透漏,统属于宁德总口。统共征银一万五千两不等,年无定额。雍正八年(1730年),监督准泰奏准征税则例,刊示晓谕商民。向设关在邑城东关外。乾隆十五年(1750年),东湖筑堤,船泊酒屿地方,遂移设东湖。后堤崩废,船仍可入东湖,于三十一年复移故地。三十四年,奉文委福宁府通判协办。三十五年,奉文文武委员参半委用。三十六年,改委福宁府会办。四十四年,奉文专委旗员。”[②]至光绪八年(1882年),改东冲口为总口,宁德为分关,归闽海将军办理,规例百出。

光绪二十五年(1899年)在三都澳设立福海关,福海关税务司办公地址在三都岛前岐塘,光绪二十六年(1900年)建税务司办公楼。福海关业务上受中央海关总署领导。关内配备税务司一名,帮办、稽查长各一名;下辖供事、录事、检查员各若干名,文案一名,听差一至二名,关内配备小轮船一艘,水手二十多名。光绪二十七年(1901年)常关和洋关归并,东冲口设常税总口,后称福海分关,配备分关长一名,办事员检查员若干名,水手十余名(亦配备小机轮一艘);福海分关隶三都福海关税务司管辖。另在宁德县城东门、飞鸾、八都,福安下白石,霞浦盐田、七星、东冲,连江可门等处设立常关,配备常关长一

---

① 民国本《宁德县志》卷三《大事记》上册,宁德市蕉城区政协整理印制,2011年,第56页。

② 清乾隆四十六年《宁德县志》卷四“赋役志·关榷”,厦门:厦门大学出版社,2012年,第354～355页。

名，水手三至五名开展稽查。福海关年征关平银十万至十八万两，视商运之多寡而定。

四、宁台往来

明代奉行禁海政策，故明隆庆以前，有关闽东北与台湾商旅往来的记载不多。明末，福鼎沙埕、霞浦三沙和宁德三都是东南沿海重要经济贸易口岸，郑成功多次挥师深入闽东北沿海筹措粮饷，张煌言一度驻师沙埕抗清。闽东北沿海的商事活动禁而不绝。清康熙元年（1662 年）正月，福建张瑞等三十二人，自日本长崎运载绫、丝、药材等与倭人进行走私贸易。五月初四日，回到沙埕，载回海参、香蕈百担洋贷，转运浙江，于六月十一日被台州守备何龙部查获，货概充公，人皆处死（《清康熙元年三月三十日刑部衙门尚书觉罗雅布等残题本》）。可见这时的沙埕是闽浙沿海商贸的一个据点。另据福鼎管阳《鹤洋碧山张氏族谱》记载：其第十六世孙张国雅，读过几年书，有到外面经商发展的志向。康熙六年（1667 年），郑成功刚收复台湾不久，闽台人员往来频繁，贸易兴旺，国雅便赴台经商，朝廷奉行海禁和迁界政策，被迫滞留台湾。清廷的海禁一度极其严厉，但仍然无法完全断绝闽东北与台湾间的人员往来。张国雅的侄子张商，为了打听叔父下落，在康熙十七年（1678 年）去了台湾；而康熙十九年（1680 年）秋，张国雅寻得机会，亦搭船回到福鼎管阳，并因父病滞留在家，这时已是康熙二十年（1681 年）春，恰值张商回来，两人在台竟然无缘会面，大为感慨。不久叔侄二人双双赴台经商。后来张商在台从军，以军功官至千总，曾两次返回福鼎管阳。①

清廷收复台湾后，闽东北沿海即行开界。据文献记载，从康熙二十二年（1683 年）十月下旨开界，迁民归里，到真正发给证照，持续了很长一段时间，而海禁也并没有随开界而解除。当时宁台间往来以另一种形式进行，那就是“班兵”制度。康熙二十三年（1684 年）四月收复台湾后，设立台湾府，隶属福建省。为加强对台湾的控制，在台设总兵一员、副将一员，兵三千据守。康熙三十三年（1694 年），守台兵力增至水陆十营，其兵丁从漳、汀、建、福宁、海坛、金门六镇标及福州、兴化、延平、闽安、邵武五协标抽调；水师从福建之海坛、金门、闽安三协标及广东水师之南澳镇标抽调。刚开始时，精选各营年力精壮，有身家者，注明年貌、籍贯、疤痣等，具造册三本，一存原营，一交厦门点兵官复验，一交台湾验明收伍。据道光年间分巡台湾兵备道姚莹记述：“台湾一镇水陆十六营，班兵一万四千六百五十名，自内地五十三营遣戍，三年更替，至台分入各营。”道光八年（1828 年），福宁镇抽调配拨兵额：

艋甲营参将辖艋甲营兵 707 名中：桐山营兵 70 名，内外委 1 员；福宁镇中营兵 18 名，内外委 1 员。

艋甲营参将护洋水师营兵 707 名中：烽火门营兵 244 名，内外委 1 员；福宁镇左营兵

① 张振弼、张大罗：《碧山张仁测公派下繁衍宝岛台湾》，《福鼎文史》第 24 辑，2006 年，第 34～38 页。

19 名,内外委 1 员。

右噶玛兰营旧额上府兵 397 名中:福宁镇右营兵 33 名;福宁镇中营兵 30 名。

北路协辖竹堑右营新拨上府兵 726 名中:福宁镇右营兵 133 名,福宁镇中营外委 1 员;福宁镇左营兵 164 名,内外委 1 员;桐山营兵 105 名。

先后在台任职的闽东北籍武官有甘国宝(屏南)、林永昌(古田)、方朝辉(福鼎)、郑恒健(霞浦)、张朝发(福鼎)、陈士恩(古田)、卢长庆(霞浦)、陈玉龙(福安)、杨荣标(福安)、董长潘(霞浦)、黄廷春(宁德)、范志远(福宁)、陈君赞(福宁)、潘步元(霞浦)、林勋(福宁)、黄遇春(宁德)、蔡法辉(福鼎)、王正华(福宁)、洪福(福鼎)、江继芝(福鼎人)、江继臬(福鼎)、游绍芳(福鼎)、孙胜武(福鼎)等 20 余人。其中有的娶回台湾籍妻子,有的则干脆留台定居。①

抽调的兵丁到达台湾后,清廷为防止兵变,将所抽兵丁重新编组,分散驻防。来自各镇、协标营的兵丁,为保持联系,在驻地筹建自己的伙馆,伙馆拥有一定数量的产业。烽火营班兵所建的伙馆称烽火馆,台湾的澎湖、台南等地均建有烽火馆,其中澎湖马公市所保存的烽火馆资料尤为详细:康熙六十年(1721 年),福宁镇标烽火营拨戍澎湖班兵 92 名。乾隆四十七年(1782 年)、同治八年(1869 年),分别为 14 名和 6 名。澎湖烽火馆旧址在今澎湖马公市民族路(该馆二战期间被盟军飞机炸毁),始建于乾隆三十年(1765 年),历经重修,由澎湖右营都司委托目兵林凤捷代管,后来一直由林氏后人代管。馆内存碑二方,一为乾隆三十年(1765 年)立,一为光绪十六年(1890 年)立;地契三份。还有奉祀的烽火帝君、广利侯王神像,至今仍在林氏子孙家中完好保存着。另,台南的安平地方亦保存一方烽火馆重建碑记,勒碑年代为乾隆三十三年(1768 年)。三年一轮的班兵亦有因故滞留台湾,在台成家立业,繁衍后代的。

霞浦三沙发现的道光十一年(1831 年)保护运销台米粮商利益的告示碑,也是宁台间贸易往来的见证。道光十一年(1831 年),霞浦县境内遭受自然灾害,粮食歉收,时有商船运台湾大米来福宁府城和三沙港销售,船只进港后却遭到营兵、衙役等敲诈勒索。时霞浦县秀才林大堃,目睹其状,上书福建巡抚衙门,状告其不法行为,获得批示,责成霞浦县严禁苛索不法行为:"阖邑军民人等知悉,嗣后如有船户贩运台米进港,听其随时粜卖,不得扰累阻挠……"②这表明清代后期,宁台的民间贸易还是受官方保护的。

---

① 周瑞光:《班兵始末和闽浙边台营丁官弁录》,载作者自印本《太姥传音·闽浙边历史文化丛谈》,1998 年,第 309～314 页。

② 李继昌:《李大堃与保护台商告示牌》,《霞浦文史资料》第 21 辑,2012 年,第 106～111 页。

第五章

民国时期闽东北闽商的从业动向

1911年11月中旬，福建政务院派出一支宣抚队（队长庄超然），悄悄来到三都岛上，经过一番谋划，由炸弹队、洋枪队和商团队组成便衣队驰赴福宁府所在地霞浦城关，知府督格闻风潜逃，福宁镇台率兵民数千人出城欢迎，呈缴府印，闽东北在和平与欢笑声中，完成改朝换代。此后，承袭半个世纪以来茶叶出口的累积，闽东北闽商又有了进一步的发育，和第一代商人凭借种、制、运、贩茶的白手起家不同，第二代、第三代茶商有了祖、父辈累积的资本，并且大多数拥有留洋背景、学历高，怀有实业报国的理想，经营上也一改原有购买田地，坚守种植业一成不变的单一经营理念，而是以茶为主，多业兼营。如闽东北最大茶商、运输商陈俊士，原有田租二万二千担，到了他留洋归来的孙辈陈慕彭手上，尽售田地，获得资本经营钱庄、办工厂、开布庄，其商行遍布上海、宁波、温州、福州等地；王泰和不但拥有一支运输船队，还经营着三都大街上数十间店面；高而山干脆让赛岐新街都姓了高。但正当闽东北闽商以良好的势态加速度发展壮大时，抗日战争爆发，阻断了闽东北闽商崛起的梦想。王泰和的船队被征去沉船堵港，三都新街在日寇飞机狂轰滥炸下成了一片废墟，茶市一落千丈。抗战胜利后，又因内战的爆发，茶叶贸易复兴无望，遂使闽东北闽商一蹶不振。

第一节　主要贸易商品和集市的变化

一、主要贸易商品的变化

民国时期，闽东北的最大宗出口贸易商品是茶叶。其次是油料（茶油、桐油、菜油）、红糖、烟草、粗纸，以及林产品、畜产品、海产品等，这是农产品商品化的结果；还有陶瓷、五金、日用品之类，则是手工业商品化的结果。进口的火柴、煤油、洋布等，是境内无法生产的生活必需品。最后是贸易流通所必需的服务类商品，如交通运输、金融保险、邮政电信乃至度器衡这些服务类商品。这些贸易商品，是闽东北闽商得以发展的必然因素和先决备件。从贸易商品的兴衰中，可以窥探出闽东北近代经济消长的脉搏。

(一)出口商品

三都澳《福海关年度贸易报告》载,民国元年(1912年)经三都澳出口的主要货物有:茶叶107218担(其中绿茶52636担,红茶50637担,茶梗茶末3945担),茶油8693担,红糖12462担,陶瓷器130567万担(2600万件),牡蛎113232担,柴片312628担,竹竿112706条。民国十一年(1922年),三都澳福海关出口货物价值关平银2368329两,大宗仍为茶叶,贸易价值为200万两,约占整个出口贸易货值的85%;此外则为粗纸、瓷器、茶油、桐油。民国十七年(1928年),海关出口货物价值关平银2832188两,大宗仍为茶叶;此外,粗纸出口增加1倍,瓷器出口增加60%;当年出口往台湾的货物价值为9270两。

民国二十二年(1933年)《京粤线福建段沿海内地工商业物产交通报告书》载及闽东北沿海四县商品出口情况如下:

福鼎出口的货物有茶、烟叶、矾、棉纸、猪羊、虾米、草纸、豆荚等,尤其以茶叶为最,年出口7万包,此外是烟叶3000担,矾10万担,茶油8000担,菜油4000担,这些货物多运往福州、台湾、厦门、平阳等处。棉纸400担,由浙江经过福鼎转往福州,猪4000头,虾米2万余担,草纸运往山东及福州,年约8000担。

霞浦出口的货物有大米、番薯、桃、李、棉纸、伞骨、碗、竹、松柴、猪羊、海味、铁等。其中出口大米有1500担,番薯2万担,桃、李出口约值5万元,碗500担,竹3万担,柴6万担,羊4000只,猪2000头,海味值100万元,铁1万担,还有虾等。

福安出口货物为茶叶、松柴、牛皮、羊、竹、茶油、桐油、赤糖。首推茶叶,年出口4万担;柴1万担,多运往福清、平潭及沿海各岛;牛皮年达500担,多运往福州;羊2000只,竹3万担,茶油桐油1万担(茶油占90%),赤糖5000～6000担。此外尚有柏油、柿子、粗瓷等,但为数不多。福安人烟稠密,面临三都澳,为寿宁等县交通门户,故营业数量较巨。

宁德出口货物有海纸、粗碗、蛎、茶叶、木板、甘蔗、锡箔等。主要产品有海纸2.5万担,粗碗5万担(每担20付),蛎类6万担,茶叶3万担(每担30元),木板类10万块(每块1角),甘蔗15万条(每条2分),锡箔值1万余元。

抗日战争爆发后,闽东北沿海港口遭到日军封锁,出口通道受阻,除少量茶叶经抢运出口,大部分商品出口贸易中断。

综上可知,闽东北的出口商品绝大部分是农林渔牧产品,只有极少数的陶瓷是传统手工业产品。缺少资本型、工业原料型和大规模技术型商品,这就决定了闽东北闽商底子薄弱,很难有累世资本和经验积累,缺少巨商大贾。

(二)进口商品

进口闽东北地区的外国外埠商品多数经由福州和上海转运而来。最主要的洋货是火柴和煤油。民国元年(1912年),进口火柴104100罗(1罗为12打,即144盒),煤油50万加仑(美制1加仑为3.785升),土布135万匹,大豆3.17万担,此外还有意大利布、印度棉纱、面粉、鱼骨、颜料、洋咸鱼、糖等。闽东北沿海是著名渔区,时因国内盐价飞涨,导致进口咸鱼增多。民国四年(1915年),因欧洲战事,加上装运油轮缺乏,阻碍了美国煤油运抵远东，市面所售者，多为苏门答腊、日本及波罗岛煤油，且煤油价值骤行腾贵：原来美国煤油每箱两罐，为四元三角，苏门答腊每箱两罐为三元七角四分，现在每箱全都涨到了八元。民国十三年(1924年)，进口商品估值关平银278045两，各货物均有增加，最重要的是火柴及渔产品两宗。火柴2550罗，渔产品11841担，煤油进口数为37801加仑，其中苏门答腊煤油为179101加仑。标布共850匹。铅块为福安茶客用作茶箱衬里之用，行销本畅，本年因红茶减少，故亦短680担。

民国二十二年(1933年)《京粤线福建段沿海内地工商业物产交通报告书》载闽东北沿海四县进口商品情况如下：

福鼎进口商品有咸鱼、洋糖、洋油、面粉、肥料、棉纱、盐、洋布、苏广货等。其中年进口咸鱼2万多担，多由上海、山东、台湾等处运来；洋糖年平均500包，洋油32000箱，面粉2万包，棉纱1000包，食盐6000担，鱼盐8000担，洋布年进口值12万元，常熟土布值20万元。

霞浦进口商品有筒布、面粉、洋糖、洋油、盐、药材、肥料、京果类等。霞浦地方辽阔，进出口货物不是经过一个关卡运进，确实数量无从考查。据估计，筒布一项年均进口2万筒(多由温州转陆地运来)，价值10万元；面粉5000包，洋糖2000包，洋油2000箱，盐25000担，药材400担，京果类200多担。

福安进口商品有盐、洋油、牛骨、肥田粉、咸鱼、土布、面粉、洋糖、棉花、火柴、药材、大豆等。其中最大宗的首推食盐，每年输入6万担，煤油6万箱，牛骨1万担，肥田粉6000包，咸鱼值150万元(多来自山东、浙江、台湾)，土布2万筒，面粉1.6万包，洋糖5000包，棉花300担，大豆6000担，药材值3万元。

宁德进口商品有咸鱼、面粉、洋油、土布、茶油、京果、洋布、苏广货、火柴、药材、盐、糖等。最大宗为咸鱼，年进口35000担，每担20元；面粉每年28000包，每包35.5元；洋油8万箱，每箱2.5元；京果杂货年均15000担，每担平均约30元；土布2万筒，每筒15元；茶油5000担，每担28元；药材值25000元；盐15000担，每担6.5元；洋糖4000包。

抗日战争爆发后，闽东北沿海港口遭到日军封锁，进口受阻，进口商品锐减。

二、近代集市变化

闽东北集市发展经历了从中古传统鱼盐贸易型镇市向近代茶叶加洋货贸易型集市的演变，在清咸丰以后出口格局变化和新兴轮船运输业的刺激下，加速转型，一些传统的鱼盐集市，如黄崎镇、大京镇、富溪津等商贸镇市地位急速下降，而穆阳、坦洋、白琳、秦屿等茶叶商贸集市则脱颖而出；因新兴大吨位船舶、轮船运输的兴起，三都澳、赛岐、沙埕、三沙、水口、黄田等一些适合轮船运输的港口型城镇则扮演了领风气之先的新型城市角色；一些原处在水陆运交汇点上的集市，如宁德的霍童、八都，福安穆阳，寿宁斜滩，霞浦的盐田、溪南，福鼎的秦屿、店下等集市的贸易地位也得到加强；因政治、经济活动频繁和紧密交集的缘故，城关人口更趋集中，地位更加突出。晚清以迄民国，在闽东北集市规划、城镇街道拓宽改造、市政设施和新兴城镇建设上都可以看到闽东北闽商勤勉、努力的身影。

(一)三都集市

清乾隆年间(1736—1795),“三都无街而有市,其地四面距海,居民多以渔为业,晚唱归来,交易成市,无定时,亦无定处。而官井洋于立夏、小满二节气各有五日石首鱼应候而至,宁(德)、福(安)、霞(浦)三邑渔船梭织,远近商人买鱼者云集,连宵达旦,灯火辉煌,数日而散,此则偶然成市者也”。[①] 就是在这个无街有市的三都岛,1899年5月8日三都澳福海关正式开关。民国六年(1917年)三都澳已经发展成为闽东北重要集市:

> 三都澳市街主要位于北岸山脉的山麓,海岸线上筑有高2.7米至9米的坚固石堤,码头全部用大石头筑成,宽约3.6米,高7.2米,一直延伸到离海岸线180多米处。市街各处夜间都不点灯。三都澳潮汐影响海水深度很大,其落差达5米左右,满潮时整个海湾被海水浸泡,貌似良港,但退潮的时候,离海岸线180多米的地方裸露淤泥,只有码头的前端有海水,大轮船和大型民船都不能靠近海岸。停泊在三都澳码头的民船,普通小船(船身长约9米)有70艘,大船(船身长约27米,通航于福安和福州)10艘。三都澳通往福州的船只中,吨位达到两三百吨的小蒸汽船通常只有一两艘。三都岛上主要街道沿海岸线分布,住户约300户,与此并行的街道也比较繁华,其他街道不值一提。据海关的报告,三都澳人口有8000人。但实际人口加上船上生活的船夫,不过2000人左右。此外还有十余名外国人,他们都是海关官吏和传教士。最繁华的地方是太安公司附近100多米的地段,此处有30家店铺(饮食店和杂货店)。三都澳十年前还是个荒凉的小村庄,连个民船也不来停泊,如今其发展的势头值得关注,将来的发展亦值得期待。三都岛上著名建筑物有福州海关、三都电报局、三都中国银行、三都澳闽关务处、三都官务局、三都茶税局,还有意大利领事馆。大商店有同兴洋行(台湾人经营)、太安轮船公司、美孚洋行、万顺春茶栈、亚细亚洋行和齐美轮船公司等。[②]

三都澳是19世纪末中国政府自己开放的通商口岸,开埠后的三都澳与福州、温州和台湾均有定期、不定期的轮船航班和贸易往来,与福州、温州、宁波、上海的联系尤其紧密,是闽东北重要商港。各县所产的大宗茶叶先汇集到三都澳,再经由福州出口到海外各国,茶叶外出口商品还有烟草、茶油、桐油、靛青、苎麻、砂糖、粗纸和粗瓷器等;经此进口商品有棉织品、火柴、铅锭、砂糖、人参、石油和海产品等。经过将近半个世纪的经营发育,三都澳成了闽东北政治副中心,有驻军、警察,海关关署、特种区署之设,有闽东北最高学府省立第三中学,众多洋行、商铺,码头、邮电设施、金融机构一应俱全,街道也几经

① 清乾隆四十六年《宁德县志》卷二“建置志·民居·街市”,厦门:厦门大学出版社,2012年,第208~209页。

② 日本东亚同文社编:《福建省全志》第二编“福建省通商口岸”第三章“三都澳”,延吉:延边大学出版社,2015年,第44~45页。

整治拓展，到 20 世纪 30 年代中叶，已经成为闽东北新兴集市和经济、文化、商业中心。可是在日军肆虐下，三都岛化成了一片废墟，三都澳的夭折是闽东北闽商的巨大不幸，也是闽东北经济发展史上的最大损失。

(二)福安县集市

韩阳镇　县城所在，四周全被 1200～1300 米的山脉环绕。其中最高的是西门外的仙洞鼻山。此外，还有南门外的天马山、东门外的鹤山。县城的东北方丘陵绵延至城内。阳头溪从城北流向城西仙洞鼻山的山麓，由此往南流去。

民国六年(1917 年)，福安城内以及西门外的人口合计约 8000 人，户数有 1500 户。福安县城人口虽然多，但城内民房矮小，街道狭窄。只有衙前街和十字街稍微好一点，其余街道不整洁，宽不足 2 米，路面均为石头铺砌。城内的著名建筑物有县衙门、天主教堂、高等小学堂、农商务总会楼等，城内还设有森林研究会、禁烟会等各种自治机构。物产有茶叶、桐油、茶油、棉花和谷类等，商家都是小零售商，产品全部经三都澳运送到福州销售。县城的交通工具，只有少数的轿子可供选择，交通最为繁忙的是通往寿宁县的道路。从福安县城前往寿宁一般走陆路，从寿宁返回福安县城则可选择水路。至于前往宁德的交通方式，可选水路，沿着长溪航道进入三都澳，再从三都澳转往宁德县各地，福安与三都澳之间的距离是 110 公里，行程需要 2 天。货物的运费，50 公斤重付费 50 分。福安与福鼎的交通虽然海陆皆可，但是陆路险恶。若要去往福州，先从阳头溪出发，接着通向三都澳，之后到达飞鸾，然后或走陆路经罗源、连江，最后到达福州，或由三都澳续行海路去往福州。根据货物的性质，要征收比较多海关税的商品走陆路交通，而需缴纳厘金税较多的货物则行海路交通。①

民国二十二年(1933 年)，福安县城有商店 200 多家，以布店、咸鱼店居多，其次为杂货店和粮店、药店、书坊、工艺店等，此外还有集加工生产和销售于一体的制面、制香、铁店、铜店、木器店、竹店等。县城有钱庄 13 家，当店 2 家(后因军队过境强迫典当，遂停止开张)。此间，福安县城有 1 幢简易木结构的城关莲池小贸易市场，面积将近 200 平方米，常年上市贸易的商品有粮食、猪肉、食盐、咸水产品、茶油、土红酒、家禽、柴炭、棉布等。民国后期，一些集市有小量洋油(煤油)、洋钉(铁钉)上市。上市物资中以食盐、水产品、茶叶、蔗糖、桐油、榛油等为大宗。②

明清时期，福宁府城设在霞浦县。清亡以后，福宁府废，霞浦县城作为福宁府政治中心的地位逐渐减弱。福安县城以其地处闽东北中心地带，人口众多，水运可达，逐渐发展为行政督察区公署驻地，周边各县货物流通、人员往来频仍，但不通轮船，故其经济中心却落在了赛岐。

---

① 日本东亚同文社编：《福建省全志》第四编“城镇”第三十九章“福安县城”，延吉：延边大学出版社，2015 年，第 141～142 页。

② 张研、孙燕京主编：《民国史料丛刊》第 371 册，民国二十二年铁道部业务司调查科编：《京粤线福建段经济调查报告书》商业篇，郑州：大象出版社，2009 年，第 261 页。

赛岐镇 近代福安县的商业集市当首推赛岐。明万历《福安县志》已载“赛岐渡(与简岐渡、苏洋渡)并三十都”;明福安知县毛万汇《韩阳拙令》也有“审勘得盐运分司建署福安者,嘉靖中年,设于赛崎,并未驻扎……”之语。[①] 但直到清朝,乾隆本《福安县志》称:“三十都一图,县南六十里,总名赛江,今名细村。”而市集尚不列赛江。清光绪十年(1884年)张景祈纂《福安县志》才有“赛江市”的记载。[②] 民国初年,一场洪水冲毁了设在罗江的渔牙行,商贩们将它移设到对岸的赛岐,于是商旅荟萃,赛岐逐渐成为贸易重镇。赛岐镇的发展有多种因素,首先是轮船运输兴起后,位于交溪、茜洋溪和穆阳溪三溪合流后的三江口下游数里处的赛岐码头,能靠泊1000吨以下的轮船;又地处内陆腹地,为周宁、政和、松溪、寿宁、泰顺货物的中转站,便于吸纳上游木船运来的茶叶等货物,转驳到轮船运往三都澳或福州交易,返程时带回洋货,转给内地销售,可谓舟无虚发,赛岐镇的形成是市场发育的结果。其次,是当时茶商、运输商协作的产物。先是,当地金姓居民意识到赛岐开发商机,低价购进大片地皮,开设有金日兴商店等。随即,曾任福安商会会长的上白石人郭术现看中了赛岐市场前景,与福县城富商“陆兆丰”商号老板陆邦兴合作,出资向金家购地15000多平方米,建有砖木结构房屋4座。1座居住,其余3座分设丰太咸、丰太安、丰太美商号,经营棉布、药材和京果的零售和批发。最后,新义兴、李康利、太和春、陆恒源、瑞康、慎康、康胜源等商号先后设立,福安富商王泰和的利宁轮船公司、高而山的高旭记茶行、王鸣山(同福)亦进驻赛岐,也是赛岐镇商业贸易日趋兴旺的重要因素。民国二十二年(1933年)铁道部业务司调查科编《京粤线福建段经济调查报告书》商业篇称:(福安)全县出入之货均集散于此,有商店达130余家,批发号6家,规模之大,远在县城之上。

穆阳镇 穆阳是一个古老的商业集市,系长溪木船水运的终点,是周墩(周宁)、屏南、寿宁和建宁府政和、松溪、浦城商贩以所产大米、笋干、香菇、木耳和木、竹产品换购沿海鱼货、食盐的贸易地。民国二十二年(1933年)铁道部业务司调查科编《京粤线福建段经济调查报告书》商业篇称其“为内地商业中心,其商店之多且超赛岐而上之”。特别是清咸丰年间,茶叶经济红火时,穆阳有茶行10多家,吸纳周边所产茶叶,船载至赛岐,转运三都澳、福州销售,是位于水陆运输交汇点上的重要商埠。该镇手工业特别发达,所产油纸伞、线面驰名海内。

坦洋茶市 民国期间,坦洋街区商号林立,贸易货物和服务设施齐全,仅致富茶商就有近百家之多,为保护人丁和财产的安全,从上桥头入口处开始,绕过后门山,筑起了一道坚固厚实的围墙,街头、街中、街尾、后门山、每道栅栏门都建有四方形的炮楼。武装卫队最多时达360余人。坦洋市纯属新兴茶市,是茶叶经济发展结出的硕果。

---

① 毛万汇:《韩阳拙令》勘丈分司公署,《太姥山全志(外四种)》,福州:福建人民出版社,2008年,第14页。

② 参见清光绪十年《福安县志》卷三“疆域·街市”,福安县地方志编纂委员会整理,1986年,第21页。

（三）福鼎县集市

桐山镇　县城所在，位于闽浙两省要冲，距福建省最东北部的沙埕湾西北岸 2.5 公里；东北与浙江省平阳县毗邻，两地相距 95 里，离省界分水关 80 里；西南部与福安县相连，相距 190 里。县城坐落于盆地中央，民国六年（1917 年），有人口 2000 多户、5000 余人。县城街道分城内和城外，通往平阳的北门街相对繁华，长约 1 里，宽 2.7 米，铺石路面，北门和南门街道相连。城内主要建筑物有县衙门、谘议局和高等小学堂等。商家多为小零售商，县城的洋货发自温州，经平阳送达。当地最主要的物产是烟叶、茶叶、鱼货和明矾等。茶叶和烟叶由义和洋行分店收购并运送到福州，鱼类和明矾产量不多，仅在县城等本地市场销售。福鼎通往平阳的陆路上使用轿子，但数量很少，与霞浦、福安、泰顺等地有陆路相通，与温州和福州有水陆通道。流经福鼎县城的桐山溪，经沙埕湾注入大海，从河口到上游梅溪 30 里河段通小船，沙埕与福州间有轮船通行。①

民国二十二年（1933 年），福鼎县城有南门"小海"市场、北门鱼市、溪西桥山货市场等，县城有商店 700 多家，其中有批发店 3 家、印刷店 1 所、书店 1 家，其余有京果店、食馆、铁店、酱园店、布店、竹器店、粮食店、成衣铺、鱼货店、肉铺等，尚无当铺、钱庄；有大小旅馆 18 家，其中较具规模的 2 家，开在北门的旅馆入住的主要是泰顺旅客。因浙江平阳开放后，经商旅客多集中于平阳，往来浙江的商人到福鼎的比较少，县城生意相形衰落。②

沙埕、白琳、峡门　沙埕市位于沙埕湾北端，其地背山面海，为福鼎交通门户，港内水深，可以停泊大船。福州的义和洋行用自家船航运在福州—沙埕—上海航线上，茶叶产期另外派一艘小蒸汽船往福州运送货物。民国六年（1917 年）沙埕港只有 400～500 户居民。③ 民国二十二年（1933 年），"福鼎最重要的市集当推沙埕。沙埕其地背山面海，为福鼎交通门户。全市有居民 600 余家，居民 3000 多人，盐税局、消费税局、常关等均设在其地，商店有 70 余家，福鼎茶叶皆由此转口，近来市肆多转移于浙江之镇下关，又以古鹅头开放为商埠，商业又渐集中于浙江之平阳矣"。④

白琳市原为水陆通衢老镇，近代得益于茶叶经济的繁荣，成为茶商云集的专业茶市。

峡门位于县城以南 100 里处，与福州、兴化和宁波之间的交易往来频繁。港内水深，但风浪很大。人口 1000 多人，商店 50～60 家。从本港至福州只需一昼夜，运出烟叶、茶

---

① 日本东亚同文社编：《福建省全志》第四编"城镇"第三十八章"福鼎县城"，延吉：延边大学出版社，2015 年，第 139～140 页。

② 张研、孙燕京主编：《民国史料丛刊》第 371 册，民国二十二年铁道部业务司调查科编：《京粤线福建段经济调查报告书》商业篇，郑州：大象出版社，2009 年，第 259～260 页。

③ 日本东亚同文社编：《福建省全志》第四编"城镇"第三十八章"福鼎县城"，延吉：延边大学出版社，2015 年，第 139～140 页。

④ 张研、孙燕京主编：《民国史料丛刊》第 371 册，民国二十二年铁道部业务司调查科编：《京粤线福建段经济调查报告书》商业篇，郑州：大象出版社，2009 年，第 260 页。

叶和明矾等地产货物，运回京果、中国货和洋货。至兴化需两天时间，运出柴薪、干茄，运回盐。至宁波需五六天，运出明矾，运回棉布、京果、洋货、大豆和小麦。

(四)霞浦县集市

松城镇 民国改元后，废除府一级建置，霞浦县城由于地理位置偏于一隅，轮船无法直接到达，逐渐淡出了闽东北政治中心地位，但仍然不失为一方重镇。民国二十年(1931年)，霞浦城关和三沙地区共有私营商户413家，其中经营百货9家，杂货61家，酱园7家，丝绸呢绒布21家，京果31家，糕饼28家，饮食服务80家，屠宰7家，国药21家，烟酒58家，食油5家，粮食58家，食糖9家，鞋类5家，渔货11家，其他2家。抗日战争期间，海运闭塞，购销锐减。民国二十一年(1932年)，萨镇冰来霞浦考察，倡建东关"有秋市场"，木构瓦顶，后因失修倒塌。民国二十二年(1933年)，县城有商店300余家，稍大者50家，以药铺、布店、京果、杂货的规模最大，小工艺店也很多。商店多为外地人开设。有铜店10余家，营业者多为长乐人；铁店3家，营业者为浙江泰顺与瑞安县人；经营竹店者为福安与温州人；杂货店10家，经营者为福州人，批发行亦福州人；锡箔店半为福鼎人；细木店5家，营业者为长乐人与泰顺人；东门外之小买卖商店全为浙江之平阳人。此外尚有柴房店、漆店、照相店、西医店、补牙店、钟表店等。[①] 民国三十四年(1945年)，全县申请登记的私营商户降至211家。抗日战争胜利后，私营商户有所增加。民国三十六年(1947年)，霞浦县城有私营商户217家，除茶行、鱼行、柴竹行等设有专业性小型交易场所外，大多占街为市。民国中后期，霞浦县有府前街、西街、茶亭头、关帝庙、塔旺街、教场前、南郊、县下塘、桥头、鸥港、三沙、牙城、后山、雉溪、湖坪、石门坑、陇头、王家店、杯溪、杯溪上城、杯溪下城、东坡、横江、崇儒、长春、闾峡、下浒塘、厚首、沙洽、水潮、大金、南塘、溪南、盐田等市集34个。

三沙 位于霞浦县东部沿海，距县城30里，有居民千余家，市肆颇盛，以输出鱼货海味为大宗，是霞浦县商贸最为繁荣的商埠。

柘洋 近代柘洋还是霞浦县的一个辖区，因与霞浦县城相距太远，西与福安，北与泰顺往来密切，境内虽然没有集中的市场，但商铺众多，集市颇盛，在今县城位置私营商店有120多户，其中仅溪坪街就有72户，比较有名的商号有张万兴、袁义盛、新福利、谢永泰、义泰和、吴佑和、陶仁寿和下城的袁裕昌等。抗日战争时期，外省花纱布和卷烟等商品来源紧缺，境内代之以土靛印染土布和手工卷烟，印染业发展至13户，卷烟业6户。闽浙交通沿线的蒲洋、富溪、乍洋、楮坪等地都有新开业的商店。1949年，因通货膨胀，农村经济凋敝，商店倒闭甚多。

盐田、东冲 盐田在县城西40里，设有常关，税收年约1800元。其地市肆不盛，只以西通三都，为霞浦西部出入所必经之地，地位颇重要也。东冲为霞浦县南部入海之咽喉，背山面水，地当福宁府属出入之门户，常关所在。捐税之机关林立，有商店10余家，

---

① 张研、孙燕京主编：《民国史料丛刊》第371册，郑州：大象出版社，2009年，第260页。

居民约 600 人。

(五)宁德县集市

蕉城　民国二十二年(1933 年),宁德商店以粮食店、鱼货商店为最发达,京果店次之。布店因成本关系,多与苏广店合开,苏广店多兼营各种罐头。锡箔店极多,药材店规模颇大,全城有 10 余家;西医店 4 家;补牙店 1 家;小保险公司 2 家,自民国十八年(1919 年)起已保 2500 人。工艺店有铁店、铜店、木器店、竹店等。原有当铺 4 家,民国十六年(1917 年)受残兵过境影响,全部停业;钱庄 2 家,资本 2 万元。宁德县城苏广店销售货物品种齐全,有手电、缎鞋、热水壶、纸烟盒、细瓷杯、丝织品、鞋套、花边等。此外,有饼店等数十家。全县商店 1900 余家,其中县城 600 多家。① 宁德县城的批发商有华记、义成、美大、久福等,这些商号垄断着宁德县城的棉布市场;蔡家经营的义正、协泰垄断京果市场;宁波和福安客商开办的严源昌、新源昌、瑞昌等商号控制宁德县城的医药行业;细能、华美、克和等酒库支配宁德城关酒业;林昆生的一团春茶行主宰宁德的茶叶市场;黄笃夫的德顺渔行在漳湾、八都、飞鸾设有分行,控制宁德城乡的鱼货供应。

民国二十七年(1938 年),由宁德县政府财政垫款,在东门兜临河搭盖市场,面积有 300 多平方米,为当时宁德县城唯一的农贸市场。市场的设立,使东门兜成为县城最为繁华热闹的街道。东门街商铺林立,棉苎夏布、苏广百货、绸缎布匹、南北京果、钱庄当铺、图书文具、中西药物、香烛锡箔、陶瓷器皿、茶楼酒馆、服装鞋帽,应有尽有。东门兜有小有天张记酒家、大东华鞋店、蔡亦春集兴米厂、明生发电厂(旧址在今莱茵城转角处),大生米厂、新元昌药行、崇裕钱庄、聚春当铺(后改为慎余钱庄)、瑞和首饰店、冯梅生镶牙店(兼照相)、亨泰春(后改为裕丰隆)陈记日杂店、陈成桂卜卦馆、增泰米酒行、华兴洋油行。东门外有姜瑞昌药行、吴泰兴布店、光华布店、蔡锦纶布店、杨和彩布店、陈义山京果店以及中华书局、开明两家个体书店。下尾街有进利打铁店、韩兴记竹篾器具店、永和银店、游恩宠仁济西医诊所、廖伯勋西医诊所、黄德顺鱼行、通源酱园店。碧山街有李斗斗药丸店、李坤坤中西医诊所(李坤坤为李斗斗后人)、阮陈锤膏药铺、一团春茶庄、陈老其雨伞店、万丰糕饼店等。

霍童　距宁德县城约 48 公里。三都澳开埠前,宁德及霍童周边产制的大量茶叶由水陆集中于霍童水运至莒州,再经屏南、闽北、江西转到广州出口。三都澳开埠后,部分闽北地区和屏南县茶叶汇集于霍童水运到三都澳过驳到轮船上,运往福州贸易或直接出口外洋。霍童镇商号有鸿成、长成、安顺、源顺、集成、智记、益长生、黄光记、万泰鱼行、万泰干果、春泰染坊、上聚泰、下聚泰、乾顺等数十家。经营较有名的有宋氏的广太昌药材、黄厝坪典当店、缪氏的兰成茶行、陈氏的宝顺烟厂、林记正仁字号和郑记、颜记剪刀店等;飞成、清利余、清利俊、清利成等糕点店,长成烟行,欢记糖行,通天堂香烛炮,公大海产鱼

① 张研、孙燕京主编:《民国史料丛刊》第 371 册,民国二十二年铁道部业务司调查科编:《京粤线福建段经济调查报告书》商业篇,郑州:大象出版社,2009 年,第 261～262 页。

货店，杨春记食盐买卖店，兄弟染坊，郑源源茶庄等都名重一时。霍童下尾街码头，有船顺霍童溪而下，经九都、八都，由水路直抵宁德县城东湖的霍童埠，或过西陂塘抵铁沙溪（今金涵乡濂坑村）登岸，再过烟亭、单石碑抵宁德县城。宁德县城与霍童两地之间人员与货物流量很大。主要运输的货物有木竹等林产品，水果、烟叶、茶、红糖、笋干、黄豆、麦子等农产品和线面、土纸、青靛、铁器等，尤以草席、剪刀、老酒和烟丝最为著名。民国二十二年（1933 年）《京粤线福建段经济调查报告书》称："市集之大者首推周墩、霍童，与县城鼎足而立。霍童之商业近日蒸蒸日上，与县城并驾齐驱，其发达可见。"

周墩 近代周墩经营商业种类主要有食盐、水产品、日用百货、土洋棉布、干果杂货、茶叶土产、饮食糕饼等。较大商号有京果业的坤泰裕、泰兴号、周甡春、周瑞昌、协和泰；百货业的万利珍、瑞同和、坤泰裕、陈振记、周永茂、郑儒兴、协泰吕、聚祥兴等；国药店有新德昌、益元堂、益元贞、延寿春等，通常是批零兼营。除这些知名的商店外，其他经商者多属小店摊点和行商小本经营性质。抗日战争爆发后，闽东北海口被日军封锁，导致茶行倒闭，商品货源枯竭，社会购买力降低，商业日渐萧条。民国三十四年（1945 年）周宁建县时，全县有私营商业 160 户，其中经营百货业 14 户、京果业 36 户、饮食业 18 户、旅馆业 18 户、医药业 15 户、屠宰业 12 户。商品货源主要从福鼎、平阳、赛岐、穆阳肩挑运入。

（六）寿宁县集市

鳌阳镇 县城所在，四周被东山、西山和单架山包围，地处高山地带，气候宜人，有三四百户居民，人口约 2000 人。街道狭窄，房屋一般都是土坯结构或木质结构。主要物产是米（红米）、茶叶、纸、桐油、大豆，除茶叶和桐油以外，基本用于本地消费。茶叶以红茶为主，纸类有二等纸和纸箔等品种。县城有道路通往福安、屏南和政和，至福安须经斜滩，走陆路需要 2 天，从斜滩至福安有民船通行，可走水路。至政和陆路 100 公里，需 3 天时间。[①] 民国二十八年（1939 年），全县有商店 347 家，其中，县城鳌阳镇有 65 家，按行业分，有杂货、医药、茶业、布匹等。县城商号以同仁堂、协兴等资金较为雄厚。

斜滩 斜滩地处寿宁、福安两县城间，上接寿宁城关及政和、浙江边界，下有水路直通福安、赛岐、霞浦、宁德等沿海城镇，溪间货船川流不息。明清以来，斜滩成为较早的一个山区商贸中心。民国十三年（1924 年）起，集市贸易中心兴旺，有坐商、批发店、零售店。政和、泰顺、庆元、景宁、周宁等县的掮客坐贾经常云集斜滩，有经营茶叶、苏广布匹、食盐、京果、南北货、国药的商家，有的还开展对外贸易，以茶叶出口为主，辅以桐、榛油及农副土特产品，以此换取外货。民国六年（1917 年），斜滩镇有商店 20 多家。民国二十至二十三年（1931—1934），发展至 53 家，其中，屠宰业 6 家，棉布、京果业 17 家，绸布业 7 家，茶业 9 家，医药 5 家。此时，是斜滩商业发展鼎盛时期，陆续成立油盐业、茶叶、京果

---

① 日本东亚同文社编：《福建省全志》第四编"城镇"第四十章"寿宁县城"，延吉：延边大学出版社，2015 年，第 143 页。

业等商业同业工会。资本额较为雄厚者有同仁堂国药店、柳裕利南北杂货店，以及厚丰苏广布店，年营业额均在3000元以上，突出者如柳裕利店，年营业额近6000元。当时斜滩镇共有坐商150余户，其中茶行24户，南北杂货店18户，国药店12户，酿酒6户，苏广布匹店9户，饮食服务22户，糕饼店5户，成衣业6户，鱼货店7户，屠宰业6户，文具店4户，陶瓷店3户，专营食盐2户，糖果零食店20～30户。①

（七）古田县集市

古田旧城　古田旧城、平湖、水口3个集镇从事百货、酱园、药材、杂货、酒、烟、盐、糕饼、豆腐、屠宰等行业的商铺有600多家，资金86万元（法币）。县城较大商号，棉布业有生泰、鼎昌等4家，医药业有远源栈、新春等10家，京果业有资发、泰源等6家，百货业有懋春信、复隆等2家，糕饼业有聚米轩、美叶轩等3家，酱园业有源泉、天泉等4家，还有义和号盐店和经营饮食、迷信品商店等。1949年，县城有私营商店110多家，较有规模的30多家，摆摊挑卖小贩200余人。农村集市除私营商店外，还有走乡串户、肩挑叫卖、摆摊设点做小本生意的小商贩。

水口　水口镇位于闽江北岸、古田溪注入闽江交汇处，与上游的黄田镇相距25公里，下游距离闽清水路35公里，依山面水。水口地处南平与福州之间，自水口以下，闽江江面宽阔。故上游的小船到水口后可将货物转装大船下行，从福州上行的船只到水口后，要停泊过夜，并把大船上的货物分装上小船再上行。从上游捎来的木排，到水口后再拼成大排下行。因此，自古以来水口镇就是闽江中游船只的天然停靠站和货物转运站，也是福州与南平之间的最大货物交易市场。与福州有小汽轮往来，从福州直接运来各种货物，再转往附近乡镇，水口生产的木炭、龙眼肉、水口粉、雨伞等物品销往各地，当地居民生活水平较高。

民国六年（1917年），水口镇集市从上游起依次为新兴铺、高场铺、街头铺、坪街铺、关前铺、店前铺、仓王铺。以坪街铺的商业最为兴旺，街长约36米，路宽2.7米，整条街道用长方形石头铺成，旅馆、洋货店、中国杂货店、海产品商铺等都聚集在这里。坪街铺以南的道路中央铺设有小石子，主要建筑有水口镇守府、古县分县衙门、良宁监务处、青山书院、天后宫、真武殿、明王庙、初级小学、天主教堂等。水口镇有一座陈王宾祠，传说清康熙年间，古田邑令陈埃升任福建巡抚后，规定凡上游捎木排过水口时，撤回原捎夫，由水口民众代捎至省会。从此，水口民众得到捎排职业，生活得到改善，后人因而建祠纪念他。②

黄田　黄田镇位于闽江北岸，与上游的南平距离75公里，与下游的水口距离25公里。镇里有两条街道，西北—东南走向，长约300米。镇东有条小溪汇入闽江，小溪对面山丘临岸而立。镇西是低洼地，一条流自西北的小溪在此注入闽江，对岸的丘陵被开垦

---

①　参见卢陵：《民国时期斜滩的工商业》，寿宁县政协编：《寿宁文史资料》第二辑。

②　日本东亚同文社编：《福建省全志》第四编“城镇”第二章“福黄田及水口”，延吉：延边大学出版社，2015年，第68～70页。

成田地，镇北背靠山，中间有农田相隔。民国六年(1917 年)，全镇有 130 户人家，人口总共 800 人。该镇作为当地中心市场，以酿造酱油、大酱而闻名，年产值 3 万元左右。所产酱油质地浓稠，风味甚佳，供应周边村镇。该地有酱油店、海产品店、杂货店等商铺，皆聚集在镇西，比较有名的建筑有古田西区农会、教堂、吉和隆号酱油店等。道路用鹅卵石铺成，年久失修，河岸地形为高 5.5 米的悬崖，设有两处石阶，供人们通行；当地居民的生活水平较高。①

(八)屏南县集市

老县城(双溪镇) 县城近代商业规模甚小，商店多系混合经营，销售面粉、糖类、土布、土纸、盐、鱼等生活必需品，商店买卖亦有以物易物交换，资本大部分在 200～500 元之间。进货靠人工往福州、宁德、古田、福安等地采购挑回。农闲、年关及庙会期间，增设临时性商店。民国三十一年(1942 年)，日本侵略军占领福建省沿海县市，福州、长乐、莆田一带商人携资到屏南开店，商业比抗战前繁华，有京果布匹店 123 户，豆腐店 42 户，旅店 30 户，点心店 29 户，糕饼面食店 25 户，成衣和中药店各 23 户，其他如烟酒、酱园、洗染、金银、理发计 34 户，合计 329 户，从业人员 359 名。抗战胜利，沿海县市私商撤离屏南后，各乡村地主及富足之户纷纷出资办商业，私商有所发展。民国三十六年(1947 年)，屏南县有百货店 108 户，医药店 11 户，五金修配店 2 户，烟酒店 1 户，服饰店 2 户，饮食店 10 户，旅店 2 户，从业人员 476 名；另有季节性商店 820 户，从业人员千余人。

第二节 民国闽东北茶商的起落

民国期间，福安、福鼎、宁德、霞浦、寿宁、屏南、周墩、柘洋 8 个县属福建北路茶区，古田县属东路茶区。其中，福安的社口、坦洋、上白石、穆阳、坂中、溪柄、松罗、赛岐、甘棠；福鼎的白琳、店下、桐山、前岐及巽城；寿宁的斜滩、武曲、南洋；宁德的八都、九都、霍童、赤溪、咸村、周墩(茶叶从八都出口)，洋中、东山下、石堂、虎浿(茶叶从县城出口)，飞鸾、二都、金寺峰、蔡洋及林口(茶叶从二都出口)；霞浦的牙城、崇儒、六都、盐田、杯溪和下魁洋；古田的平湖、三保、谷口等地，都是福建重点茶村。民国三十年(1941 年)《福建之茶》载及的闽东北产茶乡村共 648 个，茶园面积计 28 万亩。

民国闽东北茶叶销售走势可分为四个时期：(一)平稳时期(1912—1916)。民国元年(1912 年)，闽东北茶叶总产量 13.80 万担，占全省茶叶总产量 22.92 万担的 60.20%；产值 180.45 万元，占全省茶叶总产值 503.72 万元的 35.82%。其中红茶 8.00 万担，占闽东北茶叶总产量的 57.97%；绿茶 5.60 万担，占 40.58%；白茶 0.20 万担，占 1.45%。民

① 日本东亚同文社编：《福建省全志》第四编“城镇”第二章“黄田及水口”，延吉：延边大学出版社，2015 年，第 67～68 页。

国一至六年(1912—1917),是闽东北地区茶叶产销的鼎盛时期,常年输出量均为20余万担,输出值平均各占出口总值20%以上,居全省出口货品首要地位。以民国元年(1912年)为基点,各年茶叶输出指数都比基点高。(二)衰落时期(1917—1925)。第一次世界大战爆发时,闽东北茶叶输出所受影响很小,到民国六年(1917年)伦敦茶市停闭,民国七年(1918年)禁止华茶进口,闽东北茶叶遂入困境。在出口货品位序上,民国八年(1919年)已屈居次位,此后更退至第三位,延至民国十二年(1923年)仍未见起色。其时各国继大战之后,购买力低下。民国十四年(1925年),中俄恢复贸易,新辟北非各地之绿茶市场,闽东北茶叶外销才渐有生机。(三)恢复时期(1926—1940)。民国十五年(1926年),因海外新市场的拓展,闽东北茶叶年输出又升至20余万担,民国十八年(1929年)达351400余担之高峰,且此后数年输出值皆占输出总值40%以上,高居出口品首位。抗战开始后茶叶统购统销,本省茶叶对外贸易又有很大变动。民国二十三年(1934年),闽东北茶叶产量为14.43万担,占全省总产量21.89万担的65.92%;产值838.42万元,占全省总产值1417.32万元的59.16%。其茶类构成为:绿茶10.04万担,占闽东北总产量的69.58%;红茶4.31万担,占29.87%;白茶0.06万担,占0.42%;青茶0.02万担,占0.14%。经营茶叶产销的茶庄、茶行、茶店等计500多家。民国二十七年(1938年)初,省当局将茶仓管理所及福州出口红茶联合运销处合并为茶业管理处,派员监制;并由福建贸易公司特设茶业部,负责推销。当局与苏联订立贸易合同,茶叶买卖均经贸易委员会富华公司办理,故所有本省运港茶叶,均以富华公司布样,而由贸易公司茶叶部主盘,成交后按法定汇率换算法币汇闽,以资付还茶商。我国茶叶市价向操于洋行之手,至是虽仍与洋行贸易,但主权在我,公开论价,真正价值得以表现,是年本省对港台外销茶仅红茶、白茶两项,已达99288件。(四)衰退时期(1941—1949)。本期的开始以三都澳闭关为标志。“民国二十九年以后海口封锁,销路断绝,闽东北茶叶已无大量采制,所制者系为少量之内销茶,产量无从统计。所以闽东北茶叶自民国二十八年以后,产量是逐年下降,茶园是逐年荒芜,毫无置疑。”①“数年来内外销路断绝,至茶农对茶园不加整理,任其荒芜,甚至将茶树砍伐,余出空地,种植杂粮,而茶庄亦均告停闭,整个茶叶呈破产现象。”②由于时局不稳,茶叶生产资金不足,外汇过低,生活费高涨,工料成本激增等诸多因素,茶叶产销一直很不景气。如民国三十五年(1946年),福安红茶产量尚不足2万担,仅为战前之二三成。

闽东北所产红、绿茶,少量经沙埕、赛岐港、三都港直接运抵浙江瑞安、温州发售,或转入上海、天津牛庄茶市销售外,其余红、绿各茶贸易则集中在福州进行。境内茶叶运至福州,先交代报行(专代客人代运报税,其手续费以件计,每件约二分五厘,间有浮开及剥削诸弊,并含有介绍性质,凡新客之在福州无主顾者,则为介绍,抽取相当之佣金),由代报行发船舶公司,经登记后,暂载于洋船之上,即可向当地海关报税放行(税款在福州海

① 黄桐孙:《今年的闽东北茶业》,《闽茶》第1卷第7期,1946年7月。

② 李文庆:《宁德茶叶概况》,《闽茶》第1卷第10期,1946年12月。

关缴纳)。办好海关报税手续后,由轮船公司发提单交予代报行,代报行则将前项提单,分寄于福州各该关系之茶行,并由各出口埠头的轮船公司,将装运之件数,电告福州总公司,总公司则向福州海关请发起货准单,其由各出口地运至福州之运费及一切开耗,均由各轮船公司代发。茶叶生产用工量大,通常制茶500箱,则每日需工人45人。闽东北年制茶叶20多万箱,每日需制茶工2万~3万人。这密集的用工量,实际上为安排就业、增加家庭经济收入,做出积极贡献。

晚清到民国,闽东北茶叶生产虽然有起有落,但仍不失为闽东北地区最大宗的经济产业,茶叶产制销对环境无不良影响,资源是可持续性的,社会对茶商的认可度较高。茶商多得益于历史机缘,他们中大多数人直接起自农耕之家,与农村、农民有着千丝万缕的联系,他们的财富是日积月累而来的;茶商的风险主要来自茶市贸易形势,行业的风险较其他商种要小很多,因此茶商经商心态相对平和;大多数茶商还是制茶大师,制茶技术可使茶叶增值,而掌握制茶技术,就是相对拥有附加资本,因此茶商又以世家居多;茶叶是出口商品,对社会回报率很高,茶商对闽东北经济社会的贡献也较大。

一、福安茶商

福安主产红茶、绿茶和青茶,还生产乌龙茶和杂茶,年产量45000担。坦洋、穆洋、阳头和赛岐是茶商荟萃之地,各地生产的茶叶运抵赛岐,用小轮船转运至三都,再换大吨位船舶运往福州交易。"坦阳的茶叶商号有泰大来、裕大、祥记、生成、泰源、泰隆、豫外春、森泰隆,阳头有发春泉,梅溪有广泰隆,均为信誉良好的茶庄,与福州的各茶栈素有业务往来,并与之共同经营,统一核算。"①福安县有茶庄67家,分布在县北部的东昆、潭头、社口、坦洋、晓洋、龟龄、上白石、财洪、沙坑等地计34家,占福安全县茶号的半数以上;北部茶庄以坦洋村为最,计有11家。西部穆阳有茶庄13家,集于一镇,其分布密度超过坦洋。南部赛岐、茜洋、甘棠计有茶庄8家。中部福安县城、阳头、溪东计有茶庄12家。可见福安茶商分布以坦洋、穆阳、阳头和赛岐为密集。

民国三十七年(1948年),福安县有茶庄82家,坦洋村占13家。这13家茶厂茶号中,除裕亨盛、泰昌盛、冠新春、新裕丰、瑞兴隆5家注册资金达到4亿~5亿元(旧币,1亿元相当于1万元,下同),其余注册资本均在2亿元以下;其中吴姓的裕生、元记两家茶厂的注册资金都只有几千万元。②

(一)坦洋茶商

胡修臣 民国二十四至三十七年(1935—1948),坦洋胡姓茶商先后开设茶庄10家,分别为胡福祯的泰大来茶庄,胡芝香的冠新春茶庄,胡宗秀的焕采茶庄,胡春秀的同泰春

① 陈鸣銮编:《福建福安茶》,1935年。

② 福安市档案馆《民国三十七年档案》第435卷。

茶庄，胡福奎的振泰兴茶庄、宜兴茶庄，胡修臣的裕大丰茶庄，胡策庭的裕泰丰茶庄，胡肃宝的裕兴茶庄和胡承鋆的冠新春茶庄。民国二十七年（1938 年），当局核定宜兴、裕泰丰两家茶庄准制的工夫红茶箱数各 1000 箱，裕兴茶庄为 300 箱。胡氏茶商中以胡修臣最为闻名。胡修诚（臣），字柏森，兆淮嗣子。民国二十四年（1935 年）在坦洋开办裕大丰茶庄，又在寿宁武曲设裕大昌茶行；曾任福宁同乡会茶业同业公会董事长。民国十六年（1927 年）在赛岐创办轮船公司，福安茶叶得以用轮船从赛岐经三都直接运往福州。

吴庭元 民国二十四至三十七年（1935—1948），坦洋吴姓茶商开办茶庄 3 家，包括民国二十四年（1935 年）吴庚俞的吴元记茶庄、民国二十九年（1930 年）吴庭元的裕生茶庄，规模不大，核准年产制首春茶 200 箱。民国三十七年（1948 年），坦洋 13 家茶庄中，吴姓有吴华玉的元记茶庄、吴浩的建隆茶庄、吴奇玉的裕生茶庄 3 家。吴姓茶商以吴庭元为代表。吴庭元（1883—1947），20 岁时继承父业，从事红茶产销，他思想开放，富有近代经商理念；不但把茶行开到福州，而且还在香港注册“元记”商标，成为当时闽省有名的茶叶巨商。元记茶行与苏联客商签下一笔 50 吨坦洋工夫红茶的订单，曾经令同行瞠目结舌，在茶界传为佳话。据其女（福安县长高诚学之妻）杨坚回忆，吴庭元创建的元记茶庄，鼎盛时拥有茶山 4 座，精制茶厂 1 家，铺面 36 间，每年雇用茶师、拣茶工、店员三四百人；茶厂生产设备先进，年产工夫红茶 2000 余件，产品行销英俄等国。吴庭元的事业主要在福州等地。

王种云 王正卿长孙，颇有经商天赋，民国二十四年（1935 年）继承祖业，将原有王祥记茶庄改名为王宜记茶庄，为人勤勉诚恳，在他的经营下茶产业不断壮大。王种云继承先辈热心公益的传统，扶弱助困。民国期间，福安县饥荒，他利用到福州贩茶机会，顺便购回台湾大米，赈济坦洋村饥民，村人赖以度过荒年。抗战胜利以后，王种云不再投资茶业。

郭慕聃、郭旺霖 民国期间，坦洋郭姓茶商开办有茶庄两家，分别为郭慕聃开办的郭公昌茶庄和郭旺霖开办的霖义茶庄。据传郭家的茶叶生意原来做得比坦洋其他五家还要大，因民国十八年（1929 年）山匪勒索坦洋茶商，郭维雄与之谈判未果，坦洋上街茶行被山匪焚毁，有人诬告系郭维雄勾结山匪所为，郭被捕入狱，并遭枪杀，郭家从此败落。民国三十年（1941 年）福州沦陷后，坦洋郭氏最后一家茶庄也退出江湖。民国期间，名重八闽的学者郭虚中（1912—1971）就是坦洋郭公昌茶庄老板郭慕聃之子。①

（二）福安其他茶商

穆阳缪子馨 民国二十四年（1935 年），穆洋有茶庄 13 家，分别为缪子馨的生合成茶庄、缪善卿的合昌茶庄、缪五北的泰记茶庄、缪献廷的泰亨隆茶庄、缪英玉的瑛记茶庄、缪子雄的新记茶庄、缪子松的宜春茶庄 7 家，缪氏茶庄占穆阳茶庄的半数以上。穆阳茶

① 参见李健民：《坦洋茶商的百年沧桑》，陈成基：《坦洋村五大茶业家族》，李步泉主编：《闽东茶叶历史文化》第四编茶人商行，福州：海峡书局，2015 年，第 233～241 页。

商为繁荣福安西部经济文化做出过杰出贡献。

赛岐高而山 民国二十四年(1935 年),福安赛岐、甘棠等地有茶庄 8 家,以高而山的高旭记茶庄最为知名。高而山在福安地方上因包揽鸦片捐,导致"黄澜惨案"发生,是位颇有非议的人物,但他开办旭记茶庄,从事茶叶产、制、运、销,客观上对赛岐镇的开发起到推动作用。

上杭陈思化 陈思化是福安县城上杭人。陈鸣銮《闽东北先贤传 • 陈思化先生传》称其"擅货殖,业茶"。陈思化曾任福安县商会会长、福安会馆总理,同时也是福安县城知名茶商。他曾"出面共组福宁茶业会,团结闽东北茶商,内谋改进,外御苛扰。连任省议员十数载,为地方除弊兴利",可知陈家原做茶叶生意,购有宁安轮,兼营茶叶运输。陈思化还曾倡办福安中学(福安一中前身)和福安茶叶技术学校(宁德农校前身)。

二、福鼎茶商

福鼎县主产白毫茶、红茶和青茶。白毫茶产地以桐山和白琳为代表,两地产的白毫茶与武夷山茶齐名。太姥山冬春季降雨适量,有利茶叶发芽,产量极高,年产量 3 万担。红茶产地桐山、白琳等处,年产量约 2 万担。青茶主产于湖坪和谷部,年产量 1 万担。每年茶季(4—9 月),各主要茶产地每月开一次茶市,福州、广东以及本地的茶客纷纷赶到采购点收购茶叶。白琳与三都澳之间的运输费用包括挑夫的工钱和船运费,合计为每两箱龙洋 1.78 元。三都至福州之间的轮船运费 1.30 元,白琳的茶税捐 1.40 元。以上运输费以及各种杂费合计为 4.48 元。茶叶的行情受福州市场的影响,但茶客在贩运过程中都要获利。按照茶商的估算,扣除运输费和税捐,每百斤获利一二元,但实际获利为二三元。据民国三十年(1941 年)3 月《福鼎茶厂厂家花名册统计》,时福鼎县有茶厂、茶叶公司、茶行等商号 98 家之多,其中白琳 34 家、县城桐山 25 家、店下 10 家、点头 9 家、巽城 9 家、柏柳 4 家,其他乡镇 3 家。磻溪樟柏洋的林爵卿经营茶叶兼营百货,后创办林仁记茶行;磻溪黄冈周忠杰创办一团春茶行。桐山为县城所在,除张元记外,还有新春、源裕、信天祥、森茂隆、福泰和、王茂泰、林协康、新同春、恒兴隆、宏泰兴茶行,民国三十年(1941 年)上述茶行的注册资本金只有 2000 元,属中等水平。点头知名的茶商有陈炽昌的广顺里(广泰)联成茶行、陈鹄生的陈源兴茶行、陈光寿的福生兴茶行、陈明正的建兴茶行、石怀卿的宏泰祥茶行等,规模比较大。点头的柏柳村有梅伯珍的恒春祥、梅相逢的协和隆、林如成林春盛等这些重量级茶行。店下和巽城有喻秋记、周祥记、新斋春、生春、新源昌等茶行,规模较大。店下茶馆精制的白毫银针、白牡丹、红茶等,每箱重量 40～45 斤。巽城有新同发、新茂和、乾裕丰、成春等茶号。各馆春茶产量均在几百箱至数千箱之间,由内港帆船运抵沙埕茶栈托运,再由玉江、海超号商轮运往福州、厦门、广州等地,转销香港、柬埔寨和南洋诸岛,或北上江西南昌、苏杭、上海等地销售。

(一)白琳茶商邵维羡和吴观谐

邵维羡(1855—1932),号秋溪,白琳棠园村莘洋人。清咸丰年间,开始从事茶叶生意，是白琳茶界泰斗级人物。其祖邵化轩是清代茶商。父亲邵大利，年轻时经营茶叶，后因遭遇战乱，茶价下跌，造成巨大亏损，隐居在家。邵维羡是在家道衰败时出生，《邵秋溪渊太翁行实》载："盖人且有大非常之谋，必有大非常之折磨，故天不折磨己身而折磨其骨肉，使其动心忍性增寿获益其所谋为者……遭时不遇，家缘中落，及征粮之役无至其门，太翁时年仅十龄，归问该客不到我门，何也？其父告之详。""太翁虽在年稚，聆是语而心蓄将来必谋为恢大先绪之想。"《博陵郡邵氏宗谱》有大量篇幅记其经营茶叶内容。

邵维羡在白琳开茶庄，往来福州省城20多年。《邵秋溪渊太翁行实》载："践王父业谋为陆羽经，往来省垣二十多年，得捆载归……"专门描述邵维羡经营茶叶的经历。鼎盛时期，邵维羡光田租就拥有千二石。今莘洋老坪店保留有邵维羡发迹后兴建的四合院，占地面积350多平方米，门楼为悬山式，匾曰"仰绍东陵"。

邵维羡孝敬母亲，不遗余力抚养两位兄弟的遗孤，遇上荒年还开粮仓接济饥民；平生修桥补路、建茶亭、修宫庙等善举频频。谱载邵维羡有"一女适溪中袁祖卿"。袁祖卿即袁子卿，为白琳合茂智茶行的创始人，也是橘红白琳工夫的发明人；邵维羡还是茶商梅筱溪的引路人（梅筱溪的孙女嫁给袁子卿的儿子袁志仁为媳）。邵维羡、梅筱溪、袁子卿都是民初福鼎茶界杰出人物。①

白琳还有一位著名茶商吴观谐（1895年生），黄冈蛤蟆座人，又名阿郊。14岁之前，阿郊上过几年私塾。后来，16岁的阿郊身无分文，来到白琳镇做童工，替老板打下手，因为天性聪颖睿智，办事用心卖力，看店、记账、进货等，样样娴熟，深得老板喜爱和信任。18岁时，阿郊已是一位"金牌"雇员。有一次，他在福州马尾埠头，发现大批来自武夷山的茶叶深受洋商青睐，联想到家乡黄冈优质且丰富的白毛茶，难抑心中欣喜，便北上武夷山茶产地考察，南下漳泉一带做市场调查。经过两年周密筹划，刚步入而立之年的阿郊在白琳王渡头建起一座颇具规模的茶叶初制厂——玉琳茶厂。

玉琳茶厂创建后，阿郊实施茶叶品牌战略。他回到家乡黄冈和翠郊，贷款给茶农，大力培植茶叶资源；招聘有为青年，通过培训，分派往茶厂担任技术骨干。他还注册茶叶商标，以白毛茶为原料制成的白茶系列有"白毫银针""旗枪""白牡丹"，绿茶系列有"白毛猴""莲心"，以土茶为原料制成的红茶品种泛称"玉琳工夫"等，样样精品。在业界的竞争中，玉琳茶厂凭借白毛茶独特的清甜鲜灵，远销东南亚各国。吴观谐先生自此便专心国外市场，玉琳茶厂愈加壮大，资本积累急剧增多。民国后期，白琳马路七成商铺都姓吴。伴随着企业的辉煌，吴观谐先生本人也完成了从一个小商人到民族资本家的蜕变。②

（二）点头茶商梅伯珍

梅伯珍（1875—1947），字步祥，号筱溪，福鼎点头柏柳村人，一生行商，把福鼎白茶推

① 参见杨应杰：《清代福鼎茶商邵维羡》，李步泉主编：《闽东茶叶历史文化》第四编茶人商行，福州：海峡书局，2015年，第262～263页。

② 参见杨应杰：《漫话福鼎茶业》，李步泉主编：《闽东茶叶历史文化》第一编茶史概述，福州：海峡书局，2015年，第78～88页。

销到天津、香港、南洋等地。他善于研制新产品，发明茉莉花茶，有“梅占魁”之号，是较有成就的福鼎茶商。

梅伯珍在家中排行老五，在他不满二十岁那年，母亲不幸病逝。两年后，他在其父的安排下与一位陈姓姑娘结婚。婚后梅伯珍靠租种田地维持生计，他不分昼夜地做挑工，赚辛苦钱，补贴家用。一天，他岳父送来几十株白毛茶苗，嘱其开山种植。经过几年的分枝栽插，白毛茶年收入达到大洋六七十元。在他三十岁时，靠积蓄购下年可获二十多担谷租的田地，可见梅伯珍人生的第一桶金来自几十株白毛茶苗。

在种茶给梅伯珍带来幸运的同时，他也付出了沉重的代价，因为茶事操劳，他全身浮肿，患上“过劳症”，身体一时又好不了，为此他决定弃农就商，当起茶贩，穿村走巷，购进毛茶，再集中转卖给茶庄，从中获取微利。两年后，茶商邵维羡开茶庄缺帮手，邀请梅伯珍合作，梅伯珍负责与福州马玉记茶行之间的账目往来，马玉记茶行的老板见梅伯珍为人老实厚道，特别看好他。民国三至四年(1914—1915)两年，因为茶市好，茶商赚很多钱。民国四年(1915 年)在巴拿马太平洋万国博览会上获金牌奖的“福州马玉记茶”，其原料就是经梅伯珍从白琳购去的福鼎白茶。马玉记赏识梅伯珍不仅因为他为人朴实厚道，而且因为他为茶行提供了优质的原材料，茶行从中获得了巨大利益。

梅伯珍一生在茶叶生意场中经历过无数回起落，但他始终坚守诚信底线。在马玉记茶行亏损倒闭后，倒欠了梅伯珍购茶款大洋 9000 余元，梅伯珍毅然变卖家产偿还茶农茶款。不久，福茂春茶栈又找上门，要他出面帮助接洽生意。民国十九年(1930 年)，梅伯珍受聘出洋当经理，到新加坡后，茶叶寄在振瑞兴洋行代售。可是茶款却遭洋行透支使用，洋行谎称茶款被外埠赊账，最终 4 万多元的茶款无法追回。梅伯珍决定自己承担，按股还款，不累股东。因为恪守诚信，福茂春茶行继续邀请他合作。第二年，所采购的茶叶发往天津销售，获利抵销了南洋欠款。梅伯珍为此总结说：“余一生固守信用名誉，虽然几次失败，但得朋友帮助，都一一化险为夷。”

民国二十年(1931 年)，梅伯珍担任福州福鼎会馆茶帮会计，时茶帮购下整座三进式价值大洋 27000 元的恒昌埕作为产业，可会馆存款仅 20000 元，少 7000 元，就由梅伯珍向华南银行抵押借款。原计划两三年中还完这笔钱，没想到茶业生意不好。民国二十四年(1935 年)，连本带息欠银行 1300 多元。梅伯珍再次独自偿还了这笔债务。民国二十八年(1939 年)，茶业改为官营，梅伯珍受聘华大公司十厂联合采办经理，采办茶叶运往香港销售，盈利丰厚。民国三十九年(1940 年)，省建设厅创办示范茶厂，点名请梅伯珍出任福鼎茶业示范厂总经理兼副厂长，年采办茶叶 5800 多件，获利丰厚。基于梅伯珍所做贡献，福建省建设厅赠匾“荈苑耆英”。民国三十六年(1947 年)，梅伯珍在老家柏柳寿终正寝，享年 73 岁。①

梅伯珍以自己的聪明才干，在茶界拼搏、奋斗几十年，见证了民国时期福鼎茶业的起

---

① 参见冯文喜：《福鼎茶人梅伯珍》，李步泉主编：《闽东茶叶历史文化》第四编茶人商行，福州：海峡书局，2015 年，第 254～257 页。

落兴衰，是茶界承前启后的人物。梅伯珍所著《筱溪陈情书》，是他一生与茶叶和诚信共始终的记录和见证，也是研究闽东北地方史不可多得的珍贵文献。

(三)其他点头茶商

陈炽昌(1885—1969)，点头广顺里人，在福鼎茶界知名度颇高。早年创办茶叶商行，招牌号“陈广顺”，采办茶叶，主营白茶，兼营红茶等。陈姓一族在清初就到点头创业。陈炽昌父亲是陈后蒲(1840—1915)，在家中陈炽昌是老四。

陈炽昌在家人、族人的帮助下，注册“联成”茶号，在点头经营茶叶，坚持质量为上，诚实守信。他运往福州杨老板商行的茶叶，只要在茶箱上标有点头“陈广顺”字号，就可免检入库。福州杨老板还聘请陈炽昌为福州茶业会馆的“掌盘代”(相当于总管)。陈炽昌茶产业做大后，还经营京果店等，家业如日中天。

梅毓职(1857—1923)、梅秀蓬(1903—1951)父子，也是点头柏柳茶商，梅毓职早年经营茶叶生意，把柏柳的茶叶卖到广州、福州。他育有三子，大儿子梅相增，字贤培，在家做茶叶；二儿子梅秀蓬(1903—1951)，字贤莱，有经营头脑，16岁就跟随父亲来到广州，经营茶叶，生意做得风生水起。梅秀蓬在福州创办茶商会馆，办有协和隆商号，何应钦来闽，梅秀蓬捐献钱粮与茶叶给何部。有一年春节，梅秀蓬的母亲叶氏做寿，何应钦以福建全省政务的名义赠送匾额“纯嘏尔常”以贺。[①]

此外，福鼎著名的茶商还有广泰茶行(点头也有广泰)，它是广州茶商与白琳茶商相结合的产物，在福鼎名气很大。当年白琳和店下一些茶行的茶叶由其收购包销；广州茶商专门派代表胡阿炮驻扎在白琳，采办收购茶叶；与广州茶商合作的福鼎白琳茶商詹振班、詹振步在白琳知名度很高。

三、宁德和霞浦的茶商

宁德县主产绿茶。民国三十六年(1947年)，茶叶种植面积4500亩，年产绿茶6000担。茶叶输出业同业公会有茶商36家，资本额共计24.8亿元。有林琴甫(名振琮，林廷伸第五子)经营的林恒记茶庄(资本额6000万元)、林达夫经营的一团春茶厂(资本额5亿元)、林振夏(林廷伸第七子)经营的德丰裕茶庄(资本额6000万元)、林世裘(林廷伸次子岜生之子)经营的合团春茶庄(资本额5000万元)、张仁山经营的福生春茶庄(资本额6000万元)、张铁崖(又名张璃城，张仁山之弟)经营的怡春茂茶庄(资本额5000万元)、陈有(友)熙经营的陈美记茶庄(资本额8000万元)等宁德著名商家或社会名流经营的茶企业(以上金额皆为法币)。

林廷伸(1867—1929)，字聘直(小字佛应)，号理斋，清贡生，曾官罗源县学教谕。廷

---

① 参见杨应杰:《漫话福鼎茶业》，李步泉主编:《闽东茶叶历史文化》第一编茶史概述，福州:海峡书局，2015年，第78～88页。

伸为人开明，思想进步，热衷实业；他认为“科举功名乃无用之事，学习西洋科学，振兴实业才能救国图强”。清光绪三十四年（1908年），林廷伸督导子弟在故居“可园”和宁德大桥头溪畔种植茉莉花、玉兰花等窨制花茶的香花；同时，创办一团春茶行，开始加工窨制茉莉花茶，兼制工夫红茶。宣统二年（1910年），试制玉兰片花茶成功，民国四年（1915年）选送玉兰片花茶参加在美国旧金山举行的“巴拿马太平洋万国博览会”，荣获银质奖，[①]奖牌高挂在天津总行大厅。进入民国以后，该茶行年加工花茶1000担左右，运销于天津、上海、香港等地。闽东北地区利用玉兰、茉莉熏制花茶，一团春茶行是第一家。陈衍在《清故罗源县学教谕林君墓志铭》中称：林廷伸“（教谕）任满，念母老乞养，归才壮岁耳。慨然曰：‘儒官以阘茸被诟病也久矣。’乃提倡实业，创办蚕桑，更新制瓷制纸，同志翕然从之。……以本邑产茶出售属粗生品，损失甚大，乃盛莳珠兰末丽设厂熏制，运销南北洋，西商踊跃争购”。

一团春茶行旧址在宁德城关碧山街新桥头与池头坪之间，总行设立在天津，并在北平（北京）、青岛、上海、宁波等地分设茶庄。天津是与外国通商的主要港口，林廷伸委派第五子振琮驻津门主理“茶叶运销事”。振琮，小字永忠，号琴甫，毕业于上海惠灵英文专修学校，曾供职湘、鄂、赣、皖四岸食盐济运局及南京邮政储金汇业局，有深厚的英文功底和丰富的工作经验，他自然能经营得得心应手。林廷伸又令曾就读于福州格致书院的第六子振士主理茶厂制造事，一团春茶行办得越发红火，每年海运至津、沪销售的花茶就有100多担。部分运往福州茶行、宁德会馆代售，经生顺茅茶行销往港澳和东南亚地区。陈衍碑文指出一团春茶行“厂中男女职工赖以糊口者数百家”，可见其生产规模之大。

一团春茶行获利以后不忘回报社会，热心地方公益。宁德五都南埕乡民多以制盐为生。民国二年（1913年），拟废盐场。林廷伸闻讯，即上书省府，申请拨款3万元在南埕、下墩、门下、郑湾等处围塘造田，前后五载，造田达3000余亩，分给盐民耕种，使其免受饥馑，乡民美之名曰“济农塘”，立碑感念再造恩泽。民国十四年（1925年），林廷伸六十寿辰，南埕一带百姓特送“福海寿山”之匾，聊表崇敬之情。他利用林氏宗祠创办碧山学堂、国民学校，接纳贫民子弟入学。民国十七年（1928年），濂坑惨遭土匪洗劫。在原任福建省省长萨镇冰的重视下，募得赈款8000余元，委托林廷伸管理。林夙夜不懈，为濂坑建起3座大宅，安置灾民30余户，博得百姓称许。[②]

霞浦县主产绿茶、红茶。该县水门、牙城一带，盛产红茶，后因海盗群起，海运闭塞，茶叶改为陆运，多改制绿茶（莲心茶）。部分茶行并入福鼎白琳，由牙城“邱茂盛行”兼营。柏洋、杯溪、崇儒一带产绿茶，多由盐田李福兴、何协成、池双成茶庄经营，从陆路运往福安、宁德、福州等地加工精制。民国三十六年（1947年），霞浦溪南有同盛、振兴、合顺3

① 据《中国茶叶大事简记》，评品会上，安徽太平猴魁、浙江惠明、江西狗牯脑、信阳毛尖、四川蒙顶茶获金牌奖。

② 参见陈玉海：《宁德一团春茶行》，李步泉主编：《闽东茶叶历史文化》第四编茶人商行，福州：海峡书局，2015年，第278～279页；陈仕玲：《林理斋先生传略》，《宁德文史资料》第17辑《民国宁德》，2011年，第254～256页。

家茶庄,年收茶量400～500担。下浒、北壁也有种茶,茶叶直销福州。抗日战争前夕是霞浦县茶叶生产鼎盛时期,年产量高达17000多担。当时著名茶商,当推袁子卿(1889—1965)。袁子卿祖籍柘荣乍洋溪口,其妻是清末福鼎茶商邵维羡之女。邵维羡对袁子卿的茶叶生意影响巨大。

民国时期,福鼎翠郊、棠园、石床、柏柳、高山、岭头坪、黄冈、长岐、溪口、湖林一带茶叶品质十分优异,种茶、做茶、贩茶的人也很多,袁子卿也不例外,从经营茶叶小生意起家,因其有精明的生意头脑、精湛的制茶技术,深得邵维羡的赏识。袁子卿在白琳的玉琳古街大马路从其他茶商手中购得侟洋馆茶行,更名为合茂智茶馆。与合茂智茶馆毗邻的是双春隆茶馆,创始人吴世和,在20世纪30年代同为福鼎最著名、最有实力的茶商之一。两家茶馆的注册资金分别为5000两和6000两银圆。鼎盛时每年正月十五日,袁子卿在福州马尾与茶商洽谈当年茶叶交易,分头春、二春、三春三茬茶,谈好价格立即下定金,10多担银圆用船运至霞浦盐田,再雇挑夫挑进茶行银窖,这些银圆就是用来收购当年茶叶的资本金。袁子卿不仅善于经营茶叶生意,而且对生产、加工、精制各种茶叶的工艺十分精通。20世纪初,福鼎的外销茶叶种类很多,有白琳工夫红茶、红茶标、白毫银针白茶、莲心米绿茶、白毛猴绿茶,袁子卿主营白琳工夫红茶类。

民国十九年(1930年),袁子卿在福州销售"白琳工夫"时,发现福州高丰茶行老板吴少卿选购的安徽祁门红茶,色泽鲜红,茶味醇郁,比白琳工夫红茶标更胜一筹。袁子卿认为祁门红茶品质好应该得益于茶树品种,与茶树生长的土壤和气候等因素有关。袁子卿回到白琳继续收购红茶时,遇上白琳翠郊茶贩吴德康,把一些变红的白茶青拿来出售。富有经验的袁子卿见茶发红,色泽近似于祁门红茶,喜出望外,全部购进吴德康的茶叶,以白茶鲜叶研制工夫红茶。他选择大白茶青作为原料,放在日光下晒,经萎凋六七成干后,就用双手搓揉,使茶青变软,搓成固块,放置在茶篓内,用茶布袋覆盖。经发酵三四小时后,再取出抖落散开,继续晾干。整个制作过程仍按工夫红茶工序进行,只是生产的原料改用福鼎大白茶。袁子卿把用大白茶研制的工夫红茶运到福州销售,大受欢迎,价值远高于工夫红茶标,取名为"橘红"。从此,"橘红"代表白琳工夫高级茶的独特风格而闻名于世,一时名声大噪,远销东南亚及西欧各国。①

四、寿宁和周宁的茶商

寿宁主产红茶、绿茶和乌龙茶。民国时期,全县年产毛茶约4万担,仅斜滩就占了1/6以上。斜滩最多时有茶行24家,主要茶行有周源丰、复兴、张坤记、郭怡成、振泰源、张月宸、春记、振记等,产量以周源丰茶行为最,年产7000多箱,其他二三千箱不等。

寿宁茶商周赞绪(1889—1968),民国期间寿宁斜滩工商业资本家,闽东北功夫红茶

① 参见杨应杰、白荣敏:《橘红的发明者——袁子卿》,李步泉主编:《闽东茶叶历史文化》第四编茶人商行,福州:海峡书局,2015年,第258～259页。

创始人之一。民国十二年(1923年),他创立功夫红茶"周源丰"品牌。民国二十五年至三十七年(1936—1948),是"周源丰"红茶的鼎盛时期,销往欧洲的茶箱回收时,只要写上"中国·斜滩周源丰"字样,即可直达寿宁斜滩。①

周宁主产绿茶和红茶。民国时期,年精制茶叶3000~5000箱。狮城有新长春、新万顺、康泰隆、周生春、源茂春;七步有广源盛、广源泰;浦源有郑祥兴、慎源春;端源有万茂和;礼门有魏泰兴;阮洋中有阮长利等几十家茶行,年销量万箱以上。在周宁茶叶发展中较为典型者有广源盛茶行陈明最和狮城林端惜。鉴于当时混乱的货币制度,许多茶农和茶贩对市场的信心不足,陈明最想尽办法解除顾虑,收购茶叶。如秋冬派人下乡出县到茶区与茶农联系、放贷,春夏派得力人手上至上府(松溪、政和),下至福安、霞浦收购初制茶叶。为满足茶农和茶贩的需求,陈明最采取以物易物的方式,用筒布、匹仔(布头)、米、面等兑换茶叶。当龙番(银圆)流行时,他外出购茶,必用龙番(银圆)。因为携带不便,通过周墩特种区政府批准,自制广源盛茶行银票以解决收购茶叶问题。茶庄购回茶叶后,再细加工成不同等级茶叶销往福州等地。民国三十五年(1946年),陈明最因操劳过度,病逝于福州,时福建省长刘建绪特书"一乡善士"匾,以为褒奖。②

五、古田和屏南的茶商

古田县主产绿茶、青茶。民国元年(1912年),凤埔乡曾邦雄、曾邦煊、曾邦銮、曾邦位4人分别开办4家茶行,收购本地绿茶和屏南、周宁等地红茶,运抵福州出口到美国、新加坡、马来西亚,年销售量达1300~1500担。民国二十七年(1938年),古田县有茶园2万亩,年产茶430吨。当时较出名的茶行是鹤塘人黄俊庭等人办的元茂隆茶行,收购本县与邻县的绿茶、红茶,加工后运往福州转出口,年销售在1000担左右。至民国三十一年(1942年),全县茶行25家,年销量6000担,是历史上茶叶生产鼎盛时期。此后,受抗日战争影响,茶叶外销渠道不畅,影响茶叶生产,茶园大量荒芜,茶行多倒闭。

此外,民国二十八年(1939年)古田茶商林捷丰、林祖厚、吴凤韶分别在福州下杭路设有公泰茶栈、宇同茶栈、吴健和茶栈,经营茶叶贸易。

屏南县主产红茶、绿茶。六合春茶行是该县最有影响的茶行。茶季六合春从福州运来茶银需要二三十个挑夫,每人挑800块银圆,由县保安大队押运,茶银一到,家家户户放鞭炮。时仅忠洋村即年产600担,该村敏记茶行年收茶叶400担上下,其中韦学延在坑里厂垦殖茶园3所,年收茶叶30担,茶叶每担售价大洋20余元。据民国八年(1919年)《大中华福建地理志·地方志》载:"屏南茶为大宗,年约六万元。"民国二十五年(1936年),全县产茶325吨,县城、棠口、漈头、官寿兜各乡均设有茶行,每年谷雨后,采买红绿

---

① 参见卢彩娱:《寿宁茶人》,李步泉主编:《闽东茶叶历史文化》第四编茶人商行,福州:海峡书局,2015年,第270页。

② 参见陈圣税口述,周伦善执笔:《广源盛茶庄》,《周宁文史资料》第5辑,1993年,第15~17页。

各茶,运售外洋。抗日战争爆发后,茶叶销路受阻,茶园荒废。

20世纪初,屏南棠口、双溪、官寿兜、漈头、忠洋、康里、谢教坑等村拥有茶行或茶庄20多个,双溪的六合春、棠口的万象春、官寿兜的协升、漈头的逢源、忠洋的敏记、康里的郑记等规模较大。至今,原双溪六合春老板周氏后裔还保留有当年茶行的众多茶叶品名印章,如"新山小种""玉库""奇种""凤眉""上品""茗香""冠霞""及第"等,以及茶行商标标志。

第三节 造船业和运输业的新业态

闽东北境内山峦重叠,沟壑纵横,陆路交通极为不便,境内交通主要依靠水运。民国六年(1917年)日本同文社编的《福建省全志》(即《中国省别全志》第十四卷《福建省》)如此记述这里的轮船水运:

> 三都澳港虽浅,但船舶停泊安全,是绝好的民船锚泊地。自1899年开港以来,民船的出入逐渐增多。旧福宁府盛产的茶叶,过去利用公路运往福州,交通十分不方便。但自三都澳开港以来,福州和三都澳之间开通轮船,水路畅通,十分便捷,所有茶叶的运输全部改由民船承运。福宁府除了盛产茶叶外,烟草、茶油、桐油、靛蓝、苎麻、砂糖、粗纸和瓷器等物产也很丰富,而且运自福州的外来商品,皆由民船运往内地,所以可断言此地的民船业将日益腾飞,其前途无可估量。三都澳有茶仓前和天主堂两个码头。此地的民船,全部都是船长13米左右的小型船舶,只要不是恶劣天气,每天都出航,频繁穿梭于各地之间。民船租用一天的租金为3元左右。
>
> 三都澳发往福州的航班使用小蒸汽船。福州至三都澳之间距离为210华里(70海里),航海需八个半小时,旅客票价为一等1.60元、二等0.60元。平时在此航运的小蒸汽船有太安公司的两艘定期航班(每周一次)和乾记洋行的两艘不定期航班。每年阴历5—7月份,寿宁地区的茶叶大量云集于此地。这个期间还有大兴洋行和其他茶叶商行的佣船来此停泊,每天都有一两艘轮船进出。

闽东北商品进出口极为仰赖水运,因此水上运载工具的建造和运输的组织,就显得极为重要。不仅造船商和运输商是闽东北闽商的领头羊,而且造船业和水运业的兴衰也成了闽东北贸易的晴雨表。

一、造船商

民国期间,霞浦县沙江、围屿、猴屿、钓屿,福鼎县的前岐、沙埕、梅溪、秦屿,福安沙岩、赛岐、外塘、六屿、下白石、溪尾,宁德(蕉城)大门山、漳湾、八都、七都、三都等村均有造船寮,为沿海船民制造木船,其具体造船商有数十人之多。造船商需要有技术和资金支撑,所以闽东北传统的造船商大部分都是出自造船世家,有着世代相承的造船技术优势，少数为独具眼光、拥有雄厚资金的商业巨擘。

许乃应，福鼎县前岐后取村人，他在20世纪20年代初率领造船技工，为通茂运输公司李五建承造1艘80吨位木帆船。三年后，其子许启掇为李子章建造1艘150吨位的木帆船，其造船技艺更在其父亲之上。该船寮先后受浙江乐清、广东、香港等地运输商委托，建造100～400吨位木船10多艘，造船技艺纯熟；相传他运斧准确，"插竖"（安装）350吨位大帆船的桅杆，可一次性成功，故声名远播。①

苏铃佺（1887—1972），福安甘棠外塘村人，祖辈世代以造船为业，传至铃佺已经是第五代。他得到父亲真传，二十多岁就能造船，虽身怀造船绝技却仍不感满足，三十岁那年为探索掌握鸟舵船的造型技术及使其能在航行中保持好稳定性，亲赴浙江沈家门拜师学艺。返回外塘后，在不断的造船实践摸索中，所掌握的鸟舵船建造技术已经超过其师，名闻省内外，以致浙江舟山群岛、泉州等地客户纷纷上门订货。铃佺掌握的造船技艺系统全面，讲求实用。他建造的船型有舢板、舢板头、"溪里"、"溪里姆"、"毛缆"、鸟舵、轮船式小艇等多种运输船和"里仔""长舵""四角底"等捕捞渔船。铃佺擅长建造大型帆船，他造船工期短，稳定性强，具有年制造100吨以下木帆船14～15艘的能力。其所造运输船，南航厦门、广州，东抵台湾、琉球群岛，北至山东、辽宁大连、营口。铃佺晚年悉心授徒传艺，一生带徒40余人。民国时期，除苏铃佺造船寮外，还有一家苏济瑞造船寮，这两家造船寮共有造船技师50余人，年均生产载重50吨以上的木帆船20～30艘，订户遍及闽浙沿海。②

福安沙岩村造船寮陈姓造船商，在20世纪30年代中期为下白石运输商黄培英建造100吨位木帆船1艘；为福安阳头运输商陈绍铃建造100吨位机动货轮1艘，技术纯良。

1921年前后，福州造船厂生意不景气，濒临歇业，宁德蕉城人余泽丰认为这是一次商机，于是选择在大门山设立造船厂，前往福州造船厂请回30多位造船师傅，备办木料开工造船。余泽丰从福州购进一艘载重50吨的船舶，亲自指导造船师按传统福船的模式对该船进行改造，把船腹改大，增加船舶的载货量。经过半年时间的施工改造，这艘船的载货量达增加到250吨。据传改造该船用的杉木，大的直径达到1米多，桅杆高达20来米（七八丈），用以加固木船的铁圈、铁钉等铁构件重量将近10吨。该船船底采用双层构造，以防触礁漏水。

此外，宁德漳湾造船寮也拥有造船技师和员工20余人，建造运输木帆船。1949年后组织造船小组，1956年在造船小组基础上改建漳湾造船厂。

① 参见福鼎县交通局编：《福鼎县交通志》第二章"水运"第四节"船舶修造"，1990年，第49～50页。

② 参见苏振团编：《外塘苏氏定居九百年志》创业篇"闽东北的造船大师苏铃佺"，福州：海潮摄影艺术出版社，2002年，第153页。

二、海上运输商

民国元年(1912 年),三都澳船舶进出口吨位从光绪二十四年(1898 年)开埠时的4150 吨位,增加为 7.3 万吨位。当年外国船舶占 22.24%,国内船舶占 77.76%,是福建省唯一船舶吨位"中多于外"的口岸。20 世纪 30 年代初,一些商人和船业主在沿海 4 个县的主要港口相继办起海运企业,如民国十九年(1930 年)福鼎人创办的谦益南北货栈船队和霞浦人创办的新宁轮船公司,民国二十二年(1933 年)福安人创办的王隆泰玉记船队,以及其他私人经营的海运船队,开辟了北至辽宁营口、南至海南岛、东至日本的航线。抗战期间,日军对闽东沿海实行军事封锁,福建省当局为阻止日军进犯,征船堵港封锁海岸交通,全境海运船舶多遭劫难,海运企业相继倒闭,海上运输一度陷于停顿状态。抗战胜利后,闽东北与外界的海上交通逐渐恢复,境内商人和船舶业主集资重兴海运。其中较重要的有福安赛岐的永宁、福康轮船公司,霞浦的霞兴、永宁轮船公司。闽东北与福州的海上交通也因此形成两条主要航线:一是从福州经宁德三都至福安赛岐,全程106 海里;二是从福州经东冲口过霞浦三沙至福鼎沙埕,全程 115 海里。由"金沙江号"海轮兼航两线:逢一开三都、赛岐,逢五开三沙、沙埕。并在三都设立办事处,赛岐、沙埕各设运输代理处。闽东北海上轮船交通恢复后,虽商旅称便,但是时航线尚未全部复苏,尤其是茶叶生产及运输恢复较慢。战前闽东北茶叶年产 30 万担,战后仅有 3 万担左右;茶市开张,轮船多趋三都竞运,茶市过后则相率他驶,致使轮船公司营运出现亏损。当时,福建省参议会依据闽东北各县商会反映,报请省政府转咨交通部按照轮船业监督条例,将闽东北与省城福州海上航运列为"受限制航线",允许轮船公司专责营运,限制其他轮船航行,借此维持航运秩序。民国三十六年(1947 年)10 月,交通部电复福建省政府照准,并饬令福州航政处通知执行,闽东北与境外的海上运输这才恢复有序状况。与造船商不同,运输商多系新发迹的,拥有雄厚资金、多业并投,目光前卫、敢于冒险的商人,如福安的王泰和、陈王基、高而山、王鸣山都是这一类型。

民国期间,福鼎县城至沙埕港之间的水运业务一度由英国义和商行和福州乾泰轮船公司的轮船经营。20 世纪 20 年代初,福鼎县运输商李五建成立有通茂航运公司,拥有80～350 吨位的木帆船多艘,从事近海运输。民国二十四年(1935 年),福鼎县城郊流美村卓春华、陈兰等 10 余人合股投资购入一艘机动客轮,经营福鼎县城至沙埕之间客运。民国二十六年(1937 年),国民党新十师官兵搭船前往沙埕途经增坪橄榄潭洋面时,客轮机舱发生爆炸,船毁人亡,其经营的客运业务亦告终止。民国二十九年(1940 年)春,福鼎前岐运输商李锡庚等人联合沪兴公司在沙埕合资开设谦益南北货栈,拥有"新瑞平""老瑞平"载重量各为 300 吨的轮船,经营航运业务,主要运载茶叶、明矾等到上海交易,并运回面粉、大豆等,以此每月航行 3 趟。①

① 参见林墨西:《沙埕港轮船通航纪实》,《福鼎文史资料》第 4 辑,1985 年,第 142～144 页。

民国二十一年(1932 年),霞浦运输商罗雨川、陈克桂等合资经营"福兴"客轮,航行于福州、温州等地。此后,相续有"霞兴轮""祥安轮""新德安轮"航行于后港至福州、温州间。近代,福鼎水上运输船舶仍以木船为主。民国二十六年(1937 年),福建省船舶管理所沙埕办事处管理的福鼎、霞浦两县船舶就有 1320 艘。此前,运出的货物主要有明矾、茶叶、烟草等,年约 3500 吨,价值 60 万元。抗日战争爆发后,沿海港口受到日军封锁。本国轮船无法通行,福鼎前岐李坤记商行等先后向厦门英商德意利士轮船公司租用"海阳""海坛""新海门"等载重量各为 400 吨的货船,装运明矾外销。福鼎县城"北茶邦"的鲁忠金、鲁忠全兄弟租用上海贡商怡和洋行和葡萄牙飞康轮船公司约计 3000 吨位轮船,从沙埕运载"二五"工夫红茶、银针白毫茶、莲心茶和明矾往上海、福州等地销售(其间闽江口外被封锁,福鼎往福州民船需绕道乌猪港驶入)。

王泰和(1882—1940),原籍福安上白石佳浆村,后迁居福安阳头。曾随父在福州福安会馆当茶房、办膳食,薄有积蓄。民国初年,因南北不和,海运受阻,停泊在福州大桥下的"江门号"木壳轮,载重 237 吨位,400 马力,急于出售。王泰和经与船主磋商后,以租借形式开回闽东北三都,成立泰安轮船公司,茶季主营三都至福州航线,茶季过后,则航行于三都至福州、上海和台湾基隆等港口。因经营得法,获利颇丰,王泰和不仅买下了"江门号"轮,而且陆续购进"福兴""建康""宁安"三艘轮船(一说购进"镇波""海鸥"两轮,行驶三沙、沙埕、三都等地,促进闽东北商贸与经济的繁荣),分别航行于闽浙沿海及上海、台湾等地。泰安轮船公司是闽东北人创办的较具规模的沿海民营轮船航运企业。不久,王泰和又和其他资本家合营成立乾泰轮船公司,拥有行驶沙埕线的福州轮、泉州线的福宁轮、鳌江线的福祥轮、上海线的福利轮、莆田线的福兴轮等,总称"五福"轮。后因福祥、福利轮触礁,又添置 200 吨轮船 3 艘,其中建安轮走天津,宁安轮走上海和香港,建康轮走宁波。这是王泰和的航运事业的鼎盛时期。

王泰和生活富裕,人际关系也很好,不仅一些银行家对他多方支持,就是省府的一些要人也多与他结交。门前车马喧闹,他则谦恭如故。福安同乡有流落省城不得归者,只要找他,不论相识与否,王泰和都赠送船票一张,大洋一枚,助其返乡。1931 年,王泰和回到福安赛岐,拟将早年建造的三都澳里、外街数十间店铺卖给高旭记。正在商洽之际,日机滥炸三都,把里、外街夷为平地,他赶到三都,但见满目残垣断壁,悲愤抑郁,一病不起。① 1937 年"七七事变"发生后,沿海防务紧张。福建当局下令将王泰和惨淡经营 20 多年的泰安、乾泰公司的 20 多艘商用轮船满载巨石,沉于长门港口,以图阻挡日本海军战舰进犯。后来日军用几架轰炸机炸了数小时后,日舰便长驱直入,而王泰和却因此破产。

民国三年(1914 年),宁德陈德梅筹建民营"乾泰轮船公司",拥有一艘载重 90 吨的轮船,专营三都至宁德航线。民国十四至二十六年间(1925—1937),蕉城人彭万珍、佘永

---

① 参见新编《福安市志》卷三八《人物》第一章"人物传",北京:方志出版社,1999 年,第 1127~1128 页。

泽先后经营150吨位的“安顺号”“源顺号”和200吨位的“金丰顺号”木帆船(俗称“三竿透”),运销茶叶、瓷碗、土纸、杂木、剑花木、笋干、青靛、红糖、晒烟、烟丝、竹篾、蒸笼等农、副、土、特产品到温州、沈家门、宁波、青岛、烟台、牛庄等地。回程运载枣类、豆类、粉丝、带鱼、鱼干、海带和南北京果、布匹、绸缎,以及火柴、蜡烛、化妆品等,到宁德转手批发给本县城乡和周宁、古田、屏南、罗源等地商人。因而,蕉城船头街海滨一带先后就有了“海关埠头”“德顺埠头”“鱼货埠头”“福安埠头”和“霍童埠头”等简易码头。①

三、公路运输商

古田公路运输商程炳耀(1888—1951),祖籍古田大桥岭头村,后定居古田旧城二保后街民主路。他是贫苦农民出身,古田私立超古中学毕业后,升入福州道学院就读。曾参加辛亥革命,立过二等功勋。辛亥革命成功后,进入河北保定陆军学校深造,历任国民党中央军五十一师团长、陆军上校。民国十七年(1928年),程炳耀解甲回乡后,协同陈彬、徐浩春等组织董事会,集资筹建古田至谷口公路,组织成立谷平汽车股份有限公司,中途因股金有限,公路难以竣工,程炳耀亲赴省城福州,取得省长刘建绪的支持,经建设厅厅长许显时允许,将古谷路改为民办公助,省拨款8.5万元补助,促使筑路工程得以顺利进行。民国二十四年(1935年),古田至谷口公路建成通车,该公司重新与省建设厅签订承租古谷公路合约,改称古谷汽车公司,经营运输业务。程炳耀就任公司董事长、经理。民国二十五年(1936年),有4辆美制1.5吨福特牌货车营运。民国二十七年(1938年),福古瓯公路通车后,货源更足,业务发展较快。民国二十九年(1940年),奉令破坏福古瓯公路,货运暂停。抗日战争胜利后,货运业务随公路的修复重新开展。民国三十四年(1945年),福州平水轮船股份有限公司购置汽车2辆行驶于古谷路线,经营水陆联运。其间,古田境内公路长途客货运价由省建设厅核定,客运每人公里法币24元,货运每吨公里法币206元。短途客货运价由承托双方协商。民国三十六年(1947年),古田部分商人自购汽车成立“联强汽车行”,有福特汽车1辆、小道奇货车3辆,计14个吨位,参加营运;同年5月,古田一家运输行向古田车站托运大米到谷口,原约每吨法币700元,后因货币贬值改按850元结算。自1946年1月至1949年7月,汽车客运票价调整32次,最后改用银圆结算,每人每公里0.04元。1949年后,古田县所有汽车由省汽车运输局估价收购,该路一直沿用至今。

程炳耀还积极提倡建设古田水力发电厂,他与钱玉光、钟春芸集股筹资在古田旧城六保溪兴建发电厂,成立电灯公司,并出任董事长。该厂为县城居民照明之用,是福建省闽北山区利用水力发电之先声。他还热情赞助教育事业,偕同吉巷乡兰溪村华侨程则乾利用侨汇建造兰溪小学校舍,慷慨解囊赞助陈赞汤、陈祖泽等创办古田第一所私立中学,

① 参见翁泰其:《民国宁德海运往事》,《宁德文史资料》第17辑《民国宁德》,2011年,第118～123页。

即玉田高级中学，并出任该校董事会副董事长。①

第四节 日用品贸易

一、盐商、烟草商

(一)食盐、烟草专卖政策

1. 食盐专卖政策

近代，食盐销售改归官办。民国元年(1912 年)，福建改盐法道为盐政处，改票运为官方专卖。在主要县份设盐务局，霞浦县建有东关、三沙、下浒等盐仓，福安县下白石设有查验所，向外地官办盐场购进食盐，批发给各地商店零售。民国十八年(1929 年)，全面实行包商承办制，由商人按销盐区域，认额行销。民国二十一年(1932 年)，稽核所更名福安盐务管理局，下白石仍设检查站。民国二十五年(1936 年)起，取消包商制，再改为官运商销。商人向盐务机关纳税后，可以就仓或就场领盐出售。民国二十六年(1937 年)3 月，食盐正附税每担 2.4～6.4 元不等，渔盐正附税每担统一为 1.05 元，卤盐每担 1 元。下半年，每担盐税提高到 40 元。同年，改为官趸售(批发)、商零售的办法，在各地设立盐子店，专事食盐零售。民国二十七年(1938 年)，在赛岐设盐务局，城关设盐务运销分处，规定每人每月分配食盐 0.75 两。福安县有盐子店 40 家，其中赛岐 12 家、福安城关 8 家、穆阳 14 家、社口 4 家、甘棠 1 家、溪潭洪口 1 家。日军侵华期间，国民政府执行《战时配销规程》，将日常生活必需品中的食盐、火柴、肥皂、蔗糖等归“承销商”统一销售。

民国三十一年(1942 年)，停征盐税，实行盐专卖，采用“民制、官收、官运、商销”的办法，各地相继实行计口销盐。后又改专卖，每 50 公斤 75 元。民国三十三年(1944 年)10 月，国民政府公布《盐专卖条例》计 6 章 59 条。盐种有食盐、渔盐、工业和农业用盐。规定销售由专卖机关办理，可以招商代运；并规定重罚制度，凡私制、私运、私销的，可以罚没并处，并没收其运输工具。

民国三十三年(1944 年)，设立财政部闽赣区食糖专卖局福安分局霞浦办事处柘洋办公处，对食糖实行专卖，对过往运输的食糖验证检查，时过半年即撤。民国三十五年(1946 年)，政府公布《盐政纲领及盐政条例》，盐类专卖被正式废止，改为征税制，盐税有正税、附税、国军副食费三项。

2. 烟草专卖政策

民国元年(1912 年)，福建省烟酒捐总局在古田设福建省古屏烟酒税稽征局，加强对

---

① 倪可源:《程炳耀先生事略》,《古田文史资料》第 8 辑，1988 年，第～64 页；陈彬:《古谷公路建设的经过》,《古田文史资料》第 1 辑，1981 年，第 29～31 页。

烟、酒的税收工作。民国三年(1914 年),北洋政府颁布《贩卖烟酒特许照牌税条例》,规定卷烟批发商人按年度纳税 40 元,专业零售店为 16 元,兼营零售店为 8 元,小摊贩为 4 元,其公卖费规定在 10%～50%之间,地方各级照此办理。卷烟实行公卖后,地方财政收入增加,当年古屏烟酒分局上解税款达 1 万银圆。

民国四年(1915 年),北洋政府实行《全国烟酒公卖暂行简章》《烟酒公卖栈暂行章程》,明文规定:烟酒公卖以官督商销为宗旨,全国按区域设立公卖局和分局;招商组织公卖分栈和支栈,收取押款发给经营执照;商民买卖香烟均由公卖栈代为经营,不得私买私卖;烟、酒各项税厘、牌照税及地方公益捐等由公卖局代收代发;公卖局每月核定价格通告各公卖栈执行,不准私自增减;公卖局征收 10%～50%的公卖费;贩卖烟、酒须在包装上贴用公卖局印照方可出售,无印照或印照与货物数量不符者当作私货论处,公卖栈直隶公卖局和经营性质的分栈、支栈等分支机构。福安专员督察区参照福建省政府颁发的《烟酒公卖暂行章程》《烟酒公卖栈暂行章程》《征收公卖费规则》,把任务交由各县税务部门兼办。当时本地的烟酒公卖税收主要在福海关,其次是古田和屏南县。民国五年(1916 年),烟酒公卖局改称烟酒公卖事务所,与财政分开,独立行使公卖职权。

民国十七年(1928 年)7 月,开始执行南京国民经济财政部颁发的《征收卷烟统税条例》,规定卷烟实行统一税率,其统税的纳税环节主要在卷烟生产过程对企业采取出厂征收和对烟叶采取商场征收的方式,以防漏税和偷税。闽东北地区于民国十八年(1929 年)执行南京国民政府颁布的《烟酒公卖暂行条例》《烟酒牌照税暂行条例》,规定卷烟销售价格由公卖局作价,其公卖费率除浙江、广东外,统一定为 50%,并在三都设查验所,配 5 人负责烟草税收工作。

民国二十五年(1936 年),成立寿宁、福安、霞浦烟酒稽征所,执行烟、酒统税任务。民国二十七年(1938 年)7 月,为筹集抗战经费,福建省政府成立省卷烟公卖局,在福安设福海分局,直辖福安、宁德、霞浦、三都、福鼎、罗源、周墩(现周宁)等地,并在古田、屏南、寿宁设办事处,对卷烟实行统税、限价。民国三十一年(1942 年),烟草由公卖转为专卖。境内在福安成立闽赣区烟类专卖局福安分局,各县相应成立烟类专卖办事处。

(二)盐　商

民国时期,宁德产盐 1000 多吨,制盐业集中在南埕、青山一带,采用“泼沙淋卤坎晒法”制造,规模很小,少有大户。因盐税为国民政府重要财政收入来源,所以国民政府对盐业的管理也特别严格。在宁德设立闽东北盐务分局,由陆军少将郑鑫担任局长,分别在福安、福鼎、霞浦设支局,南埕设盐务所,寿宁、周宁设盐务站,共有办事人员 200 多人。盐务局下面还有 6 个武装盐警中队,每队 45 人,各配 1 名上尉队长和中、少尉副队长,其驻扎地区:浙江沿海 2 个队,宁德 2 个队,南埕盐务所 1 个队,另一队负责在沿海一带巡逻。

(三)烟草商

近代,宁德霍童、福鼎桐山、古田平湖均以生产烟草著称。民国三十一年(1942 年),

闽东北从事烟丝加工商户2600余户，生产烟丝计230多吨；宁德霍童的黄源顺、林顺昌、郑弥记，古田凤都的兴隆、复兴等商号均以生产烟丝闻名，所产烟丝取材自当地所产烟叶，经过加工，配以茶油等原料，精细制作而成，产品畅销境内外。同期，境内古田、霞浦、福鼎等县办有手工卷烟厂数十家，鼎盛时年产卷烟万余箱。

1. 古田凤都烟草商

古田县凤都镇黄埔街的烟丝作坊有朱五弟的兴隆号、叶自恩的复兴号、林廷近的林生记号，以及陈爱奴、阿豹、长乐粿等生产经营商号6家。这些商家，大都自设有生产作坊，雇用制烟师傅或徒弟二三人。烟丝的质量以丝条粗细和色、香、味为标准，销售广告做到建瓯南雅，南平洋后、巨口、迪口以及宁德霍童一带。各商家以薄利多销、赊销、批零兼营等方式招徕顾客，竞争相当激烈。就制作量与销售量来说，朱五弟、叶自恩、林廷近3家规模最大，每家日制作量为烟叶150～200市斤。古田的罗峰、连墩等地盛产榛油，而凤都、桃溪、仕坂、阳谷等地则是烟叶产区，为凤都的制烟业提供丰富原料来源。1949年以后，土制烟无人问津，凤都烟丝业由盛而衰，最终成为历史。①

2. 古田平湖富华卷烟厂

民国三十年(1941年)，古田县平湖镇经营土烟丝的商人林万镜，看到抗战爆发后，英美烟草公司和南洋兄弟烟草公司生产的卷烟运不进来，市场对卷烟需求又很旺盛，于是发起集资，筹集资金，购进手摇卷烟机一台，合股创办富华卷烟厂。全厂有男女工人数十人，解决种种技术和原料缺乏难题，生产富华牌卷烟投放市场。由于产品质量高，获得消费者好评，产品远销闽东北、闽北和福州等地。由于卷烟厂只有1台卷烟机，一天日夜加班也只生产10万支烟，远远不能满足市场需要。民国三十三年(1944年)，富华卷烟厂经理易人后，迁往平湖桥西村，继续生产。民国三十四年(1945年)，林万镜又在原处集资合股办起富强卷烟厂，用柴油机做动力，带动卷烟机生产"三五"牌卷烟，产量大幅度增长。民国三十五年(1946年)，林寿庭、周正铨、林启万等集资在平湖高攀街创办正兴卷烟厂，生产"万象"牌卷烟。1949年1月，从富强卷烟厂分出部分股东，设立万强卷烟厂，生产"505"牌卷烟，平湖鼎盛时有卷烟厂4家，生产的卷烟驰名省内外。②

3. 霞浦福美卷烟工业社

民国三十二年(1943年)，霞浦县办有卷烟作坊和工业社29家。其中生产规模最大的为福美卷烟工业社，该卷烟厂位于霞浦城关张家弄，配备有木质卷烟机25台，生产"和美""新爱""鼎标"3个牌号卷烟。同年，福鼎城关办有南记、大新、公城、真美等卷烟厂4家，所产卷烟牌号有"白鸽""宝鼎""黑猫""金鸽"，日产卷烟10万～15万支之间。

---

① 参见林为干：《建国前凤都的烟丝业》，《古田文史资料》第15辑，1998年，第49页。

② 参见林方灿：《抗日时期古田卷烟工业的发展》，《古田文史资料》第9辑，1989年，第47～49页。

二、百货商铺

（一）寿宁斜滩杂货商陈朝敦

陈朝敦，周墩（现周宁城关）人，自幼在周墩经营烟丝生意，常来寿宁采购烟叶、榛油等原料，推销产品。后感到如此往返运费高，又看到斜滩原料多，水路运输方便，17岁的陈朝敦便来到寿宁斜滩楼下街烟丝加工作坊当学徒，光绪三十二年（1906年）组成“复兴信记”股份商店，被推选为经理。由于陈的务实经营，讲信誉，该店营业范围迅速扩大，由单一的烟丝加工，发展到经营鱼盐海产，南北京果、杂货，苏广布匹，染布，茶叶加工。民国二十一年（1932年），该店发行纸币（票面一元和二角两种），进一步扩大业务，加速资金的周转。民国元年至三十年间（1912—1941），是复兴商店营业最兴盛的时期，资金从四五千元增至五六万元，从业人员最多时有40多人，有3名司账；经常为该店从福安赛岐转运沿海货物的木船有40多艘，最多时达到110余艘；从泰顺和百丈口转运温州、上海货物的挑工平时就有200多人，最多达到400余人。除周墩外，政和及浙江的庆元、景宁、龙泉，江西广丰、乐平等县有许多商号都向复兴商店进货，日销售额2000～3000元。

陈朝敦奉行薄利多销的原则。该店以批发为主，直接从产地进货。购进食盐，盐场以每1200担作1000担给货，复兴卖出按盐场成本加运费计价，比市价低（实赚盐场多给200担的钱）。向织布厂进货时，厂方以九七折价给货，卖出时每筒（当时土布，每筒20匹，每匹1丈左右）赚5分。民国二十九年（1940年），寿宁和浙江庆元、景宁三县旱情严重，闹饥荒，陈朝敦与赛岐粮店协商，运来几千担（从台湾、暹罗）进口的大米，价格每元9斤，以保本甚至补贴运费来供应三县灾民，得到社会同声称赞。该店对商贩和挑工还有些优待措施，凡来进货的商店，往返的人和货物渡船费全部由它支付；买盐的每担多一斤半斤给挑担人做“秤头”；常来常往的挑工，每次每人给旱烟一小包，以便休息时吸着解疲，红糖一小块，在路上泡水解渴，蜡烛一二支，用于客店住宿时照明。

陈朝敦坚持信用经商。他经营洋布（纲纱机织布）多向温州、福州的大商号进货，大都是赊销，复兴的还款日期也是说一不二，绝不失信。每半年清算一次来往账目，七月和十二月还滞债务。复兴在福州和香港的茶商中也以信用著称，县内部分茶行向客商贷款（茶银），都请复兴“作保”，复兴在茶季之前就向县内既做茶又经商的商号预赊货物，然后利用它们的茶贷在福州进货，做到两头互利。复兴卖出的货物，如果发现变质，允许退货、退款。复兴店发行的纸币，随时可以兑换，还在宁德的三都、周墩和泰顺设有兑换点，群众对储存复兴号钞币都很放心。一些商店看到复兴生财有道，起妒忌之心，便在群众中收了大量纸币，故意搞突击挤兑现银，想把复兴搞垮，而陈朝敦早得消息，做好准备，挤兑之日，兑出几万银圆，一时社会舆论都传“复兴票好”。挤兑的商家反而帮了复兴的大忙。

陈朝敦发家后乐善好施，热心慈善事业：在生意好的年头，给病灾户施药，给无力埋葬者施棺，青黄不接时给饥民施粥，寒冬腊月给贫困户送棉袄。在灾荒年头，还发了大批装盐的麻袋,用以解决无被人家的暂时困难。民国二十六年(1937年),斜滩街罹火灾,损失惨重,复兴号捐出从外地运来的大米30石。办慈善事业,既利于民,也提高了商店声誉。

民国二十四年(1935年),因同行的嫉妒,复兴店的仓库被烧毁。陈朝敦在挫折面前不气馁,不几年时间,就逐步恢复;但此后抗日战争全面爆发,海口被封锁,货源短缺,社会购买力衰退,营业渐不如前。民国三十三年(1944年),复罹水灾,店铺和巨额财物被漂走,元气大伤之余,又遭受土匪勒索,遂一蹶不振。①

(二)古田布商陈步辽

陈步辽,古田县人。民国初年,其父陈灿若、兄陈步荃在古田县旧城一保大街开设坤成绸布庄。资金雄厚,信誉很好,居全县绸布业之首。陈步荃为人急公好义,勤俭自厉,关心同行,热心公益,曾当选古田县商会会长,并主持过三保吉祥头县商会会所的兴建工作,功绩卓著。民国十一年(1922年)粤军许崇智部过境时,战乱中坤成绸布庄被洗劫一空,以致停业一年之久。

民国十二年(1923年)坤成绸布庄重新开业,商号改由陈步辽独资经营,初期资本为银圆8000元。因上年粤军许崇智部过境,城中各大商店货物均被洗劫,市场商品奇缺,布庄开业之时,全城同类商铺仅两家,生意非常好。特别是正值年关,顾客云集,最初4年每年盈余都在4000元以上。

民国十二年(1923年)起,因古田侨汇未通,坤成号代办侨汇业务。坤成号驻榕庄客(采购员)可使用侨汇购买货物,而侨眷亦可在古田县城取得侨汇现款,双方均可省去往来携款麻烦。华侨汇款每笔多者1000～2000元,少的也有数百数十元,坤成号收取1%的汇费,因此资金周转更加灵活,商铺规模也日益扩大。每当华侨归国探亲之时,坤成号便热情设宴款待,华侨深表满意。一些华侨看到该商号规模大,信用好,就将一些非急用款项储存在坤成号,坤成号即出具存折,作为取款凭证,供存款人随时取用。这种形式和今天的活期存款类似。广大华侨、侨眷认为这种取款方式十分方便,因此该商号信誉日高。当时坤成号还发行过银票作为流通货币,大家都乐于使用,并且居为奇货。后来国家发行统一国币钞票时,坤成号用3年时间才将上项银票兑付完毕,其信誉情况由此可知。

坤成号不但资金雄厚,而且店厅大,库房多,楼上楼下,总建筑面积达500平方米。主要经营绸缎布匹,且以布匹为主。此外,还兼营颜料、鞋帽、玻璃、玩具等,有时还经营京果,并代理过德商爱礼司肥料公司,经营商品种类繁多。

20世纪20年代,古田县城各商为保证货物运输安全,常联合起来,不定期雇用地方驻军武装押运货物。坤成号以资金雄厚,往往大宗进货。当小商号货物脱销时,坤成号

---

① 参见韦希成编:《古镇斜滩》四“往事钩沉”,谢世芳、黄允清:《民国年间的复兴商店经营纪略》,1995年,第55～56页;又载《寿宁文史资料》第4辑,1995年。

的货物还库存充足；加上绸布商店少，坤成号可以独擅其利，盈利甚丰。

20 世纪 30 年代抗战前夕，古谷公路通车后，随着日货涌入，民族工业受到严重冲击。加上棉布业有利可图，经营商店日增；而且由于交通方便，资金周转快，每间商店有一二千元资金也就够了。同时某些商店为加速资金周转，往往削价抛售，市场竞争十分激烈。但是坤成号以资金雄厚，经营面广，且兼理侨汇，在竞争中仍能稳操胜券。抗日战争开始后，海口被封锁，商品来源断绝，经营陷入困难，由于连年亏损，坤成号在售完库存物品之后，在 20 世纪 40 年代初宣告停业。①

(三)宁德彭姓富商与“万兴”商号

蕉城人彭万珍除开设“万兴”商号，经营布匹外，还开有干果店、药店，办有机器碾米厂。为方便长途货物运输，民国十四至二十六年间(1925—1937)，彭万珍和佘永泽购有载重 150 吨位的“安顺号”“源顺号”和 200 吨位的“金丰顺号”木帆船(俗称“三竿透”)各 1 艘，航行于宁德和山东烟台之间，人称“山东船”；还购置有轮船航行于宁德至福州、宁波、基隆(当年宁德人称之为“鸡笼”)、闽南(宁德人称之为“下南”)之间。福州和宁波是最经常停留的商埠。彭万兴除开办宁德城关机器碾米厂外，还开办有发电厂、蜡烛厂和碗窑瓷器厂，创办有宁德首家私人金融机构——“万兴钱庄”。传说，彭家的商船在一次开往烟台途中遇到一艘海盗船，遭其围攻，商船上备有炸药，原只扔炸药吓退海盗即可，可是随行一位小弟，血气方刚，竟朝海盗船扔炸弹，把海盗船炸沉了，海盗纷纷落水，为避免遭到海盗报复，他们只好弃船逃回宁德。当人们看见彭家商人却不见载货船舶时，彭家商船出事的消息便传播开来，于是持有万兴钱票的人，争先恐后到钱庄挤兑，更有甚者，连夜赶制假钱票，用麻袋装着来钱庄兑现金。最后钱庄现金耗尽，资金链断裂，彭家连仅存的 4 座房子，也典的典、卖的卖，终至破产。彭家发家以来，一直未置办田产，而是把全部的资金都用在了办实业上，应在俗话“没田无根基”上，结果经过三代人辛苦累积起来的财富，一夜之间化为乌有，以破产告终。②

(四)周宁陈贵兴和“陈复兴”商号

陈贵兴原籍福建长汀县，清末偕其胞兄等人来到周墩(周宁)经营烟叶生意。有一年，周宁咸村及宁德霍童等地烟叶大丰收，而市场疲软，造成烟叶滞销。陈贵兴兄弟得到信息后，就赶往咸村一带收购大量烟叶，运回周宁加工后，再运到建瓯玉山销售；又从玉山等地收购闽北的笋干、香菇、莲子等土特产，送到福安、福鼎、宁德等沿海县城销售。这样一来一往间，盈利可观。

陈贵兴发迹后，在周墩后门洋(今周宁城关洋中路一带)建造住宅，继续经商，并把商

---

① 参见陈德植口述，吴石整理：《坤成号绸布庄》，《古田文史资料》第 11 辑，1991 年，第60～62 页。

② 关引光：《我的外婆家——宁德彭氏“万兴”商号的兴衰》，《宁德文史资料》第 17 辑《民国宁德》，2011 年，第 69～72 页。

号定为“陈复兴”，以作纪念。陈贵兴在周墩经营的商店有“复兴轩记”“复兴振记”“复兴恒记”等，除烟草外，还经营南北京果、干鱼货、食什和工业品；其店员大多是从福安雇来，经商经验丰富。复兴轩记专营江苏常熟布（粗布），这种布耐穿，面向农村，生意特别好；还兼营榛、茶、桐等油类。复兴轩记设在洋中路，虽然略显偏僻，但每天门庭若市，生意兴隆。由于商行资金雄厚，十分可靠，周墩殷商富户多把贵重物品寄存其中。“陈复兴号”还在东洋溪城关中段建有水碓一座，专为城区群众加工大米、小麦等日常粮食；并添置有相关设备，加工生产蜡烛，创周宁山区蜡烛生产之先河。

“陈复兴号”除在周宁经营各种各样的商品外，还选择水陆交通比较方便的寿宁县斜滩，办起“陈复兴裕记”批发商行，专营各种布匹、油类、京果、水产干货等商品，红极一时。为了利于资金灵活周转，发行“陈复兴”私人货币行票，票额底数有银圆5000元，除流通寿宁县内外，邻近的福安、周宁以及浙江泰顺等地都能流通，此时为该商号的鼎盛时期。

后来为扩大营业，还增设复兴信记、复兴义记两个批发部。货物多从福州、温州、宁波等地购进，古布匹类专由温州“瓯丰”大布庄直接发货，用轮船运回福安赛岐等地，再用梭船直接运回斜滩，使运价比肩挑便宜，在市场竞争中无人与敌。长期以来，“陈复兴号”不仅在商场中有陶朱之风，而且很重视农业生产。在本县的陈凤白鼻岩还建有山庄基地，专门种植各种林竹。自产自用外，还有竹制品，供应群众日常生产生活之需，所以他的后代只有少部分是农业户，其他在城关或斜滩的，都是民族工商业户。①

（五）福安实业商陈慕彭

陈慕彭是福安凤林（兰田）大财主金记陈聚奎裔孙，出洋留过学（法学）。他受清末康有为改良变革思想和民初孙中山革命思想影响，立志实业报国，振兴地方工商业。他把本房田地全部变卖掉，换成现洋，集资办工厂。他在凤林村办起炼油厂（是福安唯一炼制煤油的工厂）；在赛岐办有肥皂厂、火柴厂、米厂；还与福安化蛟卓玉藻、溪柄林永亨等合资建造轮船“建安号”，航行于赛岐至福州间，从事客货营运。他动员联合各房及社会力量，把生意做大，在福州、温州等地建会馆，成立商会，办钱庄；在上海设布庄，在宁德、霞浦、福安县城设布匹批发店；在福安城关金、贻、瑞三房各建有大客宅院一座，在福安阳头横街头、赛岐、福州、温州、上海均建有住宅。陈慕彭历任福安商会会长兼福安县财政委员。他捐资办学，兴办民间慈善机构。民国二十九年（1940年）前后，福安闹饥荒，陈家倾其财力接济，他运回大批粮食，以平价出售，每人每天供应一升大米，凡陈姓之人，免费供应，乡人得其接济，度过饥荒。民间都知道凤林陈姓财主财大不欺人，在地方上没有民怨、没有血债，有极好的声誉。民国三十二年（1943年），陈慕彭联合乡绅，向省政府控告当时福安县长高诚学伙同其亲戚从福安运米，强购大批粮食运到南竿塘（马祖岛，当时为日本占领）卖给日寇，牟取暴利，是卖国、发国难财的行为，因而被高诚学囚禁。高诚学并

① 周伦珠：《陈复兴及其老商号“陈复兴”》，《周宁文史资料》第14辑，2005年，第18～21页。

以陈慕彭“私通共党”，鼓动商界罢市，抗捐抗税，对抗政府，组织大刀会等罪名将其杀害，将其资财抢劫一空，凤林陈氏自此一蹶不振。①

三、明矾、陶瓷商

（一）福鼎矾矿开发商李新圭和源生泰炼矾厂

李新圭，字昆玉，源生泰业主，福鼎前岐人，祖籍浙江平阳南宋阳乡松墩村。新圭大伯新成，率先改行，迁居至埔坪，以开设手工染坊为业。不久，其叔李知颙在矾山开设新盛南货铺，新圭见农村难以立足，要求随往充任杂工。因此，每日奔走于矾山与赤溪中墩之间，挑鱼货供应早市。民国五年（1916 年），新盛南货铺已很兴旺，知颙回溪光首创炼矾厂（矾山炼矾已有 400 年历史，而在溪光，当时则属首创），厂号源泰成，堆栈设在前岐，派新圭担任推销员（时称出海），往来温州、宁波、汕头、漳浦等地。新圭结交很多朋友，业务开展顺利。民国十年（1921 年），李知颙耗资 2 万银圆建造房舍期间，矾厂不幸失火，储藏的燃料数十万斤悉数烧为灰烬，工厂倒闭，新圭亦失业。其间，宁波、漳浦等地友人闻讯，表示愿意帮助新圭自立门户，重振旧业，在友人帮助下，新圭建立了源生泰商号。

源生泰底子薄，自己没有炼矾厂，承接销售，获利极微。民国十五年（1926 年），新圭改事运输业，向福州租来金陵号小汽船一艘。原说此船可航行香港、上海、温州各地，可是新圭接手首次航行香港，即被扣留，勒罚巨款。虽经港督查明责任，追究业主，而新圭预付两月租金 6000 元，已付东流，业主系福州恶棍，追究无门，只好自认晦气，空手而归。

民国十七年（1928 年），宗人李知答、南宋洋李新钳等在溪光太利炼矾厂租窑炼矾，邀新圭担任经理，负责销售业务。新圭把 14 岁的长子若秀带去在宏大矾栈当学徒，经营一年，又告停歇，新圭只好重操旧业，承接销售他人产品。此间，新圭欲与南宋洋林志香合伙在矾山水尾创建员岗仔炼矾厂，因资金筹措困难，被迫向族人李怀澄借款 600 元，怀澄趁新圭困难时，逼迫还款，因觊觎新圭的帆船股份，申请司法处对新圭的财产实行假扣押，逼使新圭就范，用帆船 2/3 的股权抵债了事。至此，赖以生存的帆船被卖掉，而矾窑仍然未能投产，新圭父子生活一度陷入绝境。接下来的几年间，新圭父子在磻溪湖林、白琳柴头山各地，包下数千亩山林，烧炭、锯板，运往前岐矾山销售。至民国二十六年（1937 年）抗日战争全面爆发，海口封锁，平阳茶叶陆运至前岐出口，新圭接受茶号委托，转口上海，获利颇丰。年底，鳌江王广源前来前岐收购明矾，预付货款，包销新圭员岗仔矾厂生产的所有产品，由是源生泰窑得以投产。至民国二十八年（1939 年）冬，沙埕海口亦被封锁，乃改由赤溪、藻溪两地出口，新圭派长子若秀负责调运，其时矾山炼矾厂仅余陈百舟的烽门厂、李新圭的员岗仔厂和李通茂的南宋新窑 3 家，余皆停业转行。新圭又向鳌江林壬泰、林仲招赎回其叔父知颙早年卖给他们的新老矾窑股份，就此获得立足和回旋余

① 参见福安市溪潭镇凤林村陈氏宗祠《回首忆林前》（2015 年，村情简介）。

地，最后和“通茂”合并，取号“福源”，获利数倍。

民国三十五年(1946年)以后，明矾市场集中在温州，矾商云集温州接洽业务，李若秀也迁居温州。其时，矾山矾业四巨头——郑琮瑾、程崇式、刘彦珍、朱璇联合组成拥有九厂半的公司，在温州、上海有自己的办事处、仓库，垄断明矾业。源生泰只拥有二厂半，实力悬殊，难以匹敌。陈新圭却能别出心裁，自置运输船只，在温州、天津、汕头各处设点销售明矾，创出红狮牌产品，与之抗争。运输船舶运出明矾，载回杂货，两头获利，遂成福鼎首富。

20世纪40年代末，源生泰进入全盛时期，除矾厂外，还拥有矾山、前岐两家电厂，成为福鼎最大的工商业户。其子若秀、若甫、若炳，均从事企业管理，有一定才能。①

(二)宁德陶瓷商

宁德陶瓷生产历史悠久，陶器在七都三屿，瓷器在飞鸾碗窑。民国时期，三屿的三坪村全村都是陶器生产户，生产瓶、钵、缸等，从业者有38人，供应邻近各县。瓷器是明代由闽南泉州一带移民传入，他们居住在瓷土丰富的碗窑村，民国时期已有土窑32座，有造碗者300家，约每十家共一窑，有造碗工人500多人，造碗盒工人40多人。造碗工人1天可生产五“基”到六“基”(每基42个)。年生产碗10万连(每连碗12只，10万连即120万只，重3000～4000吨)。民国十年(1921年)，年产销量达7130吨，产值约60万元(银圆)，主要由海轮从三都运往东北、山东和宁波一带销售。1902—1911年《福海关十年贸易报告》称：“二百年前就已开始的粗陶碗的生产，至今兴旺不衰，年产量从十年前的5100吨，增至本期的6050吨，产品全部由民船运往宁波和牛庄。从前生产两种陶瓷，一种叫‘宁庄’，另一种‘山东庄’，但在本期‘山东庄’已无销路；只有宁波盆继续出口。现有大储量的瓷土可供制造优质瓷器，但因没有采用现代化方法生产，产量仍未提高。1919年的台风摧毁了许多烧窑，又值北方发生饥荒，陶瓷出口量剧降。1921年又恢复了，并且达到创纪录的7100吨。几个最大的陶瓷厂雇用了1000名左右的烧窑工，每日生产陶盆6万个，每4万个陶盆的批发价为300元，大一点的为400元。”②“九一八”事变后，日军入侵东北，销量锐减，民国二十五年(1936年)，年销量只余100多吨。抗日战争全面爆发后，海路被封，销路完全断绝，许多投资者抽走资金，土窑停产，工厂倒闭，大批工人失业。1949年，年产总量仅为22.5万件，不到60吨。

---

① 方东：《源生泰和李新圭父子》，《福鼎文史资料》第8辑，1989年，第139～147页。

② 福州海关编：《近代福州及闽东地区社会经济概况》中的《福海关十年贸易报告(1912—1921)》十三“制造工业”，北京：华艺出版社，1989年，第570页。

第五节　投资新兴服务业

一、供水供电服务商

民国二十三年(1934年)2月,宁德商人叶晓山筹资,选址福山街“坑臼下”,创办福泉水厂。该水厂占地面积3466平方米,建有蓄水池4个,利用毛竹300多条,从五里亭集水坑引来涧水,经过沉淀过滤,供应福海、碧山一带400多家(一说20多户)用户饮用;不久由廖伯甘、陈由新、吴元成等人集资4000元(银圆),将水厂购入,由其合股经营。

民国三十五年(1946年),福安商人蔡元记商号老板蔡慕西,集资法币4500元,在福安县城凤尾山兴建供水厂,建有水塔2座,日供水20吨。后水价不断上调,引水毛竹管失修,破损严重,经营两年后,因亏损倒闭。

民国八年(1919年),福安商人郭幼述选址福安龙王庙,创办华光电灯公司,为闽东北最早发电厂,在福安县县城主街道安装路灯,发电供街道照明之用。

民国十四年(1925年),古田人钟春云、陈芸拱、蓝玉西等人集资成立古田县电灯有限公司,在古田县旧城六保尾龟山建水力发电厂,装机容量30千瓦。该厂白天不发电,夜晚发电供政府、商店、民居照明。

民国二十五年(1936年),宁德县出洋经商归来的商人蔡亦春,与蔡亦培、蔡亦庆等合股,每股出资600元大洋,共筹集11股,计6600元(银圆)股金,组成明生公司,创办明生电灯厂。设备有1台24匹马力发动机和2台12千瓦发电机(后来仅用1台),动力白天用于碾米,晚间用来发电照明。明生电灯厂年发电量约7000千瓦时,供电用户最多时有600多户(每户点10支光灯,即一盏),后因窃电严重,只供应300～400户(盏)。抗日战争时期,物资匮乏,物价飞涨。民国三十一年(1942年)3月份复办时,每盏灯定10元,至民国三十四年(1945年)高达400元。民国三十五年(1946年)12月,因亏损电灯厂停办。次年1月,以广东陈西苏、经理陈敬民名义向宁德团管区司令部和县政府申请重新开办,并改名为“宁光电灯厂”。这时物价已比1943年涨了1万多倍,每盏电灯用户价从10元上提到10万元,8月份提到150万元。陈敬民亏损后,改由蔡泽琮经营。9月份后,国币改为金圆券支付(每300万元国币换金圆券1元),每盏电灯价也从起初的金圆券1.5元一路直升到15元,到同年11月还是因亏损而再次歇业。[①]

民国三十六年(1947年),霞浦县商人也创办了火力发电厂,白天碾米,晚间发电照明。

---

① 吴培昆:《风雨中沉浮的明生电灯厂》,《宁德文史资料》第17辑《民国宁德》,2011年,第34～39页。

二、金融保险服务商

(一)钱　庄

民国八年(1919年),福安福昌钱庄开业,发行私票,面额1～3元不等。民国十七年(1928年),福鼎创办福同裕记钱庄,发行1角、2角、5角私票,资本额10万元。民国二十一年(1932年),三都澳先后开设裕宁、宁兴、建南、洽记、泰记钱庄。

清末至民国期间,闽东北先后开办的钱庄不下60家。福安有福昌、慎昌、慎泰、信安、裕泰、锐康、泰余、聚泰、瑞泉、公豫、坤益、诸同丰、坤裕、万泰、恒裕15家;宁德有生春、崇裕、慎余、厚源、恒记、海记、恒盛享7家,宁德三都澳有裕宁、宁兴、建南、洽记、泰余等15家;霞浦有福同、常余、同源、宝泉、方晋记5个专业钱庄和徐华兴布店等6家兼营钱庄;福鼎有福同裕记钱庄;寿宁有裕记、晋源钱庄;古田有裕丰、游公和钱庄和保元侨汇庄。[①] 这些钱庄多系独资或合资经营,其中福昌、聚泰、信安、生春、裕宁、福同、宁兴、崇裕较具规模,资本额数万到数十万元。钱庄主要办理存款、贷款、汇兑和兑换银圆、银角、铜圆、铜钱业务。有的钱庄也发行不兑换的庄票,称作"台伏票"。

钱庄的服务对象是商号和百姓。存款月息8厘至1分,存款利息视存期长短略有差别。对商户存款多采用信用形式,他们熟悉商情市况,手续简便,颇受小商业户的欢迎。放款月息1分3厘至1分6厘,也以期限和数量定档次,钱多期长的低,钱少期短的高,并参照市场行情,灵活掌握。钱庄本身基础薄弱,主要靠发放庄票来获取利润。民国十七年(1928年),国民政府取缔"台伏票",强制兑换,资本额小的钱庄逐渐倒闭。民国二十二年(1933年),"废两改元"和钱庄"划洋"汇兑的优势又被取缔,许多钱庄因之倒闭。闽东北的钱庄大多与福州钱庄有密切业务往来,受福州钱庄倒闭的影响,加上自身经营不善,资金周转不灵,以及官办银行的开办,民国二十四年(1935年)后趋于没落,民国二十八年(1939年)全数倒闭。

(二)票　号

民国十二年(1923年),阮泉盛布杂店启用私票。民国十三至十四年间(1924—1925),福安振泰彰、振泰聚票号开业,经理黄德斋。大部分系商店为增加资金而发行私钞,部分为茶行在清明前向外商贷款开办,以应付工人工资和部分收购茶叶之需。民国十二年(1923年)后,福安大种鸦片,商店纷纷发行私票,从事烟土投机,私票面额在1～5角之间,限当地集市流通。据不完全统计,民国期间,境内各村镇先后有票号119家。

---

① 新编《宁德地区志》卷十七《金融保险》第一章"机构"第一节"当铺钱庄",北京:方志出版社,1998年,第829～830页。

(三)银　行

民国四年(1915 年),中国银行在宁德三都澳设汇兑所,办理该行在闽东北福鼎、霞浦、寿宁、福安、宁德 5 县的汇兑业务。民国七年(1918 年),将汇兑所改为收税处,代理三都海关收税,有职员 3 人。民国十八年(1929 年)一度裁撤。民国二十四年(1935 年)重新在三都澳设立国内通汇处,继续办理汇兑业务,不久裁撤。民国二十三年(1934 年)9 月,中央银行在宁德三都澳成立办事处[至民国二十九年(1940 年)奉命搬迁至福州]。民国二十四年(1935 年)8 月,中国农民银行在三都澳成立办事处,地址在三民路。民国二十五年(1936 年),中国农民银行三都澳办事处在福安赛岐设立分理处(兑换处),租赁高新街一间房子作为办公地点。主要业务是收兑银圆,有办事员 3 人,主管赵本梅。民国二十五年(1936 年)春起,该行在闽东北农村办理放款、茶叶押汇业务,兼做保证信用小放款业务[民国二十六年(1937 年)8 月,随中央银行迁回宁德城内。民国三十七年(1948 年)2 月奉命解散]。民国二十五年(1936 年)5 月,福建省银行在闽东北赛岐设立办事处。首任主任王登墀,办事处设出纳、会计、营业、公库、事务 5 个组[民国三十一年(1942 年),共有人员 8 人,其中主任 1 人,职员 3 人,行警、工友各 2 人。民国三十三年(1944 年),赛岐办事处定为二等办事处,后升为分行]。民国二十五年(1936 年)七月,福建省银行在福安、宁德设立分理处,在福鼎、霞浦、古田、寿宁、屏南设金库。福安分理处首任经理高忍安,分理处设出纳、会计、营业、公库、事务 5 个系[民国二十九年(1940 年)称支行,5 个系改称股。民国三十三年(1944 年)定为一等支行。民国三十四年(1945 年)3 月设立分行],负责办理一切银行业务、储蓄、信托和代理省公库。

民国二十六年(1937 年),福建省银行在三都、周墩(今周宁)、柘洋(今柘荣)设金库,同时,在斜滩、穆阳、社口设立 3 个汇兑所,并将福鼎、古田金库改设为分理处。各机构经营范围为:储蓄存款、放款、汇兑、贴现、买卖公债及代理财政金库业务。

民国二十九年(1940 年)4 月,设三都营业所。同年 4 月 1 日,在宁德飞鸾设分理处,9 月停止营业,并入宁德分理处。同年 8 月,三都营业所搬宁德城内,并入宁德分理处。民国三十年(1941 年)4 月,古田分理处升格为办事处。次年初,宁德、福鼎、周宁、柘荣、屏南、寿宁、霞浦分理处改为办事处[民国三十二年(1943 年)5 月,在宁德县霍童镇设立汇兑处。民国三十四年(1945 年)3 月,福安办事处升格为福安县二等支行。次年 3 月,又改称福建省银行福安分行,经理吴敦溪]。

民国二十九年(1940 年)10 月,在古田旧城二保后街 19 号设立中国银行古田办事处,职员 11 人,主要经营国际汇兑业务,抗战胜利后不久撤销。

私营古田县银行:民国三十五年(1946 年)11 月开业,地点在古田旧县城三民路,是县内首家实行股份制的地方银行,注册资本总额为 10 亿元法币,主要办理存款、放款业务,并代理县公库。该行依靠董事会制度以“调剂地方金融,扶助经济建设,发展合作事业”为宗旨。1949 年 6 月停业。

榕生兑庄:福建省东南银行在三都所设机构。福建东南银行成立于民国十七年(1928 年),资本总额 25 万多元,发行钞票达百万余元,资金多用于信用放款。民国二十四年(1935年)10月,东南银行在三都设立榕生兑庄,专营汇款业务,并代兑该行发行的钞票。同年实行币制改革后,该行发生挤兑,资金周转不灵,于同年11月14日停业整顿,榕生兑庄亦随之停业。该行所发行的钞票散在闽东北各县有20多万元无法兑现,民众生计受到极大影响。

农村信用合作社:民国二十四年(1935年),福建省农村合作委员会霞浦指导员办事处成立,开始推行农村合作事业,按村、保组建信用合作所,春耕、冬耕向农民银行申请贷款。民国二十一年(1932年),福建省农村合作委员会分别在福安、宁德设立办事处,配备指导员1人、办事员3人、编外辅导员3人。民国二十六年(1937年),霞浦、福安、宁德3县共有信用合作社70多个,社员4000余人,股金8000余元(法币,下同),贷款15万元。民国二十六年至二十八年(1937—1939),福鼎、寿宁和柘荣特种区亦成立指导员办事处。在村保组织信用合作社,办理社员储蓄、农村信贷,代理中国农民银行委托贷款业务。民国三十四年(1945年),区内共有信用社500多个,社员1.2万人,股金2.4万元,贷款51万元。至1949年,农村信用合作社大多名存实亡。民国二十五年(1936年)4月,福建省农村合作社委员会驻福安办事处成立,设指导员1人,办事人员3人,后添设编外辅导员3人,在全县组织信用合作社。民国二十六年(1937年),全县有信用社35个,社员1779人,股金3558元(法币),贷款55061元。民国二十七年(1938年),有信用社69个,社员1629人,3629股,股金总额7258元,贷款59229元。民国二十八年(1939年),全县信用社85个,社员4279人,股金8558元,贷款17295.04元。民国三十二年(1943年)2月,合作委员会办事处裁撤,合作事务归县政府建设科办理。民国三十四年(1945年),全县有120个信用社,社员9156人,64231股,股金969641元(其中专营合作社3个,合作社11个,保合作社106个)。①

三、邮政、电信服务商

民国时期,由于战争频繁,经济萧条,邮运发展缓慢。至1949年9月,全区共有邮路2041公里,其中省内邮路1621公里(步行邮路1040公里,水运邮路581公里),县内水运邮路420公里。境内城市投递分11段,其中福安、古田各2段,其余各县均1段。

开办邮政业务种类有:信函、明信片、新闻纸、印刷物(包括书籍、贸易契)、商务传单、瞽者文件和货样等7类;包件有小包业务。民国十年(1921年),三都澳邮局邮件业务量16.91万件,民国二十年(1931年)增至18.14万件。民国三十六年(1947年),福安邮局函件达27.73万件。其后,因战事导致交通不畅,函件量大幅度下降。民国十年(1921年),三都澳邮政局收寄包裹价值0.27万元,各县邮局年收寄包裹量通常在100件左右。

民国二十年(1931年),福安商人顾增其用线径1.6毫米的铅线,架设城关至赛岐电

① 新编《宁德地区志》卷十七"金融保险"第一章"机构",北京:方志出版社,1998年,第829～835页。

话线一条，总长24公里，安装电话机8部，在福安城关和赛岐两地设点营业。民国二十七年(1938年)后，各县县政府相继设立电话室，开始整顿和架设县至区乡电话线路。民国三十三年(1944年)、三十四年(1945年)，宁德、屏南的省营电话支局相继成立，开办长途电话业务。民国三十五年(1946年)，省营电话局及其分支机构裁撤，机线设备移交给各县县政府电话室。

第六节　商人组织及其作用

一、民国商会

民国元年(1912年)以后，闽东北各县商界陆续组织起商会与各行业同业公会。民国三年(1914年)，国民政府颁布《商会法》。民国十三年(1924年)，全区各县均设立商会，商会下辖63个同业公会，各同业公会均制定章程。商会实行委员制，同业公会实行理事会和监事会制。会员按其资金额缴纳会员费。民国二十四年(1935年)又颁布《商会章程准则》7章39条，由国民党县党部、县署派员监选商会、同业公会，再由各县党部报省党部审批后，报中央民众训练部备案。民国时期的商会，是受政府支配的民间团体，多数是在各主要行业同业公会的基础上组建的。当时，闽东北各县政府摊派公债、兵差、公粮、助销和各种捐税，都通过商会动员工商界来完成。商会也向县政府反映工商界的意见和建议，要求减轻各种捐税等。

闽东北各县商会成立后，在组织全体会员努力改善经营、加强协作、促进对外贸易、抑制物价、稳定市场、维护和发展公共事业方面做出许多有益的工作。民国十五至二十年(1926—1931)，宁德县粮荒严重，宁德商会向上海各地联系采购进口玉米平粜，同时配合有关部门严惩不法奸商囤积居奇、坑害百姓的行径。民国二十六年(1937年)，在全民抗日运动中，寿宁县商会贡献第二年的救国公债息金，并积极参与县政府部署的禁毒(鸦片)宣传活动。福安、福鼎、霞浦、柘洋、周墩等县(特种区)的商会，曾积极协助政府宣传抗日，贯彻战时物资统制政策，发动群众抵制日货、提倡国货。抗日战争结束后，各县商会主要从事参与评定物价、协助政府进行工商登记、评定营业税、推行市制度量衡、为商民外出采购及推销出具证明、调解各行业同业公会之间的纠纷等事务性工作。

20世纪30年代末至40年代中期，是闽东北商会组织发展的鼎盛时期。民国三十四年(1945年)4月，福建省实施工商团体管制工作，对全省工商团体进行调查登记。闽东北各县的调查登记结果是：福安县1个商会，11个同业公会、303名会员；宁德县1个商会，16个同业公会、512名会员；周墩区有1个商会，8个同业会、155名会员；柘洋区有7个同业公会、103名会员；寿宁县有8个同业公会、149名会员；福鼎县1个商会，15个同业公会、466名会员；霞浦县3个商会，36个同业公会、667名会员；古田县有商会2个，18个同业公会、500名会员；屏南县有1个商会，3个同业公会、39名会员。

民国十八年(1928 年),国民党政府规定,凡同一地区有 7 个同业公会者,可成立商会。从此,福建省各地豪绅和巨商争相组织同业公会,借以申请成立商会。这期间,商会为国家、为人民也做了不少工作,诸如支持辛亥革命;参与反帝反封建斗争,促进民族资本主义发展与团结;维护同业利益;开展抵制日货爱国运动,抵抗日本侵略;协助办理有关兴革事宜、福利事业等。

(一)福安商会呈文请移设海关查验所

民国二十七年(1938 年),福海关在赛岐设立海关查验所征税,福安商会呈文抗争称:认为“海关查验所创设赛岐,实行征税,凡百货物,甚至肩挑小贩,细微如薪、炭、茅菜之属,靡不课征,形同百货捐”;不仅“殊失权宜,而病农商等情”。① 经过商会据理抗争,终得福建省政府主席陈仪指令:“咨请原主管机关查照办理,以恒商家等情。”

(二)古田平湖商会积极维护社会安定

民国八年(1919 年),古田平湖有识之士苏叔嵋、林玉承、高子达、李伯坤等发起组织平湖商会,具文申报福建省政府备案,并经省转报南京国民政府核准,由国民政府农商部颁发铜质钤记一枚。平湖商会遂于民国九年(1920 年)宣告成立。平湖商会所属同业公会 11 个,会员合计 262 人。商会成立后积极为所属各同业公会争取合法权益,并代表该镇接待军政人员,维护社会治安。

民国十七年(1928 年),土匪突然袭击平湖街,烧毁店房数十间,掠走财物无数,街道成为一片废墟。商会即出面安定民心,动员各商号克服困难,重建店房,派员赴省,向原省长海军上将萨镇冰求援。萨氏知情后,率部携款前来慰问救灾,下令派海军陆战队某部驻扎平湖,百姓得以安居乐业。民国二十三年(1934 年),十九路军蔡廷锴在福州成立中华共和国人民革命政府,蒋介石即派张治中、王敬久等带兵南下讨伐。军队过境包围古田县城时,百姓纷纷避匿。此时商会当事人又出面负责接待,并妥善处理有关应急事项,使广大群众未受严重损失。军队过境之后又立即安定民心,并使商店迅速恢复营业。民国二十六年(1937 年),抗日战争全面爆发后,各地抗日后援会号召群众“有钱出钱,有力出力”。古田平湖商会立即响应,动员全体会员带头捐献银钱及物资,前后捐献财物达数千元之多,有力地支援前线抗日。②

(三)屏南商会维护商贸秩序

屏南商会的前身是酒帮公会。民国十四年(1925 年),屏南县城酒商作坊召集会议,邀请全县 18 家酒商代表到县城协商。根据各乡酒商人数和酿酒数量,摊派酒捐数额,各区还推选 1 人代收酒捐。另聘请财会人员 1 名,负责汇总各区酒捐,上缴古屏烟酒局。

---

① 福安市档案馆民国二十七年档案永久 272 卷,载 1988 年编《福安县交通志资料汇编》第三册,第 55~57 页。

② 参见苏孝锦:《古田平湖商会史略》,《古田文史资料》第 10 辑,1990 年,第 78~80 页。

这样，酒商就不再受酒捐差役敲诈勒索。不久，经过酒商酝酿，成立屏南酒帮公会，旨在使百姓和酒商不受中间盘剥，减轻酒捐负担。民国十九年(1930 年)在酒帮公会的基础上成立屏南县商会，宗旨是防止商家受捐税承征人的敲诈；提倡商业道德，要求会员买卖公平，不提价，不抑价，不短秤缺尺，不以伪充真，童叟无欺；联络会员感情，不互相倾轧；统一富商自发货币价值。①

二、同业公会

民国五年(1916 年)，古田县成立棉布业同业公会。民国十九年(1930 年)以后，福建省各行业逐渐从商帮转为各行业公会。民国二十一年(1932 年)，国民党政府工商部改为实业部，颁布《工商业同业公会法》。随后，同业公会逐渐增多。到民国三十七年(1948 年)5 月，福州商会所属各行业公会有 72 个，有 1 万多个工商户参加。

民国二十五年(1936 年)，宁德县政府设立宁德县合作社指导员办事处，领导和指导建立合作社，全县建立保合作社 30 个，有社员 1952 人。1949 年，全县建立乡(镇)合作社 24 个，保合作社 86 个，茶叶运销社 4 个，渔产运销社 2 个，消费合作社 3 个，共计 119 个各种形式的合作社。民国三十年(1941 年)，同业公会在城区有会员 35 个，资本计 20.6 万元。

(一)福宁属采运茶业同业公会转呈代表意见书

抗日战争期间，福宁属采运茶业同业公会转呈茶界代表意致书国民政府当局，要求“整个国策通盘筹划，仿照各国补助倾销货物之办法，由国库提出专款津贴茶商，或由外汇差额中提出三成补助茶商”。这份由闽侯县福宁属采运茶业同业公会主席郭公木起草的呈文，对促使从国家层面制定福建茶业政策起到重要作用。

(二)屏南县茶商业同业公会呈文制止乱收税

民国三十七年(1948 年)7 月，屏南红茶厂泰利、协生春记等经理电称，外销红茶赶运赴省途中，在宁德霍童柏步村，遭到当地稽征分处设卡拦截，红茶每箱要收自治捐 5 万元，因地制宜税 4500 元。于是屏南县茶商业同业公会为之发文据理力争。到 8 月，福建省政府主席刘建绪令宁德县府“克日停征具报”，维护了屏南茶商的利益。②

(三)清末民初霞浦三沙渔业商会的社会服务

清宣统二年(1910 年)，霞浦三沙人魏鹏章等组织霞浦首家渔业商会。魏鹏章来自著名的巨鹿世家，以乐善好施，热心地方公益事业而声名卓著。1910 年 6 月，霞浦县城

---

① 李升荣主编：《屏南县志》第二十一篇“群团组织”，第五章“工商业组织”第一节“商会同业公会”，北京：方志出版社，1999 年，第 516 页。

② 宁德市蕉城区档案馆存民国三十七年档案。

关工商业者联合成立霞浦县商务总会。7月，三沙在魏鹏章的倡导下，成立霞浦县三沙商务分会，后改为霞浦三沙渔业商会，会址设在当时三沙清廷巡检司官衙旧址（现在的三沙中心小学）内。魏鹏章既是三沙渔业商会的创办人和首任总理（当时称渔会会长为总理），又是三沙中心小学的前身三沙公立高等第一小学的创办人和首任堂长（即校长）。

三沙渔业商会的成立，对稳定当时三沙的渔贸市场、服务渔业生产、发展经济、起到了极其重要的作用。至今，三沙老一辈的"讨海人"还对其念念不忘。

清末民初，三沙渔业商会针对大部分渔民生活无着，缺乏资金做好鱼汛准备工作，及时召开董事会议，决定由商会出面，说服三沙所有"鱼货店"（直接参与当地渔民生产销售的商户）出"白条"，由渔业商会做担保，借贷给渔民一定数额的生产资金，每一艘渔船可借贷100～150银圆，还贷期限为次年农历四月二十九日（渔业生产春汛后），准时兑现，对稳定当时的社会生活、扶植渔业生产、搞活经济，起到积极的作用，深受渔民好评。

抗日战争初期，三沙鱼货贸易市场上流通的货币混乱无序，或紧或松，忽涨忽落，没有规律，渔民们深受其害。为此，三沙渔业商会就召集所有的鱼货店老板开会商定：三沙市面上的一个银圆只能换取260个铜片。决议一出，渔商会立即在三沙大街小巷鸣锣张榜公布。这种民间组织通报金融行为的做法，在当时算是创举，对稳定当地鱼货市场、安定民心，起到积极的作用。[①] 三沙渔业商会从1910年成立，到1949年解散，整整运作了39年时间。

---

① 江润泽：《三沙商会简史》，《霞浦文史资料》第12辑，1994年，第80～84页。

第六章

计划经济时期闽东北的商贸底脉

中华人民共和国成立以后，闽东北的商业和中国大陆各地一样，进入一个全新的时期。新政权对农业、手工业和资本主义工商业进行社会主义改造，使其逐步成为社会主义事业的一个重要组成部分，进而发展成高度集中的计划经济商业体制。与此同时，对以小农经济为基础的民间商贸进行集体化改造，形成社会主义合作商业。到20世纪50年代后期，各县对私有制的改造和农村集体化基本完成，国营和合作商业成为闽东北商品流通的主要渠道，高度集中的计划经济商业体制基本形成。

1958—1965年，由于“左”的思想影响，商业管理和经营体制发生动荡，撤销公司，政企合一，取消集市，商品匮乏。1966—1976年“文化大革命”十年，许多传统商业、经营品种、服务项目被取消。国营商业独家经营，城乡分割，供应紧张，市场萎缩。1976年10月“文革”结束，国家在各个领域全面进行拨乱反正，闽东北商业开始回归原来的轨道。

1949—1978年的30年，闽东北商业走了不少弯路，但仍然取得了一定的成就。

第一节　工商管理

一、商业体制

1949年6—8月，闽东北各县先后建立新政权。此后在中共福安地委和福安专署的领导下对旧商业体制进行改造，逐步建立起以国营商业为主导的社会主义商业体制。

(一)国营商业和供销社

1949年9月下旬，中共第三地委(后改称福安地委)召开第一次扩大干部会议，会议指出当前的方针任务包括“整理财粮税收，恢复群众生产和市场贸易，调剂民生；安定社会秩序，建立军事的、政治的、经济的革命的统治”。①

1949年10月，全区第一家国营商业福安贸易公司成立。1951年，贸易公司在各县设支公司或营业组等分支机构和经营网点，一揽子经营农、副、土产品和日用工业品：一方面大量收购粮、油、茶叶及土特产品；另一方面按照物资统一调拨制度，从省内外大量调入棉布、棉纱、化肥、石油等工业品，在掌握物资的基础上，及时向市场抛售，平抑物价，稳定市场，初步体现出国营商业的力量。福建省贸易公司成立后，福安贸易公司改为分公司，各县成立贸易支公司。1952年，全区国营商业逐步实现专业化，成立粮食、土产、煤炭、百货、木材5个省属公司的分公司或支公司，同时撤销福安贸易公司。年末，全区国营商业商品零售额为505.7万元，占社会商品零售总额的10.61%。

1950年10月，全区第一次工商会议后，各县建立健全机构，有步骤地完成工商登记，有条件地扶持工业生产，改造与健全工商联合会及同业公会，加强市场管理与建立开业、歇业制度等，商业管理工作逐步走上轨道。是月，闽东北第一个供销合作社在福安苏阳试办成功，取得经验后向全区推广。1952年，正式成立福安专区合作总社，各县相继成立合作社和基层供销社，在边远山区和海岛设日杂、棉布、水产、农资等专柜。至1954年，全区有供销社62个，分销处105个，供销合作社社员29.08万人，筹集股金47.76万元(已折新币)。② 各地供销社以帮助农村社员群众推销农副土特产品，做好农业生产资料和生活消费品的供应为主，同时配合国营商业做好粮、油、糖、猪、茶等产品的收购，成为农村人民群众生产、生活和城乡商品流通的一条重要渠道。

(二)其他所有制

1949—1956年的闽东北商业多种所有制并存，除国营商业和供销合作社外，还有私营、公私合营、集体合作商业。

1. 私营商业

1949—1952年是国民经济恢复时期，国营商业尚在创建，私营商业在流通领域中占统治地位；重要商品如粮、油、棉布等基本上仍由私营商业经营。1950年，福安专区有私营商业8690户，从业人员13682人，资本166万元(已折新币，下同)，全年营业额1971万元。其中普通商业6894户，从业人员11393人，资本154.18万元，全年营业额1831万元；饮食业920户，从业人员1093人，资本4.42万元，全年营业额111万元；服务业876户，从业人员1196人，资本7.4万元，全年营业额29万元。

由于国民经济尚在恢复之中，物价波动比较明显，滋长了部分私营商家囤积居奇、投机倒把、哄抬物价等经营行为。对此，政府实施一些相应措施，加强市场行政管理，平抑物价。1952年1月，政府开展“五反”运动，打击行贿、偷税漏税、盗骗国家财产、偷工减

① 中共宁德地委党史研究室：《中国共产党宁德地区历史大事记》，北京：中央文献出版社，1999年，第4页。

② 中共宁德地委党史研究室：《中国共产党宁德地区历史大事记》，北京：中央文献出版社，1999年，第16页。

料、窃取经济情报等“五毒”违法活动,一些违法乱纪的私营商贩受到惩罚。1953年,国家陆续对粮食、食油、棉花、棉布、生猪等主要消费品和原料实行统购统销,私营商业对这些商品只销不进。

1953—1954年,全区对私营工商业和个体手工业进行社会主义改造。此后,私营商业户大幅度减少。1955年全区私营商业有5593户,比1953年减少42%。其中坐商2366户,行商114户,摊贩3113户,从业人员8440人,资本总额107.36万元。

2. 公私合营商业

1955年,根据上级的部署,全区对资本主义工商业实行利用、限制、改造的政策,私营工商业者接受社会主义改造,各行业的私营工商业者实行公私合营。

公私合营商业由国营专业公司领导,公方代表为公司人员,由政府派驻私营商业企业,负责企业的行政工作和业务指导;私方人员在公方代表的指导下开展商业业务工作,根据各自的业务优势担任相应的管理工作,同时接受税务、工商管理等职能部门的领导和监督。政府根据私营业主的资金、经营形式等情况对他们进行教育、改造。

1956年,闽东北各县基本上实现全行业公私合营。全区总计有公私合营商业142家,从业人员计2702人。其中纯商业125家,饮食业10家,服务业7家。1959年,公私合营企业全部并入国营企业。

3. 集体合作商业

在“公私合营”“对私改造”过程中,政府还对以小农经济为基础的民间商贸进行改造,教育、引导个体小商小贩走合作化道路。对其中资金较多、经营规模较大的商贩,在自愿的基础上,由若干户组成统一核算、共负盈亏的合作商店,经营的利润按比例提取公益金、分红、支付工资,还适当提留公积金以扩大再生产。

1956年,全区私营小商小贩5734户7394人,分别组成198个合作商店,210个合作小组,2080个商店门市部。这些合作商业企业主要经营饮食、食杂、旅社、照相、理发、裁缝等业。①

(三)商业改造

1. 成立工商联

1949年后,闽东北各县人民政府接管旧商会,对其进行改造。1950年10月,福安专署召开全区第一次工商会议,提出有步骤地完成工商登记,有条件地扶持工业生产,改造与健全工商联合会(工商联)及同业公会,加强市场管理。

1950—1953年,各县在改造旧商会的同时,对同业公会进行整顿,一般合并为商业、手工业、服务业、摊贩业等行业委员会,在此基础上筹建工商业联合会。

1953年起,各县相继正式成立工商业联合会。县工商联设主任1人,副主任若干;主任由政府派员担任,副主任多由行业代表充任,并兼任相应行业委员会主任。

① 宁德地区方志委编:《宁德地区志》,北京:方志出版社,1998年,第648~651页。

各县工商联在主要乡镇设立基层组织，称分会、办事处、工商联小组等。如福安县工商联设有赛岐分会、穆阳办事处和阳头、溪尾、上白石、下白石、社口、溪柄工商联合小组，共 8 个基层组织。[①] 福鼎县设立城关、前岐、点头、白琳、秦屿、沙埕、店下 7 个基层工商业联合会，在磻溪、硖门、管阳、西阳等地成立工商小组。[②]

各县工商联成立后积极投入抗美援朝、"三反"、"五反"、工商业对私改造与增产节约、改善经营管理、改进服务态度、提高服务质量等活动中，并深入调查研究，热情接待各级工商界人士，积极参政议政、献计献策。

1955 年，全区各县工商联干部共有 64 人，其中政府派员 10 人。1958 年，全区各县共有会员 2591 人。

1959 年，中共福建省委和省人民委员会决定在专署一级设立省工商联的派出机构，加强对各县工商联的领导。

1963 年，福安专署工商联举办 6 期脱产学习班，在全区工商界中积极开展爱国主义、国际主义和社会主义的思想教育，对偷税漏税、违法经营者进行处理。[③]

1966 年"文化大革命"开始，工商联停止活动。

1969 年，撤销工商联组织。直到 20 世纪 80 年代，各县先后恢复工商联组织，并开展活动。

2. 私商改造

闽东北各县对私营工商业（资本主义工商业）的社会主义改造从 1951 年就开始了，并且首先从粮食和食油经营开始。以福安县为例，这一年赛岐民天粮食加工厂实行公私合营，成为福安县第一家公私合营企业。

1953—1954 年，全区各县对私营工商业的社会主义改造按照上级的部署，按行业分批次、采用不同形式，不断深入。首先是对粮商进行改造。各县城关和重要集镇实行粮食代销，农村个体粮商通过转业和合并的方式予以取消；各县粮食使用商的原料粮食实行计划供应，粮食加工厂只加工国营粮食。同时取消食盐的个体户经销，实行棉花、棉布统购统销，取消个体经营户，棉布店转业，资金存入银行。在优先改造与民生关系最为密切的行业之后，先后将其他行业的私营商业和私营手工业改造为合作经销店、合作社或合作小组。

1955 年，各县工商联组织力量对全县私营工商业基本情况进行普查，明确改造对象。各县召开工商界青年代表会，贯彻和平改造政策；各县还通过妇联会发动妇女家属"不拉后腿"，利用亲情帮助家人改造。[④]

1958 年，根据上级精神，全区各县通过人民公社化运动对工商界进行彻底改造，使他们成为人民公社社员。各县组织全体工商界人员参加系列活动，如"自我改造检查评

---

① 福安市档案馆藏工商联档案，1953 年永久第 1 卷。

② 福鼎市方志委：《福鼎县志》第二十篇第五章第一节，福州：海风出版社，2003 年。

③ 宁德地区方志委编：《宁德地区志》，北京：方志出版社，1998 年，第 980 页。

④ 李健民：《赛岐纪事》，福州：海峡文艺出版社，2015 年，第 107 页。

比”“工商界参加人民公社现场会”等，提高他们对人民公社优越性的认识。是年年底，全区工商界人员全部参加人民公社，在社会身份上完成彻底改造。

二、商业管理

1949年后，福安专区及所属各县均设立专门机构管理商业。计划经济时期闽东北商业实行统一领导、统一管理的体制；随着国营商业的发展，企业内部逐步建立统一领导，分级管理的管理形式。这一时期由于物资紧缺，对部分重要消费品及特种商品实行票证管理；国家对各类物资按行政区域进行计划分配，按经济区域组织流转，位于水陆交通枢纽的赛岐，成为闽东北物资的储运中心和中心批发市场。

（一）管理机构

1949年10月，福安专署设立工商科，主管全区的工业、商业和市场管理等项工作。1950年，福安、福鼎、霞浦、周宁县成立工商科，至1953年全区7县相继成立工商科。1955年3月，专署工商科分设商业和工业科。此后，全区商业管理工作开始形成较完善的管理体系，省、地、县实行统一供货渠道的商品计划管理体制。

1956年4月，专署商业科改为商业局，负责主管全区商业业务、物价的财计等工作。商业局直属企业有百货、纺织品、文化用品、食品、专卖、医药6个专业公司，有糖果糕点、针棉织品、食品杂货、中药材、饮食、贸易、五金、石油8个办事处。1956年，各县成立商业局和相应的专业公司，形成较为系统的行政管理体制。

1958年4月，撤销专署商业局、服务局、供销合作总社，成立福安专员公署商业办事处，承担原3个机构的管理工作。同时撤销各专业公司和办事处，合并成立农副产品采购调拨站和工业品批发商店等6个企业。当年7月，撤销专署商业办事处，恢复福安专署商业局。

1961年6月，供销合作社第一次从商业局分出，商业局直属企业有食杂采购调拨站、驻上海工业品批发站、外贸物资调拨站、茶叶分公司、福安工业品批发站、福安五金交电采购供应站等。1962年工商行政管理并入商业局办公。1964年成立专署专卖事业管理局，与食杂公司合署办公，隶属商业局。各县亦成立相应的专卖事业机构，管理体制与专区一致。

“文化大革命”初期，政府机构瘫痪，商业改由军事管制委员会统管。1968年改由生产指挥部的财贸组分管。1969年12月，全区供销社第二次并入商业局。

1970年2月成立福安专区“革命委员会”生产指挥部商业局，1971年改称宁德地区“革命委员会”商业局。1976年地区供销合作社再度从商业局分出。1977年10月宁德地区商业局与工商行政管理局分开办公，商业局下辖二级站的百货、五交化、食品、医药等6个专业公司和外贸站以及宁德地区冷库，直至1992年。①

在长达30年的计划商业体制中，商业的主要作用是按计划将当时相当稀缺的社会资源均衡地分配到社会的各个方面，以维持基本的生产活动和满足基本的生活需求。商业管理机构的设置保证了计划商业体制的运转。

(二)经营管理

20世纪50年代，福安专区商业企业内部实行统一领导、统一管理，“利润向上缴，用钱向上要”。商品流通量由省贸易公司下达计划指标。1953年，各县相继成立国营工业品专业公司，按计划进行经营管理。随着国营商业的发展，企业内部管理逐步过渡到“统一领导，分级管理，部(科、组)为基础”。二级采购批发企业和各县专业公司实行站(公司)、业务科(商品部)和营业组三级管理，各级设有进货、保管、核算等专职人员，各尽其职。

1959年5月，全区商业系统按省商业厅颁发的《商业厅系统计划制度》，实行分类分级的经营管理体制，对商品分三类管理。第一类商品指关系国计民生的重大商品，由省集中管理，计26种；第二类指部分生产集中，供应面大和生产分散，需保证重点地区供应或出口的商品，由省供销社统一平衡，实行差额调拨，计51种；第三类指不属上述规定的由主管部门和专业公司统配的商品，计342种。

在长期的商业实践中，闽东北国营商业逐步建立和健全了一套经营管理制度，包括计划、统计、财会、物价、储运等方面的专业管理制度和商业企业岗位责任管理制度。全区各基层批发、零售企业普遍推行“七定”管理，即定经营目标、定人员、定资金、定销售额、定费用、定损耗、定利润额；指标逐级分解，任务分配到柜(组)，责任落实到人。

商业经营管理工作多次受到“左”的思想影响和政治运动的干扰和破坏。

1959—1966年，主要开展“反右倾”和“四清”运动。“反右倾”运动使商业系统的“左”倾思想和“左”的行动再次泛滥。福安专区各县城乡商业管理和经营体制发生动荡，公司撤销，政企合一，取消集市，商品匮乏。

1966—1976年，管理制度受到政治运动的严重干扰和破坏，一些必要的规章制度被取消，许多传统商业、经营品种、服务项目被停止。国营商业独家经营，经营过程不计成本，不讲核算，长期吃“大锅饭”，视亏损为“正常现象”；城乡分割，供应紧张，市场萎缩。

“文化大革命”结束以后，全区各县商业部门开始重视并加强业务管理。1977年10月，宁德地区成立扭转企业亏损增加盈利领导小组，商业部门加强管理，原有的商业管理制度逐步恢复。

(三)票证管理

票证制度是计划经济的产物。由于物资紧缺，闽东北各县和全国各地一样，对部分

① 宁德地区方志委编:《宁德地区志》，北京:方志出版社，1998年，第675页。

与民生关系密切的日用工业品和农副产品实行票证管理。票证管理即每年按人口(有的商品按户)定量核发用于专购某一商品的票证,消费者凭票(或凭证,或票证结合)购买指定数量的指定商品。实行票证管理的商品和供应数量与国民经济状况紧密相关,1978年以后票证管理制度逐步退出历史舞台。

1953年,粮油实行统购统销政策后,全区各县对城镇非农业人口实行人口粮油定量供应,对农业缺粮户和渔民、船民的粮油也实行计划供应;所需粮油均凭票证定量供应,这也是计划经济时期最早的票证管理。

对棉布的票证管理始于1954年,这一年福安专区按以下标准核发布票,对棉布及针纺织品实行计划供应:城镇居民和乡村农民每人年发布票17市尺,工人19市尺,干部21市尺。

猪肉、食糖、煤油的票证管理始于1956年。

火柴、肥皂按户凭证供应始于1958年。

食盐、香烟、酒类按人定量凭证(票)供应始于1959年;同年糕饼、米面点心也开始收取粮票。

1960年起,床单、卫生衣裤、棉毛衫裤、毛巾被、睡衣、绒衣、线毯、绒毯、浴巾9种针织棉织品折收布票。

1961年,折收布票的范围增加10种:人造棉布、毛布、汗衫、背心、袜子、毛巾、手帕、枕套、风雨衣、蚊帐等。

1961—1964年,每人每年发布票0.83米;发鞋面布票,城镇户口居民每人每年0.4米,农村户口每人每年0.16米。

1963年,除棉布、食糖、猪肉、上海表、缝纫机等外,多数商品取消票证,敞开供应;但糕饼、米面点心等粮食制品仍收取粮票,针棉织品仍折收布票。

1977年,商品供应开始逐步改善。1978年,普通香烟不再凭票供应,但名优香烟仍限制在重大节期凭票供应。

1978年,全区各县先后取消禽蛋票证,敞开供应。

(四)储运管理

中华人民共和国成立之初,国营商业福安专区贸易公司没有自己的商品储存仓库,只能租用民房或宗祠、庙堂等作为临时仓库。商品运输则延续传统做法,沿海沿溪水路仍是木帆船运输,内陆山区依然依赖人力挑运。

国家对各类物资按行政区域进行计划分配,按经济区域组织流转,具有海运条件的赛岐,成为闽东北物资的中心批发市场。省、地物资商品采购供应单位争相在赛岐设立机构,如工业品采购供应二级站、农资公司、土产公司、盐业公司、木材公司、石油公司、燃料公司、医药二级站、粮食转运站、建材物资部等。闽东北各县也纷纷在赛岐设立办事处,建立储仓,以便利物资的采购和转运。福鼎县物资进货仍以温州为主,1956年后该县经济区划仍归温州，省内计划商品改由福州调运，计划外商品多从上海、温州进货。①

1956年，各县百货、纺织、副食品、医药等专业公司相继成立后，商品仓容增加。福温（福州—温州）公路建成后，区内各县公路相继通车，商品运输由人力肩挑逐渐被汽车运输取代。1960年全区商业系统配汽车2辆，机帆船2艘，木帆船35艘，人力车157辆，畜力车36部，总运力570吨。1961年成立福安专区商业汽车队。

赛岐是计划经济时期闽东北经济区独一无二的物资储运中心。除了陆路运输方面，这里是连接南北东西国道、省道大动脉的交通枢纽。水运方面，赛岐始终是闽东北的中心港口，吞吐量位居闽东北之首。1957年后，赛岐港区东岸建成钢筋混凝土框架式的港务货运码头，改变了赛岐港在江中过驳装卸货物的历史；水产、粮食、煤炭、石油、木材、食糖等7座专用码头也相继建成。基础设施的不断升级、完善，使赛岐港的靠泊能力不断提升，到20世纪80年代，赛岐港码头的吞吐量在省内仅次于福州、厦门港。整个闽东北地区除福鼎、政和两县的部分计划商品货源划由福州站供应外，90%的商品都是由上海直接海运到赛岐，再由赛岐二级站批发供应给本经济区。②

1965年，全区工业品、糖烟酒、石油、医药等二级站在赛岐相继建成，使商品仓容增加。1972年，各县成立仓库普查领导小组，并加大对商品仓库的基建投入。1978年，全区商业系统有商品仓库2717座，7.4万平方米；有冷库4座，库容1800吨；有储油罐2503立方米。同时在福州、温州、上海等地建中转仓库5座，仓容1502平方米。当年商业汽车运输队车辆增至14辆，总吨位62吨，常年运量8108吨。③

计划经济时期，物资和消费品由国家按照统一的计划实行收购、调拨和销售。商品严格按照一、二、三级批发流通体系实行单渠道的流通。以国营和合作商业为代表的公有制商业成为商品流通领域的唯一主体，商品的市场价格受到计划的严密控制。高度的计划商业体制与商品交换和流通的市场化要求不合，也限制了生产者根据市场需求来发展生产的积极性、主动性和创新性，使市场机制无法成为引导和促进企业发展的基本动力，扼制消费需求，从而制约了社会生产力的发展。

三、工业品生产和市场的管理

自古工商一体，工业品的生产促进了商业的发展。中华人民共和国成立后，人民政府重视发展地方工业，经过对私营企业、手工业的社会主义改造，逐步建立起国营或集体的工业生产体系。1953—1957年第一个“五年计划”建设时期，闽东北工业发展平稳。这个时期的主要工业产品除精制茶叶销往区外和供出口外，其余产品基本上均在区内销售。1958—1978年，以闽东北电机为代表的电机电器制造业带动了闽东北工业的发展，

---

① 福鼎市方志委：《福鼎县志》第十篇第二章第一节，福州：海风出版社，2003年。

② 福建省方志委：《福建省志·商业志》第十章第二节，北京：中国社会科学出版社，1999年。

③ 宁德地区方志委：《宁德地区志》，北京：方志出版社，1998年，第677页。

但由于政治运动的不断干扰，产业的发展受到影响。

这一时期闽东北的工业产品主要有土铁、铁小农具、木小农具、竹小农具、原木、茶叶、盐、食用植物油、饮料酒、土糖、土布、日用陶瓷、小吨位的木船、皮革及皮革制品等，此外还有小型火电、水电。1956年以前有一些民营或公私合营企业，但规模都很小。1956年以后，私营企业受到更严厉的遏制，基本转为国家投资办厂经营。以下简述数例。

在食品工业方面，1950年，闽东北各集镇约有糖糕饼店8000家，沿袭自产自销的传统方式进行经营。1956年对私改造后，区内各县先后建起食品厂，主要生产糖糕饼等副食品。

这里的酿造业历史悠久，1949年，全区有酿酒店（家庭作坊）数百家，民间酿酒遍及各乡村，主要生产白酒、黄酒。1950年后，酿酒户联合成立公私合营酒厂。1951年，创办福安酒业联营店。1952年，福建省酒类专卖公司在赛岐创办赛岐酒厂，系国营企业；1955年，福安专区工业局旗下共有酿酒企业3家：国营福安赛岐酒厂、公私合营霞浦山海酒厂和福鼎新君山酒厂。

这里传统生产的调味品主要为酱油、食醋、味精、鱼奇油等，鱼奇油也称虾油、鱼露。1950年全区各县城有酱园（店）约200家，1956年均改为公私合营的酱鱼奇厂，后转为国营或集体所有制企业。

在采矿冶炼方面，闽东北的矿冶金历史比较悠久，民国时期的冶金工业主要是炼铁。1955年，古田联大炼铁厂创办。1956年，该厂转为公私合营古田县炼铁厂，职工增至170人，每月生产生铁及毛铁60吨。1958年“大炼钢铁”时，区内各县均成立钢铁指挥部，全区共建有大小炼铁炉7828座，其中土高炉666座、土喇叭炉6481座、土炼钢炉681座。全区投入“大炼钢铁”的民工达65万人。规模较大的有古田县九都桥铁厂、柘荣际头钢铁厂，到1960年下马时全区累计生产生铁36402吨。冶炼多以木炭为燃料，3年中全区共砍伐木材约50万立方米，森林资源受到严重破坏，而所炼出的钢铁多为废品，成品率不到35%。1960年后，区内炼铁厂相继关闭。

其他方面也大抵是个体的、民营的、公私合营的企业逐步加大公有制成分直至完全国有国营化。如造船业，闽东北造船历史悠久。1949年以前，福安、宁德、霞浦、福鼎等沿海县均有私营造船寮。1956年经过合作化运动和工商改造以后，这些船寮均转变为集体经营的造船企业。1958年，福安专署交通局在罗江岸边成立闽东北第二造船厂；1961年该厂收归省辖，易名为闽东北航管站船舶修造厂；1970年搬迁到连江，与琯头造船厂合并。1958年，国营福安造船厂（前身为成立于1953年的赛岐造船小组）正式成立。

又如造纸业，1949—1952年，各县都有造纸作坊，主要生产楮纸、藤纸、棉纸、草纸等。1953年，福安蜡纸厂创办，主产雁皮纸、铁笔蜡纸等。1956年公私合营后福安蜡纸厂和柘荣蜡纸厂共有职工166人，生产蜡纸原纸6.38吨。1959年，宁德、霞浦、福安、古田、寿宁、周宁等造纸厂皆为国营厂。

又如陶瓷业，1949年，区内霞浦、福鼎、福安、宁德、周宁等县均有传统陶瓷窑多处，共生产日用陶瓷约42万件；1954年，产量达144万件。1956年后，各县成立陶瓷生产合作社,不久改为陶瓷厂,生产规模不断扩大,所有制已经转轨。

第二节 商品贸易

一、商业网点

1949—1956年,闽东北的商业网点有国营、个体、合营以及联营等所有制形式。随着社会主义商业体系的全面确立,国营商业和供销合作社在城乡市场占主导地位,个体经营的商业网点不断萎缩。以宁德县为例,1966年县城仅有国营商业及供销社集体商业下属的十几家专业公司开设的商品批零商店及合作商店、合作小组,加之为数极少的个体手工业产销一体的摊点。1976年,宁德城关各类商店不上百家,农村基本上是一村一个供销社代销店,乡镇所在地有一两家集工业品、百货、副食品、文化用品、日用杂品、农业生产资料等于一体的综合商店,外加一个粮店。①

(一)私营商业网点

1949—1950年,福安、福鼎、宁德、寿宁、霞浦、周宁、柘荣县共有私营商业网点8690户,从业人员13682人。

1951年,全区尚有大小集市贸易59处,主要经营百货、布匹、烟、酒、糖、粮食、饮食、茶叶等传统商品。除各县城关外,重要集镇主要分布在福鼎的秦屿、前岐、白琳、叠石,霞浦的三沙、沙江、盐田、下浒,宁德的霍童、三都、洋中、漳湾,柘荣的乍洋、黄柏、宅中、楮坪,周宁的浦源、泗桥、纯池、李墩,寿宁的斜滩、武曲、南阳、犀溪,福安的赛岐、穆阳、上白石、下白石等。

以福安县赛岐镇为例,1951年全镇有207个商号(或经营者),归属36个行业,其中商业11个,服务业6个,手工业19个;资金在3000元(已折新币,下同)以上的商号25家;36个行业中,与民生关系密切的主导行业13个,共有103个商号,共有资金22.7万元,占当时福安全县私商资本金额近40%,从业人员(包括股东、经理、店员、学徒等)889人。此外还有3家茶厂,高旭记茶厂资本金达10万元,德泰茶厂、裕春茶厂资本金都在4万元以上。②

1956年全面确立社会主义商业体系后,国营商业和供销合作社在城乡市场占主导地位,农村集市贸易濒临关闭。全区私营商户余735户,从业人员797人,资金总额3.5万元。

---

① 宁德市(县)方志委:《宁德市(县)志》卷十二第二章第一节,北京:中华书局,1995年。

② 李健民:《赛岐纪事》,福州:海峡文艺出版社,2015年,第100~103页。

1959年，贯彻国务院《关于组织农村集市的指示》中提出的“活而不乱，管而不死”原则，商业贸易有所恢复。1961年，全区共有12个集贸市场，平均每天上市4.2万人次，商业成交额达11.57万元。①

“文化大革命”期间，个体商业被当作“走资本主义道路”的产物遭受打击，直到1978年尚未真正恢复。

(二)集体商业网点

1956年，私营商业实行社会主义改造后，全区原私营商业、饮食业、服务业中的5734户7394人分别组成198个商业合作商店，210个商业合作小组；39个合作饭店，62个饮食合作小组；57个服务业合作店，73个服务业合作小组，形成全区第一批小集体商业网点。

1958年“大跃进”时期，全区商业部门响应上级号召，“大办工业”“大办农业”，在“小商贩国营化”“小商贩劳动化”的口号下，合作商店、合作小组转入国营商业的行列；其中霞浦县的合作商店、合作小组的从业人员过渡为国营商业的有207人。同时实行“政企合一”，将镇、区以下的合作商店、合作小组的机构和人员全部转入人民公社供销社和新办的各类厂、场。

1961年，根据上级指示，全区恢复合作商店、合作小组，清退“大跃进”时期过渡到国营商业的合作商店、合作小组的人员，将原划归人民公社管理的商业、饮食业、服务业的合作商店、合作小组全部收回。到1965年全区有合作商店、合作小组221个，职工1853人。

“文化大革命”期间，大部分合作商店、合作小组再度并入国营商业；剩余人员则举家下放农村安家落户，当时口号是“我们也有两只手，不在城里吃闲饭”。1976年，全区归口商业部门的合作商店、合作小组仅余72户，754人。

(三)国营商业网点

1949年10月，福安贸易公司成立后，先后在全区7县城乡建立近27个分支机构或经营网点。经营范围有粮食、木材、茶业、土特产品、日用工业品、针棉织品、食品、副食品等类的商品。1956年，全区国营商业系统网点有195个，职工3596人。1957年，全区国营商业系统基层网点发展到501个：其中国营纯商业零售网点137个，归口集体纯商业零售网点239个，国营饮食业网点33个，归口集体饮食网点44个，国营服务业网点31个，归口集体服务业网点17个。全区城镇人口平均每百人拥有1个商品销售点。以国营商业为主导，有国营商业、供销合作社商业、公私合营商业、合作商店、小商小贩、集市贸易等多种商业形式的商业网点形成。

1958年，受“人民公社化”“共产风”等思想影响，国营商业网点从1957年的495个减

① 宁德地区方志委：《宁德地区志》，北京：方志出版社，1998年，第651页。

至235个,人员由3596人减至2053人。

1961年,恢复被撤销的商业网点,国营商业网点增至435个。通过政策调整,市场繁荣,物价稳定。

"文化大革命"期间,商业传统的经营特色和经营管理制度被破坏,商业网点大量被撤并。1976年,全区国营商业网点从1965年的480个减至285个。

(四)合营联营商业网点

1953年,福安专区对私营工商业进行社会主义改造,到1956年全区公私合营的纯商业商店有125家,网点440个,从业人员2239人。公私合营的饮食业饭店有10家,网点45个,从业人员376人。公私合营的服务商店有7家,网点12个,从业人员87人。1966年9月,全区公私合营的商业企业全部转为全民所有制的国营企业。①

1.餐饮业

1950年,福安专区共有私营饮食业1080户,从业人员1270人,资金5.3万元。1954年社会主义改造后,全区饭馆、食堂逐步改由合作社经营。1956年,全区共改造私营饮食店1852户2642人。其中转为国营的有250户532人,转为公私合营的有253户498人。各县陆续成立国营饮食服务公司,形成国营、公私合营、集体、个体多种经营方式并存的行业体系。

1958年,全区各县大力举办"万人大食堂",饮食业网点大量减少,饮食店改为大众食堂,经营品种大量减少。原来精工细作、现制现卖的风味小吃消失。1959—1962年,我国进入"三年国民经济困难时期",餐饮业进一步萎缩,全区饮食行业全部改由国营、集体经营。1963年以后,经济情况有所好转,全区餐饮业景气度也开始回升。1966年,"文化大革命"开始,餐饮业再次跌入低谷。全区饮食网点锐减,饮食店不准办喜庆宴席;饭店让顾客自端饭菜,实行"自我服务",服务质量下降。1978年后,餐饮业逐渐繁盛。

2.服务业

1950年,福安专区共有服务业1059户,主要包括旅馆、理发、照相、洗染、修理业等,从业人员1415人。1953年经过社会主义改造,各县相继建立国营旅社,私营旅社、客栈分别转为国营或公私合营的合作旅店,各县的旅馆业由国营饮食服务业、政府接待系统和各机关团体、企事业单位兴办的旅社、招待所组成。1955年,私营服务业锐减至387户413人。1956年,全区的照相馆先后改为合作店。1958年,公私合营的合作旅店全部转为国营,集体、个体照相馆全部转为国营。1961年后,全区先后设立福安、福鼎、霞浦、宁德、古田、寿宁、周宁、柘荣国营照相馆。"文化大革命"期间,批判所谓的资产阶级生活方式,服务业严重萎缩,一些服务项目被废除,服务质量大幅度下降,服务网点大量减少。1978年,全区有服务行业203户,从业人员1181人。其中旅社84家,从业人员482人;

① 宁德地区方志委:《宁德地区志》,北京:方志出版社,1998年,第651～653页。

照相馆22家，技工人员76人。[①]

二、商品购销

计划经济时期，商品流通在单一封闭的系统内进行，公有制是该领域的唯一主体，商品的市场价格受到计划的控制。这一时期闽东北各县的商品均能维持和基本满足当时人们的生产活动和低水平的消费需要，但按计划对社会资源进行逐层分配的做法，极大地制约了商品市场的活力。

(一)日用工业品

1. 百货商品

1949—1952年，闽东北百货商品均为私营，包括“小百货”和“苏广业”，主要经营针纺织品和日用百货。1952年10月，国营福安百货公司成立，同时设立宁德、霞浦、福鼎等支公司，经营范围包括日用百货、文化用品、营纺织品、针织品、五金、交电、化工石油、药品和医药器械、食品杂货以及糖、烟、酒、茶叶等，商品按计划调拨。1956年，各县先后成立国营百货公司，经营百货的批发和门市业务。文化用品业务和针棉织品业务分别划归新成立的文化用品公司和针棉织品办事处。1957年，原由百货行业经营的石油、医药、食品杂货、糖烟酒、纺织品和五交化(五金、交电、化工)也先后划归相应专业部门。1958年后，百货商品货源减少，许多商品供应不足，肥皂、胶鞋、搪瓷制品、暖水瓶、电池、手表、钟、缝纫机等百货商品凭票证限量供应。“三年国民经济困难时期”，为了回笼货币、稳定市场，在保证平价定量供应的同时，对部分百货商品实行高价供应。1962年，自行车货源紧张，国家对自行车实行高价供应政策。1963年，商品供应紧张局势有所缓解，凭票证供应的商品大量减少。“文化大革命”期间，工农业生产遭到严重破坏，商品供应严重不足，许多已敞开供应的日用百货商品如肥皂、自行车、手表等恢复凭票供应。1977年后，全区商业系统百货商品供需矛盾逐步缓和。

2. 文化用品

1950年，全区国营商业经营的文化用品主要有纸、笔、墨。1953年后，国营商业纸张、笔和其他文具用品销售量大幅度增长，全区销售机制纸16吨、铅笔8.16万支、钢笔2.37万支。“三年国民经济困难时期”，由于制纸原料不足，工厂的产量下降，且质量低劣，纸张黑、粗、厚，供求矛盾突出。1963年后，文化用品产、供、销的紧张情况才有所缓解。“文化大革命”时期用纸量激增，国营商业纸张供应再度紧张。由于学校“停课闹革命”，其他文具用品销售量锐减。1978年，全区销售机制纸约2000吨、铅笔550万支、钢笔约20万支。

3. 针纺织品

1949—1950年，福安专区各县针纺织品主要由私营商业经营。国营贸易公司成立

---

① 宁德地区方志委:《宁德地区志》，北京：方志出版社，1998年，第672～674页。

以后开始经营纺织品业务，1950年销售棉布1052匹，销售额24.09万元，占全区纺织品类社会商品流转额的4.72%。1952年，福安、宁德、霞浦、福鼎、赛岐等地的国营纺织品业务并入新成立的百货公司，国营商业棉布、棉纱、棉花销售量增加了10多倍。1954年，福安花纱布公司成立，纺织品经营业务划归该公司，同时在福鼎县成立支公司。随后，福安花纱布公司对全区零售进行归口改造，与零销店建立批购、代销关系。同时，国营商业部门对城乡居民的用布采取定量凭证供应的办法，城镇居民和乡村农民每人年发布票17市尺，棉布购买数量受到限制。1956年，福安花纱布公司改为福安纺织品公司，同时成立宁德、霞浦、寿宁、周宁、柘荣等县的县公司，并在赛岐设营业处。1958年撤销纺织品机构，其业务并入百货行业。1959年因棉花减产，纺织品货源紧张，已发布票折半使用，此后一再削减棉花供应。到1961年，平均每人年定量减至2.5市尺，同时对毛巾、袜子、背心、棉毛、衫裤、枕巾、床单、蚊帐、绒毯、棉毛童装等针棉织品实行凭票限量供应。1965年，棉布及棉织品的调入量略有增加，所发布票平均每人年定量增至5市尺，蚊帐布、豆腐布、豆包布等特殊用布的收票标准放宽。毛巾、绒袜及一些小针棉织品免票敞开供应，不收布票的化纤织品、绸缎、涤纶混纺布开始投放市场，纺织品供应紧张情况有所缓和。"文化大革命"期间，发给居民的年布票定量停留在11市尺左右，供需矛盾突出。1978年以后，纺织品凭票供应范围逐年放宽。

4. 五金、交电、化工商品

1949—1951年，闽东北全区的五金、交电、化工商品多由私商经营，主要有建筑五金、日用五金及胶木制品、灯泡、油漆、小苏打、纯碱、石蜡、染料等200多个品种。1952年起，国营福安百货公司成立后，五金、交电、化工商品逐步转由国营商业经营，同时开始销售自行车和收音机等家用电器商品。1961年12月，福安专署成立福建省福安驻上海工业品批发站福安批发部，经营全区的五金、交电批发业务。全区国营商业的五交化业务由福安专署外贸物资采购调拨站和百货公司经营。主要品种有五金、交通器材、电工、化工4类，以及水泥、胶管、内燃机配件、拖拉机配件等。1965年，国营五交化商业经营的五交化商品达3000种，一些原由百货行业经营的缝纫机、自行车、电机、电机零部件以及水泥、松香等划归五交化行业经营。1972年，国营五交化商业的品种增至5000种，这些产品多通过商业部门以统购包销的办法购进，少部分非计划产品由商业部门选购和推销。1978年后，五交化商品货源逐渐充裕，基本保证生产建设和市场供应。

(二)农副产品

1. 肉类

闽东北的传统肉类食品主要有猪、牛、羊肉，以猪肉居多。1949—1952年，闽东北各县城乡的肉类食品延续传统做法，由个体屠宰户经营。1953年，供销合作社开始收购生猪，大部分商贩也组成联营小组，当年全区销售生猪133万头。1954年，中国食品公司福安办事处成立，实行生猪自由购销政策，猪肉按国家牌价敞开供应。1955年起，因饲料供应受限，生猪饲养量减少，市场猪肉供应趋紧，全区实行生猪派购政策。1958年，生猪全部收归集体饲养，由于经营不善，出栏率极低。"三年国民经济困难时期"，猪肉市场供应十分紧张。1962年，全区生猪收购实行奖售、“包干派购”和“按比例收购”政策，鼓励农民养猪。1963年，国营商业对生猪经营采取统一经营、统一调拨、统一安排市场，并实行“一把刀”经营体制，规定农民饲养的生猪不许卖给私商屠宰，一律由供销社收购。计划内的生猪以平价收购予以奖售，计划外的按议价统一价格计付，并按生猪出肉率分等级论奖。各县实行城镇居民猪肉定量供应。1964年，调整生猪派购比例，对出栏的生猪，国家收购40%，其余为农民自留。当年，福安、宁德、福鼎、霞浦、周宁、寿宁等县销售生猪9.87万头。“文化大革命”期间，猪肉供求矛盾再次凸显。1973年，恢复城乡居民猪肉凭票供应：全区每人全年供肉3公斤，重要节日增加供应0.5公斤。1978年，宁德地区生猪经营模式改“一把刀”为“两把刀”，即“购一留一，先购后留”，猪肉市场供需矛盾渐趋缓解。

2. 禽、蛋

闽东北的食用禽类主要有鸡、鸭、鹅等，蛋类主要有鸡、鸭的鲜蛋及再加工的咸蛋、松花蛋、茶叶蛋等蛋品。1949—1952年，区内禽、蛋多为农民自产自销或由小商小贩购销。1953年，农村供销社开始收购禽、蛋，供应县镇市场，当年全区供应蛋品40.5吨。1956年后，禽、蛋由食品公司直接收购、敞开供应。1960年，禽、蛋产量下降，全区实行鲜蛋派购奖售。社队集体的禽蛋按产量实行“购五留五”，社员每户年派购1斤，分季交售。1962年取消奖售。1963年取消派购。“文化大革命”期间全区禽、蛋市场供应趋紧，禽、蛋的牌价和市场价差距拉大。1973年，宁德地区对禽、蛋实行计划收购和派购，社队集体饲养的禽蛋由食品公司按一定比例收购。1978年，各县陆续开办多种形式的畜牧场、养鸡场等，增加禽蛋供应量，市场供需矛盾得到缓解。

3. 蔬菜

闽东北各县主要消费的蔬菜品种有花菜、包菜、大白菜、萝卜、空心菜、丝瓜、冬瓜、笋类等。其中，花菜、包菜、白菜的生产主要集中在福安、宁德、霞浦3县，笋类多集中在山区县。1949—1955年，各县没有专门的蔬菜行业，市场蔬菜多系菜农自产自销。20世纪50年代初期开始有个体菜贩摆摊零售，价格随行就市。1956年，福安专区各县城相继建立蔬菜合作商店，设立门市部。1958年，取消农村家庭副业，市场上副食品和蔬菜均供应不足。“三年国民经济困难时期”，蔬菜供应更加匮乏。1965年，各县制订蔬菜种植计划，实行“大管小活”的经营政策；对非统购的品种和社员自留地种植的蔬菜，允许自由购销，以提高蔬菜供应量。“文化大革命”期间，禁止农民进城卖菜，蔬菜产销又全面实行统购包销政策。1976年，恢复“大管小活”的经营政策，但产销形式上仍然是统购包销。1978年，各县进一步重视蔬菜生产，城镇居民“吃菜难”问题得到缓解。

4. 糖、烟、酒

1949—1952年，闽东北各县糖烟酒的购销延续传统做法，由私商经营。以福安县赛岐镇为例，1951年该镇有烟酒商店6家，糖作坊2家，烟作坊1家，以上均为私营工商业，加工与销售兼营。闽东北本地出产的食糖主要有红板糖、粉糖、赤砂糖，白砂糖和冰糖则从外地限量调进。1952年后，食糖统一由国营商业经营；工业用糖均按计划供应；民用糖以红糖为主，占销售量的90%。1953年后，禁止私人酿酒出售，酒类统一由国营酒厂生产。糖、烟、酒主要由国营食杂公司和酒类专卖公司经营。1956 年,福安专区成立酒类专卖公司,各县也相应成立专卖机构,与糖烟酒公司合署办公。1957—1976 年,糖、烟、酒大部分时间实行凭票证定量供应。20 世纪 60 年代,由于粮食紧张,国营酒厂大量收购金刚刺代替粮食为酿造原料。70 年代后,啤酒的销量日益增长,各县除销售本地产的红酒、白酒外,还从外地调进其他酒品,酒类专卖受到冲击。1976 年,酒类专卖机构部分取消。1977 年普通香烟不再凭票供应,但高档名烟仍需在节日凭票购买。1978 年,糖、烟、酒的购销改由福建省糖烟酒公司宁德地区分公司经营,根据上级指示,恢复酒类专卖管理。

(三)特供商品

1.侨汇商品

侨汇商品的供应对象是侨眷、归侨以及港、澳、台同胞在内地的亲属。1959 年,福安专区各县商业部门先后设立侨汇商品供应商店或专柜。侨汇商品供应的标准是:每 100 元人民币的侨汇供应大米 6 公斤、食油 1 公斤、棉布 10 市尺、猪肉 1 公斤,凭票证购买,但价格高出国家牌价的 30%～100%。1960 年后,全区各县的侨汇商店或专柜按国务院制定的统一标准供应。"文化大革命"期间,停止侨汇物资供应。1978 年下半年恢复侨汇证供应商品,按上级下达的新标准执行。

2.劳保用品

20 世纪 50 年代后期,福安专区各县百货公司开始设立专柜,经营部分劳保用品,主要有工作服、手套、袖套、防护面具、围裙、雨靴等 100 多种。60 年代起实行专项计划供应,其中胶布工作服(雨衣)和专用胶鞋等专用防护用品由商业部定点工厂安排生产,统一收购和调拨;棉布工作服、手套类,由商业部下达专项供应计划,按计划就地组织加工生产和供应。劳保用品的供应优先保证全民所有制企业,集体所有制企业参照执行。1966—1972 年,由于管理不善,劳保用品浪费严重,供应量大幅度上升。1973—1978 年,各企业单位按部颁标准核实分配,制止浪费,劳保用品供应基本正常。①

三、特色商业

闽东北山海资源丰富,因地制宜地发展区域特色商业,发挥区域资源优势,对闽东北的经济民生,尤其是对农村经济的发展和农民收入的增加有着重要的意义。闽东北的特色商业主要由供销部门负责实施。供销与商业部门经历过多次分合,二者关系密切。

(一)农村生产生活资料供应

1952 年,全区各县相继建立供销合作社,开设生产资料供应门市部,经营肥料、农

① 宁德地区方志委:《宁德地区志》,北京:方志出版社,1998 年,第 653～662 页。

药、农药械、农具、种苗等，销售的生活资料主要有棉布、针织品、食盐、煤油、火柴等，并采取低于牌价20%～30%的优待价供应社员。当年全区供应社员的生活用品零售额为254万元，占全社会商品零售额的64.1%。

1954年，国营商业和供销合作社进行分工，供销社承担农村市场的物资供应任务，代替国营商业收购与供应粮食。基层供销社代理国营商业兼营农村市场布匹、水果、副食品、糖酒烟等批发业务。全区农用化肥开始实行计划供应，由供销点按分配数供应社员。供销部门重视帮助农民发展生产，1954年福鼎县供销社从浙江调进耕牛115头，优先供应本县老区，帮助农民恢复生产。1956年，专区供销部门从浙江购进耕牛1659头，调剂给畜力紧缺的农业合作社；从福州、永泰、同安、晋江、安溪等地大量调进薯苗，弥补本地不足。

1956年后，供销系统经营项目扩大到土产品、日用百货、中药材、干鲜果等，开展采购、批发和零售业务。1959—1961年国民经济困难时期，全区农村生产生活资料严重短缺。1963年，经三年的经济调整，全区农业生产资料供需矛盾得到缓解，生活资料供应开始好转，销售额逐年回升。1964年，全区推广福安县穆阳供销社经销中小农具实行成龙配套、方便农民的经营方式，生产资料供应量大幅度上升，年末全区中小农具配套销量达115万件。

1966年，“文化大革命”开始，农村生活用品销售量大幅度下降。农村宰牛现象严重，耕牛大幅度减少，其中福鼎县被牛贩卖往浙江平阳、泰顺一带的耕牛达1671头。供销社加强耕牛市场管理，控制耕牛外流，并兴办种牛场，繁殖耕牛，以满足农业生产的畜力需要。

1970—1975年，供销并入商业，农村生产生活资料的供应均由商业渠道经营。此间各县大办涉农企业，农械、农药、化肥的供需量大幅度增加。1976年恢复供销社，农村生产生活资料供应基本得到保障。1977—1978年，供销部门推广使用井岗霉素和杀螟杆菌等微生物农药，大幅度降低了化学农药的使用量。

（二）农副土特产品收购

闽东北境内山海资源比较丰富，大宗土特产品有茶叶、木材、茶油、黄麻、桐油、香菇、白木耳以及中药材等；海产品主要有黄鱼、带鱼、海带、二都蚶、海蛎等。

1952年供销社成立后，把全区农副土特产品购销业务摆上重要位置，在重点产区建立土产、水产收购站，积极扶持农副产品的生产。1953年开始，对农副产品实行统购派购政策，供销部门向农村统一收购粮食、生猪、桐油、木材等11个种类。1954年，全区农副产品收购品种增至30余种，主要有茶叶、红糖、生猪、茶油、桐油、菜油、柏油、花生、黄麻、李干、木材、烟叶、芝麻、棕片、笋干、木炭、兽皮等，年末收购总额为1642万元，其中茶叶收购额占21.9%。

1956年，为扩大农副产品的收购业务，全区设采购站95个，增设季节性采集站5个，分销店423个，品种增至170余种。1958年和接踵而来的“三年国民经济困难时期”，全区农副产品收购数量大幅度减少。1963年农村经济逐渐恢复，年末全区收购总额为

3265万元。为加强收购工作,全区增设贸易货栈8个,农资门市部41个。

"文化大革命"初期,农副产品收购随产量同步下降。1967年1月成立福建省供销社赛岐综合采购调拨站,下设生产资料组和土产组,开展全区生产资料和农副产品采购、调拨、供应业务。1969年,全区农副产品生产逐渐恢复,农副产品收购量回升。1974年开始,将零担出省的30余种农副产品定为省管商品,加上"割资本主义尾巴",农产品的发展受到人为限制。

1977年,全区农副产品收购总额为4630万元。1978年,供销系统扶持农村发展多种经营,拓宽农副产品的购销门路,全区兴建各类商品基地22个,是年全区农副产品收购总额增至5089万元。

(三)废旧物资收购

1949—1951年,福安专区没有废旧物资回收机构。仅有少数货郎担往返于乡村,通过以物易物的方式,在收购土畜产品的同时附带回收一些废旧物资。1952年供销合作社组建后,各级供销组织开始经营废旧物资的回收业务,主要收购杂铜、废铝、锡、废橡胶、废钢、铁。1954年全区回收废旧物资总额23万元。

1956年,供销部门专设废品公司,增设收购网点,增加人员,扩大回收品种,主要有杂铜、废铝、锡、废钢、铁、废橡胶、鸡毛、鸭毛、牙膏壳、头发、牛角、牛蹄、废棕、旧布片、废玻璃、旧棉絮、废纸等。年末,全区回收总额38万元。1958年全民"大办工业""大炼钢铁",各地加强铜、铁等金属废品的收购,还发动公社社员和城镇居民将家用铜铁铅锡制品捣毁当"废品"收购。全区增设350个临时收购点和1500户货郎担,收购废钢、铁3383.6吨,废铅、锡362.2吨,杂铜490.8吨,总额247万元。

1960年后,全区废旧物资回收量减少。1970年全区废旧物资回收额45万元,1974年回升至59.75万元。1975年,赛岐土产购销站成立,全区的废旧物资回收业务改由土产购销站经营,各县土产公司增设收购网点,增加收购人员。1976年全区有812个购销站、1850个代购点,形成收购网络。1977年全区回收总额82.58万元,1978年增至115.11万元。①

四、对外贸易

1954年福建省人民政府成立对外贸易机构,开始恢复对外贸易。1963年成立福安专署对外贸易局,是外贸出口管理的职能部门。1966年"文化大革命"开始后,外贸工作一度中断,直至1975年才开始恢复。1977年,全区外贸出口商品收购总值2833万元,其中农副产品约占50%。

1950—1978年的对外贸易以出口为主。出口的大宗货物土畜产品有茶叶、兔毛、兽

① 宁德地区方志委:《宁德地区志》,北京:方志出版社,1998年,第683~688页。

皮、粗纸、香菇、银耳(白木耳)等,水产品有海蛎干、对虾干等,农副产品有霞浦、福安的李干、福鼎的槟榔芋等。茶叶、兔毛、食用菌是闽东北最主要的外贸出口商品。

(一)茶 叶

闽东北是我国著名的茶乡,从晚清到民国,就有大量的茶品经由海上茶叶之路销往国外市场。1950 年,中茶公司在福安的赛岐、阳头茶叶精制厂生产工夫红茶出口苏联,是年全区红茶出口共 2066.25 吨,出口值 80.62 万美元。1956 年,全区出口红茶 2658 吨,出口值 103.71 万美元。1950—1961 年闽东北出口的全是红茶,1962 年开始也出口白茶,是年全区出口红茶 1263.5 吨、白茶 39.65 吨。1970 年后,红茶产区改制烘青绿茶,大部分精制成花茶,主销美国、法国、巴基斯坦等国;周宁、寿宁、福鼎等县的部分茶区改制炒绿,主销摩洛哥、阿富汗、阿尔巴尼亚、马里等国。1975 年,区内的 3 家茶叶精制厂出口茶叶创汇 1028 万元,其中宁德茶厂 285 万元,福鼎茶厂 333 万元,福安茶厂 410 万元。1978 年,全区茶叶出口绿茶 1254.45 吨、红茶 383.15 吨、花茶 171 吨、白茶 91.1 吨,出口值 450.48 万美元。①

(二)兔 毛

1958 年,闽东北各县开始饲养安哥拉长毛兔。1961 年,全区出口兔毛收购量 20 吨,1963 年增至 119.05 吨。1964 年,引进种兔 3052 只,分配福鼎、宁德、福安、霞浦等县饲养;并从浙江嘉兴调进良种种兔 2000 只,在福安坦洋、潭头、松罗等地建立第一批养兔基地。1965 年,全区长兔毛发展到 11 万多只,全区有重点养兔户 2 万余户。1973 年,全区出口兔毛 260 吨,出口总额 593.32 万元。1977 年,全区兔毛收购量升至 3585 万吨,收购总额为 8180.97 万元。1978 年,全区共建养兔场 27 个,有养兔专业户 2000 余户,年末存栏兔 33.5 万只。

(三)食用菌

闽东北食用菌出口始于 1961 年,当年出口野生干香菇 539.5 公斤。1962 年出口香菇增至 1396 公斤。1971 年,福安、寿宁、古田、屏南等地推广椴木人工接种栽培银耳(白木耳)取得成功,银耳产量剧增,并成为外贸商品。1972 年,全区外贸出口银耳 90 吨,出口香菇 16 吨(其中古田 11 吨),价值 158 万元。1973 年全区银耳出口减至 50 吨,草菇出口量增至 30 吨。②

① 宁德市茶叶协会:《宁德茶业志》(又名《闽东北茶业志》,叶乃寿主编),福州:福建人民出版社,2004 年,第 209 页。

② 宁德地区方志委:《宁德地区志》,北京:方志出版社,1998 年,第 696～697 页。

第三节　走向改革开放

一、计划经济时期各方面的积累为新时期工商业发展创造条件

(一)交通运输、电信、银行等为工商业发展创造条件

经过中华人民共和国成立到改革开放30年的发展，宁德地区基础设施相较于中华人民共和国成立前有了巨大发展，主要表现在交通运输、电信、银行等方面，这些为改革开放后宁德工商业发展创造了条件。

1. 宁德市交通运输基础条件

宁德地区的交通一直以来都很落后，主要如下：第一，陆路交通。(1)公路。据《宁德地区志》记载：1949年，全区公路3条，总长131.7公里。1978年，全区公路通车里程2756.2公里，是1949年20.93倍。1959年全区实现县县通公路，汽车运输普及各县。福安汽车运输站还开辟了北至上海、南至漳州的零担货运班车。1978年，全区共有拖拉机2305辆。1976年，全区有摩托车165辆(其中二轮摩托车45辆)。(2)铁路。中华人民共和国成立前没有铁路，直到1958年建成外福铁路，其中宁德古田境内32.3公里。1958年莪洋火车站建成。1959年水口火车站建成。第二，水运。随着公路和铁路运输的发展，内河水运渐渐退出主导运输的历史舞台，但还占一定比例，主要有闽江航运、古田溪航运、长溪航运和霍童溪航运。此外全区海运继续发展。①

交通工具也有了巨大发展。1978年，全区共有拖拉机2305辆。1976年，全区有摩托车165辆(其中二轮摩托车45辆)。20世纪70年代中期运用钢丝网水泥船。②

2. 宁德市电信基础条件

宁德电信在1958年有了巨大发展。1958年，全区实现乡乡通邮，通电话，市内电话也从无到有，不断发展。中共十一届三中全会后，随着改革开放的不断深入，邮电设施建设进入新的发展时期。③

3. 宁德市银行

这一时期宁德银行业也得到发展。第一，网点多，分布广，分工科学。中国人民银行宁德地区分行，分支机构遍布在宁德地区各县市，内部分政工、会计、出纳、信贷、农金等；此外还有中国农业银行宁德地区中心支行、中国建设银行宁德地区分行、中国工商银行

---

① 宁德地区方志委：《宁德地区志》，北京：方志出版社，1998年，第506、523、528～529、510～511、530～532页。

② 宁德地区方志委：《宁德地区志》，北京：方志出版社，1998年，第528～529、560页。

③ 宁德地区方志委：《宁德地区志》，北京：方志出版社，1998年，第530页。

宁德地区中心支行等。第二，存贷款数量增加。1978 年各项存款余额 1.17 亿元。1978 年各项贷款余额 2.1 亿元，有力地支持了国民经济发展对资金的需要。①

此一时期，宁德基础设施的发展，特别是陆路的公路和铁路、水路等联合运输网络的形成和完善，配置以电信信息网络，加之货币流通网络，为宁德商业大发展打下基础。

(二)本地特色产业及销售方式促进商品经济发展

民国及其以前所形成的市场经济理念，虽在中华人民共和国成立后受到冲击和钳制，但在计划经济时期还是一定程度上得到保存和发展，有的甚至被加强和提高。

1. 农业方面

茶业方面，自清同光年间始，在强大的外部需求市场的刺激下，以闽东北茶叶为代表的北路茶迅速发展，在出口市场上占有很大比重；延至民国期间，闽东北茶叶随着世界市场的波动，曲折发展。中华人民共和国成立后，闽东北茶叶继续发展，特别是 1978 年，福安县被列为全国茶叶生产 100 个基地县之一。福安县王家茶场大白茶实验园，亩年产干白茶 513.5 公斤，创全国高产纪录，获福建省科学大会奖。食用菌方面，20 世纪 50—60 年代初，勤劳智慧的古田人就开始椴木栽培银耳；70 年代以来，古田的食用菌栽培技术突飞猛进，连续取得了银耳、香菇、竹荪的人工栽培三大突破，并保持了长久的发展势头。特别是 70 年代中后期，先后试验成功银耳瓶栽和银耳袋栽技术，在全球首创了食用菌袋栽技术，使银耳生产成本大大节省，普及推广到了偏僻的山村。水产业方面，中华人民共和国成立后，渔区实行民主改革，加强海岛建设，发放贷款，增加投入，帮助渔民更新渔具，渔业生产迅速发展。1952 年全区水产品产量 24146 吨。20 世纪 60 年代总产量 4.5 万～6.3 万吨之间，70 年代在 7.5 万～8.5 万吨之间。1978 年，首次人工养殖紫菜在霞浦县三沙获得成功。1979 年，霞浦县被确定为全国对虾养殖基地县。此外，1979 年寿宁首次出口马铃薯 2536 吨。②

2. 工业方面

1949 年，工业总产值仅 975 万元(1952 年不变价)。“一五”期间年递增 19.4%，1957 年，企业增加至 441 个，较 1953 年增加 320 个。“四五”期间，工业总产值增长 80.9%，年递增 12.6%，略高于全省 11.8%的递增水平。至 1978 年，企业达 682 个，工业总产值 9026 万元。行业包括食品加工(制茶、酿酒、制糖、糖果、糕饼、饮料、罐头、制盐、调味品)、电机电器、车船修造、建材、机械制造等等。特别是 1979 年，闽东北电机厂“MD”商标 505T 系列单项交流发电机获“国优”产品称号；1985 年，获国家金奖。③

3. 特色营销方式

闽东北传统手工业的持续发展除了质量可靠外，还有其特色的营销发展，如周宁东

---

① 宁德地区方志委:《宁德地区志》，北京:方志出版社，1998 年，第 830～832、827 页。

② 宁德地区方志委:《宁德地区志》，北京:方志出版社，1998 年，第 547、298～299、366、47 页。

③ 宁德地区方志委:《宁德地区志》，北京:方志出版社，1998 年，第 452～453、456、47 页。

洋锅的营销就为一例。东洋锅的生产与销售有以下特点：第一，组织有力，分工明确。"一切规模较大的直接社会劳动或共同劳动，都或多或少地需要指挥，以协调个人的活动，并执行生产总体的运动……不同于这一总体的独立器官的运动……所产生的各种一般职能。"①东洋锅厂正是通过组建铸锅队，进行明确的分工与协作，在各个环节把好质量关的同时，有效地提高劳动生产率。例如，铸造一口好锅，不仅要有优质的炭、合格的筑炉，而且要有好的锅模以及原料等。所以，在生产过程中，要求烧炭工提供的炭是优质的，采购人员购回上等的原料，制模工制造出合格的锅模，铸锅技工把握准火候。为了达到这一要求，厂方采取有效的组织形式——铸锅队，把各工种有机地组合在一起，使他们荣辱与共，以提高劳动生产率和保证质量。第二，用户至上，经营灵活，价格适宜。例如，铁锅由挑锅工挑送下乡销售或兑换废铁，送货上门，服务周到，用户以旧换新，补贴部分工价。这不仅方便了消费者，又面对面与用户接触，了解和收集到用户对产品的要求和附近市场的一手资料，从而有利于改进产与销活动中的不足，把握市场信息。要知道，在交通闭塞、信息不畅的情况下，这是掌握市场信息的主要途径之一，而就商品经济而言，信息就是它的生命。这种以质取胜、组织有力、经营灵活、重视信息的理念一直引导着周宁东洋锅的发展。

(三)各类人才的培养有利于商业的发展

教育的发展无疑对商业发展起着巨大的推动作用。计划经济时期，在国家的大力推动下，闽东北教育事业迎来大发展，特别是基础教育，无论人数、内容、程度等都迎来大发展。基于此，社会人员特别是工商业人员整体素质的提高，给闽东北地区工商业的大发展打下坚实的基础。下面以 1949 年与 1978 年的幼儿教育、小学教育和中学教育做一对比：

表 6-1　1949 年和 1978 年闽东北教育情况对比表

	1949 年				1978 年			
	学校	班数	在校学生	教职工	学校	班数	在校学生	教职工
幼儿教育		9	464	15	192	328	13848	362
小学教育	232	646	16616	759	6848	17144	426109	18879
中学教育	7	67	1606	177	98	1928	85727	4423

说明：(1)学校单位为个，班数单位为个，学生数单位为人，教职员工单位为人；(2)关于幼儿教育，据《宁德地区志》，1949 年无准确数据，特以 1950 年代之；(3)关于中学教育，据《宁德地区志》，1978 年无准确数据，特以 1980 年代之。

资料来源：宁德地区方志委：《宁德地区志》，北京：方志出版社，1998 年，第 1227～1247 页。

① 《马克思恩格斯全集》第 23 卷，北京：人民出版社，1972 年，第 322 页。

从表 6-1 中可以看出:1978 年的幼儿教育、小学教育和中学教育无论在学校、班级、学生数还是教职工数量上都较中华人民共和国成立初期有很大的发展。例如,在幼儿教育上,1978 年在校学生数是中华人民共和国成立初的近 30 倍;小学在校学生数是近 26 倍;中学在校学生数是近 54 倍。就普及教育的角度而言,计划经济时期闽东北教育的大发展对商业发展的推动作用可想而知,而与此同时,在这一时期,闽东北的中等教育、高等教育和成人教育等都有了很大的发展:中等教育有福安师范、宁德师范、农业学校、卫生学校,高等教育有福安师范专科学校、宁德师范专科学校,成人教育有民校和政治夜校、职工业余学校、干部文化学校、专区工农干部文化补习学校、地委党校附设工农干部文化班。这些都为当代闽东北商业的大发展创造了条件。

二、计划经济时期催逼推动新时期工商业发展的其他社会因素

(一)人口压力不断加剧

关于此时期闽东北人口、耕地、粮食、工业、商业等的情况主要如下:

1978 年总人口 2423666 人(是 1949 年 1260936 人的近 2 倍),其中农业人口 2159618 人;而 1978 年耕地 219.38 万亩(其中水田 170.14 万亩,旱地 49.19 万亩),人均耕地 0.91 亩。1978 年粮食(水稻、甘薯、大豆、大小麦)总产量 70983 万公斤,人均占有量 293 公斤,征购量 12364 万公斤,征购量占产量 17.42%。扣除征购量,人均口粮 232 公斤左右。①

而据笔者在《农村劳动力转移的又一模式——周宁劳务输出百年变迁》的调研材料:就人均粮食而言,以 1957 年的李墩区东山乡为例,阮国宽(男,贫农):“420 斤粮食不够吃,要吃 600 斤计。肚子吃不饱,生产做不好。要吃得好才能做得好生产。”②以人均口粮 600 斤计,则闽东北人均口粮缺口 40 余公斤。

例如周宁县李墩区“东山乡共有 790 户,954 个劳力,耕地 5131.49 亩,每个劳力平均一年 5.39 亩,平均每个全劳力一年只用 100 个劳动日就可以完成全年农业任务”。③ 也就是说,耕种东山乡的土地,其实只要不到全乡 1/3 的全劳动力就够了,即当时的东山乡存在 2/3 强的隐性失业人口。而周宁李墩东山乃山区,山地大多为山田,相对于盆地以及河口三角洲地带而言做工耗时,也就是说,就闽东北地区而言,其农业剩余劳动力在一半以上,数量可观。

---

① 宁德地区方志委:《宁德地区志》,北京:方志出版社,1998 年,第 547、219～220、274、715、721 页。

② 中共李墩区委会 1957 年档案,全宗号 64,归档号 7,《有关各乡整党整社、大鸣大放、反右派斗争材料、情况、报告》,第 113 页。

③ 周宁县革命委员会 1956 年档案,全宗号 64,归档号 14,李墩区委关于《茶叶入社、秋收分配、增产增工作情况报告》,第 28 页。

而1978年闽东北的工业和商业都很落后，按《宁德地区志》中的记录，当时全区非农业人口264048人，占总人口的10.89%，①不足以吸收如此众多的过剩农业人口。

(二)"文革"前外出打工补贴家用的传统隐蔽做法使民间商业蓄势待发

因为生存环境恶劣，人口压力不断加剧，自然环境限制了当时对人口的控制(因为各种因素无法全面控制人口流动)，所以即使在"文革"期间，闽东北，特别是位于山区的5个县，以外出流动打工补贴家用为主要形式的商业一直隐蔽发展。例如周宁县，1963年周宁县革命委员会《关于做好治安工作意见》中的第五、第六点写道：五、加强对流动个体劳动者的管理教育。主要指木匠、泥水匠、油漆匠、缝衣匠、理发匠、铁匠、铜匠、锡匠，还有行医、卖狗皮膏药、剪影的等。这些人东流西窜，形成"无人管"和"管不了"(的人流)，有的从事反革命活动，有的从事刑事犯罪活动，有的危害社会治安，对前面的几种要采取措施、加强教育，对后面的几种一律取缔，不准经营。六、继续做好制止和动员遣送外流人口工作。要做好回乡人员的安定工作，制止外流，今后凡无有效证件不准乘车和住旅社，一切外出做工、做生意或谋生的证件全部无效，应予没收。② 1964年冬闲期间，全县外出劳动力6300多人，1965年中共周宁县委发出《关于追回外出劳力投入春耕生产的几点意见》的通知中指出："去冬全县外出劳动力6300人，当时县委采取十条措施……目前外出未回劳动力还有1610人，占劳力总数5.6%，最多李墩乡达20.3%。对私自外出劳力各社队应迅速澄清地址，由区、社、队名义，直接给外地承接劳力单位发条取得联系，主动解雇……"③在政府严厉控制下外出人口有所减少，1965年春耕时，有3700人回乡务农。④

总之，在计划经济时期的30年间，在国家计划指导下，闽东北社会有利于商品经济发展的基础设施不断得到完善，计划经济教育的普及面扩大了受教育面，计划经济锻炼了各种技术人才，也培训了各种经商人才，而传统的经商理念、宗族关系和谋生方式虽然一定程度和范围内受到抑制，但还在某些区域，甚至某个时段得到发展。而一旦国家政策转变，允许和鼓励商业发展，在闽东北这一自然环境差，人口压力大，本就有不间断商业发展的区域，迎来的自然是井喷式的经商大潮。

① 宁德地区方志委：《宁德地区志》，北京：方志出版社，1998年，第239页。

② 周宁县革命委员会1963年档案，周革072号，全宗号9，归档号4，《关于做好治安工作的意见》，第23页。

③ 周宁县革命委员会1965年档案，周革053号，全宗号9，归档号3，《关于追回外出劳力投入春耕生产的几点意见》，第117～123页。

④ 《周宁县志》，北京：中国科学技术出版社，1993年，第320页。

第七章

改革开放后宁德闽商的新发展

《史记·货殖列传》引《周书》说:“农不出则乏其食,工不出则乏其事,商不出则三宝绝,虞不出则财匮少,财匮少而山泽不辟矣。”《货殖列传》又说:“待农而食之,虞而出之,工而成之,商而通之。”此二则都说明各行各业在合理比例下共同协作,即所谓链式经济的重要性。中国的改革开放政策,为宁德市及其周边省市各行各业在较为合理比例下的共同协作发展创造了条件,也为宁德工商业的发展提供了很好的政策环境,有利于商品经济发展的各种要素被激发和整合,宁德闽商的发展进入一个前所未有的崭新阶段。

第一节　宁德域内的工商业和商人

随着20世纪50年代“土地改革”、“人民公社化”等运动的开展,中国造就一套自上而下的经济、行政管控网络,公民不得随便流动和迁徙,并形成城市和乡村的二元经济结构和社会结构。第一产业、第二产业与第三产业的比例失调,许多生活用品只能定量供应,出现物资匮乏的状况。经过一系列运动尤其是“文革”十年动乱后,百废待兴之形势越发迫切,基于此,中共中央适时提出了改革开放政策,适应市场发展之需的商业发展便成为必然。改革开放后宁德闽商在本地区的发展大致可以分为零星发展、初步发展和迅速发展三个阶段。

一、零星发展阶段(1978—1992)

中共十一届三中全会后,特别是中共中央《关于进一步加强和完善农业生产责任制的几个问题》的通知(即中央1980年75号文件)下达后,农村涌起家庭联产承包责任制的滚滚浪潮,打破了人民公社制度下农村旧格局。1982年2月,宁德地区完成家庭联产承包责任制的推行工作,农民获得生产资料使用权和生产经营自主权,这为其自由走向市场,为劳动力迁徙流动提供了最基本的社会保障。随后,统购统销的废除,允许农民进城政策的出台,公民身份证制度的实行等,逐步拆除了城乡二元体制的藩篱,进一步松开了农民的手脚,为诸多急欲寻找新生活的人们创造了更为宽松的环境。而沿海对外开放格局以及粤、闽、沪等城市经济的迅猛发展，对劳动力需求的巨额缺口，内地百废待兴的市场需求和丰富资源，为宁德商人提供了广阔的用武之地。借着体制改革的春风，宁德地区商业进入零星发展阶段。

随着党和国家发展个体私营经济一系列方针政策的出台，省级政府也相继出台许多鼓励商品经济发展的政策。1985 年三沙被省政府列为重点开发的“小三点”之一，批准为重点工业卫星镇。1991 年年底，三沙被省政府列为省首批外资投资农业综合开放区域之一。①

众多的利好政策，对推动商业发展，促进三大产业的平衡创造了条件。

(一)基础设施的进步

根据《宁德地区志》的记载，此一时期的宁德地区陆路运输有明显的进步。例如，1987 年，全区共有货车 2682 辆，10346 个吨位，全年完成公路货运量 593.81 万吨，周转量 34443.92 万吨公里。1992 年，全区共有货车 5182 辆，20566 个吨位，全年完成公路货运量 1140.04 万吨，周转量 66122.32 万吨公里。1987 年，全区共有客车 1419 辆，27564 个座位，全年完成客运量 1861.28 万人，周转量 50202.32 万人公里。1992 年，全区共有各类客车 1869 辆，36114 个座位，全年完成客运量 2448.39 万人，周转量 65415 万人公里。②

海运方面也有很大的发展，1987 年，全区水运企业 56 家，拥有运输船舶 1663 艘，38902 吨，3369 个客位，32218 匹马力。全年完成客运量 474.08 万人，周转量 5826.29 万人公里，货运量 164.2 吨，周转量 40201.50 万吨公里。③

铁路运输的货物、班次等都体现出本区域与邻近地区的繁忙沟通场景。1987 年，莪洋火车站到达物资多为煤炭、棉籽壳、麦皮、粮食、烧碱、水泥、石灰、钢材等，发送货物则以木材、香菇、银耳、化肥、纸品、农副产品和竹木产品等为主。莪洋火车站是古田名优特产，特别是银耳和香菇，销往全国各地的主要集散地。④

此期间，宁德地区信息网络也应市场需求迅速发展。1986 年，纵穿全区的福州至杭州的小同轴电缆建成。1988 年 11 月，全区市内电话实现自动化，成为全省实现县以上市内电话自动化的第二个地区。1990 年 10 月，宁德、福安两市(县级)及赛岐经济开发区的万门程控电话开通，同年，全区各县邮电局国内、国际长途全自动直拨。1992 年，全区建成自动寻呼系统。全区的邮电机构均可为客户办理国内、国际各种邮电业务。⑤

现代商业的发展与金融系统的发展密不可分。1984 年，金融体制改革后，人民银行

---

① 《霞浦文史资料》第 17 辑，1999 年，第 74 页。

② 相关数据采自宁德地区方志委：《宁德地区志》，北京：方志出版社，1998 年，第 506、523、525、528～530 页。

③ 宁德地区方志委：《宁德地区志》，北京：方志出版社，1998 年，第 530 页。

④ 宁德地区方志委：《宁德地区志》，北京：方志出版社，1998 年，第 510～511 页。

⑤ 宁德地区方志委：《宁德地区志》，北京：方志出版社，1998 年，第 560 页。

行使中央银行职能，工商银行、农业银行、中国银行、建设银行等专业银行都成为经济实体。1992年各项存款余额比1978年增长13倍多。城乡储蓄成为信贷资金的主要来源，各项贷款余额比1978年增长8.6倍，有力地支持了国民经济发展对资金的需要。[1]

海陆交通、信息网络、金融系统等基础设施的不断完善，为宁德工商业的发展创造了条件。

(二)乡镇企业异军突起

20世纪80年代初，我国乡镇企业异军突起，对当时农村改革乃至国家的经济改革和社会变迁，产生了巨大影响。乡镇企业包括乡(镇)办、村(村民小组)办、联户(合伙)办、户(个体私营)办、股份合作制办、中外合资、合作办等多种，其发展曾经历了20世纪50年代的社办工业、20世纪70年代的社队企业阶段。而实行家庭联产承包责任制后，一批农民合伙或家庭经营的企业产生了，增添了新的农村企业形式。到1983年为止，中国的农村工业一般称“社队工业”。1984年年初，中共中央、国务院转发了农牧渔业部《关于开创社队企业新局面的报告》(即中央4号文件)，同意将社队企业改为乡镇企业，并明确其包括乡镇办、村(村民小组)办、联户(合伙)办、户(个体私营)办等形式。

20世纪90年代后期，乡镇企业中的股份合作制、股份制、中外合资合作等新的企业组织形式涌现。20世纪90年代以后，乡镇企业基本都改组为个体私营或股份制企业。

霞浦县　中共十一届三中全会后，霞浦县供销社恢复了“三性”，实现了“五个突破，六个发展”，主要表现：一是努力办成农民合作商品组织，农民入股8.72万户，股金17.5万元，密切了与农民的关系；二是建立商品服务体系，配备了多种经营服务人员250人，开放仓储3080平方米，提供生产扶持资金310万元，建立了一大批蘑菇、中草药等商品基地，通过产销挂钩收购推销农产品37033万元；三是转变经营机制，增加服务功能，搞活经营业务，全县开展横向经济联合协作项目12个，联合总值342万元，扩建新建贸易中心大楼，土产冷库及三沙、沙江、盐田、崇儒、下浒等一批综合商场，这为当地乡镇企业发展提供了很好的借鉴。

1978—1983年为乡镇企业的准备阶段。1979年7月国务院颁发了《关于发展社队企业若干问题的规定》后，但因受“左倾”影响，发展不明显，到1983年霞浦县社队企业总产值1878万元，5年增长45%，净增590万元。1984—1988年为打基础阶段。1984年中共中央和国务院下发的4号文件，即《转发农牧渔业部〈关于开创社队企业新局面的报告〉的通知》，明确乡镇企业实行与计划经济和市场经济调节相结合，允许、提倡、鼓励农民联办、个体办企业，不看成分，允许竞争，提倡“四轮”驱动，共同发展，当年全县乡镇企业总产值3991万元。1988年，年总产值达11251万元，5年增长5倍。1989—1991年治理整顿，3年增长56.8%，净增长15969万元，年均增长5323万元。[2]

---

① 宁德地区方志委:《宁德地区志》，北京:方志出版社，1998年，第827页。

② 以上事例详见《霞浦文史资料》第17辑，1999年，第52～54页。

福安赛岐 据李健民《闽海赛江》记载，民企船舶在20世纪80—90年代异军突起，传统的木船修造向钢质船的改装、修造发展。这一时期业内有识之士挣脱计划经济的束缚，以民营合资的形式从事船舶修造业，与原有造船厂一起探寻出路。1981年，地方国营福安造船厂建成福安第一个船坞并投入使用，开始建造钢丝水泥帆船。几年后水泥船被钢质船淘汰，县造船厂进入困境。1983年福安县从县造船厂抽调力量，在下白石顶头江边筹建县拆船厂，1984年开始经营拆船业务。新兴的民营企业，凭借一定船舶修造技术和低廉的船舶修造改装价位，创造了民间船舶交易市场的营销优势，在国内外中小船舶改装和交易市场占据一席之地，开始了最初的原始积累。1987年，该厂重整旗鼓，拥有2000吨级干船坞一个，300吨级以下船台3个，造船设备和技术在当时闽东北居于领先地位。1988年，福建省第一家正规民营造船厂福安市赛江造船厂成立，同年该厂造出民营船舶企业第一艘钢质船——"富海油1号"，将这一阶段推向高潮。①

周宁闽东北联谊化工厂 1975年，境内李墩公社化工厂(1984年改名为周宁联谊化工总厂，后来成立闽东北联谊集团)活性炭投入批量生产后，为社队培养一批活性炭生产技术的骨干。1982年，李墩公社化工厂的粉状活性炭打入国际市场后，到浦城、建阳、顺昌、福安、大田等县建立生产活性炭分厂。到1990年将一个山村小厂发展成拥有1500万元资产的集团公司，年产值逾2000万元，向县财政年上缴利税逾百万元。与此同时，为了进一步发展生产，公司通过选派员工到南京、杭州等科研单位深造，聘请大专院校教师和专业技术人员到工厂任职或指导，通过订阅国内外报刊获取科技信息，通过在外常驻信息联络点建立信息网络，通过技术输出办分厂解决本地原料不足和交通不便等问题，使其生产的活性炭被日商誉为"中国最好水平"，被德商誉为"世界最好水平"，由于质量高、有保证，被省外贸出口公司定为免检产品。1991年出口创汇突破200万美元，办厂以来为国家创汇1000余万美元。②

从以上可以看出当时的供销社等国企根据市场发展需要，做出适合本地实际的调整举措对整个经济发展的推动；可以看出一些部门、民企和国企根据各自需要，取长补短地融合发展，民企利用平台，借鸡下蛋，形成规模的线路图；可以看出在宽松政策下，一些独特技术和丰富资源的最佳组合，在巨大市场需求的拉动下从一地不断蔓延到周边地区。这三个案例代表不同层面、不同部门、不同要素的结合发展，基本上是闽东北乡镇企业的大概模式。

(三)市场要素渐趋完备

街区建设 在街市方面，中华人民共和国建立后，各县市城区都有比较繁华的主街道，成为商业中心。在集市方面，中共十一届三中全会后，集贸市场进入新发展时期。至1988年，全区建有集贸市场141个，其中新建成投入使用的62个，占地面积87315平方

---

① 李健民：《赛岐纪事》，福州：海峡文艺出版社，2015年，第247～248页。

② 《周宁文史资料》第6辑，1994年，第62页。

米。年末全区集贸成交额3.98亿元。到1992年,全区建有集贸市场161个,其中城市16个,农村145个。全区集贸年成交额8.25亿元,其中城市1.91亿元,农村6.34亿元,占全区社会商品零售总额的29%。在专业市场上,自1983年开始,至1992年,全区有35个,其中农副产品16个,工业小商品16个,废旧品和其他市场3个,主要有福安穆阳的闽东北茶叶市场、古田食用菌市场、七都茉莉花市场、柘荣太子参市场等。①

乡镇集体 此时期宁德民营经济以集体经济长足发展为主要特征。1978年,集体所有制独立核算工业682个,工业总产值9028万元;乡镇集体工业也进入新的发展时期。工业生产从单一的农副产品加工发展到建材、造纸、食品、食用菌、茶叶等多种门类。② 例如,1980年赛岐镇有地区和县所属企业日用品厂、电扇厂、棕麻厂、打火机厂、电池厂、电器塑料厂、电器厂等21家。③ 1992年,集体所有制独立核算工业871个,工业总产值76802万元,比1978年增长8倍多。1978年,宁德全区集体工业产值9481万元,占全部工业增加值的36.2%。到了1990年,集体经济增加值已经增长到223亿元,在全部工业增加值中的比重也增长到61.3%,比重增幅达25.1%,集体经济在宁德生产总值中的贡献率也高达53.1%。④

三资企业的出现 1984年10月批建福喜实业公司,总投资186万元,合同外资25万美元,全区第一家合资企业成立。到1992年,全区有三资企业260家,投资总额11.51亿元。其中,合资企业159家,合作企业18家,独资企业83家。⑤

表7-1 1992年部分外贸出口商品一览表

商品名称	数量(吨)	价值(万元)	商品名称	数量(吨)	价值(万元)
茶叶	6380000	1410	兔毛	11	1216
冻对虾	415	1806	冻虾仁	28	4919
布面鞋	496800(双)	191	活性炭	941	401
盐酸金霉素	1	15	芋头	1840	236
干香菇	322	1474	蘑菇罐头	9010	6607
布胶鞋	2234696(双)	1044	尼龙伞	26831(把)	69

资料来源:宁德地区方志委:《宁德地区志》,北京:方志出版社,1998年,第697页。

进出口贸易和人才技术合作 1980年,全区兴建外贸出口商品生产基地127个,当年全区出口商品收购总值7537.3万元。1992年,全区外贸出口商品收购总值3.43亿

① 宁德地区方志委:《宁德地区志》,北京:方志出版社,1998年,第747～750页。

② 宁德地区方志委:《宁德地区志》,北京:方志出版社,1998年,第455～456页。

③ 李健民:《赛岐纪事》,福州:海峡文艺出版社,2015年,第112页。

④ 宁德地区方志委:《宁德地区志》,北京:方志出版社,1998年,第455～456页。

⑤ 宁德地区方志委:《宁德地区志》,北京:方志出版社,1998年,第700页。

元，是1980年的455.1%。出口商品如表7-1所示。关于进口贸易，1980年全区进口商品主要有工厂生产原料和生产设备，以及电子元件器材、医疗设备等。1980—1983年，华福公司进口汽车铸压机、电脑打字机电子元件等。1986年3月，福鼎啤酒厂从捷克斯洛伐克引进啤酒罐装生产线。1987年，宁荣眼镜公司从新加坡进口旧设备。1989年，华闽(香港)公司引进先进生产设备。1990年，进口马口铁。1991年，霞浦县进出口公司引进冷冻鱼浆设备，闽东北蜜饯厂引进低糖生产线设备。

(四)商人阶层的兴起

个体工商业户　此一时期，各县市区个体工商业户发展迅猛。到1958年全区已无私营工业企业，只有极少数的个体手工业。“文化大革命”后期“割资本主义尾巴”，个体手工业不复存在。中共十一届三中全会后，国家允许个人创办企业或公司，全区个体私营手工业和私营工业开始复苏，宁德地区各县市商业都有了较大的发展。如，据各县县志，1981年柘荣全县有证个体私营商贩42户；1990年，1184户。屏南县，1983年，313户；1990年，2194户。古田县，1980年，88人；1990年，3027户。寿宁县1979年，31人；1989年，1045户。1992年，全区个体工商业34910户，从业人员49010人，自有资金12419万元，营业额74280万元。①

私营企业　1985年，全区私有工业3477家，从业人员5898人，年产值1923万元。据各县县志，1989年，霞浦全县登记的私营商业企业(按当年规定，雇工8人以上者)10家，1990年增至13家，从业209人。1990年，全县登记发证的企业共有6051户，注册资金20112.88万元。1987年，原宁德县(今蕉城区)开展对合作经营企业的普查和整顿。1992年，对个体经营、合伙经营和私营企业进行验照和年检，全县验照4170户。据《宁德地区志》，1992年，全区有乡及乡以上独立核算电气机械及器材制造企业41个，电子及通信设备制造企业11个，仪器仪表及其他计量器制造业8个，共有电机电器企业60个(不含省属闽东北电机4个厂)，工业产值9374万元(不含闽东北电机4个厂产值16141.62万元)，占同年全区工业总产值的3.25%。产品有200多个品种，从业人员2万多人。

三资企业　20世纪80年代初期，宁德地区始有三资企业。1990年全区9个县(市)三资企业达109家，为1984年的20多倍。到1992年，全区有三资企业260家，投资总额11.51亿元。

二、初步发展阶段(1993—2003)

1992年邓小平视察南方谈话，再度极大地推动经济改革。中共十四大破除姓“社”、姓“资”束缚，推动股份制和股权合作制改革，对乡镇企业明晰产权、规范经营、筹集资金、

① 宁德地区方志委：《宁德地区志》，北京：方志出版社，1998年，第759页。

加快发展,发挥了重大作用。与此相对应,福建省也制定许多促进经济发展的大政方针。其中,与宁德关系特别密切者是,1993 年 10 月 8 日,国务院同意三都澳城澳港作为国家一类口岸对外开放,在口岸基础设施和联检机构完善健全之前,先行外轮海面交货。1998 年赛岐镇确定为省级开发区,行政级别定为副处级。随着国家商业环境的不断改善,闽东北进入工商业初步发展阶段。

(一)基础设施初步发展

至 1998 年年底,全区的 2000 个行政村通公路,通路率 92.98%,形成以 2 条国道线和 7 条省道线为主骨架,以县道和乡道为枝干的公路网络。特别是 2003 年 6 月,沈海高速公路福宁主线建成通车,发挥推动和保障宁德经济、社会发展快速发展的大动脉和大通道的作用。赛岐港 2 个 500 吨级杂货码头及一批陆岛交通码头相继建成。综合运输能力有所提高。1999 年,宁德八都、云淡、福鼎桐山 3 个 200 吨级和福安荷屿、霞浦东冲 2 个 500 吨级客货码头竣工。1993—1998 年,赛岐港务局在巩固原来大宗货源的基础上,拓展到水泥、钢材、河砂的疏运。下白石、漳湾、三沙等码头,组织了黄沙首航日本,出口香菇、罐头的装载和进口铬矿、废电机、石油的接卸等工作。①

到 1998 年年底,全区已有邮路 2460 公里、农村投递线路 12117 公里,较好地满足了广大群众的邮政通信需要。1998 年业务收入比 1993 年增长了 358%。电信部门全区固定资产规模达到 17 亿元;建成 2 个长途交换局,程控交换机容量 36.44 万门,长途自动交换机容量 1.14 万门,移动电话交换机容量 9 万门,建成数字移动基站 153 个,载频 484 个;模拟移动基站 57 个,信道 1084 个,在全区基本实现城区、乡镇所在地及 104 国道沿线的无缝覆盖。其中,行政村通电话率达到 90.05%。②

1997 年,全区金融机构形成包括中央银行、国家政策性银行、国有商业银行、股份制区域性商业银行、信用合作、信托投资、保险机构以及邮政储蓄机构组成的全民、集体、股份制多种形式并存,互相促进的多层次、多方式的新格局;形成以中央银行为领导、国有商业银行为主体、其他各类金融机构并存、分工协作的金融组织体系。

此一时期,宁德地区固定资产投资重点在电力工业、交通运输、邮电通信业等部门。1994 年,宁德地区固定资产投资比上年增长 76.2%。1995 年,全年全社会固定资产投资中,交通运输、邮电通信业投资占 20.4%。1997 年投资结构呈现出一些新变化。基础产业、基础设施投资继续有所加强,电力工业投资占 12.5%;交通运输和邮电通信业投资占 20.7%。1998 年,投资结构进一步改善,基础产业和基础设施建设继续加强,电力工业投资和运输邮电通信业投资分别占 13.1%、21.1%。③

---

① 《宁德地区年鉴(1993—1998)》之交通运输。

② 《宁德地区年鉴(1993—1998)》之邮政电信。

③ 《宁德地区年鉴(1993—1998)》之固定资产投资与建设“基本建设综述”。

(二)各县市发展简况

1992—2003年是宁德地区各类企业大发展时期。虽然1997年年初到1998年年底经历了“亚洲金融风暴”,中国承受了巨大的压力,但宁德地区九县市仍呈现出欣欣向荣的良好态势,以下叙述带有举例性质,且主要集中于1993—1999年。

宁德市(今蕉城区) 1993年9月,国务院正式批准三都澳城澳港作为国家一类口岸对外开放。1995—1997年,3年共新批外资项目70个,城澳万吨码头前期工作准备就绪。1999年,民营经济试验区首期500亩动工建设。

在此期间最为典型的是大黄鱼产业的发展。1995年,大黄鱼秋季人工育苗又获得成功。经近几年的经验积累和技术改进,宁德市的大黄鱼育苗及养成技术已日益成熟,并居全国领先地位。1997年,全市大黄鱼育苗厂(场)已达36家,年育苗6000万尾以上,除供应本地区外,还供应本省厦门、平潭及广东、浙江、台湾等地。1998年,全市大黄鱼网箱养殖已超过2万箱,平均成活率达80%,产值可达1亿元,还带动了饲料、冷冻等相关产业的发展,成为宁德经济发展新的一个增长点。①

福建岳海水产食品有限公司位于宁德市蕉城区飞鸾镇,成立于2001年3月,是一家集水产育苗、养殖、加工、冷藏、销售、自营进出口业务为一体的综合型公司,是中国水产流通与加工协会常务理事单位、福建省水产流通与加工协会副会长单位,连续5次被评为“福建省农业产业化重点龙头企业”,连续3届获得“海峡渔业博览会”金奖。公司主要生产黄鱼鲞、冷冻大黄鱼、冷冻香鱼和即食海参等10多个系列产品,产品远销美国、日本、韩国等30多个国家和地区。

福安市(1989年11月撤县设市) 1993年年底,福安市成立了船舶工业公司并向集团化经营体制转化。该公司现有修、造、拆船企业21家,从业人员近2000人,拥有全省最大的6000吨干船坞1座,千吨以上干船坞5座,总吨位16500吨,占全省总吨位的65%;拥有4家经省船检生产技术认可的造船厂。1997年福建省船舶工业集团公司与福安市船舶工业总公司合并成立福安市双福船业有限公司,制造了第一艘万吨级驳船,并成功下水。1998年,福安市船舶修造厂发展至50多家,其中赛岐镇长岐造船厂等4家企业取得农业部颁发的船舶修造许可证。民营企业东明船舶修造厂还与大连市某船舶公司联手引进两艘特大型豪华客轮,改造装修后成立天福船务有限公司,把业务扩大到国际航运方面。② 1998年福安市造船厂和拆船厂进行股份制改造,成为闽东北丛贸船舶实业有限公司。始建于1998年的马头造船有限责任公司在2000年建成一个3万吨级干船坞,是当时闽省之最。③ 进入21世纪后,赛江船业的发展特点是,船企加快结构调整,国企、军企、民企形成整体合力,并由“修”为主,发展到以“造”为主。2001年年底,中国正式加入世界贸易组织,赛江船舶企业开始扩大生产规模,完善技术装备,提升创新观

---

① 《宁德地区年鉴(1993—1998)》之县市概况——宁德市。

② 《宁德地区年鉴(1993—1998)》之县市概况——福安市。

③ 李健民:《闽海赛江》,福州:海峡书局,2015年,第248~249页。

念。2003年，福建省白马船厂建成1.2吨级成品油轮下水，开启赛江船业走向世界的大门。

1998年，福安市电机产品已有五大类200多个品种，年产值从20世纪80年代初的数百万元，发展到近15亿元，有电机生产厂家500多个，其中产值超千万元的骨干企业20多家，产品不仅畅销全国，还出口到东南亚、非洲和欧美等几十个国家和地区。全市从事电机产业的人员近10万人，几乎占了全市人口的1/5，福安市也因此被称作“电机电器城”。

1993年，福安市新签一批引资合同和新批一批三资企业，使全市三资企业达45家，当年完成产值7000多万元，城关、赛岐经济开发区，穆阳民族经济开发区已成为三资企业相对集中区域。1998年，福安市全社会出口商品收购总额3.8亿元，比增5.56%；全年实际利用外资1820万美元。赛岐开发区引进工贸项目26个，总投资9000万元，畲族经济开发区基础设施建设日臻完善，并正在申报列入国家民委联系点。①

福鼎市(1995年12月撤县设市)　1993—1998年，福鼎市已初步形成机电、食品、皮塑、化工、电力等六大工业支柱产业。此间，福鼎市着力促进电力、啤酒、石材加工等重点企业上档次、上规模，工业经济总量不断增加。乡镇企业逐渐发展成为全市经济发展的重要支柱。同时，累计新批三资企业67家，合同外资7721万美元，实际利用外资4170万美元，完成工业总产值14.8亿元，出口销售收入6590万美元，利润总额7041万元。1998年总产值、销售收入分别比1993年增长28.9%、53.6%。

1993年，福鼎县乡镇企业局与白琳镇及国家铁道部、交通部、地矿部建立联营合作开发石材产品销往日本、澳大利亚、新加坡、新西兰、香港、台湾等国家和地区。1996年12月，成立福建玄武石材集团，创办占地面积45万平方米的金山工业区，采取中外合资、外商独资及国营、集体、联合体、个体等多种形式，1998年全市有石材加工企业近300家，已从发源地白琳镇扩大到桐山、桐城、点头、秦屿、店下等周边乡镇。“闽浙边贸商城”于1997年11月18日竣工并交付使用，吸引了本省及温州地区的众多客商。至1998年，全市社会消费品零售总额比1993年增长1.6倍，边界贸易额比1993年增长1.3倍。②

霞浦县　三沙镇的开发是此一时期霞浦县和宁德地区的亮点。1994年，三沙被列为第二批对外开放渔业基地。1995年，被定位为国家级小城镇综合改革试点镇之一。1996年，被列为福建省百强乡镇之一。三沙镇凭借独特水产资源和优越港口优势，带动工业企业发展。三沙港口避风港面积215万平方米，可泊大小船只3000余艘，拥有装卸码头4个(3000吨级2个)，大小冷库14个，储量4800吨，年制冰能力4万吨，油库容量6900吨，加水码头5个，日冲水量7000吨，还架有3.5万伏输变电路，以及四通八达的交通网络、通信网络和各种金融机构。三沙渔业公司是闽东北最大的水产品加工企业、福

① 以上数据采自《宁德地区年鉴(1993—1998)》之县市概况——福安市。

② 以上数据采自《宁德地区年鉴(1993—1998)》之县市概况——福鼎市。

建省罐头行业主要出口创汇企业。三沙拆船厂年产值600万元，年产钢材3万多吨。华美公司年产值4300万元，共有各种工厂企业57家，每年创汇1700多万美元。三沙有服务行业936家，年社会商品零售额达8000多万元。①

1998年三沙口岸对台贸易额4200万美元，专营公司对台小额贸易和渔工劳务输出创汇20多万美元。② 1999年三沙口岸民间对台经贸活跃，专营公司对台贸易额360万美元，输出劳务3335人次，创汇190万美元。三沙台贸商城建成并投入使用，运营状况良好。

在此期间，霞浦县海产品培育成果突出。1994年，霞浦县被省科委定为全省第一个"科技兴海"试点县。至1996年，由省、地科委论证确定的栉孔扇贝、螺旋藻、鲍鱼、大黄鱼集约化人工养殖以及海产品加工等6个项目先后通过省、地专家组织的验收评审。1999年，水产品总产量29万吨，增长5.3%，其中网箱养鱼新增1万多箱，总规模达4.2万箱，初步形成了产业化规模。③

古田县 古田是福建省最大油柰生产基地，1995年油柰果园5.1万亩，当年采摘2.9万亩，产量1.35万吨。1999年，食用菌产业在银耳熏磺风波的巨大影响下，仍然保持较强劲的发展势头，总产量达1.72万吨，增长18.6%；古田银耳喜获1999年中国国际农业博览会名牌产品称号。水果总产量达4.6万吨，增长10.1%；古田油柰被农业部授予"绿色食品"称号。水产品总量达1.16万吨，增长16%。林、茶、畜、禽、蛋产量稳步提高，乡镇企业总产值30亿元，增长16.8%。④

1993年，古田县新增三资企业12家，三资企业出口创汇622万美元，比上年增长69.96%。1994年，全县新批三资企业12家。1995—1996年，全县又新增三资企业18家。1997年，古田县新批三资企业4家，全县三资企业总产值2.52亿元，出口创汇1618万美元。⑤ 1999年，全县外贸出口534万美元，三资企业完成总产值1.42亿元，均居全区前茅。

周宁县 1993年，周宁县全县外出经商办企业和打工人员1万多人，创办铸造、活性炭、建材、车木等企业1500多家，年产值和经营额4亿多元。仅在上海浦东开发区创办的建材、铸造企业和小商品市场就有62家。同时还在广州、汕头、深圳、海口、上海、厦门、福州、杭州等20多个城市设立经营窗口，促进全县劳务经济更快发展。

1993年，全县有个体工商户和私营企业2505户，年营业额5172万元，有商业网点1987个，社会商品零售总额9675万元，比上年增加21.5%，是历年增幅最大的一年。1998年，新增个体户267户，从业者439人。⑥ 1999年年末，全县个体工商户3421户，私

---

① 《霞浦文史资料》第17辑，1999年，第74～78页。
② 《宁德地区年鉴(1993—1998)》之县市概况——霞浦县。
③ 《宁德地区年鉴(1999)》之县市概况——霞浦县。
④ 《宁德地区年鉴(1999)》之县市概况——古田县。
⑤ 《宁德地区年鉴(1993—1998)》之县市概况——古田县。
⑥ 以上数据采自《宁德地区年鉴(1993—1998)》之县市概况——周宁县。

营企业 289 家，三资企业 11 家。全年新发展个体工商实体 319 个，私营企业 14 家。全县外出经商办企业及劳务输出达 2 万多人，在外兴办企业 1500 多家，经营额达 30 多亿元。①

寿宁县 1993 年，寿宁县木雕、钢化炭、镁硅、香菇等产品远销国际市场。1995 年，外贸出口总额 1000 万美元。1997 年，与外商合作项目——新西兰无偿援助 438 万元、配套和自筹 169.4 万元的社会林营造以及镁硅公司运作良好。1998 年，全县实际有外商投资企业 8 家，总投资 6885 万元。

1994 年，寿宁县西北高寒地区香菇生产有了突破性发展，由上年的 50 万袋跃升到 3000 多万袋，产值超过 1 亿元。寿宁花菇名气日盛，产品打入国际市场，"炭山"牌花菇、姬松茸在 1999 年昆明世博会上获福建特色产品金奖。1998 年，全县有茶园面积 13 万亩，年产茶叶 5000 多吨，产值 1.16 亿元，利税 800 多万元。茶和花菇年产值超过 7 亿多元。全县花菇和茶叶加工企业近 400 家，小冰库、成品厂 800 多家，还在全国各地开办 200 多家茶庄。全县 14 个乡镇有 12 个乡镇、3 万多农户从事花菇生产和流通。茶叶和花菇成为寿宁县财政收入的支柱和农村的主要收入来源。② 1999 年，乡镇企业总产值 16.65 亿元。茶、菇两大产业稳定发展，茶园面积 10.7 万亩，茶叶总产量 6939 吨，产值 0.9 亿元；花菇种植 5083 万袋，产值 2.2 亿元，比增 14.3%。③

寿宁县个体工商户发展较快，1997 年年底有近 7000 户，注册资金超过 2500 万元。1998 年，全年社会消费品零售总额 3.41 亿元，比增 14.9%；年末银行存款余额 2.72 亿元，贷款余额 2 亿元，均比上年有较大幅度增长。④

屏南县 1993 年，审批 10 家三资企业，利用外资 1375 万元。1994 年，新开办外商企业 5 家，项目总投资 3935 万元。1995—1996 年，新批三资企业 10 家。1997 年有 6 家外商投资企业落户。1998 年，屏南县的三资企业自营出口总值 1301 万美元，比上年增长 4%。新批外资企业 3 家，合同外资额 231 万美元，实际利用外资 283 万美元。⑤

柘荣县 到 1994 年，全县已有三资企业 27 个，总产值 4694.35 万元，出口创汇额 102.22 万美元。1995—1997 年，引进外资企业 60 家，累计投资总额 1 亿多元，不少三资企业生产发展后增资扩建，并已成为全县经济结构调整后的重要组成部分，经国家外经贸部批准，部分企业已获外贸自营进出口权。1998 年，全县三资企业总数达 90 家，当年新办 37 家，其中外贸出口 55.3 万美元。⑥

总之，1993—1999 年，是宁德地区各县市经济大发展时期，尤其明显的是非国有企业的大发展。破除姓"社"、姓"资"束缚，带来第二次思想大解放，通过国企改制，发展股

① 《宁德地区年鉴(1999)》之县市概况——周宁县。

② 以上数据采自《宁德地区年鉴(1993—1998)》之县市概况——寿宁县。

③ 《宁德地区年鉴(1999)》之县市概况——寿宁县。

④ 《宁德地区年鉴(1993—1998)》之县市概况——寿宁县。

⑤ 《宁德地区年鉴(1993—1998)》之县市概况——屏南县。

⑥ 《宁德地区年鉴(1993—1998)》之县市概况——柘荣县。

份制和股权合作制，对乡镇企业明晰产权，规范经营、筹集资金、加快发展，发展本地特色产业，大力引进三资企业，1997 年年初到 1998 年年底经历了“亚洲金融风暴”，转危为机，宁德地区 9 个县市经济呈现出欣欣向荣的良好态势。

(三)商人阶层的初步发展

1992 年邓小平视察南方谈话后，相应政策出台，国有企业的改制、三资企业的引进等等，都推进了工商业的大发展。1993—1999 年，宁德地区通过国有企业改制，搭建发展私营企业和个体私营者发展平台，引进三资企业，发展农村特色经济等，不断壮大私营经济，推动了商人阶层的壮大。

第一，国有企业的转制。许多县市根据国企改革精神，分批、分步对本地区国有企业进行股份制改革、承包租赁、成立国有资产营运公司盘活、转制经营等等，使本地区这类企业能够符合市场发展需要，实现与市场的有效对接，也推动了宁德商人队伍的壮大。

第二，培育个体私营者。社会的需求是多方面、多层次的，政府无法面面俱到，故须引导个体私营经济的发展以更多地满足多样化的社会需求。这一时期九县市政府主要通过搭建平台，如建立各种农贸市场和专业市场、开办招商引资会、到外地为本地产品开新闻发布会扩大影响等方式，在实现满足社会需要的同时，也壮大了宁德商人队伍。

第三，引进外资达成转型和优化结构。本地企业与外资企业结合，实现股份制并利用外资的管理方式和市场网络，以此冲击本地企业的经营管理理念，形成相互学习、相互竞争、相互促进的发展格局。在此过程中，宁德商人队伍也不断壮大。

第四，推进乡镇企业发展。乡镇企业明晰产权、加快发展，在市场中的比重不断加大，为地区整体经济的合理化发展注入新鲜血液。乡镇企业积累和培养了相当多技术人才、管理人才、营销人才，成为私营企业发展的人才基地和大本营。

第五，发展本地特色产业。如柘荣太子参、霞浦和宁德大黄鱼、古田水果、寿宁花菇和茶叶等，也直接或间接推动宁德商人队伍的壮大。

这个时期国有工业进入转制改革阶段，总量没有大的增长。乡镇、集体、三资、个体私营等多种经济成分得到充分发展。1993—1998 年，乡镇、集体和个体私营工业占全部工业总产值的比重从 1992 年的 61％增长到 1997 年的 84％，国有工业总产值的比重从 1992 年的 30％下降到 1997 年的 8.2％。三资企业也有较大发展，1993 年三资企业工业产值 11 亿元，占全区工业比重的 7.8％。个体、私营工业逐渐成为区域工业的生力军。1996—1998 年，全区确定的重点企业中，个体私营企业占 60％以上，而且经济总量比重越来越大。1997 年，个体私营工业产值达 66 亿，占全区工业产值的 47％。[①] 据《宁德年鉴(2003)》材料显示，2002 年全市内资企业累计 7176 户。其中，国有企业 2185 户、集体企业 3366 户、联营企业 15 户、股份合作企业 244 户、有限责任公司 1366 户，注册资金 605725 万元。外商投资企业 202 户，投资总额 43702 万美元，注册资本 26244 万美元。

---

① 《宁德地区年鉴(1993—1998)》之工业“工业综述”。

另，当年全市有个体工商户 51055 户，从业人员 97447 人，注册资本 77659.8 万元；有私营企业 3428 户，从业人员 36672 人，注册资本 223820 万元。

根据 2002 年宁德市私营企业数和从业人员数，平均每个私营企业 11 人。那么我们可以做一个估算，内资企业数扣去国有企业数，为 4991 个(此时的集体企业大多进行股份制和股权合作制的改革)，按每个企业 11 人计，从业人员 54901 人。加上个体工商户从业人员 97447 人，私营企业从业人员 36672 人，以上 3 项总计 189020 人。如果再加上外商投资企业 202 户，总计可超过 20 万人，占总人口(当时宁德常住人口 302 万人)的 6.62%，是 1990 年(2.79%)的 2.37 倍以上，年增长率达 20%左右。

三、迅速发展阶段(2003 年以来)

2003 年 10 月中共十六届三中全会通过《中共中央关于完善社会主义市场经济体制若干问题的决定》，闽东北商业进入迅速发展阶段。

(一)基础设施进一步完善

随着前两个阶段宁德基础设施和产业的大发展，2003 年后宁德基础设施进一步完善。

2003 年 6 月，沈海高速公路福安段建成通车。2008 年，宁德市投资 11.7 亿元，完成水泥路面铺设 2660 公里，新增通村公路水泥硬化的建制村 663 个，全市通村公路路面硬化的建制村累计 2132 个，占全市建制村总数(2138 个)的 99.72%；全市拥有公路总里程达 9289.733 公里，公路密度每百平方公里达 69.1 公里。2008—2012 年 5 年间，全市交通基础设施建设投资 362.48 亿元，其中：高速公路 163.6 亿元；普通公路建设投资 59.18 亿元，建设 28 个项目 568.6 公里。经过 5 年的建设，宁德市公路交通已形成以高速公路和国道为“主骨架”，以重要干线为“经络”，纵横交错、通达四邻、安全便捷的公路网络。①

港口方面，建成投产城澳万吨级多用途码头、大唐 5 万吨级煤专用码头、福安下白石 3000 吨级码头、福鼎杨岐 5000 吨级码头和一批陆岛交通码头。拥有港口码头泊位 74 个，万吨级以上码头 8 个(其中 5 万吨级码头 1 个)。宁德港一类口岸通过国家级验收，经国务院批准宁德三都澳港口岸更名为宁德港口岸，并于 2005 年 10 月 30 日起作为一类口岸正式对外开放。2008—2012 年 5 年间，港口项目计划投资 132.2 亿元，建设 27 个泊位，新增港口吞吐能力 17160 万吨、20 万标准箱；航道项目 4 个 118 公里。2012 年，港航项目完成投资 7 亿元。拥有三都澳、白马、三沙、沙埕等著名良港，宁德已经建设 50 多个泊位，正在完成从“空白港”到“产业港”的转变。

2009 年温福铁路通车后，宁德到福州只需半小时，到温州只需 1 个多小时，大大缩短了宁德与长三角及中心城市的距离。在此基础上，“十一五”末至“十二五”期间，宁德

① 茹捷：《宁德交通发展五年回眸》，福州生活网，2016 年 10 月 4 日。

境内正建设合福铁路宁德段(古田)、白马港铁路支线、衢州至宁德铁路宁德段、宁德至漳州高速铁路宁德段、沿海货运铁路宁德段及溪南港口铁路支线、漳湾港口铁路支线,建设里程合计349公里。"十二五"末全市铁路总里程达到545公里。运力大增,运输半径不断增大,运输成本大大减少。①

宁德市信息网络在原来基础上又有很大的发展,最主要的表现是农业信息网络建设。全市农村实现了户户通电,农村通信、电视等基础设施建设也取得明显成效,突破因现代化农业信息网络不完善,限制产业发展(水产养殖业、茶叶、食用菌等)的不利局面。市本级重点是加快主干路网、水、电、信息等基础设施和生活、教育配套设施建设,加快东侨工业集中区的扩展建设。与此同时,农村实用技术远程培训等农业科技工作全面提升,电线下地工程启动建设。

(二)发展概况

此一时期宁德市经济主要特征,农业上体现为茶乡、菌都、水产大市三大特色,工业上形成了机电、化油器和船舶等主打产业,商业上也有显著突破。2013年,全市规模以上民营企业1164家,全年完成工业产值占规模以上工业总产值的97.8%,在财税收入、就业岗位提供方面的贡献均超过一半。

1.农业方面

宁德市的农业体现为茶乡、菌都、水产大市三大特色。

茶叶。2005年,全市茶园面积74.55万亩,产量5.13万吨,分别占全省茶园面积的31.59%和产量的28.37%,居全国产茶地(市)之首。全市茶叶产值6.99亿元,比上年增长17.1%,茶叶商品总值达16亿元。② 2014年,宁德市茶园面积100.3万亩,比增3.6%;茶叶产量8.76万吨,比增8.3%。全市毛茶产值37.76亿元,比增11.1%。全市市级以上茶叶龙头企业107家,其中省级21家,自营出口企业16家。蕉城区、福安市、福鼎市、寿宁县、周宁县被中国茶叶流通协会授予"2014年全国重点产茶县"称号。福安市获"2014年度全国十大生态产茶县"称号。2015年3月,由全国茶叶标准化技术委员会白茶工作组负责起草的《紧压白茶国家标准》通过国家审定。9月16日,福鼎白茶陈宗懋院士工作站签约授牌。③

食用菌。2012年古田成为宁德市首个农民人均纯收入突破万元关的县份,据相关报道,2012年古田县共栽培各类食用菌11.96亿袋,总产量近71万吨(鲜品),生产产值36.8亿元。在"十一五"期间,全县食用菌产量增长70%,年平均增长14%;生产产值增长149%,年均增长29.8%。2014年全县金融机构存款余额106.7亿元,比年初增加12.5亿元;各项贷款75.2亿元,比年初增加15.8亿元,增速居全市第一;2014年古田再

① 茹捷:《宁德交通发展五年回眸》,福州生活网,2016年10月4日。

② 《宁德年鉴(2006年)》农业经济"茶叶"。

③ 《宁德年鉴(2015年)》农业·水利"茶叶"。

次跻身福建省“十佳县”行列，并荣膺“中国食用菌之都”荣誉称号。①

水产品。福建岳海水产食品有限公司，连续5次被评为“福建省农业产业化重点龙头企业”，连续3届获得“海峡渔业博览会”金奖，2012年12月被评为“中国驰名商标”，实现宁德市水产类中国驰名商标“零”的突破。它还是宁德市外贸出口额最大的企业，2013年出口额1.7亿美元。2014年，全市渔业总产量83.4万吨，比增7.07%。其中，海水养殖产量59.7万吨，海洋捕捞19.1万吨，淡水养殖4.2万吨，淡水捕捞0.37万吨。渔业产值167.57亿元，比增7.2%。渔民人均纯收入14335元，比增14.6%。②

此外，霞浦台湾渔民创业园、屏南台湾生态农业园、寿宁闽台生态农业观光园等一批台湾产业园区也先后建立，闽东北民营经济愈加多姿多彩。

2. 工业方面

2005年初步形成了电机电器、船舶修造、医药化工、食品加工、汽摩配件、建筑建材、能源7个重点、特色产业，其中电机电器、石材被列入省第一批重点培育建设的产业集群。全市现有超亿元企业45家，7家行业龙头企业被确定为福建省百家重点企业，工业系统拥有省“名牌产品”24个，省“著名商标”11个。福建三祥冶金被科技部授予高新技术企业称号，安波电机获国家免检产品称号，实现历史性突破。全市已开发工业集中区27个，落户企业860家。

闽东北船舶业的发展相当引人瞩目。2005年4月，原双福船业有限公司重组为福建福宁船舶重工有限公司，成为一家全新的国有控股造船企业。同年11月，丛贸船舶实业有限公司建造2艘1.6万吨货轮相继下水，标志着民营船业已经具备建造万吨轮船的能力。根据国务院《船舶工业中长期发展规划(2006—2015)》精神，地方政府将白马、丛贸、长兴、福宁重工、马头、东海、新运7家企业列为重点扶持对象，加快实施“两岸三区”规划，以促成福安船舶工业企业上规模和产业集聚。2007年成立宁德职业技术学院船舶分院和福安市船舶交易中心。2009年成立宁德市船舶科学研究所。同年赛江船舶行业实现工业总产值52.25亿元，工业增加值7.05亿元。2010年，船舶行业实现工业总产值55.87亿元，造船完工量78艘，34.5万载重吨，新承接船舶订单79万载重吨，手持船舶订单71万载重吨。③ 2010年，船舶协会部分企业家出资收购了福安市第六中学原校区宿舍、教室、办公室，聘任专业教师创办了挂靠在宁德市职业技术学院的职业技术分院，培养造船、航运人才，学生毕业后安排造船企业就业，目前在校生1500人，已经毕业500多人。

这一时期，闽东北出现了一批有代表性的企业，略举数例：

福建福宁船舶重工有限公司。2005年4月成立，注册资金9510万元，系由福建省东南造船厂代表福建省船舶工业集团公司作为控股大股东，福建闽东北电力股份有限公司(深圳上市)、福安当地企业共同参股的股份制企业。厂区面积240亩，岸线长约800米，

① 《福建古田中国食用菌之都》，《中国青年报》2015年3月9日T4版。

② 《宁德年鉴(2015年)》农业·水利“海洋渔业”。

③ 李健民：《闽海赛江》，福州：海峡书局，2015年，第249～252页。

拥有一个小万吨级斜船台、一个船坞和一个舾装码头、一座独立的35千伏变电站以及约2.5万平方米的焊接平台及分段堆场等，可以形成两条船舶生产线同时生产。公司自2012年下半年开始启动二期技改项目，总投资约7500万元。2013年开工建造的产品有17艘不同型号的海洋工程辅助船，已完工交售8艘。全年完成产值3.8亿元，上缴税收3203万元。

福建铁王精密铸造有限公司。成立于2000年8月，2001年12月起陆续通过德国TUV公司ISO9001认证、德国QS9000、欧盟PED、德国AD2000WO、美国API6D、API607、中国特种设备(压力管道)制作许可证等资格认证。产品销往欧洲、美洲、日本、澳大利亚等国家和地区。

福建环宇建筑集团有限公司。成立于1995年12月，是福建省建筑业总承包三十强企业、宁德市建筑行业的龙头企业，是一家集建筑施工、地产开发、建筑材料工贸科研等多种经营为一体的综合性企业集团。公司现有各类职称的工程技术经济管理人员330人，积极推行ISO9001质量管理体系，为全力打造现代民营企业新形象而努力。公司2013年实现施工总产值22亿元，上缴税收1.03亿元(其中向福安市地税局缴纳税款2690万元)。

福建广生堂药业股份有限公司。创建于2001年6月，2007年年底，公司第一个乙肝抗病毒国家一类新药阿德福韦酯-阿甘定上市以来，每年的销售收入、利润和税收都在快速增长，2013年实现产值2.1亿元，上缴税收4083万元。2009年阿德福韦酯-阿甘定获省科技发明奖一等奖、福建省专利奖特等奖、省优秀新产品奖一等奖，同时获评福建省自主创新产品。公司注重研发，已经成为全国唯一拥有乙肝抗病毒三大一线用药的厂家。2010年被评为全国企事业知识产权试点单位，被国家知识产权局及工信部评为中小企业知识产权战略推进工程首批实施单位。2012年，公司乙肝抗病毒产品(阿德福韦酯-阿甘定、拉米夫定-贺甘定、恩替卡韦-恩甘定)全面上市后，迅速抢占市场和终端，促使公司销售加速增长，奠定公司成为肝药强势品牌的基础。

寿宁三祥新材料股份有限公司自主研发的电熔氧化锆和单晶电熔铝磨料产能居全球前二。福建省健神生物工程有限公司的健神紫灵芝3号等名优产品打入市场。福建省裕荣香茶叶有限公司共有专利13项，其中发明专利3项，年产值逼近亿元大关。

宁德新能源科技有限公司。成立于2008年，是我国第一批投身于民族电池能源实业的民营企业，是一家集专业研发、设计、制造和销售于一体的专业环保干电池及新能源锂电池制造商。厂区面积2万余平方米，公司旗下拥有ZERNE、IGNITE两大知名电池品牌，液态锂电、聚合物锂电、铁锂动力电池、环保碳性电池、环保碱性电池五大系列储能产品，产品远销中东、亚太、欧美等市场。新能源公司在3G、固态聚合物、动力电池和储能电池等领域，进行重点投入和拓展高端应用市场，打造“新能源”品牌移动电源解决方案终端产品，取得了市场的快速响应。尤其是公司批量投产的固态聚合物产品，为上网本、平板电脑、导航仪、电子书等3G数码储能产品，提供了最新、最优的电池解决方案，很好地解决了锂电池的鼓胀、漏液等安全隐患，取得了市场的积极响应。公司按照ISO901:2008国际质量体系认证，产品均通过SGS、CE、CCC、ROHS、UL一系列认证。

统计材料显示，2009 年虽受全球金融风暴的冲击，但宁德市的企业数未降反升。2010 年，全市规模以上工业企业 1000 家，其中食品、建材、汽摩配件、船舶修造、电机电器、医药化工、电力七大重点特色产业，2009 年实现工业产值 363.76 亿元，比 2005 年的 110 亿元增长 230%。

(三)宁德域内商人阶层迅速壮大

这一阶段宁德突出表现之一即品牌建设。自 2006 年创建第一个中国驰名商标以来，短短几年间，创建驰名商标 29 件，跃居全省第 4 位。近年来，宁德闽商又从创品牌上升到做标准，努力掌握行业话语权，新坦洋茶业集团、平月茶业有限公司等宁德茶企成为全国红茶标准的主要起草单位，福建三铭胶业有限公司成为食用明胶国家标准起草单位等。

安波电机董事长陈少波，瞄准海外市场，建设自主的国际营销渠道，在德国、新加坡、马来西亚、印尼等地投资设立销售公司，实现客户服务当地化，产品畅销 30 多个国家和地区，使公司跻身中国三大铝壳电机制造商。亚南、泰格、新永隆等电机企业成为联合国采购供应商，一华电机等企业把工厂办到东南亚，实现了境外发展。

宁德的茶叶企业，在全国各地开设品牌专营店 3000 多家，在北京、上海、山东、山西、重庆等地创办了 6 个大型茶城。其中的上海大不同新江湾茶城，成为当时国内唯一的国际茶叶交易中心。

新能源科技有限公司创办人曾毓群，不忘桑梓，把新能源项目带回宁德，2008 年设立新公司以来累计投资 30 多亿元。宁德新能源科技有限公司目前已成为一家拥有员工 8000 多人，其中博士 62 人、硕士 512 人、硕士以上学历的海归 34 人的人才聚集高地。

此间，特别值得一提的是浙商在闽东北的发展。浙商到宁德发展之初，从政府到民间都积极为他们提供便利，至 2013 年，有 400 多家浙企落户宁德，总投资近千亿元。福鼎专门开发闽浙边贸工业园对接浙商、服务浙商，现已入驻浙企 100 多家。落户宁德的浙商与当地紧密融合，不少人定居下来，成为宁德闽商的重要组成部分。

据不完全统计，截至 2013 年年底，宁德共登记域外回归民企 832 户，吸引域外回归资本 80 多亿元，形成了人才回乡、资金回流、企业回迁、项目回建的良好局面。宁德市民营经济在促进区域经济发展中的地位和作用十分突出。据粗略统计，“十一五”期间全市各类中小企业约 3.2 万家，其中工业中小企业 4000 多家，占工业企业数的 99%以上，产值规模占全部工业总产值的 87%，就业人数 40 多万，对地方国民经济增长的贡献率达五成左右。宁德商人队伍迅速发展壮大起来。

据《宁德年鉴(2015)》统计，截至年末，全市实有各类市场主体 14.45 万户，注册资本 1870.63 亿元，分别比增 22.98%、15.2%。其中，内资企业(含私营)3.84 万户，注册资本 1790.46 亿元，分别比增 22.69%、14.4%；个体工商户 10.61 万户，资金数额 80.17 亿元，分别比增 23.23%、36.8%；农民专业合作社 4915 家，出资总额 196.68 亿元，分别比增 25.39%、21.19%。

与 2002 年相比较，2015 年内资企业 3.84 万户，是 2002 年(内资企业累计 10604 户)

的3.62倍，若也以2002年的企业人数比率计，那么人数在132752人左右；个体工商户10.61万户，是2002年(51055户)的2.07倍，若以2002年比率计，则为202509人；此外，加上2015年还有农民专业合作社4915家，按每个合作社10人计，则有49150人。那么此三项总和为384411人，则商人总数是宁德全市常住人口(2014年宁德市常住人口285万人)的13.49%。2002年宁德商人阶层人口占当时宁德常住人口的6.62%，那么，2015年的比率是2002年的2.03倍，年增长16.9%。

第二节　异地宁德闽商的蓬勃兴起

福建省因为地理环境的限制，自宋代以来当地居民一直以"多种经营"而著称。改革开放以来，全国商贸发展势头迅猛，特别是东部沿海的深圳、珠海、汕头和厦门经济特区及其邻近领域，商贸需求最为旺盛。宁德地区处于福建省东北部，与台湾岛隔海相望，为"长三角"和"珠三角"的外围切入点，在福建距"九省通衢"武汉直线距离最短，拥有"世界级"天然深水良港三都澳，出东海、过宫古海峡即可进入太平洋，有着天然优越的区域位置，只是在中华人民共和国成立后到改革开放前由于台湾问题而被列为海防前线，经济发展受滞。但本区域具有相对资源优势，商贸文化积淀深厚。改革开放后的商贸大解禁在给宁德区域内工商业带来蓬勃发展之势的同时，因为商品经济的特性和宁德自然、人文诸相关因素杂糅，在内引外联、频繁互动中网络不断拓展和延伸。有着精明经商头脑，以善于综合利用各类资源和捕抓机遇为能的宁德闽商在向邻近区域推销工商业品的同时，抓住机遇，带着技术和有限的资本，融入资源地或者需求旺盛的区域，置厂搭灶，就地生产或就近销售，迎来了异地宁德闽商的蓬勃兴起。

一、发展的背景

如前文所述，闽东北艰苦的生存环境，改革开放政策，传统经商社会观念、农业兼劳务输出的习俗，近代以来的人口压力，计划经济时期宁德市交通运输、电信、银行等基础设施和本地特色产业、人才培养，等等，都有利于宁德闽商向异地的拓展；牢固的宗族血缘关系及其互助也促成商人阶层的形成和发展。除此之外，以下几方面的因素也值得留意。

(一)各级政府积极助推

宁德地区各县市根据传统和本县(市)的实际情况，对异地商业发展大力支持。在闽东北早期异地商业发展和商人阶层兴起中，各县市驻外办在一定程度和范围内发挥作用。驻外办在闽东北早期异地商业发展和商人阶层的崛起作用是因地而异的，因为上海为中国商业最发达地域，驻沪办作用体现得比较明显。

改革开放以后，宁德地区各县市在纷纷引资的同时，一度也在异地成立企业。1992

年，由古田县选派食用菌种植专家5人前往马来西亚创办本区第一家境外生产性企业——马福公司，注册资金100万美元，利用棕榈油渣种植香菇、草菇、凤尾菇、木耳、竹荪等食用菌。马福公司与吉隆坡、新加坡、日本等国家合作，在马来西亚共建食用菌超级市场。① 1990—1992年，宁德地区先后在香港注册的有丰胜实业有限公司、富鹰有限公司、百利金发展有限公司、钜隆发展有限公司、雄荣（香港）有限公司分支机构等。② 正是因着政府部门在异地建立各级各类的公司，许多部门人员走向市场前沿，后来的事实显示，从政府部门建立的企业中走出去的很多人都自己开办公司下海经商，而成为时代的弄潮儿。在比较有影响力的异地宁德闽商中，从政府部门建立的企业中走出去的占有较大的比例。这对于异地宁德闽商的发展起到巨大的助推作用。

（二）闽东北农副兼营谋生模式在特定环境中的突破

福建“八山一水一分田”，宋元时期移民福建者从事商业居多。而闽东北则是全国著名的丘陵地区，水田数量少，面积小，许多还存在灌溉问题。例如周宁县，据1980年官方准确统计：全县水田10万亩，农地5.4万亩，其中2/3处于海拔800米以上，1/5强处于500～800米之间，500米以下仅13.98%；且95%的水田靠冷泉水灌溉或望天等雨，92.3%的耕地缺磷少钾。③ 寿宁、柘荣、屏南情况大体与此相似，古田县稍好些。沿海的蕉城、福安、霞浦、福鼎的可耕地也极为有限，滩涂之地肥力也受限。此地区居民自宋代，特别是明代以来就有外出卖苦力和从事手工副业谋生的传统。明代，农民就开始利用农事间隙外出闽北等地从事扛木筒、烧木炭等卖苦力劳动。清代，部分农民带着技艺外出从事铸锅、土木建筑、织棕衣、弹棉被等。民国时期，宁德县周墩有4000多名常年工与季节工到建瓯、建阳、崇安、霞浦、罗源等地和邻省的部分地区从事铸锅、土木建筑、扛木筒、织棕衣、弹棉被、烧木炭等或经销参茸、岩菇等。

中华人民共和国成立后，闽东北人口迅猛增长，加剧人地矛盾。而改革开放以来，家庭联产承包责任制提高生产力，剩余劳动力不断增加，为数众多的剩余劳动力重操旧业，靠手艺寻食四方。随着游食四方范围的不断扩大，人们接触面不断增加，市场信息量积累不断增多，加上精明的经商头脑，善于捕抓机遇、善于综合利用各类资源和各方面能力的不断提高，宁德闽商成为各行业领军人物的机会成熟，在外地得以异军突起。

（三）方言的影响

宁德地区原属福州府，府内各县与福州的交往自然比府外多，形成闽东北方言区。但以宁德白鹤岭为界，以北的宁德、福安等县距福州相对较远且交通不便，这一区域各县

---

① 宁德地区方志委：《宁德地区志》卷十三《商贸》第三章“商业对外贸易”，北京：方志出版社，1998年，

② 宁德地区方志委：《宁德地区志》卷十三《商贸》第三章“商业对外贸易”，北京：方志出版社，1998年，

③ 陈丙东未刊文章《说咱周宁人》，第3页。

的经济、文化等与福州的交往要比福州府其他各县少。明成化九年(1473年)立福宁州,宁德、福安、霞浦等县划归福宁州(后为福宁府)管辖。这一区域各县的政治、经济、文化等方面逐渐自成一个小区,区内相互往来比较频繁,与区外的福州及其周围各县的往来要少得多。这一片区的闽东北方言便逐渐有了与明成化以后福州府所属各县的闽东北方言的共同差异,遂有闽东北方言区南片、北片之分别。[①] 闽东北境内为鹫峰山脉主体部分,千米山峰遍布全境,多数村庄坐落在崇山峻岭与盆谷之间,山川阻隔、交际困难,便形成种种方言的殊调异腔,正如明朝陈宇在《麻岭》诗中所云:"同源水发分南北,共落人间各语音。"[②]但各地大体上尚能通话,且各种土腔都以福安音为代表,大同小异。与此同时,地区内,特别是与外地区交界处,有不少乡、村土语受到邻县方言的影响或渗透。

如今,闽东北方言区明显形成南、北两个片区。南片区以福州话为代表,北片区以福安话为代表。福州话在南片区可自由交际,北片区各市(县)人也能基本听懂福州话。福安话在北片区的周宁、寿宁、柘荣等县可自由交际,宁德、霞浦、福鼎人也能基本听懂福安话,[③]为这一区域的人提供交流的环境,为其外出经商联络在语言上提供有利条件,促进闽东北商贸向周边区域乃至全国各地扩展。这一区域掌握多种方言的人适应能力相对强些,会好几种方言的人善于应变,善于钻研,在经商活动中比较具有优势。

二、零星发展阶段(改革开放前后至1996年)

搞市场经济就必须有私营企业,有私营企业就注定会产生商会组织。可以预见,随着我国社会主义市场经济的深入推进,法制的不断完善,政府对社会组织管理理念的创新,政府善治理念的确立和政府职能的转变,商会这一"市场经济的第三部门"将迎来更大的发展空间,也必将为社会主义市场经济的繁荣发挥其独特的作用。

异地宁德闽商的发展历程从商人组织——商会的成立及发展来看,大体可分成零星发展、初步发展和规范提升三个阶段。

(一)基本情况

宁德地区异地商会零星发展阶段主要是以民间自发组织的协会、联谊会、经济发展促进会的形式出现并开展活动,此时的组织松散,亦无相关记录。

随着"文革"后期对于社会的控制有所松弛,特别对于闽东北这一丘陵地带交通不便,本来就无法非常有效控制的区域来说,空子更多、更大了。民间对政府的"疏漏"特别

---

① 宁德地区方志委:《宁德地区志》卷三十四《方言》卷上,第二节"闽东北方言分区",北京:方志出版社,1998年;参见林校生:《闽东区域文化资源特性论析》,《瞉外揆文》,福州:福建人民出版社,2013年,第248～249页。

② 叶申礼:《周宁县交通志》,1992年印本,第138页。

③ 宁德地区方志委:《宁德地区志》卷三十四《方言》卷上,第二节"闽东北方言分区",北京:方志出版社,1998年。

敏感,且迫于生存压力,想方设法打“擦边球”,商业在邻近区域不断发展。这方面在各县档案中有一些记录,而以周宁县的资料最丰。

以铸造业为例。清乾隆年间(1736—1795),宁德县周墩铸造的东洋锅壁薄耐用,就畅销毗邻的福安、寿宁、屏南、政和等县。20世纪50年代初,周宁部分技工参加手工业生产合作社或为农业机械厂吸收转为翻砂工。其余铸锅工仍然坚持季节性外出经营。1959年,各地集体食堂陆续解散,农户需用铁锅数量供不应求,境内铸锅工人到南平、顺昌、建瓯、崇安等地创办铸锅厂。60年代,开始从事翻砂,铸造钢球、机件。70年代,翻砂铸造发展较快,带动机械零件、钢轮、水管等铸造技术也迅速提高。80年代,外出从事铸造业人数日渐增多,铸造厂从省内南平、三明、福州、厦门等地市的37个县,逐步发展到广西、江西、湖南、安徽、浙江等13个省、自治区、直辖市的许多县份。铸造产品发展到精密铸钢,铸造汽车零件、排水管配件和合金铁球笼条。部分能人成为铸造企业大户,实行产、供、销联合经营,分别在福州、厦门、广州、汕头、上海、杭州、长沙等20多个城市建立销售网。

再如活性炭。1975年,李墩公社化工厂(1984年改名周宁联谊化工总厂)活性炭投入批量生产后,为社队培养了一批活性炭生产技术的骨干。1982年,公社化工厂的粉状活性炭打入国际市场后,他们到浦城、建阳、顺昌、福安、大田等县建立活性炭分厂。随后,便到江西、湖南、广西、云南等省组织生产。1983年后,掌握新兴活性炭生产技术的周宁能人纷纷走出山外,到闽北一带独办或联办个体活性炭厂。随后,向闽西、江西、湖南等地辐射。1985年后,在外地办厂生产活性炭的人数猛增,活性炭厂除遍及省内浦城、建阳、松溪、政和、三明、泰宁、龙岩、龙溪、邵武、崇安、清流、明溪等县(市)外,还扩大到江西、浙江、广西、云南、湖南等地。随着活性炭生产规模的不断扩大,一部分人逐渐分离出来,发挥自己的特长,有的从事原材料的收购,有的成立原材料基地,有的从事低层次的产品生产,有的从事高级产品生产、出口,有的从事不固定厂家的推销,逐步形成活性炭原料、生产、销售的服务体系。李墩乡际会村地少人多,自然条件差,村里掌握活性炭生产技术的年轻人走出山沟,带动农村富余劳动力400多人,到闽北、闽西、湖南、江西、浙江等地办65个活性炭厂,一跃成为全县首富的“活性炭村”。

此外,还有经销建材,土木建筑,木材采伐搬运,织棕衣、弹棉被,经营中药材等,详见陈丙东主笔的《周宁县志·劳务篇》。①

周宁的异地商业在经过民国以来近80年的各种市场的洗礼和冲刷,以及不同时期国家政策的考验,到20世纪80年代末90年代初,培养了一大批经济能人,总结了许多丰富的市场经验,积累了一部分资金并形成了一定的规模。1992年,上海浦东开发进入一个崭新时期,周宁山民紧紧抓住这个千载难逢的大好商机,从全国各地涌向浦东,出现了不少农民企业家。1993年,全县外出经商办企业和打工人员1万多人,创办铸造、活性炭、建材、车木等企业1500多家,年产值和经营额达4亿多元。仅在上海浦东开发区

① 《周宁县志》,北京:中国科学技术出版社,1993年,第321页。

创办的建材、铸造企业和小商品市场就有62家。同时还在广州、汕头、深圳、海口、上海、厦门、福州、杭州等20多个城市设立经营窗口,促进全县经济更快发展。①

宁德地区其他县市的大体情况与周宁相类,只是持续时间、涉及范围和外出人数等各有不同而已。例如,福鼎努力实施"以贸兴业、以业兴市"战略,把建设市场、搞活流通作为发展经济的宏观战略来抓,把培育大边贸、发展大流通作为新经济增长点加以扶持,做到建一个市场,带一批产业,活一方经济,富一片群众,形成了"正规军"(国合企业)、"地方军"(乡镇企业)、"远征军"(驻外营销队伍)、"集团军"(集团经营)四军齐上的新格局,造就了一批钢材大户、水泥大户、木材大户、石材大户、建材大户、化妆品大户、副食品大户等骨干营销力量。经营品种有粮食、副食品、日用百货、五金交电、烟草、水产品、农副产品等生活资料,也有钢材、水泥、木材、石材、装潢装饰材料、化工产品、汽车、石油等生产资料,经营范围涉及浙江、江苏、云南、上海、广东、海南等20多个省、自治区、直辖市,服装远销俄罗斯。1997年,全市边贸总额20.87亿元,比上年增长15.3%。作为边界试验区龙头项目的"闽浙边贸商城",于1997年11月18日竣工交付使用,吸引了本省及温州地区的众多客商。② 1996年7月1日,宁德市成立上海商会,引导宁德市在沪企业向更高层次发展,鼓励更多宁德人闯上海,经商办企业。

(二)特　点

其一,多为"文革"后期的延伸。闽东北异地商业在零星发展阶段,更多地体现出"文革"后期异地商业的加速发展势头,这些异地域外工商业更多显示出的是本地部分产业的延伸或者衍生,它们之间是同质的,只是前后在量上有所不同。

其二,以所在地资源和市场为导向。一些精明的商人发现一些地区生产某种商品的成本极低(包括原材料、劳动力、地方鼓励政策等),因此转移生产以获取更多利润。一些商人在推销商品的过程中发现某些商品的巨大需求市场,于是转而寻求厂家或者找人合资,选择地点生产而后销售等。

其三,技术输出主导。闽东北居民素来有多种经营的习惯,很多人掌握一门甚至几门手工技术,目的就是在农闲时外出打工以补贴家用。因此,在异地商业零星发展时期,大部分闽东北外出商人同时又是熟练的技术人员。

其四,产业薄弱地区外出比例大。一个地区的自然条件、生产水准、作物品种、物流网络等要素决定了该区域人口承载数量。产业基础薄弱,无法养活更多的人的地区在经过中华人民共和国成立后30余年的人口大发展后,压力越来越大,这一地区的外出经商潮流更为宏大。

---

① 《宁德地区年鉴(1993—1998)》周宁县"周宁人走南闯北经商办企业"。

② 《宁德地区年鉴(1993—1998)》福鼎市"大力发展边界贸易"。

三、初步发展阶段(1996—2008)

随着商品经济不断发展,商人们财富不断积累,闽东北异地商业进入初步发展阶段。

(一)基本情况

20世纪90年代后期,闽东北商人,特别是闽东北异地经商的人群需要组织起来的意识越来越浓,一些协会、联谊会、经济发展促进会转型为商会组织。1998年11月,中共十三届五中全会颁布《关于进一步治理整吨和深化改革的决定》,把个体、私营经济定为社会主义市场经济的有益补充,闽东北在外企业有了更为宽松的环境。中共十五大确定了坚持以公有制为主体,多种所有制共同发展的基本经济制度,民营经济的地位得到提高。截至2002年,宁德闽商已建立异地商会31家。2002—2008年是迅速发展阶段,闽东北商人在西部大开发、东北振兴、中部崛起等国家区域发展战略实施中大展身手,闽东北商人联合意识进一步加强。这里以上海"钢材超市"的创建为例而借斑窥豹。

浦东开发政策制定后,周宁在广州、汕头、厦门、福州等地有实力的民营企业,纷纷迁往上海,首先集中在浦东扬高路创办30多家建材公司、商店,使之被称为"周宁建材一条街"。①

上海"钢材超市"创始人周华瑞,1985年去上海,从事多年建材经营,积累经验。1996年年底,选中了上海东北部逸仙路281号,创建了上海第一家"钢材超市"——上海逸仙钢材现货交易市场。逸仙钢材现货交易市场占地面积4.2万平方米,交易大厅设立208个交易席位,126家企业进驻经营。市场内配备了大吊车、铲车、电子磅、电脑,还提供洽谈、看货、运输、开单、提货一条龙服务。市场内采用现代先进科学管理技术,设立计算机网络、行情、库存、备货、供货等各项信息,实现电脑网络化管理。② 不到几年,周宁在沪商人先后组建了上海江扬钢材现货市场、上海银山金属材料现货交易市场、上海浦东新区生产资料交易市场、上海七宝钢材现货市场等40多个市场,400多家有实力、上规模的公司、企业入驻经营。③

据初步统计,高峰时,上海钢贸商80%来自福建,其中80%又来自周宁县。

此外,20世纪90年代以来,各地的茶业、房地产、建筑业、饮食服务业、车木、电子、机械、五金、参茸业、伐木搬运、石板材等都有不同程度的发展。

关于这一时期宁德异地闽商发展,从闽东北各县市区建立的商会可以得出较为宏观的信息,主要如表7-2、表7-3所示。

---

① 陈凤禧:《在国际大都市创业的山里人》,《三都潮》2002年第4期,第19页。

② 潘朝阳主编:《上海闽东人》,福州:海峡摄影时报,2005年,第7页。

③ 2005年7月30日上海宝龙宾馆实地调查。

表 7-2　宁德地区各县市异地商会在本省内的建立时间一览表

	蕉城	福安	福鼎	霞浦	古田	周宁	寿宁	屏南	柘荣	市级
福州	2011.11	2010.7	2010.12	2011.9	2013.12	2011.6	2012.5	2007	2013.12	2012.5
厦门	2012.12	2012.9	2013.1	2010.7		2011.12	2011.1	2010.1	2012.3	2004.9
泉州							2009.8			2012.12
南平					2005.12		2013.12			
三明										2005.6
沙县										2012.7

表 7-3　宁德地区各县市异地商会在全国各地建立时间一览表

	蕉城	福安	福鼎	霞浦	古田	周宁	寿宁	屏南	柘荣	市级
河北		2014.12								
北京	2008.11	2012.8	2012		2016.5		2016.6	2012.12	2004	2007.6
天津	2011.6	2012.8	2013.6	2012.8						2012.12
上海	1996.7	2003.12	2004.10	1998.10	2005	1996.2	1998	1996.12	2005.7	2003.9
江苏	2004.4				2009.4	2008.2				2008.3
南京	2011.12									
泰州										2011.7
南通										2012.7
浙江				2015.4						2013.4
广东	2006.4	2011.10	2012	2011.12	2006	2006.4	2010.12			2010.10
深圳										2011.3
海南					2004					2013.11
广西						1999.5			2007.4	2011.2
南宁										2011.4
内蒙古		2012.10								2005.12
长沙										2012.5
太原		2013.12	2006.1							
武汉										2011.12
安徽				2010.12						2011.3
西安								2010.6		2010.12

续表

	蕉城	福安	福鼎	霞浦	古田	周宁	寿宁	屏南	柘荣	市级
四川			2013.11							2013.11
重庆										2012.3
昆明						2011.5				2010.1
兰州										2013.12
新疆										2005.12

(二)特　点

其一,商会建立。商人们为了保护自身利益和获得更为优越的投资环境,纷纷提出建立组织的愿望,于是异地商会不断建立。据不完全统计,1996—2008 年间,宁德地区各县市建立县级和市级商会 28 家,其中市级 6 家,蕉城 4 家,福安 2 家,福鼎 2 家,霞浦 1 家,古田 3 家,周宁 4 家,寿宁 1 家,屏南 2 家,柘荣 3 家。

其二,专业市场壮大——横向联合。此一时期异地商业发展的最大特点之一是专业市场或同业商人的合作。主要表现在闽东北商人在异地的钢材市场、木材市场、石材市场、茶叶市场、干货市场等的建立、扩大和延伸,此模式渐被复制到全国各地。

其三,金融资本介入——银行加入。异地宁德闽商往专业市场发展和扩大规模,需要大量资金,于是融资担保,银行资本介入成为亮点。为了使商户做大做强,钢材市场也陆续成立担保公司,如览坤、融真、银融、中银、瑞银、沪发、沪企等共计 26 个担保公司,一定时期内帮助商家解决资金紧缺的困难。

其四,商人地位迅速提高。一些地方的县委书记、县长出于对本县社会公益事业和招商引资的考量,对外出经商的商业精英礼遇有加。2000 年以后,有的县不少机关单位人员纷纷下海经商,在农村或街道多有乡贤在外经商致富的传奇故事。

四、规范提升阶段(2009 年以来)

2008 年前后,全球经济受到美国次贷危机的冲击,国内为防止投资不足而造成系列问题,决定通过政府宏观调控,拉动内需。于是,在拉动内需的号角下全国出现投资狂热,到处建商场,建开发区,上大项目。异地宁德闽商也进入规范提升阶段。

(一)发展情况例述

这一时期宁德闽商异地商会数量继续保持迅速增长。受国内和国际市场低迷的影响,为了渡过难关,会员"抱团打拼",克服金融危机,一些商会在这方面发挥了重要作用,同时也获得商家的认同,异地宁德闽商进入内部治理的改善阶段。

据福鼎市总商会在 2012 年 7 月 6 日初步统计,福鼎约有 5 万人在全国各地经商办厂。2011年，福鼎商人在全国各地累计投资额达到1200亿元以上。据乌鲁木齐宁德商会2013年6月统计，在新疆的宁德人大约有3万人，主要从事国际贸易、矿业、石材、铝型材、钢材、机电、汽配、茶叶、餐饮、酒店、灯饰、家具、医药、种植业等各个行业经营。许多在新疆的宁德商人现在已从商贸转向实体，大多投资矿业、建材、石材、机电等行业。目前，乌鲁木齐宁德商会会员企业达到230家，总投资在200亿元。据钟剑宾《闽东北商帮掘“金”云南——目前累计在滇投资20亿元》一文，2010年1月10日，云南省昆明市工商联宁德商会在昆明成立，目前在昆明市的闽东北籍企业近千家，工商业人士有近6万人，累计总投资额约20亿元，行业涉及电力、汽车、汽配、机械、维修、日用百货、公路建设、房地产、制造业、冶金、矿产、水利、服装鞋帽、五金、水暖、家川电器、数码技术、建筑、建材、家具、食品、茶叶、家政服务等多个领域。

相关研究指出，据不完全统计，宁德市在上海注册的大小企业已近2万家，就业人员近20万人，涉及钢材、木材、石材、房地产、活性炭、茶叶、水产、餐饮、娱乐、眼镜、机电、汽配等行业。其中，成功创办各类专业市场60多个，年营业额达800多亿元；从事钢贸的企业占一半以上，年销售额达1200亿元以上。宁德市上海商会下设水产、木材、女企业家、石材4个分会，理事企业达到1926家。此外，宁德在沪的9个县级商会，都以团体会员的身份加入宁德市上海商会，团体会员达6281人。“以商养会，以会促商，团结协作，共同发展”的办会发展思路已基本实现。①

宁德地区县(市、区)和市级商会建立的时间说明，自2009年以后建立的商会数量为65家(总数93个)，占近70%。各县(市、区)基本情况如下：蕉城6家，福安8家，福鼎7家，霞浦6家，古田3家，周宁4家，寿宁6家，屏南3家，柘荣2家。关于异地商会会长情况，略见表7-4和表7-5：

表7-4 2011年宁德异地商会(市级)会长名录

(排名不分先后)

姓名	性别	籍贯	出生年月	党派	学历	单位、职务	商会职务	社会职务
张　胜	男	福安	1963.07	—	大学	北京荣京集团董事长	北京市宁德商会会长	二届市政协委员，市总商会副会长
周林强	男	周宁	1963.01	—	研究生	上海柏树实业集团董事长	宁德上海商会会长	二届市政协委员
林后辉	男	古田	1972.06	—	大学	陕西君辉集团董事长	西安市宁德商会会长	市工商联常委
陈荣华	男	福安	1962.12	中共	MBA	广州市凯捷实业公司总经理	广东省宁德商会会长	二届市政协委员，市总商会副会长
林　某	男	福安	1965.11	—	大学	上海欣荣宏集团董事长	深圳市宁德商会会长	
魏某某	男	周宁		—		江苏无锡友谊钢贸城董事长	宁德江苏商会会长	二届市政协委员，市总商会副会长

① 本部分内容参考宁德市原工商联主席黄家盛的研究。

续表

姓名	性别	籍贯	出生年月	党派	学历	单位、职务	商会职务	社会职务
许某某	男	霞浦	1969.11	—	大学	南京熙鹏建材有限公司	南京市宁德商会会长	
黄　健	男	福鼎	1966.07	—	大学	厦门市双丹马实业公司董事长	厦门市宁德商会会长	二届市政协委员，市工商联常委
李锦松	男	福安	1969.08	—	中专	乌鲁木齐泰格动力公司董事长	乌鲁木齐宁德商会会长	
陈民和	男	周宁	1952.06	—	大学	展旺地产(福建)公司董事长	三明市闽东北商会会长	市工商联常委
陈先权	男	福鼎	1972.04	—	MBA	港荣新时代(中国)投资公司董事长	昆明市宁德商会会长	
李中强	男	周宁	1971.04	—	大学	泰州中储金属市场董事长	泰州市宁德商会会长	
汤成霖	男	寿宁	1978.12	—	大学	福建海丝电子商务股份有限公司董事长	泉州市宁德商会会长	
章长发	男	蕉城	1967.08	—	大专	重庆宝储物质公司董事长	重庆市宁德商会会长	
黄振东	男	福安	1965.08	—	大专	天津市国际金属物流园区董事长	天津市宁德商会会长	
林　杰	男	福安	1958.11	中共	大学	中国荣泰国际控股集团董事长	福州市宁德商会筹备组长	
吴贵银	男	温州	1959.02	中共	大学	福建鼎盛超仟公司董事长	宁德市温州商会会长	二届市政协委员，市总商会副会长
何宗鸿	男	福清	1959.05	—	大专	宁德市华港房地产公司董事长	宁德市福清平潭商会会长	二届市政协委员，市工商联执委

表 7-5　2016 年宁德异地商会(市级)会长情况一览表

商会名称	会长	籍贯	从事行业	企业名称	兼　　职
北京市宁德商会	张　胜	福安	地产、船舶制造、能源矿产、投资担保	北京荣京集团	
宁德市上海商会	周林强	周宁	市场物业、物流、银行业、金融担保、房地产	上海柏树实业有限公司	福建省政协委员、工商联常委，宁德市政协常委，上海市杨浦区人大代表
广东福建宁德商会	陈荣华	福安	以研发、生产蓄电池为主业的综合型企业	广东省凯捷集团	

续表

商会名称	会长	籍贯	从事行业	企业名称	兼　职
西安市宁德商会	林后辉	古田	生产、销售、物流、投资等	陕西君辉实业集团	陕西省政协委员、总商会副会长、闽商商会会长，福建省工商联常委，宁德市政协常委、工商联常委、慈善总会名誉副会长
重庆市宁德商会	章长发	蕉城		重庆宝储物质公司	重庆市政协委员，宁德市工商联执委
深圳市宁德商会	林　某	福安		欣荣宏投资集团	
泉州市宁德商会	汤成霖	寿宁	户外用品、动漫产品	福建世联五洲商贸有限公司	宁德市政协委员
厦门市宁德商会	黄　健	福鼎	燕窝	厦门双丹马实业集团	宁德市政协委员、工商联常委
福州市宁德商会	林　杰	福安	物流	福建荣泰物流集团有限公司	福建省工商联常委
宁波市宁德商会	谢基芳	古田	进出口大理石批发、加工	宁波海曙恒隆石业有限公司	
海口市宁德商会	苏弟三	福安	农业、工程、建材	海南绿亚科技发展有限公司	海南福建商会副会长
兰州市宁德商会	林永坤	福安		甘肃大丰投资有限公司	
广西南宁宁德商会	肖必金	周宁	农业机械	广西九川机械有限公司	
三明市闽东北商会	程　聪	古田	交通建设	三明市交通建设有限公司	三明工商联常委
昆明市宁德商会	林小铃	古田	绿色农产品设计、开发、销售	昆明裕泰兴商贸有限公司	
安徽六安宁德商会	郑克跃	周宁	建材、五金、物流等	安徽鑫泰五金物流有限公司	安徽福建商会副会长，六安总商会副会长
乌鲁木齐宁德商会	林树营	福安	铝合金型材	新疆恒安丰国际集团	昌吉州工商联副主席

续表

商会名称	会长	籍贯	从事行业	企业名称	兼　　职
南京市宁德商会	高国强	霞浦	复印件再制造等	南京	
沙县宁德商会	卢济雄	霞浦	房地产	福建鑫辉房地产	三明市工商联常委，沙县政协委员
南通市宁德商会	张信灼	福安	钢材、建材	江苏楷铖实业有限公司	宁德市工商联执委

(二)特　点

其一，为应对大量资金运转之需，大量商会建立。随着产业的发展和政府评价机制杠杆作用的进一步发挥，许多企业需要提升发展速度、扩大发展规模、延伸产业链，这些都要以大量的资金为前提。2008 年，为了应对国际金融危机，中央政府下放 4 万亿元，并带动几十万亿元的资金。银行将这些资金贷给企业，需要商会组织为其担保，商会成员，特别是会长、副会长、理事等，更有机会获得贷款。各地宁德闽商纷纷要求尽快成立商会，以对接更多的贷款。于是，在 2010—2013 年宁德闽商异地商会如雨后春笋，纷纷建立，但造成商会功能的部分畸形(2009—2013 年，宁德闽商异地商会成立 50 余个)。

其二，经营进一步走向多元化，部分转向虚拟经济。一些从事实业的宁德闽商转而从事虚拟经济或经营高利贷。将贷款(来自银行和民间)再转贷给企业，获取利差。有些实体因为过度扩张造成资金链出问题，为了保证信用，只能拿高利贷，陷入恶性循环的挣扎之中。一旦某些链条断裂，就出现连锁反应，信用败坏，冲击实体。此外，由于融资贷款的利息率很高，为实现盈利，一些企业家选择炒股、炒期货、买彩票等。

其三，商会的代表功能得到全面体现。如代表会员企业向地方政府呼吁，向银行呼吁、与银行谈判，解决三角债问题。向政府呼吁帮助解决资金链问题，出台优惠政策等。在危机中商会的作用得到政府、商会、民间、企业家们的肯定，这也有利于共渡难关意识的形成。

其四，异地宁德闽商回归热潮。由于国际金融危机的冲击，市场一度低迷，许多异地宁德闽商在外经营困难，此时宁德市委市政府出台有利的招商引资政策，吸引了部分异地宁德闽商返乡投资。

宁德闽商异地商会在维权解难、筹集资金、寻求商机、行业自律、理顺关系、提升素质、抱团打造闽商品牌，树立闽商整体良好形象，助力地方经济社会发展等方面发挥越来越重要的作用，成为社会主义市场经济发展进程中的一支强劲力量，为我国经济社会发展进步做出贡献。

第三节　宁德闽商阶层的壮大和对社会发展的贡献

自1978年改革开放以来，宁德闽商深度理解国家政策导向，不断将理论与实践有机结合，在学习中实践，在实践中学习，经过三个阶段的发展，人数不断增多，队伍不断壮大。宁德闽商利用财富优势，肩负社会责任，努力维护社会稳定和推动发展。

一、宁德闽商队伍的壮大

商业流通的特点，本地与异地本为一体，为大体了解宁德闽商的人数规模，这里暂且分本地与异地两方面叙述，其中必有重复之处，但尚不影响对整体趋势的分析。

(一)本地商人人数不断增多

零星发展阶段(1978—1992)商人数量。根据《若干年份全区农村劳动力使用情况表》①，1980年，全区第一产业从业人数570169人，第二产业从业人数12098人，第三产业从业人数4458人，占总人口数(1980年总人口2493274人)的0.178%。1992年，全区第一产业从业人数830430人，第二产业从业人数50422人，第三产业从业人数104886人，占总人口数(1992年总人口2978862人)的3.52%。根据本章第一节关于零星发展阶段(1978—1992年)宁德商人阶层的估算，1992年私营企业者人数应超过8万人，约占总人口的2.69%。三大产业从业人员之间的悬殊比例已经有较大改观。

初步发展阶段(1993—2003)商人数量。在全区个体私营经济持续发展的同时，产业结构日趋合理，实力增强，集团化、科技型、外向型趋势明显。1996年对个体工商户实行登记、监督“两规范”，经剔除历年的停歇业数，全区共有个体工商户57046户，比上年下降18.3%；全区新登记开业个体户8374户；私营企业1725户，比上年增长8.8%。1997年在市场疲软的情况下，全区个体私营经济仍保持发展态势。当年，个体户、私营企业59431户，从业人员122502人，分别比上年增长1.1%和5.5%。② 2002年宁德市私营企业数和从业人员36672人，平均每个私营企业11人。据此估算，内资企业(国企除外)4991个(此时的集体企业大多进行股份制和股权合作制的改革)，总计从业人员54901人。个体工商户从业人员97447人，私营企业从业人员36672人，以上三项总计189020人，如果加上外商投资企业202户，总计超过20万人。而当时宁德常住人口302万人，占总人口数的6.62%。

迅速发展阶段(2003年以来)商人数量。据统计，至2013年年底，宁德市民营经济

---

① 宁德地区方志委：《宁德地区志》，北京：方志出版社，1998年，第547、254～255页。

② 《宁德地区年鉴(1993—1998)》之经济管理“工商行政管理之个体工商户管理”。

主体12万户,居全省第5位。全市产值亿元以上民营工业企业457家。全市已初步形成电机电器、食品、新能源、船舶修造、建材、生物医药、化工、冶金、皮塑、新材料等10多个重点产业,其中有6个产值超百亿元的产业集群。与2002年相比较,2015年内资企业3.84万户,是2002年(内资企业累计1.06万户)的3.62倍,若也以2002年的企业人数比率计,人数在13.27万左右;个体工商户10.61万户,是2002年(5.1万户)的2.07倍,以2002年比率计,则为20.25万人;此外2015年还有农民专业合作社4915家,按每个合作社10人计,则有4.91万人。以上三项合计为38.44万人,占宁德全市常住人口(2014年常住人口285万人)的13.49%。

(二)异地商人数量的增加

改革开放以来,宁德市个体私营等非公有制经济发展迅速,私营企业主以行业或行政区域为范围组建民间商会组织。目前,全市工商联系统成立的民间商会有141家,分布各地,类型多样,包括异地商会、行业商会(同业公会)、乡镇(街道)商会等类型。在外企业组建商会的积极性明显高于市内企业。近10年来,异地商会数量增长加快,2002年全市异地商会仅7家,到2012年,宁德市企业家在外地成立的异地商会共51家,占全省市县在外异地商会总数351家的13.9%,仅次于福州、泉州,居全省第三位,其中市级11家,各县市区成立38家。宁德市企业家在上海的商会组织最为齐全,市本级及9个县市区都在上海组建了商会组织;全市异地商会分布在上海、北京、广东、江苏、广西、云南、天津、山西、陕西、安徽、新疆等10多个省(自治区、直辖市)及本省其他兄弟市。另外,外地企业家在宁德组建了宁德市温州商会和宁德市福清平潭商会。

据《宁德年鉴(2015)》统计,全市有商会会员16536个,其中企业会员10211个,团体会员199个,个人会员6126人;基层商会组织155个,其中行业商会23个,乡镇商会29个,街道商会3个,异地商会95个,其他商会组织5个。据2011年宁德市工商联的不完全统计,宁德籍在国内外经商人员达30多万人,创办企业3万多家,年产销额1.3万亿元。宁德市异地经商人数占宁德市总人口(第六次人口普查宁德市总人口3393698人)的11.38%。

二、商人组织的不断完善

关于宁德闽商异地商会的发展,本章第二节已经做了阐述。异地商会管理体制包括了“两地”管理、“双重”管理和“多部门”管理(党委和政府、民政部门、业务主管单位、统战部、工商联、政府派出机构)等,这里的阐述以宁德本地的商人管理为重点。

(一)零星发展阶段商人组织的恢复和建立

工商联 1985年,福安、福鼎、宁德、霞浦、古田5县的工商联组织恢复。1987—1988年,寿宁、周宁、屏南、柘荣4县工商联也陆续恢复。1988年起,各县工商联开始向乡镇发展。1992年,全区9县(市)的工商联执行委员有230人、专职干部33人;全区的团体、企业、个人会员计3689个，其中新会员1098个、非公有制经济会员实体442个；共建立乡镇企业(办事处)、同业公会、女会员联谊会7个。①

商　会　1989年，根据中共福建省委、福建省人民政府《关于进一步发挥工商联作用的几点意见》，各县(市)工商联对外一律称商会，加挂商会牌子，实行“两块牌子，一套人马”的方针。1990年5月1日，宁德市(县级)商会正式成立，1992年商会拥有个人会员611人，团体会员171个。非公有制经济成分的个人会员占个人会员总数的62%。②古田县于1990年建立了食用菌协会，具体内容如表7-6所示。

表7-6　古田县食用菌协会情况表

<table>
<tr><td>商会名称</td><td colspan="6">福建省古田县食用菌协会</td></tr>
<tr><td>建立时间</td><td>1990年</td><td>办公地点</td><td colspan="4">古田县大丰工贸公司</td></tr>
<tr><td rowspan="3">会员人数</td><td>建立时</td><td></td><td colspan="2" rowspan="3">会员行业分布情况</td><td colspan="2" rowspan="3">食用菌</td></tr>
<tr><td>2003年</td><td></td></tr>
<tr><td>现在</td><td>614人</td></tr>
<tr><td rowspan="2">历任会长</td><td>姓名</td><td>余养健</td><td>出生年月</td><td>1962年9月</td><td>学历学位</td><td>大专</td></tr>
<tr><td>企业名称</td><td>古田县山珍食品有限公司</td><td>在任时间</td><td></td><td>经营行业</td><td>食用菌产品</td></tr>
</table>

个体劳动者协会　1983年12月9日，在各乡镇普遍成立个体劳动者分会基础上，召开宁德县个体劳动者协会第一届代表大会。入会会员1950名，占全县发证个体劳动者总户数的55.5%。1992年，会员增至5472名(其中个人合股经营226户，私营企业13户)。③

1984年10月，福安县成立个体劳动者协会，各集镇设有9个分会组织。随着经济体制改革的深化，个体经营者逐步走向联合经营、集资、合作经营。1987年，会员3500多人。④

1982年10月，霞浦县三沙镇个体劳动者联合会成立。1990年，全县登记发证的个体工商业者4305户(不含私营44户、个体合伙145户)、6137人，资金1445.7万元。⑤

1983年12月6日，召开寿宁县个体劳动者协会首届代表大会，大会选出委员9人。

① 宁德地区方志委：《宁德地区志》卷二十《群体》第五章“工商团体”，第三节“县(市)工商业联合会”，北京：方志出版社，1998年。

② 《宁德市志》卷十九，第五章第一节“商会”，北京：中华书局，1995年。

③ 《宁德市志》卷十九，第五章第四节“个体劳动者协会”，北京：中华书局，1995年。

④ 《福安市志》卷二十五，第三章第三节“个体劳动者协会”，北京：方志出版社，1999年。

⑤ 《霞浦县志》第十七篇第五章第四节“个体劳动者协会”，北京：方志出版社1999年。

至1989年年底，县个体协会下属有7个分会和6个直属组，会员850多人。①

1992年年底，全区9个县(市)个体劳动者协会共设基层分会92个，个协妇代会43个，会员小组329个，行业小组446个，配备工作人员266人，会员28624人。1982—1992年，全区各县个体劳动者协会先后各举行4次换届选举。②

表7-7　历届个体劳动者协会代表大会情况表③

届次	召开时间	出席代表	选出委员	个体工商户	从业人数
1	1983年12月15日	64	13	2688	3125
2	1985年12月21日	53	19	4873	5172
3	1988年12月	65	19	6150	6475

(二)初步发展阶段商人阶层组织的发展

在此期间，代表商人阶级利益的组织在各方面得到发展。

工商联　1993年8月，省里调整了工商联宁德地区办事处领导班子，古田、霞浦、福安、宁德、寿宁、屏南等县(市)工商联先后换届。9月，全区有25名工商联代表出席省工商联第六届会员代表大会，2人当选省工商联常委，5人当选省工商联执委。1995年，柘荣、周宁两县工商联换届。1997年，宁德、霞浦、古田、福安、福鼎、屏南、寿宁7个县(市)工商联先后完成换届工作。一批政治上有影响，经济上有实力，热心工商联工作的非公有制经济代表人士进入领导班子，完成了新老交替的历史任务。

商　会　1994年，分别在古田县鹤塘镇，霞浦县州洋乡、盐田乡、下浒镇、牙城镇，柘荣县富溪镇，福安市穆阳开发区、下白石镇，福鼎市点头镇，屏南县黛溪镇、长桥镇先后建立商会组织，全区发展会员957名。1995年，宁德市蕉南街道、洋中镇，霞浦县水门乡、崇儒乡、北壁乡，周宁县狮城镇，古田县杉洋镇，寿宁县南阳镇等8个基层商会组织建立。全区有565名新会员入会。该年12月，宁德地区总商会召开成立大会，推选出总商会首届理事会理事52名。④ 1996年年初，霞浦县水门商会发动会员集资36万元，对已停产的水门麻纺织厂进行改造，使其重获生机，并解决了80多个待业青年的就业问题。乡镇商会的积极作用由此可见一斑。

---

① 《寿宁县志》卷二十一第五章第三节“个体劳动者协会”，厦门：鹭江出版社，1992年。

② 宁德地区方志委：《宁德地区志》卷二十《群体》第五章“工商团体”第四节“福建省个体劳动者协会宁德地区工作委员会”，北京：方志出版社，1998年。

③ 《古田县志》第十九篇第三章第二节“个体劳动者协会”，北京：中华书局，1997年。

④ 以上各县工商联、商会有关数据均采自《宁德地区年鉴(1993—1998)》之“民主党派社会团体·省工商联合会宁德地区办事处·加强组织建设”。

(三)迅速发展阶段商人组织的不断完善

随着宁德市这一时期经济的大发展和商人阶层的迅速发展，商人地位不断提高，为了加强组织领导，宁德市以及各县市都加强了工商联组织的发展与建设。这一时期各县市区的商会和行业协会的数量显著增加，人数也有一定程度的增长，商会组织不断完善。其间一些具体情况，兹举若干实例，列表如下。

1. 县(市、区)乡商会和行业协会

表 7-8 柘荣县餐饮行业商会情况表

<table>
<tr><td>商会名称</td><td colspan="6">柘荣县餐饮行业商会</td></tr>
<tr><td>建立时间</td><td>2005 年</td><td>办公地点</td><td colspan="4">柘荣县屿东路 15 号</td></tr>
<tr><td rowspan="2">会员人数</td><td>建立时</td><td>83 人</td><td colspan="2" rowspan="2">会员行业分布情况</td><td colspan="2" rowspan="2"></td></tr>
<tr><td>现在</td><td>96 人</td></tr>
<tr><td rowspan="4">会　长</td><td>姓名</td><td>林瑞斌</td><td>出生年月</td><td>1969 年 8 月 6 日</td><td>学历学位</td><td>大专</td></tr>
<tr><td>企业名称</td><td>柘荣县金都大酒楼</td><td>在任时间</td><td>2005 年至今</td><td>经营行业</td><td>餐饮业</td></tr>
<tr><td>社会职务</td><td colspan="5">县政协常委</td></tr>
<tr><td>社会公益</td><td colspan="5">2005 年以来社会公益事业累计捐赠 85.2 万元</td></tr>
<tr><td>商会主要活动</td><td colspan="6">1. 2012 年 5 月举办首届养生菜肴烹饪技能竞赛；
2. 2012 年 6 月组织会员参加第五届福建“绿进杯”烹饪技能大赛；
3. 2013 年 4 月组织会员参加第六届福建“绿进杯”烹饪技能大赛；
4. 2014 年 6 月举办第二届养生菜肴烹饪技能竞赛；
5. 2014 年 6 月开展福建特色菜肴发展论坛；
6. 2014 年 6 月组织会员参加柘荣职业技术学校的大专班学习；
7. 2014 年 10 月组织会员参加第四届宁德世界地质公园文化旅游节；
8. 2015 年 8 月组织会员参加第五届宁德世界地质公园文化旅游节；
9. 2016 年 4 月组织会员参加“福建十大名菜”系列活动评选；
10. 2016 年 4 月组织会员参加 2016 年“亚明杯”烹饪表演赛；
11. 2016 年 6 月组织会员参加 2016 年闽东北优特产品嘉年华。</td></tr>
<tr><td>公益捐赠</td><td colspan="6">商会成立以来各项公益事业累计捐赠 125.6 万元</td></tr>
</table>

表 7-9　福鼎服装商会情况表

<table>
<tr><td>商会名称</td><td colspan="6">福鼎市服装商会</td></tr>
<tr><td>建立时间</td><td colspan="2">2015 年 8 月 13 日</td><td>办公地点</td><td colspan="3">福鼎市南大路太姥商住区 A 幢三楼 301 室</td></tr>
<tr><td rowspan="2">会员人数</td><td colspan="2">建立时</td><td>238 人</td><td colspan="2" rowspan="2">会员行业分布情况</td><td rowspan="2"></td></tr>
<tr><td colspan="2">现在</td><td>260 人</td></tr>
<tr><td rowspan="3">会长</td><td>姓名</td><td>杨道淋</td><td>出生年月</td><td>1963 年 5 月</td><td>学历学位</td><td>初中</td></tr>
<tr><td>企业名称</td><td>柒牌男装</td><td>在任时间</td><td>2015 年</td><td>经营行业</td><td>服装</td></tr>
<tr><td>社会职务</td><td colspan="5"></td></tr>
<tr><td colspan="2">公益捐赠</td><td colspan="5">2015 年 11 月，利用商会微信平台进行转载，并发动全体会员参与献爱心活动，共收集到童鞋 100 多双，童装 600 多套，总价值十几万元，由专人送到云南保山市“寄居山”贫困人群手中</td></tr>
</table>

2. 市级商会和行业协会

表 7-10　外地在宁德商会情况一览表

名　　称	会　长	成立时间	会员企业	行业及领域
宁德市福清平潭商会	何宗鸿	2009 年 10 月	100 多名	水电站建设、水厂、化工、房地产、养殖、汽配、商贸
宁德市温州商会	吴贵银	2007 年 11 月	190 多名	汽配、医药化工、轻工制品、房地产、商贸、宾馆、餐饮
宁德市浙江商会	陈国同	2011 年 1 月	80 多名	工业生产、港口建设、地产开发、教育、宾馆、餐饮

表 7-11　宁德市福清商会情况表

<table>
<tr><td>商会名称</td><td colspan="4">宁德市福清商会</td></tr>
<tr><td>建立时间</td><td>2014 年 7 月</td><td>办公地点</td><td colspan="2">宁德市东侨经济开发区惠风路 1 号(华府豪庭)8 幢 1 层 101 室</td></tr>
<tr><td rowspan="2">会员人数</td><td>建立时</td><td>110 人</td><td rowspan="2">会员行业分布情况</td><td rowspan="2">房地产、水力电站、自来水厂、建材家具、建筑消防、装潢装修、园林景观、水产养殖、娱乐餐饮、连锁超市、医药保健等</td></tr>
<tr><td>现在</td><td></td></tr>
</table>

续表

商会名称	宁德市福清商会					
会　　长	姓名	何传强	出生年月	1966年9月	学历学位	大专
	企业名称	宁德市华府房地产开发有限公司	在任时间	2014—2018	经营行业	房地产
商　　会主要活动	1.2014年7月12日召开宁德市福清商会成立大会暨第一次会员代表大会； 2.2015年4—5月走访商会企业； 3.2016年1月2日召开宁德市福清商会2015年年度会员大会					

表7-12　宁德市副食品同业商会

商会名称	宁德市副食品同业商会						
建立时间	2014年5月	办公地点	宁德市郦景阳光小区15号楼2601室				
会员人数	建立时	1200人	会员行业分布情况	酒、预包装食品、饮料、奶制品、粮油食品、调味品、水产品、农产品			
	现在	1100人					
会　　长	姓名	孙则峰	出生年月	1971年1月	学历学位	大专	
	企业名称	福建远韩酒业有限公司	在任时间	2014年5月	经营行业	副食品	
	社会职务	宁德市蕉城区政协委员					
	公益捐赠	捐赠蕉城区三都抗日纪念碑、捐资助学、参与新农村建设等公益活动					
商　　会主要活动	每年召开年会，每半年召开会长、常务副会长、副会长工作会议，深入了解、分析、研究当前副食品行业经营情况、存在问题及解决问题对策。多次组织会员与银行召开银企座谈会，协商解决会员存在的资金短缺问题，积极争取银行对会员的大力支持。商会协调相关职能部门解决会员遇到的困难和问题，商会党支部还组织党员和会员到革命老区霍童、虎浿等地开展革命传统教育						
人大代表政协委员		全国	省	市	县		
	人大代表						
	政协委员				1人		

续表

商会名称	宁德市副食品同业商会
公益捐赠	2015 年 10 月蕉城区七都镇会员林裕杰的双胞胎女儿病重，商会发动部分会员捐助 2 万元帮其渡过难关。 自 2014 年商会成立以来，会长孙则峰、常务副会长江白陵分别在福安市下白石镇下白石村和蕉城区新农村建设、捐资助学、树立三都抗日纪念碑等活动捐助 70 多万元。

关于异地宁德闽商，其发展经历的阶段与本地宁德闽商相近，只是各阶段时间略有差异，其零星发展阶段是自改革开放以后至 1996 年，以协会、联谊会、经济发展促进会的形式开展活动，组织松散；从 1996 年宁德建立第一家异地商会开始，一直到 2009 年，异地宁德闽商进入初步发展阶段，商人商会意识开始建立，一些协会、联谊会、经济发展促进会转型为商会组织，随后在西部大开发、东北振兴、中部崛起等国家区域发展战略实施中大展身手，闽东北商人联合意识进一步加强，宁德地区异地商会数量显著增加，呈现行业聚集和区域集聚的现象，初步阶段共建商会 28 个（不完全统计）；2009 年以后，异地宁德闽商进入迅速发展阶段，这一时期宁德地区异地商会数量继续保持增长的同时更加重视内部治理的改善，异地商会在带领会员"抱团打拼"克服金融危机的影响方面发挥了重要作用，共建商会 65 个（不完全统计）。

改革开放以来，随着商品经济的大发展，各级政府恢复和建立了各种商人组织，如工商联、商会、行业协会、个体劳动者协会等等，许多政府部门都与商人组织有密切的接触，商人也通过组织维护权益，扩大影响力。根据宁德市工商联材料，截至 2011 年 6 月，全市工商联系统有会员 18548 名，组建了 52 个异地商会（其中市级 12 个）和 3 个异地宁德商会分会组织，40 个行业商会，41 个乡镇商会，同时不断加强商会组织党建和创先争优工作。

三、对宁德本地社会发展的贡献

（一）本地宁德闽商助推宁德社会慈善事业

宁德闽商立足于本地实际，大力发展工商业，互通有无，发挥作用，第一节对此已经有比较详细的叙述，这里主要叙述他们在本地慈善、扶贫和公益事业方面的积极作为。

初步发展阶段的慈善事业　这个阶段本地宁德闽商的主要贡献是组织推进"光彩事业"。1995 年 3 月，福建省工商联宁德地区办事处与地委统战部共同牵头成立了宁德地区"光彩事业"推动委员会，域内各地成立相应组织，开展相关工作，宁德、古田、周宁、霞浦民营企业家共捐资120多万元,用于"希望工程"、"造福工程"及其他社会公益事业。[①]1996年,发动本地企业家投身扶贫光彩事业和"献爱心"活动,企业会员宁德市昌华保健工艺品有限公司与洋中镇溪富、保岩2个贫困村开发对口扶贫工作,投资开办瓷珠组装工场,解决220人就业,使村民新增收6万多元。企业会员赤溪茶厂出资30万元装修老人娱乐活动中心。1997年,民营企业家郑婉如投资100万元创办宁德市川源玩具厂安置工人100多名。企业会员宁德市昌华保健工艺品有限公司每年为洋中镇200多名"五保户"发放困难补助款。2002年,全区民营企业家在"六一节"、"教师节"捐建希望小学10所。2003年,蕉城区企业家用于尊师重教、扶贫助困、兴办公益事业等捐款46万元。

1997年,屏南县商会通过向福清市、泉州市招商引资,共落实"光彩事业"项目6项,总投资额1210万元,到位资金1083万元。同年,1998年,全区共签订"光彩事业"投资项目合同10项,总投资7.64亿元,已到资7581万元。全区非公有制累计安置下岗职工6800多人。[②]

迅速发展阶段的扶贫与慈善事业 以蕉城区为例,2004年,福建白莲花化工有限公司、圆方电子有限公司等企业在节日期间都组织慰问"五保户"和孤寡老人。女企业家联谊会组织女企业家深入霍童坑头老区慰问,商会也带领企业家送衣物、学习用品、扶贫款看望洪口乡朝阳村贫困户和朝阳小学师生。2005年,与团区委共同筹办"阳光助学"活动,发动在沪企业家筹集资金帮扶53名大学生。2007年,争取"海西春雨光彩行动"扶贫资金30万元,用于乡镇100个农村贫困户发展种养项目。2006年,为"桑美"台风受灾户募捐100多万元。2007年,民营企业家募集资金34万元,资助210位贫困生上大学。捐款105万元修建霍童镇桃坑村、坑头村、赤溪镇社洋村、虎浿镇黄家村以及石后乡室头自然村的农村道路建设。商会民营企业共安置农村劳动力2万人。2008年,商会民营企业家支持各项事业936万元。2009年,"海西春雨"光彩事业行动扶贫项目,使全区6个乡镇200个贫困农民得到资助,户均增收3000余元。同年民营企业家还筹集善款结对帮助90名家庭贫困的应届高中生完成学业。

其他县市,如福安市从1995年至2005年,企业家用于修路、建桥、帮助贫困学生等资金共计1600万元;2003—2005年,企业家共捐资43.627万元,帮助177位大学生。

(二)异地宁德闽商对宁德本地社会发展的作用

直接经济效益 关于异地商业的经济收益,没有比较系统的相应记录,周宁县的情况比较典型,当地相关方面有所留意,留下一些材料可供考查分析。据统计,1985年,全县外出人员收入达2300万元,为全县工农业总产值的67%;当年全县人口151361人,全县人均收入仅151.9元,但全县储蓄金额达1134万元。此后,每年春节前,全县外地汇

① 《宁德地区年鉴(1993—1998)》之"民主党派社会团体·省工商联合会宁德地区办事处·推进光彩事业"。

② 《宁德地区年鉴(1993—1998)》之"民主党派社会团体·省工商联合会宁德地区办事处·推进光彩事业"。

回外出劳务收入达1200多万元。1988年，全县外出收入3700多万元，超过全县农业总产值，劳务人员人均3083元。①

改革开放初期宁德地区其他县市的异地经商的收入基本情况与周宁县大致相同，只是具体表现有异。古田、屏南主要从事食用菌生产，外出人员多以销售本地土特产为多；而沿海四个县市尤其是福安因为产业较为发达，能够吸纳更多劳动力，外出异地经商人员数量比率相对低些，但外出经商的收益在闽东北各县市人们收入中占有比较引人注目的比例，是不争的事实。

2008年以后，异地宁德闽商发展更加迅速。例如，潮汕福建寿宁商会主要以商场超市零售为主，取得了较好的经济效益，寿宁乡贤主要分布在汕头、潮州、揭阳、汕尾、梅州等粤东地区，经商人数达20000多人，占寿宁人口的14%，注册商户2000多家，按最低估算每家年销售额为200万元，一年的销售额可达40亿元，向国家纳税2.8亿元，创造利润8亿元。商户平均纯收入达40多万元，为寿宁和潮汕地区的经济发展做出了较大的贡献。

助推本地产业发展 闽东北异地商人助推家乡产业发展事例甚多。在福鼎，曾经获得“上海市十佳石材行业优秀企业家”称号的陈孝锦于2010年回到家乡，依托世界地质公园太姥山景区得天独厚的旅游资源，投资数十亿元打造银都花苑，将形成一个集住房、景观、品牌、商品、体验、休闲为一体的城市旅游综合体。在周宁，2009年由商会企业家周华成、周培建、彭陈相等人合股投资开发周宁九龙漈风景区和鲤鱼溪风景区，已顺利完工，如期交付使用。2010年4月，商会30多位企业家主动为周宁城市建设规划馆、新周宁一中建设认捐资金1700多万元。宁德市总商会副会长苏锦平在东侨工业园区投资建设大不同茶叶加工厂，副会长肖志凯收购福建（宁德）重汽有限公司，副会长魏日胜在周宁投资建设老年安居养老项目，蕉城广州商会会长曾毓雄引进新能源科技有限公司。据不完全统计，已有2000多名闽东北在外企业家累计回乡投资300亿元以上，为宁德市的社会经济发展做出了重要的贡献。2010年，共登记设立域外回归企业166户，注册资金15.29亿元。②

宁德市有各级异地商会44个，有60多万名宁德乡亲在外创业，事业有成。他们积极响应“回归工程”，回乡考察，发挥优势，参与新农村建设，在农村集资办学、基础设施建设以及旅游开发等方面，形成了一个资金、项目和人才回归的良好态势。

投入本地教育事业 寿宁在沪企业家共向寿宁累计捐资1000多万元，其中川源国际物流有限公司董事长张显林向县政府义捐500万元，用于发展家乡教育事业。上海的周宁企业家以乡镇为单位，成立教育基金会。据不完全统计，从2008年以来，仅投入周宁县的教育基金就超过3000多万元。开展职业技术教育，培育有文化、懂技术、有一技之长的劳动者，是新农村建设的客观要求和现实需要。

---

① 《周宁县志》，北京：中国科学技术出版社，1993年，第325～326页。

② 黄家盛：《发挥优势履行职能》（宁德市工商联三届工作报告）。

参与本地慈善公益事业 例如，2003年非典期间，商会发动在沪企业捐款设立家乡抗击非典专项资金。2006年周宁县慈善总会成立，在沪企业踊跃认捐850万元，2008年6月加捐130万元。① 福鼎市广州商会成立以来，在各类公益慈善活动中捐款总额达500万元。

2003年以来，宁德市作为省委统战部、省工商联“海西春雨光彩扶贫活动”的重点地区，已有542户农村贫困户受助，生产帮扶资金累计162.6万元，帮助这些贫困户走上致富道路。“海西春雨光彩扶贫活动”的资金源自我省非公有制企业家无私捐助，其中屏南县企业家捐资扶贫开发资金达200多万元。

此外，异地宁德闽商对所在地建设也贡献多多，特别是对企业所在地农工商业平衡方面贡献良多，这里不备举详述。

第四节 宁德闽商的特点

宁德设区市的地理位置、山川形势、族群结构、人文传统都有自己的特点，民间商品交换的历史悠久，民众商贸意识强，在这片热土上孕育成长的宁德闽商也呈现出自己的若干特点。本节主要强调三个方面。

一、受宁德周边地理和人文环境影响明显

宁德地区东临大海，南与福州接壤，西为南平建阳，北与温州交界。从地理板块而言，闽东北与浙南更为接近些，因此有许多相近之处。例如，温州有许多家族是宋代以还从闽东北迁移去的；闽东北和浙南有三个县(寿宁、泰顺、景宁)是在明正统年间叶宗留矿工集团起事后差不多同时建立的(景泰三至六年，1452—1455)；等等。这些对宁德闽商的发展产生了一定影响。

现以闽东北各县(市、区)异地商会会员数为依据对本地宁德闽商的地域特点做些分析。表7-13只是不完全统计，但并不影响对趋势的分析。

表7-13 异地宁德闽商在本地区分布情况及比例一览表

	常住人口(2014年)	异地商会会员数	百分比	备 注
蕉城区	44.9万人	1699	0.378%	
福安市	56.95万人	2423	0.425%	
福鼎市	53.5万人	2222	0.415%	
霞浦县	46.3万人	933	0.201%	

① 周培建:《第六届执行委员会工作报告》(2011年12月14日)。

续表

	常住人口(2014年)	异地商会会员数	百分比	备　　注
古田县	32.67万人	1059	0.324%	
周宁县	11.29万人	1969	1.744%	
寿宁县	17.63万人	1379	0.782%	
屏南县	13.67万人	1245	0.911%	
柘荣县	8.9万人	1260	1.415%	

资料来源:《宁德年鉴(2015)》市情概貌。

从表7-13可得出如下信息:

1.各县(市、区)异地经商且加入商会组织会员数与各县(市、区)常住人口的比例,周宁县最高,达1.744%,最低的霞浦县仅0.201%;周宁县的比率是霞浦县的8.67倍。从沿海四县看,福安和福鼎多些,分别是霞浦的2.11和2.06倍,蕉城也达到1.88倍。从山区五县看,周宁、柘荣多些,屏南、寿宁居中,古田最少,与古田县相比,周宁、柘荣分别是它的5.38倍和4.36倍,屏南、寿宁分别是它2.81和2.41倍;而山区最高的周宁是沿海最高的福安的4.10倍,山区最低的古田是沿海最低的霞浦的1.61倍。

表7-14　周宁、柘荣、寿宁、屏南、古田地貌比较一览

县别＼地貌	山地		丘　陵	平　原	盆　地
	中　山	低　山			
周宁	61.00%	26.60%	12.40%	—	—
柘荣	58.60%	34.50%	3.70%	—	3.20%
寿宁	44.64%	37.38%	17.98%	—	—
古田	36.59%	28.56%	23.41%	1.4%	8.07%
屏南	71.3%	21.8%	3.3%	—	3.6%

资料来源:《屏南县志》第二篇第二章“地貌”第一节“类型”,北京:方志出版社,1999年;《古田县志》第二篇第二章第一节地形地貌,北京:中华书局,1997年;《柘荣县志》,北京:中华书局1995年,第72页;《寿宁县志》,厦门:鹭江出版社,1992年,第72页;《周宁县志》,北京:中国科学技术出版社,1993年,第38页。按:古田县的数据,百分比不达100%,系原文有误。

2.在山区五县中古田外出比例最小。如表7-14所示,古田地理环境在山区五县中最有优势(海拔较低,小谷地、小平原比率较高),且发展了食用菌等产业,能够较大限度地吸收劳动力,所以在山区五县中外出比例相对低些。

山区各县中,周宁外出比例最大,相当重要的因素是地理环境容纳力的压迫、原来的谋生方式等传统风俗和“文革”期间的积累。寿宁也靠近温州,但是靠近温州的山区,商业信息为温州地区最弱者，且自20世纪50年代以来即重视走公务员道路，仕途吸引了部分能人，往商业上走的人自然就少了。山区县中的柘荣外出比例也很高，主要是靠近温州商业较发达地区，本县地理环境的压力也比较大。而屏南在雍正十三年(1735年)析出独立成县以前都属于古田管辖，与古田县相互连通，有许多相似之处，但地理环境不如古田，外出人口有一定规模。

3.沿海四个县市区海域情况如下：

霞浦海域总面积29592.6平方公里，为陆地面积的19.87倍，约占宁德地区海域面积的64%。海域总面积中，水深0～10米的海域面积占1.61%；水深10～40米占24.45%；水深40～60米占26.31%；水深60～100米占37.36%；水深100～200米占9.53%；滩涂面积占0.74%(218.5平方公里)。

福鼎县海域面积14959.7平方公里，是陆地面积的10.24倍。其中泥岸长168公里，占海岸线总长的38.8%；岩岸长230.9公里，占53.4%；砂岸长33.8公里，占7.8%。

福安市南部海域，面积151.2平方公里。海岸东起盐田港，西至卢门港，蜿蜒曲折，岸线长130公里，海滩面积67.44平方公里。沿海滩涂地势较平坦，绝大部分位于中潮区，低潮区面积较少。滩涂有91%的底质属粉泥结构，浅海底质多为泥沙。

宁德(今蕉城区)界内海域面积有172.96平方公里。其中，10米等深线的浅海占海域总面积56.55%；10～50米等深线的近海占43.45%。①

沿海四县福安的异地商人比率最高，霞浦最低。霞浦海域面积大、质地优，水产养殖业较发达，海带、紫菜和各种鱼类养殖都显示出优越性，其外出不仅为沿海四县最少，而且甚至不及其他县市的一半。

福安则因为素来为闽东北老大，在中华人民共和国成立初期的30年，积累了闽东北最大的工商业基础，能够吸收和消化很多劳动力。福鼎毗邻温州，受其影响大，而温州模式重在创业，故福鼎人在本地创业者略多些。宁德(今蕉城区)靠近福州，但长期山川阻隔，且人口和土地压力不比福安大，外出人口较福安少。

近年闽东北工商业技术革新取向，福鼎受温州影响大，重视销售、生产技术和机械改造，如剪刀产业、化油器生产、龙安工业区的PU合成革等，都很重视技术的改造；寿宁和柘荣也或多或少受影响，如寿宁的“三祥”也很注重通过科技来提升产品的质量，柘荣的剪刀和太子参也养就依靠技术做强做大的风格。而福安机电等则在技术上一直没能突破，以至于失去先机，部分原因是市场的多样化需求以及自身认识问题。

---

① 以上资料来源：《霞浦县志》第二篇第三章“海域”，北京：方志出版社，1999年；《福鼎市志》第二篇第二章第四节“海域与岛屿”，福州：海风出版社，2003年；《福安市志》卷二第三章“海域”，北京：方志出版社，1999年；《宁德市志》(县级)卷二第二章第四节“海域”，北京：中华书局，1995年。

二、对政策的感应度较强

人气的聚集是商人组织建设的基础。有一定经济实力的人群为了维护权益和掌握更多资源，而政府出于“以经济建设为中心”招商引资的考虑，在此交集下，代表众多商人利益的民间组织商会应运而生。当然，此前先要聚集一定的人气，这些初期聚集的人群大多对政策感应比较灵敏，前文所述的宁德地区各县市驻外办也起到政策信息和驻地信息的传递作用，驻外办亦可以看作政府对区域政策的判断的结果。表 7-15 为宁德地区各县市异地商会分布一览表：

表 7-15　宁德地区各县市异地商会分布一览表

	蕉城	福安	福鼎	霞浦	古田	周宁	寿宁	屏南	柘荣	市级
福州	√	√	√	√		√		√	√	√
厦门	√	√	√	√	√	√	√	√	√	√
泉州							√			√
南平					√		√			
三明										√√
上海	√	√	√	√	√	√√	√	√	√	√
北京	√	√√√	√√		√		√	√	√	√
天津	√	√	√	√						√
江苏	√√				√	√				√√√
宁波				√						√
广东	√	√	√	√	√	√	√√			√√
广西						√			√	√
昆明			√			√				√
兰州										√
四川			√							√
重庆										√
西安								√		√
安徽				√						√
海南					√					√
太原		√	√							
内蒙古		√								

续表

	蕉城	福安	福鼎	霞浦	古田	周宁	寿宁	屏南	柘荣	市级
长沙										√
新疆										√
武汉										√

注:(1)古田粤港商会归入广东,寿宁广州商会归入广东,寿宁潮汕商会归入广东,市级深圳商会归入广东,寿宁建阳商会归入南平,福鼎成都商会归入四川,沙县宁德商会归入三明宁德商会;(2)周宁上海、福鼎北京都有商会和行业协会各一,福安北京商会(除商会和行业协会外,福安河北商会归入)和宁德市级商会中江苏商会(泰州、南通和蕉城南京)都不止一个商会组织。海口宁德商会归入海南,柘荣广西闽东北商会归入广西,六安宁德商会归入安徽,乌鲁木齐宁德商会归入新疆。

从表7-15中可以看出:

其一,宁德地区各县(市、区)和市本级在本省内有24个商会,主要分布于福州(8)和厦门(10),泉州、南平、三明也各有2个;在外省有大几十个,主要分布于上海(11)、北京(11)和广东(10);其次为江苏(7)和天津(5),广西和昆明也各有3个;此外,宁波、四川、西安、安徽、海南、太原、重庆、长沙、新疆、武汉、兰州、内蒙古等省、自治区、直辖市,也有少许县级、市级商会。

其二,费孝通先生说过中国乡村社会的“差序格局”。受限于各种因素,例如城乡关系、禁商政策和落后的交通,宁德地区异地经商最初的主要目标是福建省内,尤其集中于福州和厦门。福州商会的建立与驻榕办的建立关系密切,厦门具备国家政策开放前沿的利好,省内其他地区则大部分是由于“文革”以及以前宁德地区经商经验的积累。地域影响造成人际网络更多地在省内范围流动。新时期由于市场经济的虹吸效应,外省主要是上海、北京、广东、江苏和天津等一波又一波的开放浪潮推动宁德经商者前进的步伐。上海和北京对闽东北商人的吸引,还与驻沪办和驻京办关系密切。根据闽东北人心里的“差序格局”,广东、江苏和天津等便较次一些,深圳商会的建立更多考虑到招商引资的需要。此外,在广西、云南、新疆等建立商会,则出于对丰富的资源或者稀缺的商品等的考虑。

其三,就省外而言,情况也相类似。如东部沿海开放区中的北京、上海、天津、江苏、广东等吸引力比较大,上海和广州作为长三角和珠三角核心区,吸引力特别大;紧接着才是天津滨海开发区(有贴近全国政治中心北京的优势);而中西部地区则主要是招商引资的优惠政策和当地丰富资源的吸引力。

以上的材料表明,宁德闽商对经济发展政策(与地区结合度)相当敏感,特别是省内的福州和厦门,又特别是厦门的经济特区政策,是很重要的影响因子;而省内其他地区除因为原来商业发展基础外,也有当地的招商引资政策的影响。

在改革开放初期,中央提出东部地区率先发展的策略。此时本地区乃至全国市场都属于卖方市场，出于成本考虑，大部分宁德闽商大力发展本地工商业，同时往往还盯紧周边及整个东部沿海率先开放的地区。本省的厦门成为宁德闽商首先看好的地区，宁德地区各县市许多商人聚集在厦门，厦门的宁德异地商会特别齐全，商会会员也很多。与此同时，宁德闽商已经开始关注中国经济的风向标——上海。一些县市区的国有企业在上海建立公司，国企员工率先挺进上海滩，而信息的不断反馈激起了闯上海的热潮。在上海，宁德地区各县市区都建立商会，大多数在1998年前后，1996年，就有好几个县市区在沪建立商会，这些都是宁德地区第一批商会。上海宁德商会的会员达到7000余人，相当于宁德闽商总会员数的1/3。

随着2000年西部大开发号角的吹响，许多宁德闽商转向西部地区。此前已经有宁德闽商在西部形成一定规模，如周宁人在广西投资；重庆升格直辖市后的1998年，周宁又有一批商人前往重庆。经过十余年的积累，目前宁德闽商在西部地区的发展已经有了很好的基础，可以预见，未来十余年宁德闽商在西部开发中的重要性将越来越大。

21世纪初，国家制定开发滨海新区的政策，宁德闽商立即强烈回应。这一时期北京和天津成立的宁德闽商异地商会的数量、人数等都是有力的佐证，他们在这一区域的行业以建材等为主。

三、本地宁德闽商与异地宁德闽商产业关联度

本地宁德闽商与异地宁德闽商在产业的关联度上有着较为明显的表现。

(一)福建省内的异地宁德闽商的经营领域

宁德闽商在本省的福州和厦门两地有商会数近20家，商会会员2500多人；宁德闽商在此二地建立商会的时间几乎都在2010年前后。宁德闽商在福州和厦门从事的行业与宁德本地原有的行业有很大的关联度，厦门更显著些，反映了宁德工农业的特点，如茶叶、食用菌、水产品、机电、化油器等。福州和厦门以外，宁德闽商在福建其他地区更多地表现出融入当地发展的特点，更多地体现出宁德闽商先进和独特技术与当地资源和市场的对接；这些地方往往成为宁德闽商商品输出到发达地区的生产基地的作用。

表7-16　福州商会(会员行业领域)一览表

各县市区	会员行业领域
蕉城	建筑工程、房地产、金融、互联网、软件、企业管理、饰品、工艺品、食品、服装、玩具、物流、电子、通信、医药、文化传媒、酒店、物流运输、茶叶、家具
福安	
福鼎	酒店、餐饮、医疗、机电、建筑、石油、广告、橡胶制品、钢材贸易、农业、印刷
霞浦	餐饮、酒店、水产、娱乐、海产品贸易
古田	矿业、房地产、物流、金融、贸易、农产品等

续表

各县市区	会员行业领域
周宁	钢材贸易、融资担保、铸造、活性炭、建筑装修、服装生产、信息科技等
屏南	工艺品、信息、广告传媒、房地产、电商、旅游、茶叶、物流、融资等
柘荣	房地产、建筑材料、餐饮酒店、五金水暖、食品加工、瓷砖石材、淡水养殖、农业开发等
市级	钢贸、融资、房地产等

表 7-17　厦门商会(会员行业领域)一览表

各县市区	会员行业领域
蕉城	机电设备、动力、纸业、茶叶、教育、建筑、装修、房地产、金融、服装、酒类、信息科技、传媒、咨询、进出口贸易
福安	港口、船舶、建材、电机电器、食品保健品、房地产、茶叶酒类、金融典当、信息科技、文化传媒
福鼎	生物科技、化工、石材、机械、园林绿化、物流、房产、建筑、钢材、木材、贸易、服装、茶叶、旅游、酒店
霞浦	房地产、金刚石、美容、餐饮、设计、酒店、物流、石材等
古田	
周宁	建材批零、商贸业、茶叶、雕塑工艺、计算机、通信和电子、物流、住宿业
寿宁	石材、金融、保健品、建筑、茶叶、房地产
屏南	制造、贸易、经销、科技开发、商务服务等
柘荣	机械电子、保健食品、法律咨询、房地产、自动化控制、服装、保险、节能产品、金融服务等
市级	化工、钢铁、保健食品、制造、房地产、工程建设、物流、教育、机械电子、法律咨询、石材

(二)东部地区的异地宁德闽商的经营领域

如上所述,宁德闽商在外省建立的商会主要分布于上海(11)、北京(11)、广东(10)、江苏(7)和天津(5);仅此五地的宁德闽商商会几近全部异地宁德闽商商会数(93)的一半(47.3%)。东部地区的商会大体可概括为滨海新区(北京和天津,16 个商会)、长三角地区(上海和江苏,18 个商会)、珠三角地区(广东 10 个商会)。① 还有前文提及的福建省内的异地宁德闽商,大部分属于闽南(厦门和泉州,有 12 个商会,别地 13 个商会)。

表 7-18　北京商会(会员行业领域)一览表

各县市区	会员行业领域
蕉城	地产、建材、装潢、茶叶、果蔬、水产品
福安	建筑、茶叶、商贸、科技、矿产、地产、水产服务
其中:河北	茶叶、贸易、汽车配件、电机、茶油、绿竹笋
福鼎	茶叶、服装、茶具、石材
古田	农产品、房地产、物流、金融、贸易
屏南	木业、石材、贸易、中介、商务服务
柘荣	茶业、服装、建材、餐饮
市级	地产、能源矿产、文化传媒、投资担保、通信工程、建材、酒店餐饮、服装珠宝、茶叶加工与贸易

注:福安河北商会归入北京。

表 7-19　天津商会(会员行业领域)一览表

各县市区	会员行业领域
福安	钢材、茶叶、石材、房地产、保健品、卫浴、电器、电机、广告、游乐设施、超市、通信
福鼎	茶叶、石板材、建材、汽车配件、电器、餐饮、日用品
霞浦	石板材、木材、茶叶、门业、服装、金属、钢铁、房地产、商场等
寿宁	茶业、医疗、信息科技、地产、建材、电气化、机械、影视、广告、建筑装饰、餐饮、艺术品投资
屏南	建材、电商、酒店、橱柜、文化用品
市级	石板材、建材、茶业、餐饮(宾馆)、超市、旅游、农产品开发、钢材贸易等

建立时间,2009 年以前的 21 个,2009 年以后的 24 个。上海全部在 2009 年以前(除周宁德闽商会中一个协会),天津全部在 2009 年以后。在上海的商会更多体现出市场规律和经济发展的需要,天津则更多体现出经济过热时期融资的需要。

若按沿海开发区的中心分,可以分为长三角(18 个,人数 3743 人)、珠三角(10 个,人

① 福安河北商会归入北京;南京蕉城商会、泰州宁德商会、南通宁德商会归入江苏;深圳宁德商会归入广东。

数 1958 人)、滨海新区(16 个,人数 3140 人)。其产业布局,滨海新区、北京,多为生活资料,天津更多为生产资料;长三角,多为生产资料和生活资料,以生产为主,江苏生活资料比重较大;珠三角介于长三角和滨海新区之间。

表 7-20　上海商会(会员行业领域)一览表

各县市区	会员行业领域
蕉城	茶叶、粮油、水产、南北干货、食品深加工
福安	汽配、建筑、建材、电机、保健食品
福鼎	石材、机械、园林绿化、钢材、木材、贸易、服装、茶叶、蘑菇、旅游、酒店等
霞浦	石材、木材、水产、电子、地产、娱乐
古田	干货、石材、建筑装潢、电子产品、食品加工、果蔬
周宁	钢贸、木材、建材、房地产
柘荣	房地产、木材、石材、茶叶、副食品、服务、金融、钢贸
市级	建材、钢材、石材、木材、水产、机械五金、电子产品、仓储物流、金融服务、餐饮娱乐、茶叶、食品、房地产

(三)中部地区的异地宁德闽商的经营领域

宁德闽商在中部地区建立商会 6 个,其中 2009 年前建立的 1 个,2009 年后建立的 5 个。会员总数 940 人,占总会员数 5%左右。中部地区长沙、武汉、安徽和太原更多显示出本地特色产业以及东部地区宁德闽商从事优势产业的对接度,如食品、机电、茶叶、海鲜、石材、水产等闽东北本地特色产业,宁德闽商异地优势产业如钢贸、房地产、建材等。中部地区宁德闽商主要从事与本地生产和生活资料相联系的行业,此外较为突出的是太原福鼎商会从事的矿山、铁路、公路、水利、城市建设。

表 7-21　中部地区宁德闽商商会会员行业领域一览表

	从事行业领域
长沙	食品、机电、茶叶、建材、电子高科技、服装鞋帽、文化产业等
太原 其中:福安	茶叶、能源、房地产、装潢装饰、五金交电、医药、服装、鞋帽、海鲜、干果等
其中:福鼎	矿山、铁路、公路、水利、城市、茶业、餐饮等
武汉	石材、茶叶、水产、服装、食品
安徽	钢贸、建材、五金、房地产、物流
其中:霞浦	电子、汽配、冶金、矿山、石材、地产、金融、物流、环保、加工

较东部地区宁德闽商而言，中部与本地距离较近的湖南、湖北和安徽等宁德闽商的产业与本地对接度会更密切些，这可能是受物流成本、生活习惯和消费水平等的影响；而山西地区的宁德闽商更多体现出融入本地区建设趋势，并发挥越来越大的作用。

(四)西部地区的异地宁德闽商的经营领域

宁德闽商在西部地区建立商会 14 个，其中 2009 年前建立 3 个(广西 2 个，新疆 1 个)，2009 年后建立 11 个。大部分与国家西部大开发战略有关。

关于西部大开发，从 2001 年到 2010 年，重点是调整结构，搞好基础设施、生态环境、科技教育等基础建设，建立和完善市场体制，培育特色产业增长点，使西部地区投资环境初步改善，生态环境恶化得到初步遏制，经济运行步入良性循环，增长速度达到全国平均水平。在此之前部分宁德闽商已经积累了“第一桶金”，尝到政策甜头，他们在西部招商引资优惠政策的吸引下，带着资金、技术、先进的管理水平等踏上西部大片的土地。

按较大区域可将西部地区的宁德闽商分为三部分：广西和云南，西安、兰州、内蒙古和新疆，四川和重庆。广西和云南有商会 5 个，会员 990 余人；广西、云南很早就有宁德地区的商人参与开发，特别是周宁商人，很早就进军广西，20 世纪 90 年代就已经初具规模，如南宁的超市、柳州的翻砂、桂林的井盖等。西安、兰州、内蒙古和新疆，有商会 5 个，会员 1800 余人；新疆和西安等地的宁德闽商很有特色，特别是这一区域的超市，主要是寿宁人开办的。四川和重庆有商会 3 个，会员 430 余人；早在重庆成为直辖市初期，宁德闽商就涉足其间，寻求发展，目前也渐成规模。

西部地区宁德闽商商会的产业与宁德本地产业关联度很小，即与本地农业特色之茶叶、食用菌、水产品，以及工业特色的机电、船舶和化油器等联系很小。这与其处于中国西部有很大关系。西部地区的宁德闽商主要从事的产业是生产资料的生产，如矿业、建材、翻砂等，还有修建公路、铁路，制造农业机械。其他如石板材等乃宁德本地技术与西部资源的结合，房地产则是近些年宁德闽商在西部地区的较有优势的产业。

西部地区宁德闽商与东部地区宁德闽商联系较为密切，主要表现在投资方面。西部优越的招商引资政策和西部宁德闽商对当地的了解，使东部地区已有积累并寻求更大发展的商人通过工商联、商会或亲朋好友的关系，与西部地区政府对接，参与开发西部地区。

从以上分析可以看出，受时段、交通条件(不同时期经商半径限制有所不同)以及所在地特点的影响，异地宁德闽商在不同发展时段与本地产业的关联度差异极大。例如，在零星发展阶段，完全属于卖方市场，此时异地经商者借助本地的产品输出来盈利，古田的银耳、霞浦的干货等，都是紧俏商品。当然，东部、中部、西部也有很大差异。此时期的中西部地区交通受限，物流成本过高，因此重在技术与当地资源的结合。在初步发展阶段，异地宁德闽商与本地产业的关联度更加密切，由于交通的便捷和前期消费市场培育的成果，东部、中西部差异有所缩小。在迅速发展阶段，产业的关联度更为密切。这一方面是宁德地区后发优势的作用，引进符合国家产业政策的高科技企业，生产出更多符合市场需求、价格低廉的高质量产品；另一方面也是交通物流条件继续改善和网络电商不断发展的结果。

表 7-22　西部地区宁德闽商商会会员行业领域一览表

	从事行业领域
广西	钢材贸易、农业机械、石材、茶叶
其中:周宁	制造业、建材、养殖等
其中:柘荣	房地产、矿业、酒店住宿业、建材工业、商贸服务业
内蒙古	国际贸易、机电、矿业、建材、金融投资、物流、医药、电子、汽配、加工、种植、市场管理
其中:福安	茶叶、建材、石材、房地产、五金交电、健身器材、矿产资源
昆明	公路建设、房地产、制造业、冶金、矿产、水利、电力、汽车、汽配、机械、维修、日用百货
其中:周宁	钢材
兰州	茶叶、建材科技工程、房地产开发、专业市场开发、酒店、餐饮、建筑、钢铁、能源、文化产业、矿产
西安	房地产、商业地产、钢铁生产贸易、建材、服装、茶叶、投资、餐饮、娱乐休闲
其中:屏南	建材、玻璃、管业、文化用品、餐饮、茶叶、商务等
四川	机电、钢材、机械配件、金属材料、五金交电、电子产品、茶叶、食品
其中:福鼎	石材、机械、钢材、贸易、服装、茶叶、房地产、家具木材、服装鞋帽、五金百货、水暖建材、矿业等
重庆	资金管理、建材产销、房地产、食品产销、机电、五金、灯具、眼镜、服装、百货、酒店管理、茶叶销售、农业科技开发、钢材贸易与物流、市场建设与管理
新疆	国际贸易、机电、矿业、建材、金融投资、物流、医药、电子、汽配、加工、种植、市场管理

四、结　语

在计划经济时期(1956—1978)，中国的社会阶层主要包括农民、工人、公职人员(公职行政人员:专业、技术人员，国家机关、党群组织、企事业单位负责人、办事人员和有关人员；公职服务人员:商业工作人员和服务性工作人员)、其他在业人员。如此单调的阶层与近现代化过程中人们的需求产生了极大的矛盾，而政府的应对是采取凭票购买、计划安排的形式，中国进入"票"时代，社会不稳定因素增多，在"文革"后期，闽东北山区各县的人们为了生存冲破层层阻碍，外出务工。

计划经济时期与传统社会的最大区别是，传统社会中对地方社会发展起稳定和调节作用的士绅阶层已经被消灭，代之以政府职能。然而，政府职能不能适应和满足社会发展的多元化和多样化需求。这就是 20 世纪 70 年代末以来政企分开、简政放权、市场主导等的系列改革的目标所向。更重要的是，社会阶层多元化发展，特别是当代中国很需要传统社会中的乡绅阶层那样的功能阶层。以经济建设为中心，让商人阶层壮大，成为发挥传统乡绅阶层类似功效的阶层，对社会的发展和稳定必将产生一定程度的调节作用。

张仲礼在《中国绅士研究》中的《绅士的各项社会活动参与表》①中列出，传统社会的乡绅承担了一大部分社会公益事业，如为慈善组织筹款或代管财产，调节和仲裁地方纠纷，领导团练和指挥，为公共工程筹款并主持其事，维护儒学道统，充当官府与民众的中介，为官府筹款，私人设善堂施舍赈灾，等等。而改革开放后的商人阶层及其组织（工商联、商会等）在一定程度上做了乡绅在传统社会中做的事，主要有：为慈善组织筹款或代管财产，（部分地）调节和仲裁地方纠纷，为公共工程筹款并主持其事，（部分地）充当官府与民众的中介，（部分地）为官府筹款，还有一些私人设善堂施舍赈灾。这无疑对社会的稳定和发展做出了巨大贡献。相信随着市场经济的发展，商人阶层的壮大，新阶层的出现，将促成中国现代社会更合理地发展。

总之，宁德闽商地处东部沿海长三角和珠三角的外围切入点，拥有天然良港三都澳，面对亚太，出东海过宫古海峡即可进入太平洋，在福建与西部以武汉为中心的"武长南"地区直线距离最短，地理人文环境造就其传承久远的经商秉性。在改革开放政策指引下，宁德闽商通过本地特色产业和对资源整合、市场信息的洞察力，通过不断改善的交通、物流，组建庞大的贸易信息网络，将闽东北与福建省，与中国东部、中西部乃至与全球经济社会发展紧密联系在一起，不断推进闽东北的国际化进程。

① 张仲礼：《中国绅士研究》，上海：上海人民出版社，2008 年，第 241 页。

后记

自2015年6月初接受任务主编《闽商发展史·宁德卷》,2016年12月诸位同仁写出初稿,历经多次修改,现在即将付梓,兹将课题组构成及有关情况简要说明如下:

课题指导:林　鸿(中共宁德市委常委、统战部长)

　　　　　陈其春(中共宁德市委常委、秘书长、宣传部长)

课题负责人:吴会旺(中共宁德市委统战部副部长、工商联党组书记)

书稿主编:林校生(宁德师范学院教授)

写作组成员:林校生

　　　　　缪品枚(宁德市地方志编纂委员会原副主任)

　　　　　李健民(宁德市民族中学高级教师)

　　　　　孙绍旭(宁德师范学院副教授、在读博士生)

全书正文分设七章。具体写作分工,林校生承担第一章、第二章、第三章,缪品枚承担第四章、第五章,李健民承担第六章第一节、第二节,孙绍旭承担第六章第三节和第七章。宁德师范学院副教授黄健参加了前期资料收集工作。

在本书的撰写过程中,福州大学闽商文化研究院院长苏文菁教授、福建省社会科学院亚太经济研究所郑有国教授给予了热心指导和帮助,厦门大学人文学院副院长王日根教授和福州大学经济与管理学院杨宏云副教授给出很中肯的建议,吴会旺副部长提了不少有益的修改意见,统战部陈华昌、林晓东等同志在外联、后勤保障方面也做了大量工作。课题进行期间,前后两任市委统战部部长陈其春、林鸿都很关心、支持,林鸿部长并题序为书稿增色。以上诸多帮助,不能尽述,统此敬申谢忱。而本书尝试粗述古今闽东北经济商贸之因循与变化,此中错谬必多,则不敢诿过,欢迎读者指疵、商酌和匡正,俾以共同推进宁德乡土历史研究。

林校生

2017年10月